Normannerne, Volumes 1-2

Johannes Christoffer Hagemann
Reinhardt Steenstrup

3 \ 6

July 9

NORMANNERNE

AF

JOHANNES C. H. R. STEENSTRUP.

FØRSTE BIND:

INDLEDNING I NORMANNERTIDEN.

KJØBENHAVN.

FORLAGT AF RUDOLPH KLEIN.

I. COHENS BOGTRYKKERI.

1876.

INDLEDNING

I

NORMANNERTIDEN.

AF

JOHANNES C. H. R. STEENSTRUP.

KJØBENHAVN.

FORLAGT AF RUDOLPH KLEIN.

I. COHENS BOGTRYKKERI.

1876.

61271121

FORORD.

Idet jeg udsender nærværende første Række af Studier over Normannernes Historie, deres Love og Kultur indser jeg Nødvendigheden af at medgive den et Forord.

Ved Undersøgelser over den anglo-normanniske Rets Historie og ved et Forsøg paa om muligt at fremstille den Lovgivning, som gjaldt i Danmark før Provinslovene, vakte adskillige Punkter af Normannernes Virksomhed min Opmærksomhed, og det forekom mig, at der var saa Meget at rette i den almindelige Opfattelse af Vikingetiden, at man for at komme til sand Forstaaelse af den Retsorden, Normannerne havde medført til de erobrede Lande eller antaget i disse, og den Kultur, de havde udbredt over Evropa, maatte undergive deres Historie en ny Prøvelse fra Grunden af. Ét Punkt havde særligt være mig paafaldende. Depping har en Gang sagt, at Normannerne saa hurtigt glemte deres nordiske Sæder i de nye Omgivelser, at det var som om de ved at sejle over Havet havde passeret Lethe. Den i disse Ord udtalte Opfattelse vil gjenfindes i omtrent alle nyere Arbejder over Normannerne, men den har forekommet mig lige saa besynderlig som urigtig. I det foreliggende Skrift har det været mit Maal at paavise, at hint Skifte af Sæder er foregaaet langt langsommere end hidtil paastaaet, og at Kolonisterne i de fremmede Lande som Følge af, at de en god Stund vedbleve at være Nordboer, have k u n n e t udøve Indflydelse i nordisk Aand paa de betvungne Folk, og virkelig ogsaa i stort Omfang have udøvet den. Overser man denne Mellemtid, ville de Forhold og Former, hvorunder Vikingerne

kom til at indvirke paa de fremmede Nationer, undgaa For-
skernes Opmærksomhed.

Normannertidens Historie har altid været en Kampplads
for hinanden modsatte Anskuelser. Forskerne have afvexlende
følt sig tiltalte af Hedningernes eller af de Kristnes Færd,
Sympathien har vendt sig snart til de sejrende Vikinger,
snart til de betvungne Fjender. Saaledes var Lappenbergs
klassiske Englandshistorie et med skrigende Ensidighed skrevet
Forsvar for Angelsakserne; den samme Forfatter, der med
de mildeste Øjne ·saa paa de angelsaksiske Fyrsters og Folks
Svaghed, fór frem som en rasende Viking mod Nordboerne,
deres Adfærd og Sæder. Lappenberg er bleven imødegaaet
af flere Forfattere, her i Danmark især af Worsaae, men
det lader sig ikke nægte, at mange og ypperlige Forskere i
nyere Tid have fortsat nærmest i hans Fodspor.[1]

Hovedgrunden til at Normannernes Betydning for de
Samfund, hvori de optoges eller som de beherskede, ikke til-
strækkeligt er paaagtet, er aabenbart Manglen af samtidige
Kilder, og af Kilder skrevne af Andre end Vikingernes
Fjender. Mit Studium maatte derfor først og fremmest have
til Maal om muligt at bringe nye Kilder til Veje, at under-
søge om ikke de, der havdes, ved Prøvelse kunde gjøres
nyttigere end de hidtil havde vist sig at være, om ikke
enkelte af de foragtede Krøniker kunde tages til Naade, og
om en Forsoning ikke lod sig udvirke mellem de tilsyne-
ladende modstridende Kilder. Man maatte til dette Øjemed
afkræve alle Evropas Folk deres Bidrag til Normannernes
Historie, og da Vikingetiden indtræder i den nordiske Histo-
ries Morgen, i hvilken enkelte paalidelige Kilder vise sig ved
Siden af en uoverskuelig Sagnrække, maatte man uforsagt
tage fat paa Sagnet for at prøve dettes Væsen og for at
udfinde, om det ikke kunde afgive en historisk Kjærne. Jeg
har derfor ikke ladet mig skræmme af den urimelige Skik-

---

[1] Saaledes tildele Stubbs i „The constitutional history of Eng-
land" og Brunner i „Die Entstehung der Schwurgerichte"
Nordboerne kun en ringe Indflydelse paa de sociale og juri-
diske Forhold.

kelse, hvori et Sagn kunde fremtræde; jeg har trøstet mig
ved, at selv om Undersøgelsens historiske Udbytte maatte
blive ringe, Oprindelsen til Sagnet dog muligt kunde blive
paavist og derved et Bidrag gives til vor Sagnhistories
Genesis.

Af mit Arbejde vil saaledes fremgaa, at jeg har anset
mig berettiget til at skyde de íslandske Sagaer til Side som
egentlig Kilde til Normannertidens Historie, dels paa Grund
af deres ofte anfægtelige Paalidelighed, dels fordi de ikke
angaa den betydningsfuldeste Periode af Vikingetiden. Men
med dette Udgangspunkt maa man nødvendigvis komme til
Opfattelser, der i Meget afvige fra hvad der er fremsat
navnlig i norske Forfatteres Arbejder, saaledes af P. A. M u n c h,
E r n s t S a r s og G u s t a v S t o r m. Jeg haaber imidlertid, at
man vil indrømme mig, at jeg ikke uden gode Grunde har
forladt Resultater, der skyldes saa udmærkede Forskere, og
at Afvigelserne simpelthen hidrøre fra et forskjelligt og rig-
tigere Udgangspunkt, der atter har maattet bringe mig til at
benægte, at norske Mænd have deltaget i Vikingetogene i et ·
saadant Omfang som hidtil har været antaget. Man har i
enkelte Lande (saaledes i Rusland) behandlet Normanner-
tidens Historie· som gjaldt det et politisk Spørgsmaal; det
skulde gjøre mig ondt, om Nogen skulde finde, at i min Bog
Andet end Videnskaben havde faaet Ordet.

Det foreliggende Arbejde gaar altsaa ud paa at opstille
rigtigere Udgangspunkter for Studiet af Normannertiden og
Opfattelsen af Vikingernes Virksomhed, at inddrage Kilder
fra alle Evropas Lande i Undersøgelsen og at afveje deres
nøjagtige Værd. I Arbejder, der ville følge og som ere be-
stemte til hvert at udgjøre et selvstændigt Hele, agter jeg at
fortsætte i de forskjellige her begyndte Retninger og enten
ved parallel-normanniske Studier eller ved Undersøgelser af
Forholdene i de enkelte Lande at belyse specielle Sider af
den normanniske Udviklingsgang og af Nordboernes Sammen-
smeltning med de betvungne Folk. —

Da Kunik 1844 skrev sin bekjendte Bog om de nor-
manniske Russer, daterede han dén som skrevet i det 1000de

Aar efter Normannernes Storm paa det mauriske Sevilla og i det 900de Aar efter Russernes Ødelæggelse af det kaukasiske Berdaa. I Følge frankiske Annalers Udsagn vil det i dette Efteraar netop være 1000 Aar siden Rollo ankom i Seinen og holdt sit Indtog i Rouen; jeg kunde saaledes datere mit Arbejde som et Mindeskrift om hin Begivenhed, at den danske Erobrer for første Gang satte sin Fod paa det Land, der skulde blive hans Hertugdømme og som under hans Efterkommere skulde spille en saa mærkelig Rolle i Verdenshistorien. Men hint Aarstal holder næppe Prøve lige over for Kritiken, og jeg foretrækker derfor at datere min Bog efter sædvanlig kristelig Regning, idet jeg udtaler det Ønske, at den maa have givet sit Bidrag til at Videnskaben, naar den rette, historiske Tusindaarsdag kommer, kan udtale sig med større Sikkerhed om de Forhold, hvorunder Erobringen skete.

Kjøbenhavn den 24. Avgust 1876.

Johannes Steenstrup.

Indholdsfortegnelse.

Første Afsnit.

Kilderne til Normannernes Historie.

—·—·—·—

Første Kapitel.

Almindelige Bemærkninger.

—·—·—

De Vikingeskarer, som Norden fra omtrent Aar 800 e. Kr. F. udsendte paa Rov og Erobring i fremmede Lande, skaanede de færreste af Evropas Folkeslag, og Verdenshavene ikke mindre end Floderne maatte bære deres Skibe frem til Landenes Ruin. Den Folketro i Middelalderen, at Evropa egentlig var en uhyre stor Ø. hvis østlige Strande beskylledes af et langt og smalt Sund, der skød sig op fra det sorte Hav til Østersøen — denne Tro havde Normannerne saa at sige virkeliggjort, dengang de sendte deres talløse Skibe gjennem Ruslands Floddale til det sorte Hav, hvorfra Sejladsen gik videre gjennem Bosporus til Middelhavet. Men ved dettes vestlige Kyster vare deres nordiske Slægtninge allerede landede, efter at de havde lært at trodse Atlanterhavet og vove sig ind gjennem Gibraltarstrædet. Saaledes omspændte deres Flaader hele Evropa. Tydske og Franker, Angelsakser og Irer, Araber og Longobarder, Finner og Slaver, Chazarer og Baschkirer, Bulgarer og Grækere, — Alle lærte de „Normannernes Rasen" at kjende.

Hermed er der i Grunden lukket for den Mulighed i Almindelighed at tale om Kilderne til Normannernes Historie. Disse Kilder rinde i den hele vide Verden. Normannerne selv førte ikke Dagbog over deres Erobringer; hvor vil man da kunne finde Oplysning om Vikingernes Togter uden i de Annalisters og Krønikeforfatteres Skrifter, der behandle deres Fjenders Historie i denne Periode? Men at opregne disse Skrifter vilde være at give et Stykke af hele Evropas Litteraturhistorie. End ikke ved at opsamle de Brudstykker af Annaler og Krøniker, hvor Normannerne nævnes, havde man Udsigt til at faa mere end et simpelt Omrids; thi Normannerne kom paa de færreste Steder som et forbigaaende Uvejr, deres Tog efterlode· sig dybe Spor og skabte mange Steder en ny Tidsalder med en ny Aand. Til Forstaaelse af denne Indvirkning og de Egenskaber hos Erobrerne, der gjorde den mulig, er det lige saa vigtigt at studere mangt et Kildested, hvor Normannerne ikke nævnes, — og man tvinges til at fordybe sig i de enkelte Landes indre og ydre Historie [1]).

Naar jeg alligevel begynder mit Arbejde med et Afsnit om Kilderne, er det dels for at gjøre Rede for den Methode, som jeg selv har fulgt, og som jeg anser for den rigtige i Behandlingen af disse Folks Historie, dels for at henlede Opmærksomheden paa enkelte Hovedkilder.

Det er min Plan at skildre Normannerne saa vidt muligt efter de mest samtidige Kilder; jeg tror nemlig, at man hidtil har været for lidet nøjeseende i at medtage

---

[1]) Kruse har samlet en saakaldet „Chronicon Nortmannorum, Hamburgi. et Gothæ, 1851“, der skulde give i kronologisk Orden Kilderne til Normannernes ældste Historie. De ovenanførte Grunde og dernæst Forf.'s Mangel paa Kritik have været Aarsagen til at dette Arbejde slet ingen Betydning har havt i Normannerstudierne.

Kilder, der ere adskilligt ældre eller yngre end Vikinge-
færden. Til Belysning af denne ser man til Ex. meget
ofte Tacitus' Germania paaberaabt. Denne romer-
ske Forfatter levede og skrev ved Aar 98 e. Kr. F., og
Normannertogene fandt Sted i det 9de og følgende Aar-
hundreder. Tacitus' Værk er naturligvis som et Grund-
skrift til Oplysning om de gotiske Folk uvurderligt, men
7 Aarhundreder ere en lang Tid og kunne føre mange
Forandringer med sig. Det maa dernæst erindres, at
Vikingetiden frembryder som et nyt Stadium
i de nordiske Folks Udvikling; de træde ved
Tiden 800 for første Gang op i Verdenshistorien og
trænge i Løbet af ét Aarhundrede sejrende ud over hele
Evropa. Det vilde være urimeligt at nægte, at der maa
være foregaaet en lang, indre Udvikling, der nu er
skjult for os, som har modnet dem til at blive hint
Folk af verdenshistorisk Betydning.

Som Hovedkilde til Oplysning om Normannertiden,
om Erobrernes Sæder og Færd, anvendes jo dernæst
de nordiske Sagaer. Disse ere som bekjendt om-
trent alle nedskrevne i det 13de Aarhundrede, 400 Aar
efter Normannertidens Begyndelse. Selv om man nu
har den bedste Tro til Sagaberetternes Evne til at
bevare Traditionen, maa den store Tidsafstand dog
vække Betænkelighed, navnlig naar det erindres, at en
hel ny Alder med en anden vidt forskjellig Tro og nye
Sæder er forløbet i Mellemtiden, og at Traditionen er
gaaet gjennem saa mange, af disse Tider og Sæder
paavirkede Sind. Men Benyttelsen af Sagaerne bliver
ogsaa betænkelig i en anden Henseende. Disse ere
nemlig saa godt som alle udsprungne paa islandsk og
norsk Bund. Nu have imidlertid Nordmændene ingen-
lunde spillet Hovedrollen i Normannerfærden. De store
Vikingetog mod Tydske og Franker i det 9de Aarh. udgik
hovedsageligt eller udelukkende fra Danmark. Ligesaa

1*

skyldes ingen af de store og betydningsfulde Erobringer
Nordmændene, thi det var Svenske, som opkastede sig
til Herrer i Rusland, og det var Danske, som erobrede
Normandiet og senere England og sidst Syditalien. Ikkun
Betvingelsen af Irer og Skotter samt Kolonisationen af
Nordengland skyldes saa godt som udelukkende de Norske.
At Nationernes Roller have været fordelte saaledes, har
allerede Worsaae [1]) udtalt og begrundet, og det Samme
vil jeg ved mange yderligere Beviser søge at godtgjøre
i det foreliggende Arbejde. Dette Forhold har sin
naturlige Forklaring deri, at de Vikinge- og Erobreænner,
som der fandtes et saa rigeligt Maal af i Norge, fik deres
Virkekreds, foruden paa de nævnte Steder af de brittiske
Øer, paa de nordiske Vesterhavslande, paa Island og
paa Grønland. Men heraf er atter en Følge, at de
nordiske Sagaer snarere komme til at beskrive Pirat-
livet saaledes som det var, naar det udøvedes mod de
mindre Nationer med de færre Modstandsevner, naar
Angrebet ikkun sker skibsvis eller flokkevis og ikke i
tusinde- eller titusindevis. Dernæst maa det huskes, at
de nordiske Nationer uagtet deres store Stammelighed,
uagtet den fælles Tro og de i mange Henseender fælles
Sæder jo dog maatte besidde nationale Forskjelligheder
i mange Punkter — dette følger bl. A. simpelthen af
Landenes forskjellige Natur og Beliggenhed og af den
langt større Paavirkning fra Øst, Vest og Syd, som Dan-
mark var udsat for. Dette fremgaar jo desuden saa
aabenbart af det forskjellige Præg, som Landenes Rets-
orden bærer i det Øjeblik, den bliver os bekjendt, —
af Forskjellen mellem dansk og svensk Ret paa den
ene Side og norsk-islandsk paa den anden, og atter af

[1]) Se Worsaae, Minder om de Danske og Nordmændene i Eng-
land, Skotland og Irland. Kjøbenhavn 1851, og samme Forf.'s
Den danske Erobring af England og Normandiet. Kjøbenhavn
1863.

Forskjellen mellem Sverrigs og Danmarks Love. — Jeg
tror af de nævnte Grunde, at man bør være forsigtig
med at paakalde Sagaerne som Kilde til Normanner-
tidens Historie.

Noget anderledes stiller Sagen sig med Hensyn til
Saxo; thi vel er han ikke ældre end Sagaforfatterne,
men han har dog opbevaret saa talrige Sagn om de
Danskes Deltagelse i Vikingefærden og om de store
Erobringer, at han netop af den Grund maa blive en
vigtig Kilde. Imidlertid frembyder Forstaaelsen af Saxo
saa mange Særligheder, at jeg forbeholder mig i næste
Kapitel udførligere at omhandle hans Historieværk.

Min Plan er den at skildre Normannertiden først
og fremmest efter de samtidige eller dog ikke meget
eftertidige udenlandske Beretninger om Erobrerne og
deres Sæder. Et andet fortræffeligt Hjælpemiddel tror
jeg det vil være at forfølge den Udvikling, som Nor-
mannerne have undergaaet paa de forskjellige Bosættelses-
steder og at undersøge de Levninger og Spor af tid-
ligere Tilstande og Skikke, som findes hos de i Udlandet
koloniserede Normanner. Endelig komme naturligvis de
nordiske Efterretninger og særlig Saxo i Betragtning.

Som et Land, hvis Historie er meget oplysende, bør
Normandiet nævnes, i det tre Forhold her blive af
den yderste Vigtighed: for det Første dette, at Bebyg-
gelsen sker saa godt som ublandet af ét nordisk Folk,
det danske, dernæst at der finder en virkelig Kolonisa-
tion Sted og at ikke blot en „nordisk Herskerstamme"
tager Landet i Besiddelse, hvortil endelig kommer, at
der om Normandiets Historie er skrevet Værker af
ypperlige Forfattere allerede i de første Aarhundreder
efter Erobringen. Det er derfor jeg i det Følgende i
et særligt Kapitel vil dvæle ved Kilderne til Normandiets
Historie, og at jeg endelig saa ofte paakalder Udviklingen
i Normandiet til Bevis.

Oftest vil jeg — det indrømmer jeg — komme til
at dvæle ved de Danskes Deltagelse i Vikingetogene,
men jeg tror at dette sker med Rette, thi for det Første
have, som alt sagt, de Danske spillet Hovedrollen i det
normanniske Drama, og dernæst ligger deres Erobringers
Historie klarest for Dagen. Til Belysning af de svenske
Normanners Historie vilde sikkert nok en Del kunne
læres af Ruslands ældste Historie, men at Kilderne her
dog ikke ere rede og klare, fremgaar tydeligt nok deraf,
at mange russiske og tydske Lærde endnu den Dag idag
kunne erklære den svenske Erobring af Rusland for en
Fabel. Af Normandiets, af Englands og af Apuliens og
Siciliens Historie kunne vi derimod hente saa righoldige
Bidrag til Belysning af samtlige ikke blot danske, men
i det Hele de nordiske Nationers Vikingeerobringer, at
Forskeren bør have høj Grad af Opmærksomhed henvendt
paa disse Begivenheder.

Andet Kapitel.

Saxo og Sagnhistorien.

S'il est vrai, comme l'a dit Fontenelle,
que l'histoire n'est qu'une fable con-
venue, il n'est pas moins vrai que la
fable est souvent une histoire mé-
connue.

Michel Servan, Sur le progrès des
connaissances humaines, pag. 31.

Saxo Grammaticus skrev som bekjendt sit Historie-
værk saa godt som udelukkende efter den levende Tra-
dition, som fandtes hos almen Mand, hos Klerkerne og
i de Mægtiges Familier. Han lod sig diktere de i
Folkets Mund levende Minder og maa næsten have følt
Sky for den skrevne Historiebog — naar den da ikke
angik den klassiske Oldtid — saa mærkværdig lidt kjen-
der han til skrevne Kilder, til Udlandets saa godt som
Intet. Nu véd Enhver, hvorledes den er faren, som skal
skrive sit Lands Historie fra længst henfarne Tider
indtil Samtiden alene støttende sig til Folkets Sagn.
Det vil gaa ham omtrent som den Mand, der staaende
paa samme Plet og skuende ud over et vidtstrakt Land-
skab skal give en omstændelig topografisk Beskrivelse
deraf. Egnens hele Karakter, om den er rig eller fattig,
om ensformig eller afvexlende, om Lavland eller Bjerg-
land, om skovrig eller bar — alt det vil han med Let-

hed kunne give, men i Enkelthederne vil han fejle.
Særlig Vanskelighed vil voldes ham ved Bestemmelsen
af Afstandene fra ham selv og Afstanden mellem de
enkelte Punkter indbyrdes, som f. Ex. ved at beregne
om hin Sø i Nord og hint Bjerg i Syd begge ere ham
lige fjærne. Og i jo større Distance den enkelte Plet
ligger fra ham, jo urigtigere vil hans Beskrivelse i Reglen
falde ud; værst vil det gaa ham i Horizonten, hvor Kon-
turerne rykke tæt til hinanden og Taager og Fortoninger
drive deres Spil. — Den Kamp, som Øjet hos Naturens
Betragter har med at bestemme Afstanden i Rummet,
har Tanken hos Historieforskeren med at fastsætte Tids-
afstanden. I Skildringens Ensemble vil han sjældent
fejle; Folkets Evner og Villie, dets Tro og Sæder, dets
Livsmaal og hele Virkemaade vil han altid kunne skildre,
og i denne Henseende har Saxos Sagnhistorie jo altid
nydt Hæder og Anseelse [1]). Men da Sagnene aldrig
gjemme Aarstallene, som ingen Glæde byde Hukommelsen,
gaar den Historiker, som skriver efter Sagn, glip af
ethvert Afstandsmaal. Begivenhederne forskyde sig, den
samtidige Daad bliver sat frem i Tiden, den eftertidige
skydes tilbage. Og jo længere man gaar ned i Fortiden,
desto større bliver Fejltagelserne; Forvexlinger, der først
angik Aar, dreje sig nu om Aarhundreder eller Aar-
tusinder, og værst gaar det i den graa Oldtid, hvor alle
sikre Linier udviskes.

Saaledes er det netop gaaet Saxo. Det er ofte
bleven belyst, i hvormange Misforstaaelser og Tids-

---

[1]) Holberg siger saaledes i sin Dissertatio quinta de historicis
danicis: I mine Tanker har Saxo anset det for rettere at
overlevere hine fabelagtige Mindesmærker til Efterverdenen
saaledes som han forefandt dem, end at lade dem aldeles
gaa tabte. Thi føre de ingen anden Nytte med sig, saa vise
de i det Mindste de ældgamle Folks Aand og Sæder. Jfr.
N. M. Petersen, Danske Literaturs Historie. 2den Udg. I. 49.

forrykkelser han har gjort sig skyldig allerede ved Skildringen af en Tidsalder, der ikke ligger ham fjærnere end Knud den Stores, eller i Beretningen om Svend Tveskjæg og Harald Blaatand [1]). Hvorledes mon det gaar Saxo med de endnu fjærnere Tider, hvor Vanskeligheden ved at kontrollere ham voxer eller er omtrent umulig?

Hvad beretter Saxo om Normannertogene?

Mit Svar herpaa vil lyde underligt i Manges Øre, men det er utvivlsomt rigtigt, ja det er min Overbevisning, at der ved dette Svar indirekte gives os en ny Nøgle til Forstaaelsen af Saxos første Bøger og hans Sagntid, og en ny Kilde til Skildringen af Normannerne.

Saxo kjender aldeles ikke Normannertiden. Det er ham ubekjendt, at de Danske i det 9de Aarhundrede indtraadte i et nyt Stadium af deres indre Udvikling og i et forandret Forhold til Udlandet. Saxo tror, at de Danske i fjærne Aarhundreder, ja gjennem hele Oldtiden have vundet lignende Sejre og tilkæmpet sig lignende Erobringer som dem, Normannertiden kan rose sig af. Det er ingenlunde tilstrækkeligt til Belysning af Saxos Stilling, naar Depping [2]) siger: „i øvrigt giver Saxo sig ikke synderligt af med Normannerne og nævner dem næsten aldrig"; thi Sagen er den, at han slet ikke nævner Normannernavnet; „Normanni" findes i hans Værk kun brugt om Normandiets Beboere i det 11te Aarhundrede [3])

---

[1]) Herom henviser jeg til P. E. Müller, Kritiske Bemærkninger over Saxos Danske Historie i Vidensk. Selskabs phil. og hist. Afhandlinger, IV., samt til Notæ Uberiores til hans Udgave af Saxo.

[2]) Depping, Normannernes Søtoge, S. 31.

[3]) S. 555 kalder han nemlig Vilhelm Bastard „Normannorum dux", og S. 512 og 536 bruger han „Normannia" om Normandiet.

og om Norges Indbyggere [1]). Saxo omtaler ikke med ét Ord, at Sydboerne kaldte de nordiske og særligt de danske Vikinger Normanner. Han er stum om Sydboens Bøn: libera nos a furore Normannorum! Enten har Saxo altsaa Intet erfaret om denne Betegnelse, eller hvis han har hørt derom,. har han troet, at derved forstodes Norske, og udeladt Beretningen af dansk Historie. Disse tvende Omstændigheder, at Saxo hverken kjender Normannernavnet eller Normannertiden som en bestemt Epoke af den nordiske Oldtid, ere imidlertid af den yderste Vigtighed til Forstaaelsen af Saxo.

Dette Forhold ved Saxos Historieværk maa naturligvis nøjere undersøges.

Vi bør da først bestemme Normannertidens Begyndelse efter paalidelige Kilder fra de Lande, hvis sikre Historie gaa Aarhundreder længere tilbage i Tiden end de nordiske. Det bliver til Englands og Irlands, til Tydsklands, Frankrigs og Spaniens Annaler vi maa vende os. Naar disse Landes sikre Historie begynder, er det en meget vanskelig Sag at opgive, men saa meget er vist, at man fra Aar 600 har saa talrige historiske Vidnesbyrd fra disse Lande, at deres Tavshed om nordiske Indfald bliver afgjørende som Benægtelse af disse, og selv fra nogle Aarhundreder længere tilbage i Tiden findes saa mange og paalidelige Kilder, at den samme Slutning med nogenlunde Sikkerhed kan drages ogsaa for en endnu ældre Tid, i hvert Fald for saa vidt Frugten af Indfaldet skulde have været en blivende Erobring.

Beretningerne om Indfald fra Norden paa de vestlige Kyster ere næppe flere end følgende. At Jyder, i Forening med Angler og Sakser, i det 5te og 6te Aarh.

---

[1]) S. 192, 246. 269, 351, 393. Langt hyppigere betegnes de som „Norvagienses“.

skulle have erobret England, er et Sagn, hvis Sandhed
Historikerne nu betvivle; vist er det imidlertid, at Jyder
i det 7de Aarh. have været bosat paa Wight [1]). Om
deres Udvandring har der dog næppe bestaaet nogen
Tradition paa Saxos Tid. — I Følge Gregor af Tours
(III. k. 3) skal den danske Kong Chochilaic, Beowufs-
sangens Hygelac og paa dansk Tunge Hugleikr, henved
Aar 515 have foretaget et Togt til det galliske Rige,
paa hvis Kyster han blev slaget af Kong Theuderiks
Søn Theudebert [2]). — Naar det endelig formodes, at
nordiske Nationer have deltaget i forskjellige Plyndrin-
ger, som Sakserne have øvet ved Vesterhavets og
Kanalens Kyster [3]), er dette ikke Andet end en Gisning
uden Grund.

Afset fra disse Beretninger ere alle udenlandske
Kilder enige i, at Normannernes Indfald begynde
ved Aar 800. Tydske og frankiske Annaler omtale
dem for første Gang paa Plyndringstog ved Frislands
Kyster 810, efter at de Danske i de to Aar forinden
havde ligget i Krig med Obodriterne [4]). Paa de en-
gelske Kyster træffe vi dem 787, da 3 „scipu Norð-
manna af Häreðalande“ gjorde et Plyndringstogt; Anglo-
Saxon Chronicle betegner dem senere som „þa ærestan
(første) scipu Deniscra manna“. Den wales'ske Krø-
nike „the gwentian Chronicle“ henfører de Danskes første
Anfald paa Kymrerne til Aar 795 [5]). I Følge de irske
Annaler komme Hedningerne først til Erin 794 (795 [6])).

---

[1]) Jfr. Jessen, Undersøgelser til nordisk Oldhistorie, S. 55.
[2]) Jfr. N. F. S. Grundtvig i Dannevirke II. 284. Schiern i Ann.
f. N. Oldk. 1858. 5—6.
[3]) Depping, Normannernes Søtoge. 4de Kap.
[4]) Pertz, Scriptores I. 195—197, 309, 354. II. 258, 614.
[5]) Jfr. Dr. Todd i Forordet til The war of the Gaedhil with
the Gaill. S. XXXIII.
[6]) At 795 er det rette Aar se Dr. Todd l. c.

Da Normannerne 844 naa til Spanien, hedder det i Beretningerne om Indfaldet udtrykkeligt, at dette Folkeslag hidtil var uset ved disse Kyster [1]).

Saaledes ere det samtidige Evropas paalidelige Annalister enige om, at det danske Vikingeliv begyndte henimod Aar 800. Før den Tid havde kun sporadiske Indfald tilkjendegivet Syd- og Vestlandenes Folk, at der i Norden boede krigsberedte Nationer, og hvis disse allerede tidligere have ført et saadant Vaaben- og Idrætsliv som det, hvis Frugter Normannertogene vare, da havde de hidtil kun vendt Vaabnene mod hverandre indbyrdes eller mod de østlige Nationer, hvis Historie Tidens forglemmende Magt har udvisket.

Med den vundne Underretning vende vi os til de nordiske Kilder. Disse indskrænke sig hovedsagelig til Ynglingasaga og Saxo. Ynglingasaga kjender meget lidt til enten krigersk eller fredelig Forbindelse med fremmede Lande udenfor Norden. Vi se Danske, Norske og Svenske krige mod hinanden indbyrdes, stundom gaar Vaabenfærden tillige mod Finner og Ester, og én Gang gjøres et Strandhug paa Sakslands Kyst (k. 32). Først i Sagnet om Ivar Vidfadme træffe vi en Erobrer, som vinder hele Dana- og Sveavælde, en stor Del af Saksland, hele Øster Rige og den femte Del af England (kap. 45). Dette Sagn staar i en ulykkelig Forladthed, uden enhver Detail om Maaden og Midlerne, hvorved Erobringerne udførtes; ja allermærkeligst er, at Ivar kaldes en skaansk Konge, der blev saa vældig, at han kunde erobre alle disse Lande og at han nævnes som

---

[1]) Nordmanni primi in Asturias venerunt. — Gens crudelissima et in partibus nostris antea non visa. — Saaledes ere Kildernes Udsagn. De findes gjengivne samlede hos Kunik, die Berufung der schwedischen Rodsen. II. 285 ff.; jfr. Dozy, Recherches sur l'histoire politique et littéraire de l'Espagne pendant le moyen âge. Vol. II.

Stamfader til Enekongerne i Sverrig og Danmark — thi herom véd hverken Saxo eller nogen dansk Kongerække eller Optegnelse det Allermindste [1]). — Afset fra dette Sagn kjender Ynglingasaga ingen Erobringer i Vesten.

Vi naa da til Saxo. Han beretter, at allerede Frode I, Konge i Danmark i den graa Oldtid, har sejret over Britter og Skotter. Med en Flaade løb han op ad Rhinen og hærgede i det Inderste af Tydskland (S. 74—75). Paa Kong Røriks Tid kæmper Prins Hamlet med Britterne (S. 160). Kong Frode den Fredegode var en vældig Erobrer; efter utallige Krige med Huner, Vender og Sakser, Finner og Bjarmer, Britter og Irer, erhverver han sig et saa uhyre Rige, at det strakte sig over hele Rusland og mod Vest lige til Rhinen (S. 241). Naar denne Konge har levet, er meget uvist, thi skjønt Saxo lader Kristi Fødsel indtræffe under hans Regjering, er det næppe hans alvorlige Mening at sætte ham saa fjærnt i Tiden, i det ikke mange Slægtled og Kongeled adskille ham fra de historisk sikre Konger fra det 9de Aarh., hvis Levetid maa have været Saxo bekjendt. Suhm lader Frode dø Aar 370 e. Kr. F.[2]), hvad der vist er nogle Aarhundreder for tidligt. — Harald Hildetand, der levede i det 8de Aarh., skal have betvunget Slavernes Land, Aquitanien og Northumberland (S. 366). Endelig lader Saxo et rigt bevæget Vikingeliv gjennem hele Sagntiden foregaa paa Irland; dette skal jeg strax særligt omtale.

Kort sagt — i Følge Saxos Fremstilling have de Danske ikke blot kriget mod vestlige og sydevropæiske Lande gjennem hele Oldtiden, men de have dér vundet sig Riger, givet Love og indført nordiske Sæder og Skikke. —

---

[1]) P. E. Müller, Kilderne til Saxos ni første Bøger. S. 108. (Vid. Selskabs phil. og hist. Afhandlinger. II.)

[2]) Suhm, Historie af Danmark. I. 177.

Flere danske Annaler, der ere uafhængige af Saxo, berette ligeledes om nogle danske Kongers Erobringer i Syd- og Vestlandene i Oldtiden, men dog langtfra i det Omfang som Saxo eller med saa detaillerede Efterretninger, og da det altid er vanskeligt at afgjøre om Kilderne ere uafhængige af Saxo, foretrækker jeg her at holde mig udelukkende til ham. —

Hvorledes skal man nu forklare denne mærkværdige Modsigelse mellem Udlandets Kilder og Saxo? Endog hans nordiske Frænde, Ynglingasaga, synes, som paavist, at lade ham i Stikken. Det er aabenbart lettest at erklære Saxos Beretninger for ren Fabel, men derved løser man ikke Spørgsmaalet. Der hviler ingen Mistanke paa Saxo om at han skulde have opdigtet disse Fortællinger; han meddeler Sagnene, som han forefandt dem, kun søger han at bringe dem i Orden og Sammenhæng. Et Sagn er imidlertid lige saa lidt Fabel som det er Historie; et Sagn bærer altid den Mulighed med sig at være et miskjendt Stykke Historie, saaledes som Servan lige saa aandfuldt som træffende har sagt i det Motto, jeg har stillet i Spidsen for min Undersøgelse; det er den historiske Kritiks Hverv at udfinde den Kjærne af historisk Sandhed, som Sagnet kunde skjule.

Nu kunde man jo tænke sig to Muligheder, at Saxo enten har forlagt Sagnet geografisk eller kronologisk, at han har forrykket enten Sted eller Tid.

At omflytte Sagnene geografisk vil i Reglen ikke lykkes; dertil ere de altfor nøje knyttede til Forhold og Navne i bestemte Lande. Derimod vil man som oftest kunne foretage en kronologisk Flytning uden mindste Skade. Naar vi nu mindes, hvad jeg ovenfor paaviste, at Saxo aldeles ikke kjender Normannertiden i egentlig Forstand, at han er uvidende om, at de Danskes

Erobringer først begyndte i det 9de Aarhundrede[1]), og naar vi fremdeles huske paa, at Norden og særlig Dan-

---

[1]) Noget Andet er om Saxo ikke indirekte kunde angive os Normannertidens Begyndelse. Udlandets Kilder belære os derom bl. A. paa følgende mærkelige Maade. —

Normannertiden var en rystende og skæbnesvanger Tid, fuld af Sorg og Nød for de sydlige Nationer. Frygteligt og længe laa Folkene under for de hedenske Krigere. — En saadan Tidsalder kunde naturligvis ikke begynde uden Forudanelser og mørke Varsler. Det gaar Folkene som det enkelte Menneske, en ubestemt Angst, et profetisk Glimt i Fremtiden, som ligesom et Sekund glemmer at skjule sig, ryster os. — Vi have smukke og karakteristiske Fortællinger fra Udlandet om Forudsigelser af Normannertiden. St. Liudger, der var Missionær i Frisland og den første Biskop af Münster, havde en Gang et Drømmesyn. Solen maatte flygte fra de nordlige Egne og skjule sig for utallige Skyer, saa at Mørket dækkede alle Søkyster. Først en Stund efter vovede Solen atter at hæve sig over Havet; men da var den blegere end forhen. Han fortalte dette Syn grædende til sin Søster, og hun udspurgte ham om dets Betydning. Da udlagde han det om fremtidig Plyndring og Hærgning af Normannerne; selv vilde han ikke komme til at se det, men hun vilde blive det sørgelige Vidne til de mørke Tider. St. Liudger døde 809 og hans Spaadom gik i Opfyldelse (Pertz II. 412). Den anden Forudsigelse skyldes Karl den Store, der engang, da han opholdt sig ved Søkysten, skal have været opmærksom paa nogle Skibe, som dristigt viste sig udenfor Havnen og vovede at plyndre. Da de hørte, at Karl selv var tilstede, trak de sig i Hast tilbage. Men Karl stirrede længe tankefuld mod Østen og sagde til sidst med Taarer i Øjet til sine Hofmænd, at han gruede for den Tid, disse Sørøvere vilde berede hans Efterkommere (Pertz II. 757—58). Ogsaa paa Irland blev Normannernes Herredømme profeteret. St. Bercan spaaede om Hedningernes Komme over Havet og Turgesii 7aarige Regering (War of the Gaedhil, S. 9—11). — Disse Sagn ere karakteristiske i den Henseende, at de vise os, hvilket Tidspunkt Udlandet selv satte som Normannertidens Begyndelse (jfr. i øvrigt Munchs smukke Fremstilling i N. Folks Historie, I. 1. 414 ff.).

Det var ikke urimeligt om Saxo i en eller anden gejstlig Tradition havde fundet Noget om disse Forudsigelser. I hans

˙mark maa have ejet et rigt Skatkammer af Sagn
og Minder fra Vikingetiden, tror jeg man vil ind-
rømme mig, at der er stor Sandsynlighed for, at Saxo
har anbragt i den graa Oldtid hvad der hører
hjemme i Normannertiden. Han (eller Sagnet før
ham) har troskyldigt bragt Bedrifter og Gjerninger, som
fortaltes om Vikingehelte, ind i Kongesagaen; han har
hæftet dem til danske Konger af samme Navn eller til
Konger, der vare berømte som Krigere; han har maaske
uden videre indsat berømte Søkonger i den danske
Kongerække. Nu bliver det ogsaa forstaaeligt, at alle
disse Erobringstog skildres netop paa samme Maade,
hvad enten de i Følge Saxos Fremstilling fandt Sted
før Kristi Fødsel eller paa Regner Lodbrogs Tid, saa
at selv hine Urtidskrige førtes med den Krigskunst, der
er os fuldt bekjendt fra Normannertiden. — Det er
Forskerens Sag i det enkelte Tilfælde at bevise, at
en saadan Omflytning er sket og hvor Begivenheden
skal flyttes hen, og jeg haaber i dette Arbejde at skulle
paavise flere — som jeg tror — aldeles uimodsigelige
Omflytninger. Her ønsker jeg kun i Almindelighed at
hævde, at der er givet en Formodning for at Saxo

Fortælling om Regner Lodbrog skjuler sig muligt noget
Saadant (S. 449). Regner var med sin Flaade draget mod
Kejser Karl den Store; han var alt kommet forbi Strand-
vagterne uden at blive bemærket, da en Kvinde, som ved en
Indskydelse fra Himlen, i en Spaadom advarede Kejseren.
Regners Søn Sigurd laa da allerede i Seinen. Karl kæmpede
mod dem, men var uheldig. — Denne Saxos Fortælling min-
der i øvrigt ogsaa om Sagnet om Kordrengen i Luna, der
spaaede om Vikingeflaadens Ankomst ved Portus Veneris
(Roman de Rou I. 25—26).

En indirekte Antydning af at Normannertiden med de
store Udvandringer staar for Døren, ligger sikkert nok deri,
at Saxo sætter Kong Snios Regjering, med de store
Hungersaar og Udvisningen af det overtallige Mandskab, om-
trent ved Tiden 800.

har gjort sig skyldig i en saadan Omflytning, naar han fortæller om Erobringer i fremmede Lande, der paa det Tidspunkt vitterligt laa i Fred for nordiske Indfald.

Det er vist, at Saxo forelægger os en Gaade, og en Løsning maa jo findes. Naar man hidtil ikke har forsøgt at bringe en Forstaaelse tilveje, har Grunden hertil vist været en altfor stor Foragt for Saxos Sagnhistorie som anvendelig til virkelig Historieskrivning. — Munch har ganske vist lejlighedsvis udtalt, „at det for Resten altid bliver et Spørgsmaal om ikke alle eller de fleste af de saakaldte engelske Tog før Regner Lodbrogs Tid kun gik til Angel eller Sønderjylland, uden at have Noget med England at bestille"[1]); men denne Hypothese mangler enhver Naturlighed og Rimelighed, og bortforklarer desuden kun Erobringerne i et af disse betvungne Lande. — At Saxos Fremstilling dog muligt kunde afspejle en Erobring i en fjærn Oldtid, som Udlandets Annaler havde forsømt at optegne, bliver i højeste Grad usandsynligt, naar vi erindre, at et saadant dansk Sagn da maatte være adskilligt over et halvt Aartusinde gammelt. —

Jeg skal her blot berøre ét Spørgsmaal. Ad hvilke Veje tænker man vel at kunne forklare det Fænomen, at i Følge Saxo Danske og Norske hele Oldtiden igjennem have ført et daadrigt Vikingeliv paa Irland? Dette Land gjør han jo til den stadige Skueplads for nordiske Søkongers Bedrifter. En berømt Viking Hagen, der under forskjellige Konger i Løbet af Aarhundreder spøger om i Sagnfortællingen, findes saaledes paa Irland, hvor hans berømteste Bedrift er Betvingelsen af Kong Huglejk[2]). En anden Helt Huyrvil hører — som det synes — hjemme paa

---

[1]) Munch, norske Folks Historie. I. 1. 285.
[2]) Saxo 279, 347. 404.

Irland [1]) og den norske Skoldmø Rusila, der gjennem
Aarhundreder maa kæmpe og bukke under for danske
Konger, sender sine Kammerater og Krigere til Vikinge-
tog paa Irland [2]). Den norske Konge Ring er paa
Sørøveri ved Irland [3]). Irernes Konge Kervil over-
vindes af Kong Frode III. [4]) — Er det nu ikke rimeligt
at antage, at Saxo har flyttet hen til en fjærn Oldtid
Scener fra det 9de og 10de Aarh., da Irland var Skue-
pladsen netop for de smaa Søkongers Hærgninger, da,
netop som hos Saxo, Norden og særlig Norge udsendte
den ene Flaade efter den anden til Plyndring dér?
Hans Beskrivelse af Irerne er jo som taget af de kel-
tiske Forfatteres Fortællinger om Irerne paa den Tid [4]).
Er det ikke rimeligt, at han netop ved Kong Kervil
tænker paa hin berømte Kong Cearbhall, der kæmpede
med Vikingerne i Midten af det 9de Aarh. [5])? Mon
ikke hans Søkonge Hakon er den Samme som den nor-
diske Hærfører Agond, hvem Cearbhall 847 overvinder [6]),

---

[1]) Dette er dog ikke sikkert. Saxo kalder S. 178 Huyrvillus
„Hollandiæ princeps". Denne Betegnelse maa naturligvis
rettes, hvad Udgiverne ogsaa have erkjendt, medens de ere
uvisse om hvorledes. „Hiberniæ princeps" forekommer mig
ikke urimeligt, da 1) Huyrvil kriger med Rusila og hendes
Fæller, men S. 396 se vi dem netop udsendte mod Irland;
2) Fridlev, som vil hævne sig over Huyrvils Troløshed, dræber
denne og drager strax til Dublin, rimeligvis paa Hævntog,
3) Huyrvil er vist i Saxos Øre et lige saa godt gælisk Ord
som Kervil (S. 254).

[2]) Saxo 178, 365, 394—396.

[3]) Saxo 393.

[4]) Saxo 254 (og notæ uberiores), jfr. Giraldus Cambrensis, Hiber-
niæ Topographia cap. 10. Hibernia expugnata c. 36.

[5]) I Udgaven af Saxo S. 254 er allerede gjort opmærksom paa,
at denne Kong Kiarval var særlig berømt paa Island, hvor
flere Familier anbragte ham i deres Stamtræ.

[6]) Cronicon Scotorum (ed. Hennessy) 147 (847): a great victory
gained by Cerbhall, son af Dunghall, over Agond in which
1200 were slain. — Gaedhil S. 27 nævner en anden Høvding
Haconn ved Aar 916.

eller at Saxo dog derfor har sat ham i Irland fordi han har hørt om denne Hakon [1])? — Man vil maaske sige: men Skjoldmøen R u s i l a, hende vil jeg dog ikke have hævet ud over Fabelsfæren? .Kun Saxo er saa naiv, at han lader Skjoldmøer figurere i Historien. „Over alt er det underligt — som P. E. Müller siger — at Saxo saa ofte nævner Skjoldmøer, og at de ikke forekomme hos Islænderne undtagen i de eddiske Sange og i Søgubrots Fremstilling af Bravallaslaget" [2]). — Jeg svarer imidlertid jo; heri ser jeg ogsaa et Tilknytnings-punkt til Normannnertiden; Skjoldmøskikkelserne findes — som jeg senere skal paavise — langt nede i den historiske Tid, og en aldeles paalidelig irsk Krønike optegner endog, at i Midten af det 10de Aarh. kom der en nordisk Vikingeflaade til Irland anført af I n g h e n R u a i d h, hvilket er gælisk og paa Dansk betyder „den

---

[1]) Sagnet om Kong Hugleik hører i øvrigt maaske til dem, der, bør forlægges geografisk. — Ynglingasaga c. 25 fortæller, at Kong Huglejk var en svensk Konge, der sad hjemme i sit Slot, rig og karrig, omgivet af allehaande Spillemænd, Sejd-mænd og Troldkarle. Kong Hagen med Stærkodder i sit Følge drog mod ham og slog ham saavel som hans Brødre, de vældige Kæmper Svipdag og Gejgod. Her indtræffer saaledes det temmelig enestaaende Tilfælde, at samme Sagn med sit hele Udstyr fortælles af Ynglingasaga og af Saxo, og at det henlægges i forskjellige Lande. P. E. M ü l l e r (Saxos Kilder 86) og M u n c h (Norske Folks Historie. I. 1. 258) tvivle ikke om at Sagaens Fremstilling er den rette; G e j e r (Saml. Skrifter. 1875. IV. 276) derimod undrer sig over, at Hugleik findes i den svenske Kongerække, skjønt Langfedgatal ikke nævner ham og Thjodolf intet Vers har om ham, hvorfor han mener, at Hugleik maaske snarere hører hjemme i Sagnet om Søkongen Hakon, hvis Bedrifter kunne lægges overalt og saaledes af Saxo ere henførte til Irland. — Jeg har ovenfor kun fremsat min Formodning om, hvorfor Saxo henlægger Scenen til Irland, at han nemlig har hørt om en Søhelt Hagens Bedrifter paa Irland.
[2]) Saxos Kilder 122.

røde Pige" eller „Pigen med det røde Haar". Senere
nævnes, at to af „den røde Piges" Sønner dø i
Kampen¹).

Hermed tror.jeg at have paavist, at en norsk
Skjoldmø fra det 10de Aarh. kunde staa for Saxos
Tanke, hvormed jeg ganske vist kunde lade mig nøje;
jeg tror imidlertid, at man kan komme Sagen endnu
mere paa Livet. — Saxo beretter S. 178 om: Rusila
virgo; S. 365 virgines Sticla et Rusila; S. 394
Rusla virgo; S. 395—396 Rusla alene. De islandske
Sagaer iagttage en dyb Tavshed om denne Skjoldmø
— siger P. E. Müller²) —; og det er mig heller ikke
bekjendt, at Rusila kunde være et forvansket nordisk
Navn. Derimod betyder paa Latin russulus rødlig.
russeolus rødladen og rutilus rød, med guldgult
Anstrøg, eller blond³), og altsaa russula virgo, rus-
seola eller rutila virgo den rødladne Pige eller
Møen med det røde Haar. Dette er dog et altfor
mærkeligt Træf til at man ikke skulde begynde at tro
paa Identiteten. Der maa aabenbart have været en
gammelnordisk Fortælling om den rødhaarede Pige som
Vikingeanfører⁴), men det ser jo mærkeligt ud, baade
at den irske Annal kalder hende med den gæliske
Betegnelse, og at Saxos Kilde synes at have berettet
om hende paa Latin. — Den irske Annal er ogsaa be-
synderlig. Den vil nævne en Del nordiske og· særlig
norske Flaader, som i Midten af det 10de Aarh. kom
til Irland, og fortælles saaledes (i engelsk Oversættelse):

---

¹) The war of the Gaedhil, 41, 207 jfr. XCV.
²) Saxo 178.
³) Se Freunds Wörterbuch der lateinischen Sprache ved disse
    Gloser.
⁴) Foreløbig finder jeg ikke nogen Grund til at antage, at et
    Øgenavn givet en Mand („den blonde Mø") har været Anled-
    ning til Sagnet.

„There came there, also, the fleet of O i b e r d, and the fleet of O d u i n n, and the fleet of G r i f f i n, and the fleet of S n u a t g a r, and the fleet of L a g m a n n, and the fleet of E r o l f, and the fleet of S i t r i u c, and the fleet of B u i d n i n, and the fleet of B i r n d i n, and the fleet of L i a g r i s l a c h, and the fleet of T o i r b e r d a c h, and the fleet of E o a n B a r u n, and the fleet of M i l i d B u u, and the fleet of S u i m i n, and the fleet of S u a i - n i n, and lastly the fleet of t h e I n g h e n R u a i d h[1]).“ · Jeg kan ved Læsningen af dette Stykke ikke faa Andet ud end at der skjules i Texten et eller andet Vers; thi Navnene ordne sig omtrent af sig selv dels efter Asso- nantser dels efter Enderim. Man kan blot med to Om- sætninger stille Navnene op saaledes:

> Oiberd, Oduinn,
> „   Griffin,
> Snuatgar, Sitriuc,
> Erolf, Lagmann,
> Buidnin, Birndin,
> Liagrislach, Toirberdach,
> Eoan Barun, Milid Buu,
> Suimin, Suainin,
> Inghen Ruaidh.

Hvilke de nordiske Navne ere, som skjule sig under de barbariske Former, maa jeg lade Sprogmænd be- dømme, men jeg bør her gjøre opmærksom paa, at Rusilas Kammerater og Hærmænd sikkert ogsaa en Gang have været ordnede i Vers. Saxo nævner (S. 178) „quinque ejus complices Broddonem, Bildum, Bugonem, Fanningum et Gunholmum, quorum pater Fyn extitit“, S. 396 som „promptissimi Ruslæ milites“ Thorias og Bero, — altsaa:

---

[1] „Inghen Ruaidh: i. e., the red-haired maiden.“ Gaedhil. S. 41.

Bróðir, Bildr,
Bero (Bjørn?), Búgr,
Fanningr, Gunholmr,
(Finnſs synir),
Thorias, Rusila.

Det forekommer mig, at nogle af Navnene gaa igjen i begge Vers. —

Jeg skal her endnu kun belyse et enkelt Spørgsmaal, fordi det derved tillige vil blive klart, hvorlunde Sagnene flytte sig fra Sted til Sted, fra Person til Person og fra én Tid til en anden. Der findes nogle almen bekjendte Sagn om normanniske Krigspuds eller snilde Paafund, som man kan møde over alt i Verden, hvor Normannerne have sat deres Fod. De træffes ved Østersøens Kyst, gaa ned gjennem Rusland til Byzants og Grækenland, gjenfindes i Italien, Normandiet, England, Irland, og saa atter her i Norden. De ere meget karakteristiske som klare Spor om Vikingefærdene rundt om hele Evropa, og de give et interessant Vidnesbyrd om Normannernes Karakter og Krigsmaade, men — man tør ikke blive staaende alene ved Betragtningen af denne deres Betydning. Det er nødvendigt at trænge nøjere ind paa disse Sagn, thi som de nu henstaa uden at være gjorte til Gjenstand for Kritik, ere de kun en skinbarlig Mare paa hver den Begivenhed, de knyttes til. Da det samme Krigspuds fortælles 4 eller 6 Gange andetsteds, bærer den omhandlede Daad omtrent Attest paa aldrig at have fundet Sted.

Nu er det vel muligt, at Normannerne kunne have gjentaget saadan List, men Sandsynligheden for at den er bleven repeteret mere end 1 eller 2 Gange er ikke stor; Fjenderne maatte jo dog være blevne kloge af Skade, tilmed da disse Krigspuds vare saa vidtberømte. Jeg skal nu vise, at flere af disse Beretninger efter fornøden kritisk Sigtning maa udgaa som uhjemlede, ligesom jeg ogsaa skal pege hen paa Maaden, hvorpaa de stadigt fordoble sig.

Jeg tager her kun to af disse Krigspuds til Undersøgelse; det ene vil jeg kalde: den forstilte Begravelse, det andet: Listen med Spurvene, der stak Ild i den belejrede Stad. ˙

Den forstilte Begravelse fortælles af følgende Kilder:

1. Saxo beretter (S. 66), at Kong Frode erobrede Byen Palteskiu (Plescovia), som længe havde trodset hans Anstrængelser, ved at udgive sig for død, lade sin Hær opkaste en Gravhøj og sørge; da Fjenden saa Angriberne optagne af Sorgen over deres tabte Herre, forsømtes Forsvaret og Byen overrumpledes.

2. Saxo (S. 79) lader samme Konge erobre London ved denne List; da de Belejrende have mistet deres Anfører, indlades de i Byen for af den fjendtlige Kommandant Dalemannus' Følge at vælge sig en Anfører, hvorved Byen overrumples. — Dette er naturligvis meningsløst, men Saxo har ikke villet fortælle Sagnet to Gange paa samme Maade.

3. Den vidtberømte Høvding Hasting skal have erobret Luna, en gammel Søstad ved Genuabugten (nærmere Pisa end Genua), ved først at udgive sig for syg og hidkalde Munkene fra Byen til at give sig den sidste Olie og senere ved at anstille sig død og lade sig begrave inde i Byen. Jfr. Dudo, ed. Lair S. 132—135, ed. Duchesne 64—65. Will. Gemmet. I. cap. 9—11, Wace, Roman de Rou, I. S. 24—35, Benoit, Chronique, I.

4. Harald Haardraade anvender denne List ved Erobringen af en Borg paa Sicilien i Begyndelsen af 11te Aarh. Se Snorre, Harald Haardraades Saga, Cap. 10.

5. Guillelmus Appulus (Muratori, Scriptores V. 261) fortæller, at Robert Viscard, for at bemægtige sig en næsten uindtagelig Fæstning i Syditalien, sendte Bud til Munkene dér i Byen, at en af hans Mænd var død, og bad dem modtage hans Lig. Med Ligtoget sneg bevæbnede Mænd sig ind i Fæstningen. Jfr. Gauttier d'Arc, histoire des conquètes des Normands en Italie, I. 177.

6. Otto af Freising (I. c. 33) fortæller, at Siciliens Konge Roger I erobrede Slottet Gurfol i Grækenland ved dette Krigspuds.

7. Kejser Frederik II, hvis Moder var normannisk, skal

i Følge Mathæus af Paris's Vidnesbyrd (ed. Watts S. 488)
have erobret Klostret Monte Cassino· paa samme Maade
(1239).

Listen med Spurvene berettes af følgende Kilder [1]):

1. Saxo fortæller (S. 41) at Hadding, da han belejrede
Duna, brugte det Krigspuds at indfange Fugle, der boede
under Tagene, at binde brændende Svampe under deres Vin-
ger og lade dem flyve ind i Byen, som snart stod i Lue,
hvorefter Erobringen let foregik.

2. Saxo lader senere (S. 180) Fridlev anvende dette
„Haddingske Krigspuds"· ved Erobringen af Dublin.

3. Olga, Russernes normanniske Dronning, erobrede Byen
Iskorsten i Drevljanernes Land paa samme Maade (Nestors
russiske Krønike ved C. W. Smith, S. 53).

4. Ved Erobringen af Byen Cirecester skal en vis
Gurmund i Slutningen af 6te Aarh. have anvendt denne List.
Kilderne ere Geffroi af Monmouth, Vita Merlini, XI. 8, Wace,
Roman de Brut, v. 13,949 ff. (II. 242 ff.), Geffrei Gaimard,
v. 855 ff., Mon. Hist. Brit. I. 775, Giraldus Cambrensis,
Topographia Hiberniæ, c. 39.

5. Harald Haardraade benytter Krigspudset ved Erobrin-
gen af en Borg paa Sicilien. (Snorre, H. Haardraades Saga,
cap. 6.)

Jeg vender mig først mod Beretningen i Harald
Haardraades Saga, der i sin Helhed lyder saaledes.
Harald anvender først Listen med Spurvene mod en stor
og folkerig Borg. Senere graver han en lang Løbegrav ind
under en anden stor og folkerig Borg; han naaede op i en
Stenhal, Borgvagten nedhuggedes og Porten aabnedes. En
tredie Borg, stærkest og folkerigest af dem alle, indtager han
ved at lade sine Krigere anstille sig ligegyldige og overlade
sig til allehaande Lege; de havde imidlertid Vaaben skjulte
under Kapperne og fik snart Lejlighed til at benytte dem.

---

[1]) Nogle Paralleler fra den jødisk-græske Oldtid (se om disse
    Hierozoicon, authore Bocharto) staa næppe· i Forbindelse med
    de normanniske Paafund,

Eu fjerde Borg — den var dog den allerstørste og aller-
stærkeste af dem alle — indtog Harald ved at udgive sig
for . død. — Dette er Sagaens Fortælling; Snorre har fulgt
i det Hele Morkinskinna og Fagrskinna, dog saaledes at
Listen med Legene først . hos ham bliver et selvstændigt
Krigspuds[1]). — Her er nu mange Omstændigheder, som
vække Mistanke mod Sagaen. Man undres for det Første
over at faa en saadan samlet Udgave af normanniske Krigs-
puds; ja, der er næsten noget Ærerørigt mod Harald i at
alle disse gamle velbekjendte Paafund tillægges hans originale
Natur. Den fuldkomne Tavshed om Borgenes Navne er
heller ikke lidt mærkelig. Og mon man ikke maa nære
Tvivl om Spurvelisten virkelig har været anvendt paa en
siciliansk Borg, selv om det forsynligt forsikres os af
Snorre, at „de fleste Huse vare tækkede med Rør"? Listen
hører vist hjemme under andre Forhold. Er det endeligt
rimeligt at i Kampen mod Araberne paa Sicilien, Munke og
Præster skulde faa Lov til at lukke den faldne Høvdings
Ligtog ind i den belejrede Borg? Ogsaa denne List synes
ikke hjemme her. Ja man kan vist ligefrem bestemme dens
egentlige Hjem som Vikingetidens første Aarhundrede, den
Tid da Normannerne saa ofte, ved at hykle Omvendelse og
bede om Daab, vidste ved List at skaffe sig de Kaar, som
de ikke kunde naa ved Magt, og da de Kristne troede ved
Daabsvandet at kunne omskabe Hedningernes Sind. Munch[2])
har jo ogsaa gjort opmærksom paa den mærkelige Omstæn-
dighed, at Snorres Kilder forløbe sig og komme til at tale
om „Vikingerne" i Beretningen om H. Haardraade og den
græske Hær. — Disse to Fortællinger udgaa saaledes af
Fortegnelsen som opdigtede. Men har man da nu en For-
tælling fra det 9de Aarh. som fortjener Tiltro? Ja. Beret-
ningen om hvorledes Byen Luna ved Genuabugten blev
erobret af Normannernes Høvding Hasting, bekræftes af saa

---

[1]) Munch, N. Folks Historie, II. 98. — Storm, Snorre Sturlassøns
Historieskrivning, 180.
[2]) Norske Folks Historie, II. 98—99.

paalidelige Kilder og saa almindeligt, at den næppe bør mis-
tros. Dudo (som skrev c. 1000) er den første Hjemmels-
mand; han fortæller hvorledes Hasting drog til Middelhavet
og havde til Maal at erobre Rom, til hvilken han troede at
være naaet, da han laa foran Luna. Nu er det imidlertid
i Følge Annales Bertiniani sikkert nok, at Hasting og Nor-
mannerne i Aaret 860 indtog og plyndrede „Pisa og andre
Byer"; at Luna har været mellem disse er højst sandsynligt.
Listen, hvorved det skete, fortælles først af Dudo, senere af
Wilhelmus Gemmeticensis, derefter i Roman de Rou og Benoits
Rimkrønike; Beretningen er yderst fyldig, Enhver af dem
véd at sætte sit Træk til, saa at de aabenbart fortælle efter
et levende og almindeligt Sagn. Beretningen om Lunas Ind-
tagelse er endelig bleven tidligst optegnet, henimod et Aar-
hundrede før de andre Udsagn. At det dog i Grunden var
Normannerne, der blev narrede, i det Byen viste sig ikke
at være Rom, er et saa originalt Træk, at det kun bekræfter
Historiens Sandhed. —

Underligt er det, at Saxo slet ikke kjender Luna; i
den nordiske Regner Lodbrogs Saga nævnes jo dog Byen
som denne Helts sydligste Erobring, dog anføres ikke, at han
anvendte hin List. — Som ovenfor sagt fortæller Saxo denne
List ved Erobringen af London. Nu er det jo almindelig
bekjendt, at Sagn, navnlig naar de som særlig smukke og
morsomme høre til de yndede, have uhyre nemt ved at slaa
ned, hvor en eller anden Navnelighed opfordrer dertil; jeg
behøver vel blot at bringe i Minde, hvorledes Sagnet om
Hagbard og Signes Kjærlighed har fæstet sig som Lokalsagn
paa mindst Snese af Steder her i Norden, hvor et Lokalnavn
mindede om et af de berømte Navne[1]). Normannerne, som
vare splittede over Vest og Øst af Evropa knyttede paa samme
Maade bekjendt Sagn til en af de Byer, hvis Erobring var
berømt i deres Historie, naar en Navnelighed opfordrede dem
dertil. Er det nu ikke højst rimeligt at antage, at Saxo (eller
Traditionen før ham) har forvexlet Luna med Lundonia,

---

[1]) Jfr. Svend Grundtvig, Folkeviser. I. 258 ff.

Lunaborg med Lundunaborg. Dette forekommer. mig saa meget naturligere, som hans eget Værk frembyder den Parallel, at Listen med Spurvene anvendes af Hadding ved Belejringen af Duna, men af Fridlev foran Duflina, hvor Dynaborg og Dyflinaborg aabenbart ere forvexlede. Imod Dublin er denne List ganske sikkert aldrig bleven anvendt, da irske Kilder tie derom, og da den gæliske Forfatter Giraldus Cambrensis udtrykkeligt henfører Fuglelisten til Gurmundus og Cirecester i England. Om den i øvrigt nogensinde er bleven anvendt paa denne sidste By, er meget tvivlsomt, thi Kilderne for Beretningen derom ere yderst upaalidelige og vitterligt falske ved at sætte Gurmunds Levetid til det 6te Aarh. i Stedet for til det 9de Aarh: [1]) Denne Gurmund, som Kilderne angive for en Afrikaner, er vitterligt nok ikke nogen anden Person end Hastings, som kom tilbage fra sin Middelhavstur og fra sine Plyndringer i Afrika. Nogle Krøniker betegner ham udtrykkeligt med dette dobbelte Navn [2]). Men nu er Spurvelisten i Følge Saxo opfunden af Hadding; han kalder den i sin anden Anvendelse en Efterlignelse af det Haddingske snilde Paafund, og nu er fremdeles Hasting næppe Andet end den unordiske Form for Navnet Hadding [3]) — har jeg Uret i min Antagelse om at vi her atter træffe paa de Forhold, som lade den ene Fortælling afføde den anden og knytte sig til den, til de sidde i Række som Perler paa en Snor? — Der er ingensomhelst Grund til at antage, at disse Saxos Krigspuds, der

---

[1]) Jfr. Lappenberg, Geschichte von England. II. 234.

[2]) Iste Alstagnus vulgo Gurmundus verso nomine solet nominari. Duchesne, Hist. Norm. Scriptores 32. Jfr. Lair i Mémoires de la Société des Antiquaires de Normandie. XXIII. 44—45, samt i det Følgende Kapitlet om Regner Lodbrog.

[3]) Prof. K. Gislason udtaler sig i C. W. Smiths Udgave af Nestor S. 323 saaledes om det normanno-russiske Navn Jastjag: „Mon dette Ord skulde være det oldnordiske Mandsnavn Haddingr, der udentvivl kommer af haddr (Haar)? Stillede paa det gothiske Standpunkt vilde disse to Ord vistnok hedde hazds og Hazdings."

ikke knytte sig til noget Lokalnavn herhjemme, men til
Byerne London, Dublin, Palteskju og Dyna, skulde høre
hjemme andetsteds· end i Normannertiden, og naar han
anbringer slige Sagn paa ansete Krigerkonger, især af Navnet
Frode, er Grunden hertil — for at bruge Geijers træffende
Udtryk — „Saxos lust att, likt och olikt, hopa bedrifter på
sina konungar — en lust, som han på förut berömda namn i
synnerhet släcker" [1]).   Det er højst rimeligt, at Fuglelisten
af samme Aarsag i det engelske Sagn er bleven knyttet til
Hasting, den i Udlandet berømteste af alle Vikinger, · hvem
enhver List og Ondskab tillagdes [2]). —

I øvrigt trænger af de ovennævnte Sagn Mathæus Pari-
siensis Beretning om Erobringen af Monte Cassino særlig til
Bekræftelse — den jeg hidtil ikke har kunnet finde; thi er
det tænkeligt, at de lærde Munke paa Monte Cassino, af
hvis Midte der alt var opstaaet flere normanniske Historie-
skrivere, skulde have været saa taabelige endnu i det 13de Aar-
hundrede at lade sig narre af den gamle vidt bekjendte List?

----

[1]) Geijer, Svea Rikes häfder (Saml. Skr. IV. 304).
[2]) Ved en fortsat Kritik bør naturligvis haves for Øje om ikke
    Levninger af den originale Bedrift kan g,enfindes i Enkelt-
    heder snart ved en, snart ved en anden af Bearbejdelserne.
    Saaledes har Kommandanten i London Dalemannus et Navn,
    som i Følge en Bemærkning af Saxos Udgiver (S. 79) er
    Angelsakserne ukjendt; og hvorledes kommer Plescovias Konge
    til Navnet Vespasius?

Tredie Kapitel.

Normandiets ældste Historieskrivere.

———

Tote rien se torne en déclin,
Tot chiet, tot muert, tot vait à fin:
Hom muert, fer use, fust porrist,
Tur font, mur chiet, rose flaistrit;
Cheval tresbuche, drap viésist:
Tote ovre fet od mainz périst;
Bien entenz è conoiz è sai,
Ke tuit morront è cler è lai;
E mult ara lor renomée
Emprez lor mort corte durée;
Se par cler ne est mise en livre,
Ne pot par el durer ne vivre.
Robert Wace, Le Roman de Rou. I. 4.

Det var ikke Vikingens Sag at tage Pen og Bog til Hjælp for at gjemme de berømte Bedrifters Ry til Eftertiden. Men Hæder og Lovord var dog Vikingernes Maal, et herligt Eftermæle kunde forsone med et møjsomt Liv og en umild Død; de vidste, at der om den store Helt vilde gaa baade Digt og Tale; derfor stod Skjalden og Sagaberetteren i høj Yndest, og derfor oplærtes de Unge til at bevare i tro Hukommelse Sagn og Minder. De opdrage deres Sønner som Talere, siger Gaufred Malaterra (l. I. c. 3) i sin Karakteristik af de italienske Normanner, og det maatte vel synes saa, naar man hørte, hvorledes de Unge oplærtes med Sagn

Sang og Minder om Konger og Helte. Det var denne overvættes Fylde af gamle historiske Sange og Traditioner, bevarede i en sikker Hukommelse, der lod Danmark, Norge og Island taale, at først i det 12te **Aarh.** Historieskrivere opstod hos dem; det var derved det blev muligt, at Saxo kunde skrive en saa righoldig og omfattende Bog som sin Danmarkshistorie, og at Island og Norge bleve Ejere af den enestaaende Sagalitteratur. Men Normannerne erfarede, at Traditionen lettest forgaar, naar Folket rykker op fra sin gamle Jordbund og flyttes til nye Lande med nye Forhold. Derfor maatte Klerken bringe Historien i Pennen, og der hengik ikke synderligt mere end to Generationer hos de Danske i Normandiet, før Hertugerne sørgede for en Historieskriver, og ikke mere end én Generation efter Grundfæstelsen af Normannernes Herredømme i Syditalien, før Fyrsterne droge Omsorg for at Mindet om deres Bedrifter blev gjemt til Efterkommerne.

Den Mand, til hvem Normandiets Hertug, Richard den Første, henvendte sig, var Dudo.

D u d o er født henimod Aar 960 efter al Sandsynlighed i Grevskabet Vermandois i det sydlige Picardi, hvor han henlevede den meste Tid af sit Liv. Paa Grund af sine fremragende Evner og sine Kundskaber har han vistnok indtaget en anset Stilling ved det grevelige Hof; thi Grev Albert I overdrog ham (i Tiden kort efter 986) den meget vigtige Mission til Normannerhertugen Richard at bevæge denne til en fredelig Mellemkomst mellem Greven og Hugo Kapet, som havde fjendtlige Planer mod ham. Denne Sendelse lykkedes, og Richard fandt saadant Behag i den gejstlige Mand, der forblev nogen Tid ved hans Hof og i hans Hertugdømme, at han gav ham 2 gejstlige Beneficier i Caux. Senere, nemlig 2 Aar før Hertugens Død (996) var Dudo efter sin egen Fortælling hyppigt paa Besøg („more frequentativo") ved Hoffet i Rouen. Da bad Hertugen ham en Gang om at skrive Normandiets Historie. Dudo forskrækkedes først ved Tanken, men paa Fyrstens og dennes Søns indtrængende Opfordring paatog han sig dette Arbejde, og Richard I's Stedbroder, Raoul, Greve af Ivry, hjalp ham til Indsamling af Kilderne og Traditionen. Vel vedblev Dudo at bo i Vermandois, men han er sikkert ofte kommet til Normandiet; saaledes i Aaret 1015, da Richard II gav sin Stadfæstelse paa at Dudo havde bortgivet de to ovenomtalte Beneficier til Kapitlet i St. Quentin. Da han kort Tid efter publicerede sit Arbejde, var han bleven valgt til Kapitlets Dekan. — Dette er omtrent Alt hvad man véd om hans Liv [1]).

Dudos Værk er altsaa intet Hastværksarbejde. Han har i en Snes Aar samlet Stof dertil og arbejdet derpaa. Han har havt fortræffelige Kilder, frem for Alt i den i Normandiet levende Tradition, men vistnok ogsaa i enkelte normanniske og franske Optegnelser. Hertug Richard og hans Hustru Gunnor, der Begge yndede Kunst og Videnskab, have sikkert hjulpet Dudo med Indsamlingen af Traditionen og Kilderne, men særligt var dog Grev Raoul ivrig for at skaffe Dudo alle ønskelige Oplysninger, hvorfor ogsaa Dudo i sin Indledning har erklæret, at han er Værkets egentlige Forfatter:

"cujus quæ constant libro hoc conscripta relatu
"digessi,

ja han kalder ham "hujus operis relator". Naar nu dertil kommer, at Dudo havde gjort Rejser i Normandiet, at de talrige, i Aarhundredets Midte nyankomne Skandinaver maatte have fornyet de nordiske Traditioner, at han ved sin Fødsel og Stilling udenfor Nor-

---

[1]) Jfr. Lair's Introduction til hans Udgave af Dudo i Mémoires de la Société des Antiquaires de Normandie. T. XXIII. 17 ff.

mandiet maatte have et mere uhildet Syn paa Nationens
Værd, og at Folkets Egenheder særligt maatte falde
ham i Øje, — har man formentlig al Grund til at vente
en fortræffelig Krønike fra hans Haand. Har han ikke
fremstillet Forholdene rigtigt, er han enten en Falskner
eller en hyklersk Hof-Krønikeskriver. —

Det har ikke været Dudos Skæbne at indgyde Tiltro
— tvært imod!

Før Lappenbergs Tid har han nydt liden Kredit
hos Historikerne, og de komplette Fordømmelser begyndte
tidligt. Allerede Orderic Vital siger saaledes i
Fortalen til 3die Bog af sin normanniske Kirkehistorie:
„Dekanen Dudo fra Vermandois har i veltalende Ord
fortalt de tre første Hertugers krigerske Bedrifter; i sin
Jagen efter Richard II's Gunst forfattede han en af
allehaande Ord og Metre svulmende Lovtale."[1] Denne
Dom er bleven tiltraadt af mange senere Forfattere og
til Ex. fraskrive de lærde Benediktinere ham al historisk
Troværdighed [2]. Sagen er i Virkeligheden den, at Dudo
var Historieskriver som saa mange Andre paa hans Tid,
der vilde bevæge sig uden for det annalistiske, tørre
Foredrag. — Man antog det for hørende til den rette
historiske Stil at indflette lange Vers paa indviklede

---

[1] Slutningen af Prologen til Orderic Vitals 3die Bog lyder
saaledes: „ipsi de Dacia prodeuntes, non litteris sed armis
studuerunt, et usque ad Guillelmi Nothi tempora magis
bellare quam legere vel dictare laboraverunt. Bellicos si
quidem actus trium ducum Dudo Vermendensis decanus
eloquenter enarravit, affluensque multiplicibus verbis et metris
panegyricum super illis edidit et Ricardo Gunnoridæ gra-
tiam ejus captans transmisit. Quem Guillelmus cognomento
Calculus, Gemmeticensis cænobita, secutus eleganter abbre-
viavit, et de quatuor ducibus, qui successerunt, breviter et
diserte res propalavit."

[2] Histoire littéraire de France, VII. 236—39. — Jfr. Depping,
Norm.s Søtoge, S. 38: „lettroende og partisk fortæller han
Fabler som den rene Sandhed".

Metre i den historiske Beretning, og Prosaen selv maatte under en Vrimmel af Gjentagelser nærme sig til poetisk Stil. Fortællingen maatte optage filosofiske, mathematiske, astronomiske og musikalske Oplysninger og Hentydninger. Dudos Bog indeholder derfor ligesaa mange Vers som Prosalinier, og Versene ere med Hensyn til poetisk Indhold som oftest aandløse, fra Formens Side kunstige, uharmoniske og tunge. Endelig ere de saa overfyldte af Smiger mod de Normanniske Hertuger og andre Mægtige, at ingen romersk Kejser kunde hylles i en mere kvalm Virakduft. Dersom Dudos Arbejde skulde bedømmes efter Versene, maatte det fortjene den Dom, Orderic Vital udtalte. Heldigvis er det imidlertid saa, og dette skal siges til Ære for den hæderlige Dekan, at hans Digte kunne skæres bort af Bogen, uden at denne som helt Arbejde kommer til at lide. Poesierne gribe nemlig kun paa et enkelt Sted ind i Fortællingen, saaledes som hos Saxo. Muligt har til Grund for nogle af Dekanens Vers ligget Sange paa dansk Tunge eller paa fransk, men han lader næsten aldrig de handlende Personer tale Vers, og ingen Digter figurere eller Digte fremsiges. Hans Sange ere omtrent alle Tiltaler (Apostropher) til ham selv, til hans Bog, til Hertugerne, til Muserne, til abstrakte Themaer etc.

Altsaa — man kan trøstig skære Poesierne bort og overfor det, der bliver tilbage, anvende sin historiske Kritik. — Denne egentlige Kjærne af hans Historiebog viser sig da fra Formens Side at være en stundom meget ordrig, men ofte klar og rede Skildring, skrevet af en Forfatter, der forstaar sig paa baade Tid- og Karakterskildring. Enkelte af hans Beretninger have, takket være hans nordiske Hjemmelsmænd, faaet et fuldkomment Sagapræg, saaledes som jeg i det Følgende skal vise.

Det første Indtryk ved Læsningen af Dudo er

imidlertid ingenlunde til hans Fordel; hans virakfulde
Vers, hans utaalelige Gjentagelser, hans Affektation
støder En, og den Kritiker, som ikke kan skjelne Skal
fra Kjærne, vil strax forkaste ham. Det har ogsaa været
hans Lod selv i den moderne Kritik.

Saaledes har den af Normandiets Historie i høj
Grad fortjente Le Prevost ikke blot ganske under-
skrevet Orderic Vitals ovenanførte Dom, men udtalt en
fuldkommen Fordømmelse. Hans Bog — siger han —
er langt snarere en ordrig og løgnagtig Lovtale over de
første normanniske Hertuger end en Historie. Dudo,
som var saa heldigt stillet for at indsamle Oplysninger
og Kilder, har dels forsømt dette, dels forandret og
dulgt Sandheden, i hvis Sted er traadt Overdrivelser,
som maa tilskrives skamløs Smiger. Deraf følger, at
han snarere har kastet et i Øjne faldende Mørke end
Lys over vore Annalers første Aarhundrede[1]). Denne
klare Fordømmelsesdom falder tilbage paa den, der
afsiger den. Mistroiskhed har ofte hindret udmærkede
Mænd i Forstaaelsen af Personer og Karakterer, der
ikke høre til de almindelige, og hvor Ondt og Godt
blander sig i tæt Forening, medens Tilfældet eller deres
eget Lune lader de uheldige Sider ligge klarest for

---

[1]) L'ouvrage de Dudon de Saint-Quentin . . . est en effet beau-
coup moins de l'histoire proprement dite qu'un panégyrique
verbeux, emphatique, et le plus souvent mensonger, des trois
premiers chefs normands. L'auteur, qui était pourtant si
heureusement placé pour recueillir et décrire avec vérité les
événements, puisqu' il avait vécu à la cour de Richard I et
de Richard II, les a presque toujours négligés, altérés ou
dissimulés, pour les remplacer tantôt par les exagérations
de la plus impudente flatterie, tantôt par des souvenirs pris
au hasard dans la vie de personnages antérieurs, ou par des
traditions purement fabuleuses. Il en résulte que c'est moins
la lumière que des ténèbres visibles qu'il a projetées sur le
I'er siècle de nos annales. Se August le Prevost's Udgave af
Orderic Vital. II. S. 2-3.

Dagslyset, og denne Mistroiskhed findes ingenlunde
sjældent hos Kritikere. Le Prevost afgjør helst en Sag
med Ja eller Nej; at trænge ind i Forstaaelsen af en
Forfatter, som har hele sin Form imod sig, synes ikke
hans Sag. Har han et Citat eller to, som gaar Dudos
Udsagn imod, undersøger han ikke om Dudo ikke til-
lader en anden Forstaaelse, om hans Text ikke er for-
kvaklet osv. Jeg skal tage nogle Exempler. Dudo for-
tæller, at Rollo paa sin Flugt fra Danmark opholdt sig
hos og fik Understøttelse af „Alstelmus rex Anglorum
christianissimus". Paa den Tid Rollos Ophold i England
falder, var imidlertid Alfred Konge og ikke Æthelstan.
som først kom paa Tronen 924. Le Prevost bebrejder
derfor med talrige andre Kritikere Dudo denne aaben-
bare Fejl. I hele denne Fortælling fortjene Begiven-
hederne ikke mere Tiltro end Navnene [1]). Men her er
slet ingen Fejl. Allerede Suhm havde set, at herved
muligt kunde menes den danske Konge Gudrun, som
i Daaben fik Navn Adelstan [2]). Lappenberg frem-
sætter den samme Tydning og glæder sig over at Gaa-
den lader sig løse paa en saa simpel og dog tilfreds-
stillende Maade; „vi se igjen hvorledes selv et Misfoster
af et Sagn kan indeholde en værdifuld historisk Kjærne" [3]).
Lair fastslaar Sagen yderligere [4]). — I Følge Duchesnes
Udgave af Dudo døde Hertug Richard den Første 1002,
medens Sandheden er, at hans Død indtraf allerede
996. Richard den Første var, som vi have set, Dudos
Ven og Beskytter, og der kan altsaa ikke være Tale
om at Dekanen skulde have været uvidende om hans
Dødsaar; Fejlen maa skyldes Haandskrifterne. Den

---

[1]) Le Roman de Rou. I. 51.
[2]) Scriptores Rerum Danicarum. V. 68.
[3]) Geschichte von England. I. 327, II. 373.
[4]) Lair l. c. 52—53.

besindige og retfærdige Kritik maa derfor udtale sig
som Koerting: „Den urigtige Angivelse hos Dudo
beror, som det med Sikkerhed kan paastaas, kun paa
en Fejl i Haandskrifterne; thi Dudo maa have kjendt
til Prikke sin Beskytter og Samtidiges Dødsaar"[1]). Hos
Le Prevost derimod lyder Dommen saaledes: „vi kunde
have ondt ved at begribe en saa grov Vildfarelse hos
en samtidig Skribent, hvis vi ikke vidste, hvordan det
forholdt sig med Dudos Korrekthed"[2]).   Hvilken af
disse to Maader at kritisere paa der var den rette, blev
snart belyst. Til Forberedelsen af den nye Udgave af
Dudo gjennemgik Lair de endnu bevarede Haandskrifter
af Dudos Værk, og det viste sig da, at enkelte af disse
ganske rigtigt havde 996, som derfor maatte antages
for den oprindelige Textangivelse og nu findes i den nye
Udgave af Dudo[3]).

Allerede Lappenberg søgte derfor at hævde Til-
liden til Dudos Arbejde, som ikke fortjente „den Foragt,
som de lærde Benediktinere havde villet hobe paa det;
det fulgte Sagn, som i Almindelighed vare troværdige,
om end undertiden berettede unøjagtigt og udpyntede
med en Del smukke Talemaader"[4]).   Ligesaa har
Koerting i et fortjenstfuldt Arbejde „über die Quellen
des Roman de Rou" (S. 13), udtalt, at det jo var bleven
Skik at mistænkeliggjøre Dudos Arbejde til det Yderste,
men han kunde ikke finde nogen Grund til i Alminde-
lighed at tvivle om dets Troværdighed, uagtet Dudo
ganske vist i Enkeltheder kunde have gjort sig skyldig
i Misforstaaelser eller Overdrivelser; Beskyldningen for
at han var romantisk, kunde i det Højeste ramme hans

---

[1]) Koerting, Ueber die Quellen des Roman de Rou. 39.
[2]) Le Roman de Rou. I. 301.
[3]) Lair l. c. 93.
[4]) Geschichte von England. II. 373.

Fremstillingsmaade. Samtidig havde Jules Lair i et med Dygtighed og Skarpsindighed skrevet større Arbejde om Dudos Historie, der er bleven prisbelønnet af „la Société des Antiquaires de Normandie"[1]), søgt at skaffe Dudo den fulde Kredit tilbage, som i Tidens Løb var fraranet ham. Det skyldes hans Fortjeneste, at ikke faa af de af Lappenberg nævnte formentlige Unøjagtigheder nu bortfalde. Jeg maa her i det Hele henvise til Lairs Arbejde, men skal dog anføre nogle Exempler vedrørende Dudos anden og stærkt anfægtede Bog. Det er lykkedes Lair at belyse flere Enkeltheder i Dudos Beretning om de Fyrster, som Rollo har overvundet før sin Ankomst til Seinen. Lappenberg havde bemærket, at Dudo muligvis ved den „Radbodus Frisiæ regionis princeps", som Rollo bekæmper, kunde tænke paa en Radbod, der 901 valgtes til Ærkebisp i Utrecht[2]), hvorved det altsaa blev tvivlsomt baade om Rollo havde kæmpet mod ham før 876, og om han havde givet ham en rigtig Titel. Lair paaviser nu, at der allerede 875 findes en „Rabodus comes in Lake et Ysella"[3]). Regner Langhals, Greve af Hennegau, der paa samme Tid er Rollos Modstander, skulde i Følge Lappenberg[4]) ikke findes nævnet før 895, men Lair har fundet hans Navn i et Diplom af 877[5]). — Ligesaa er ved Lairs Udgave af Dudo Texten bleven forbedret med flere af Manuskripterne givne nye Læsemaader[6]).

---

[1]) Lairs Arbejde er udgivet i 23de Bind af Selskabets Mémoires.
[2]) Geschichte von England. II. 8.
[3]) Lair l. c. 55.
[4]) Lappenberg l. c. II. 8.
[5]) Lair l. c. 55. — Hermed bortfalde ogsaa Munchs Indvendinger i Norske Folks Historie. I. 1. 666.
[6]) Dudos Historieværk er første Gang trykt i Duchesnes Historiæ Normannorum Scriptores Antiqui. Lairs Udgave findes i 23de Bind af Mémoires de la Société des Antiquaires de Normandie.

Saaledes have da nyere Kritikere godkjendt den Dom, som Lappenberg, en af de skarpsindigste Forskere i Normannernes Historie, havde udtalt om Dudo, ja de have paavist, at mange af de Urigtigheder, som Lappenberg troede at maatte bebrejde Dekanen, i Virkeligheden ikke komme ham til Last.

En ikke ringe Aarsag til Mistroen mod Dudo har det Uheld været, at han er bleven excerp.eret af mindre paalidelige Historikere, hvorfor mangen Vildfarelse, som kun kommer paa deres Kappe, er lagt over paa ham. Dudo har saaledes været den uskyldige Anledning til at senere Forfattere urigtigt have ladet Rollo dø 917, hvorved de have beregnet de 5 Aar (det „lustrum"), Rollo skal have levet efter at have ladet Sønnen Vilhelm overtage Regeringen, fra Daabsdagen (912), hvorom Dudo Intet har; Vilhelm aflagde i Følge Frodoard Hyldingsed til Kong Karl 927 og fem Aar efter denne Begivenhed indtraf altsaa Rollos Død (931 eller 932)[1]. Dudo fortæller om den af den danske Kong Harald 944 bragte Hjælp, og Willelmus Gemmeticensis er saa uheldig ved Bekræftelsen af denne Efterretning, som ellers kun findes hos Dudo, at omtale at Harald var fordrevet af sin Søn Svend, hvilken imidlertid da kun kan have været et Barn[2]. —

Waitz har i Indledningsordene til de Brudstykker af Dudos Arbejde, der bleve optagne i 4de Bind af P.ertz's Scriptores udtalt, at Dudos Værk utvivlsomt maa regnes blandt de værdifuldeste af hin Tidsalders Historiebøger[3]. I en Afhandling, som Waitz 1866 har indrykket i „Nachrichten von der K. Gesellschaft der Wissenschaften

---

[1] Lair l. c. 76—77.

[2] Jfr. 5te Tillæg til Depping, Normannernes Søtoge. Munch, Norske Folks Historie. I. 2. 213.

[3] Ipsius Dudonis librum non dubito quin inter pretiosiora hujus ævi monumenta reputem. Pertz, IV. 95.

zu Göttingen" er hans Ros over Dudo imidlertid ingen-
lunde saa uforbeholden, hvad der baade fremgaar in-
direkte af hele Undersøgelsen, og af hans Ord, at Dudo
i hvert Fald ikke kan regnes til de Historieskrivere,
som have Krav paa særlig Tiltro [1]).   Denne Waitz's
Afhandling forekommer mig ikke ret heldig hverken i
sit hele Anlæg eller i sine Enkeltheder, og i flere af
disse er den da alt bleven imødegaaet [2]). Waitz har
til Formaal at paavise, hvorledes samtlige historiske
Kilder om Grundlæggelsen af Normannernes Herredømme
i Frankrig enten ere afledede af Dudo eller dog ikke
kunne bevises at være uafhængige af ham, saa „at den
normanniske Overlevering, som den er optegnet hos
Dudo, behersker næsten hele den senere Historieskrivning.
I Normandiet selv, i Frankrig og England har den fundet
Udbredelse" (S. 84).   Mellem de Krøniker og Annaler,
som melde om Normandiets Erobring, spejder Waitz
forgjæves efter en selvstændig Kilde; i Frankrig finder
han nogle faa, i Normandiet højst to Kilder, der kunne
betegnes som selvstændige. —

Vi skulle nu først betragte Waitz's almindelige
Sætning.   Hans Plan er at vise os med hvor liden

---

[1]) S. 69. Han fortsætter saaledes: „Man hat sicher sehr
Unrecht gehabt, seine Darstellung ganz zu verwerfen, oder
gar den Auszug des späteren Wilhelm von Jumièges ihm
vorzuziehen . . . . Aber wie wenig die Nachrichten, welche
Dudo giebt, nicht blos in ihrem Detail, auch nur in den
Hauptzügen, auf Zuverlässigkeit Anspruch machen können,
liegt deutlich genug zu Tage."
[2]) Saaledes havde Waitz (S. 95) udtalt, at der Intet var bekjendt
om et Lensvæsen i Normandiet før Englands Erobring, og at
Gneist derfor havde affundet sig altfor let med Sagen ved
at tale om den i Normandiet gjældende Lensrets Grund-
sætninger som optagne i England. Waitz er fyldestgjørende
bleven imødegaaet af Brunner, die Entstehung der Schwur
gerichte, S. 131.

Sikkerhed vi kunne udtale os om Statsgrundlæggelsen i
Normandiet, da alle Krønikerne vise sig paavirkede af
Dudos Arbejde; da denne Forfatter nu ikke hører til
de tiltrovækkende, ere vi i Grunden prisgivne for de
samme Vildfarelser som de, hvoraf hans Fremstilling er
mærket. Jeg kan imidlertid ikke faa et saa uheldigt
Resultat ud af det belyste Forhold. Dersom Sagen var
den, at alle de følgende Berettere gjengave Dudos For-
tælling om Erhvervelsen af Normandiet enten Ord til
andet eller kun i forkortet Form, og Dudo saaledes i
egentligste Forstand var Kilde for dem alle, da vilde
Sagen blive betænkelig — men dette er jo ikke Til-
fældet. I Hovedsagen fortælle de vel det Samme som
Dudo, men enhver af dem — Vilhelm af Jumièges,
Orderic Vital, Wace osv. — véd enten at fortælle noget
afvigende eller at sætte et Faktum til, en ny oplysende
Anekdote, et forbigaaet Navn osv., saaledes at der gives
os Vidnesbyrd om en i Normandiet bestaaende levende
Tradition. Men under dette Forhold bliver det jo netop
fortræffeligt og en indbyrdes Bekræftelse paa Forfatternes
Udsagn, at de i Hovedsagen berette om Konstitutionen
af de Danskes Herredømme i Normandiet paa samme
Maade.

At der i Normandiet har bestaaet en fast Tradition,
hvoraf alle disse mange Forfattere have kunnet øse,
derom er vel ikke Tvivl, og denne Tradition har vist
gaaet ud paa en egentlig Sagafortælling — hvorledes
skulde disse Kilder ellers have været saa overens-
stemmende i deres Helhed uden dog at være identiske?
K o e r t i n g paastaar rigtignok, at Folket vel kan op-
bevare Sagn og Anekdoter, ikke egentlig Historie[1], —
men hvad er saa „egentlig Historie"? Sandelig ikke
Aarstal og Navne, og det er højst karakteristisk, at han

---

[1] Koerting l. c. 8.

senere selv maa tilføje: „en mærkværdig Undtagelse
fra denne Regel danne rigtignok de nordiske Sagaer" [1]),
thi var da Normandiets Beboere ikke nordiske, saga-
kjære Erobrere? — Jeg indrømmer, at Koerting har
fuldkommen Ret i det nærmeste Maal for hans Afhand-
ling, at bevise at Wace har benyttet sine Forgængere
Dudo og Willelmus Gemmeticensis, og at han ikke har
skrevet direkte efter den normanniske Tradition eller
historiske Sagafortælling, men derved har Koerting ikke
bevist, at Normannerne ikke besad en saadan Saga-
historie i alt Fald i Brudstykker, hvilket jeg tror baade
tydeligt fremgaar af Dudo [2]), ligesom det forekommer
mig naturligst, at de mange Anekdoter og Enkeltheder,
som findes snart i en, snart i en anden af de skrevne
Krøniker, have knyttet sig til en saadan Saga.

Waitz kommer (S. 70) til Ex. tilbage til det gamle
Tvistepunkt, om virkelig Rollo ved sin Daab 912 fik
Karl den Enfoldiges Datter Gisèle til Ægte, hvad ingen
fransk Kilde beretter, hvorfor Licquet [3]) med Skarp-
sindighed havde udviklet, at Dudos Udsagn maatte
grunde sig paa en Misforstaaelse af at Normannen
Godfred 882 fik Lothar den Andens Datter Gisèle til
Ægte af Karl den Tykke. — At Dudo har Uret i at
gjøre Gisla til Karl den Enfoldiges ægtefødte Datter,
er vist, men der er fra de paagjældende Personers
Alder Intet til Hinder for at Karl med en Konkubine
kunde have en Datter, som kunde bortgiftes til Rollo,
og der findes et Udtryk hos Dudo, som synes antyde,

---

[1]) Koerting l. c. 24.
[2]) P. G. Thorsen udtaler om Dudos Krønike, „at den af let
begribelige Grunde ikke er uden nordisk Paavirkning og at
den desaarsag har en umiskjendelig Lighed med den nordiske
Fortælling og bringer ligefrem til at tænke paa en islandsk
Saga". Danske Runemindesmærker. I. 75.
[3]) Licquet, Histoire de Normandie. I. 80—90.

at den franske Kongedatter ved sit Giftermaal var
meget ung [1]). Forvexlingen med Lothars Datter Gisèle
og hendes Giftermaal er heller ikke i saa høj Grad
sandsynlig, som det paastaas, da Gisla var et i de tydske
og franske Fyrstefamilier meget almindeligt Navn [2]).
Den eneste Indvending mod Dudos Beretning rejser sig
saaledes fra de franske Annalisters Tavshed [3]) om et
Kongebarn, der næppe er blevet synderlig gammel, og
lige over for denne staar Dudos Udsagn, det vil sige,
et Udsagn af en Forfatter, der skrev for Rollos Sønne-
søn og efter Hoftraditioner! Man maatte vistnok for-
lange nøjere Oplysninger om hvorledes Dudo skulde
være kommet til at gjøre sig skyldig i en saadan Fejl-
tagelse, eller hvorfor han skulde have opdigtet sin
Beretning. Og hvorfor bliver denne Misforstaaelse ikke
opdaget af nogen af de senere Fortællere?

---

[1]) Lair (S. 74) henleder Opmærksomheden paa Dudos Udsagn
(S. 173): „Dicebant (Nortmanni) eam Robertum maritali lege
non cognovisse." At Dudo S. 166 snarere beskriver hende
som en fuldvoxen Kvinde, forekommer mig ikke at være en
Indvending af Betydning, da Dudo i den Art Lovprisninger
let kommer til at bruge urigtige Betegnelser. — I øvrigt for-
staar jeg ikke Læsemaaden i Lairs Udgave S. 166: „utriusque
progeniei semine regulariter exorta". Lair henviser i For-
ordet (S. 73) til den gamle Udgaves „regaliter".

[2]) Licquet henviser fremdeles til de ensartede Forhold, hvor-
under de ovennævnte Fyrstedøtre bleve bortgiftede. Heller
ikke dette er saa paafaldende som det synes. Kejser Henrik
II's Søster Gisla blev givet Kong Stephan af Ungarn til Ægte,
imod at han selv døbtes og lod sit Folk døbe. Her have vi
altsaa ogsaa 1) en Fyrstedatter Gisla 2) bortgiftet til en
hedensk Hersker 3) imod at han selv og Folket døbes. (Jfr.
Pertz, VII. 321 (1010): gens Ungariæ ad fidem convertitur per
Gislam sororem imperatoris, quæ nupta regi Ungarie ipsum
regem induxit, ut se et suos baptizari faceret).

[3]) Lappenberg l. c. II. 14: Der negative Grund, dasz nur die
normannischen Schriftsteller von dieser Heirath berichten,
beweiset bei der Dürftigkeit der Geschichtsquellen jener Zeit
doch gar zu wenig.

Waitz [1]) udkaster en Tvivl om Rollo virkelig i Daaben antog Navnet Robert, thi den bedste franske Kilde Frodoard véd Intet derom, og i de saakaldte af Dudo uafhængige Kilder findes heller Intet før hos Hugo af Flavigny, der skrev i Begyndelsen af det 12te Aarh. [2]). Her maa man atter spørge med Forundring om det er' muligt, at de talrige Kilder, der fortælle om Daabs-navnet Robert, mekanisk skulde have efterskrevet Dudo, hvis det ikke i Traditionen stod fast, at Rollo fik hint Navn ved Daaben? Maatte denne falske Tradition desuden ikke være opstaaet mærkværdigt tidligt, naar allerede Dudo kan fortælle om den? — ja langt tidligere maa den jo have været til; thi der kan vist ikke være Tvivl om, at Richard I ved c. 40 Aar efter Rollos Død at lade sin Søn døbe Robert, har villet opkalde ham efter Oldefaderen, og i et Gavebrev af 968 kalder samme Hertug sin Bedstefader Rollo „avus meus Robertus" [3])! Desuden — hvorfor skulde Rollo ikke ved Daaben have faaet Navnet Robert, da det jo dog er vitterligt, at man i Daaben om end ikke efter uundgaaelig Skik, saa dog sædvanligvis antog et kristent Navn i Stedet for det hedenske, og meget ofte et dermed beslægtet Navn? — Det forekommer mig, at Waitz's Indvending savner ethvert Holdepunkt.

Blandt de saakaldte uafhængige normanniske Kilder fremhæver Waitz Gesta abbatum Fontanellen-sium [4]) og med Rette, thi her finde vi en rask fortalt Beretning om Normannernes Erobring med enkelte nye

---

[1]) Waitz l. c. 86.
[2]) Bouquet, Historiens de la France. VIII. 355.
[3]) Bouquet, Historiens. IX. 731: „quam olim prædecessores mei avus scilicet meus seu Robertus nomine paterque meus Willelmus .... tradiderunt" .... „pro memoria avi mei Roberti."
[4]) Trykte hos Bouquet, Historiens de la France. IX. 3—5.

Træk. Men de nye Træk modsige ikke Dudo: Waitz
henleder f. Ex. Opmærksomheden paa, at Fontanelle-
krøniken lader Rollo fordele Landet mellem sine Folk
ved Lodtrækning, medens Dudo lader ham rebdele
Landet[1]). Dette er en gammel og almindelig Mis-
·forstaaelse af Dudos Ord. Waitz har overset, at Dudo
paa ét Sted lader Rollo udtrykkeligt sige, at han har
delt Landet mellem sine Mænd ved Lod[2]), og hans
Udtryk „Rollo funiculo divisit terram" har Intet som
helst med en Rebdeling at gjøre. Dette skal jeg bevise
til Evidents i det Følgende. —

Jeg har dvælet saa udførligt ved Dudo, fordi han
er Hovedkilden for Normandiets ældste Historie og af
·overordentlig Vigtighed for dansk Historie. Jeg haaber
endnu paa mange Punkter i dette Værk at kunne paa-
vise Dudos Fortjenester og give Oplysning om Steder
hos ham, som man ikke har forstaaet eller set i den
rette Belysning. Det er visselig paa Tide, at en saa
stærkt og uretfærdigt mistænkt Forfatter faar sin tabte
Kredit tilbage, og det er mig en Glæde at kunne give
mit Bidrag dertil. Thi hvor interessant det end kan
være for Historikeren at afsløre en Bedrager, som gjen-
nem Aarhundreder har sneget sig om blandt Forskerne
under falsk Pas, føler han dog langt større Tilfreds-
stillelse ved at redde en uskyldig Mistænkt fra For-
dømmelsen. Der er større Glæde over en saadan fortabt
Søn, der vender hjem efter at have gjennemgaaet Kri-
tikens ætsende Prøvelse, end over Mange, som ikke
behøve Omvendelse[3]). —

---

[1]) Waitz l. c. 94: Jedenfalls zwei verschiedene Seiten derselben
   Sache.
[2]) Dudo 182 (91 D): terra, quam sorte dedi vobis.
[3]) Jeg henleder Opmærksomheden paa, at mine Citater af
   Dudo i det Følgende henvise til Lairs Udgave; Sidetallet i
   Duchesnes Udgave vil i Reglen blive tilføjet i Parenthes.

Den Anden i Rækken af de store normanniske
Forfattere er Guillelmus med Tilnavnet Calculus,
Munk i Abbediet i Jumièges (Gemmeticensis), der
levede omtrent i Tiden 1010—1080. Hans Arbejde er
for Tidsrummet indtil Richard I's Død væsentligt et
Uddrag af Dudo med en Del Tilsætninger, som dog ikke
altid ere rigtige. De følgende Hertugers Liv og Bedrifter
skildrer han dels efter mundtlige Beretninger, dels efter
Øjesyn og egen Erfaring; med Kampen ved Hastings
ender han. Vilhelms Krønike var oprindelig delt i 7
Bøger, en for Hastings, samt en for hver af Hertugerne;
men i den Skikkelse, hvori den nu foreligger, fremviser
den en 8de Bog, der fortæller den engelsk-normanniske
Historie indtil Henrik I's Død 1135 og derhos giver en
Del genealogiske Undersøgelser. Tiden efter Slaget ved
Hastings er, som det af ydre og indre Grunde fremgaar,
skrevet af tvende Continuatorer, og man vil tillige ved
at sammenholde Guillelmus' Arbejde dels med Orderic
Vital, dels med Benoît let opdage, at der ogsaa i de
foregaaende Bøger er sket betydelige Tilføjelser især
til enkelte Klostres og enkelte adelige Familiers Historie.
Koerting er ved indre Kritik og Sammenligning med
Benoît kommet til at opstille en tredobbelt Udgave af
Vilhelm[1]), men Léopold Delisle havde allerede tid-
ligere, hvad Koerting aabenbart ikke har vidst, efter
Haandskrifterne kunnet paavise endog fire Udgaver af
Vilhelm[2]). — Vilhelms Arbejde er trykt hos Duchesne,
Historiæ Normannorum scriptores, og hos Camden,
Anglica, Normannica, Hibernica, etc.

Vilhelms Fremstilling er i Reglen kort og klar, men
ogsaa han kommer let ind paa Rhetorstil, der imidlertid

---

[1]) Koerting l. c. 15—17.
[2]) Orderici Vitalis Historiæ ecclesiasticæ libri tredecim. V.
S. LXXIII. ff.

ikke er den samme som Dudos, i det Vilhelms Forbilleder
aabenbart have været Forfattere som Sallust og Cæsar [1]).

Vilhelm af Poitiers var Kapellan hos Vilhelm
Erobreren og beskrev hans Liv og Gjerninger i et kort
Skrift: „gesta Guillelmi ducis Normannorum et regis
Anglorum" [2]).

Vi komme endelig til Orderic Vitals mærkelige
Historia ecclesiastica [3]). Orderic var født 1075
ved Severn, men sendtes allerede som 10-Aars Dreng
til et Kloster i Normandiet, som nu blev hans andet
og for hans brændende Fædrelandskjærlighed egentlige
Fødeland. Han levede beskedent og stille til en sildig
Alder som Munk i Klostret Saint-Évroul i Ouche (Uticum)
i Normandiet, men hans simple Kutte skjulte et for
Kirkens og Landets Vel bankende Hjerte, en Sjæl
beriget med Kundskaber fra hele Verdens Historie, et
iagttagende Gemyt, der med Forkjærlighed syslede med
de enkelte Menneskers Udvikling og Sjælenes Historie.
Mere end nogen nordisk Sagafortæller higede han efter
at lære de enkelte Lande, Tider og Mennesker at kjende.
Saa ofte han kunde faa Tilladelse, gjorde han Rejser,
og vi se ham derfor gjentagne Gange besøge England
og Frankrig. Kom der til hans Kloster Pillegrimme
fra Spanien eller Palestina eller fra Norden, udspurgte
han dem paa det Omstændeligste, og nedskrev strax
hvad han hørte. Som Exempel paa hvad han saaledes

---

[1]) Jfr. i øvrigt Lappenberg II. 374—75. Koerting 14—18.
[2]) Trykt hos Duchesne 178—213. — Jeg kjender ikke Koer-
    tings nye Skrift: Wilhelm's von Poitiers Gesta Guillelmi
    ducis Normannorum et regis Anglorum. Dresden. 1875. 4to.
[3]) Først udgivet i Duchesnes Scriptores, derefter af Le Prevost
    i 5 Bind under Titlen: Orderici Vitalis Angligenæ, coenobii
    Uticensis monachi, historiæ ecclesiasticæ libri tredecim. Jeg
    citerer i det Følgende efter Le Prevosts Udgave, men tilføjer
    i Reglen Sidetallet hos Duchesne i Parenthes.

har opspurgt af rejsende Nordboer, kan nævnes hans
Beretning om Knud den Helliges Gjerninger og Død,
og om Klostres og Munkes Indførelse i Danmark [1]), og
hans Beskrivelse af Norge, dets Byer og Folkefærd [2]).
Med de normanniske Slægters Historie havde han des-
uden rigelig Lejlighed til at blive bekjendt; thi Klostret
var et Asyl for mange gamle Adelsmænd, der havde
taget Del i Hertugernes Kampe og Erobringer.

Saaledes er der da fremkommet et Arbejde, om
hvilket Guizot udtaler, at „ingen anden Bog indeholder
saa mange og saa værdifulde Oplysninger til det 11te
og 12te Aarhundredes Historie, til Belysning af de
politiske, borgerlige og religiøse Tilstande hos Folkene
i Vesten samt til Skikkenes Historie, det være sig Lens-
mændenes, Munkenes eller Almuens" [3]). Der vil kunne
findes utallige Oplysninger i dette Arbejde til Tidens
indre Karakteristik, saaledes som talrige alt ere fundne.
Men atter hos ham, som hos Dudo, maa man sætte sig
ud over den forvirrede Form, som Værket har faaet,
thi denne er næsten ufattelig. Materialerne ere kastede
hulter til bulter mellem hinanden, og kun sjældent over-
raskes man ved at finde en Traad mellem de fra for-
skjellige Verdenshjørner og Tidsaldre sammensankede
Begivenheder. Verdenshistorie, bibelske Fortællinger
og Legender, Pave- og Kejserrækker knyttes stadigt til
de normanniske Begivenheder eller danne Introduktionen
til dem [4]). —

Endelig bør jeg nævne de to store rimede Historie-

---

[1]) Orderic III. 201—4 (650).
[2]) Orderic IV. 27—29 (767).
[3]) Collection des mémoires relatifs à l'histoire de France, Orderic
   Vital. I. S. VIII.
[4]) Jfr. Léopold Delisle's Notice sur Orderic Vital i Le
   Prevost's Udgave. Vol. V.

bøger: le Roman de Rou af Wace[1]) og la Chro-
nique des Ducs de Normandie af Benoît[2]). Begge
give fortræffelige Bidrag til Normandiets Historie, men
man kan ikke nok som anbefale Kritik ved Benyttelsen.
Selv i Fortællingen om de ældste Begivenheder i Nor-
mandiet er der indløbet saa mange lensretlige Anskuelser
og Synspunkter, at disse Krøniker først blive brugbare
efter en stærk Sigtning.

Hermed har jeg nævnet Hovedkilderne til Nor-
mandiets Historie; om de talrige andre Forfattere maa
jeg især henvise til Lappenbergs „Geschichte von Eng-
land", 2det Bind.

---

[1]) Le Roman de Rou et des Ducs de Normandie, publié par
Frédéric Pluquet. 2 Voll.
[2]) Udgivet i 3 Bind af Francisque Michel.

Andet Afsnit.

Normannernes Hjemland.

Fjerde Kapitel.

Normannniske Folkenavne.

> Par lung tems è par lung aage,
> Et par muement de language,
> Ont perdu lor primerains nons.
> Viles, citez è régions.
> *Robert Wace,* Le Roman de Rou. I. 5.

I de ovenstaaende Vers af Roman de Rou er udtalt en Sandhed, som Forskeren ikke nok som kan lægge sig paa Hjerte ved Undersøgelsen af fra hvilke Lande de Folk stammede, der hjemsøgte Evropa som Vikinger. Der findes i den historiske Videnskab næppe mange Forhold, der i den Grad have været frugtbare paa Vildfarelser som det Navneskifte, Nationer og Lande have undergaaet i Tidernes Løb.

For at kunne rede sig ud af alle de Fejltagelser og Forviklinger, hvoraf Undersøgelsen om Normannernes Hjemland lider, er der kun én Udvej mulig, nemlig den at skjelne **s k a r p t** mellem Beretninger fra forskjellige **T i d e r** og fra forskjellige **L a n d e.** Forsømmes dette, bliver man hængende i Kildernes Urede, — hvorom man

4

kan overbevise sig ved at gjennemlæse det første Tillæg
til Deppings Bog om Normannertogene; paa en slig
Vildmark af Citater voxer der naturligvis ingen Frugt.
Jeg kan som en Modsætning henvise til Konrad
Maurers indtrængende Undersøgelse i første Bind af
„die Bekehrung des norwegischen Stammes" (navnlig
§ 5), med hvis Resultater jeg vel ikke altid er enig,
men hvor den udmærkede Forfatter dog ved sin Kritik
har bragt Undersøgelsen paa den rigtige Vej. —

Jeg skjelner altsaa med ubønhørlig Strænghed
mellem Tider og mellem Steder. — Vikingernes For-
hold i England og de engelske Annalers Beretninger
lægger jeg foreløbigt til Side for at kunne undersøge
Forholdene i de sydlige, franske og tydske Lande. Det
vil her atter være Hovedsagen at bestemme Betegnel-
serne paa de nordiske Folk i det 9de Aarh., da Nor-
mannerne lagde Grunden til deres Herredømme i de
vestevropæiske Lande og da de nordiske Kilder lade os
i Stikken. I det 10de Aarh. ophøre dels Vikingernes
Anfald paa Sydevropa, dels blive de hjemlige Kilder
klarere, saa vi kunne orientere os i fra hvilket Land
og under hvis Anførsel Indfaldet skete.

Mit første Spørgsmaal lyder da derpaa: Hvilket
er det egentlige Navn og Hovednavnet, hvor-
med de nordiske Vikinger betegnedes i de
tydske og franske Lande? Om Vikingerne selv
kaldte sig saa, er ligegyldigt; dette vil senere kunne
undersøges. — Svaret maa aabenbart lyde, at disse
Vikinger kaldtes Normanner; dette er deres egentlige
Kjendingsnavn. Beviset herfor fører jeg for det
Første ved at henvise til Normannernavnet som det,
der ubetinget bruges hyppigst i de sydlige Annaler, —
hvor ofte end „Dani" kan forekomme ved Siden deraf;
og dernæst ved at raadspørge samtlige de af de
frankiske Konger og tydske Kejsere i det 9de Aarh.

givne Kapitularier eller Forordninger, i hvilke Forholdet
til Piraterne, Samfærdslen med dem og Forsvaret mod
dem saa ofte omhandles, — man vil i dem kun
finde Navnet „Normanni“, ikke „Dani“ [1]). Denne
Kjendsgjerning, som det er af stor Vigtighed at lægge
Mærke til, viser tilstrækkeligt klart, at det egentlige
Navn, hvormed disse Vikinger døbes, deres Forretnings-
navn, om man vil, er Normannernavnet. Sydboens Bøn
hedder jo ogsaa „libera nos a furore Normannorum“,
ikke „Danorum“.

Mit andet Spørgsmaal lyder da saaledes: om Vi-
kingerne gave sig selv dette Navn eller vare
døbte dermed af de Fremmede? Det Sidste er
jo aabenbart det Naturligste. Medens man vist forgjæves
kan søge efter Exempel paa at et Folk selv har kaldt
sig efter et Verdenshjørne, opviser Historien og Geografien
talrige Paralleler paa at en Nation af et fremmed Folk
har modtaget et Navn bestemt efter det geografiske
Bopælsforhold mellem dem. De Norske ere jo af den
Grund af os Danske blevne betegnede som Nordmænd,
af Irlænderne og Islænderne som Østmænd; Nord-
boerne have af den Grund kaldt Irerne Vestmænd og
Tydskerne Suðrmænd [2]). Enkelte gamle Krøniker have
ogsaa opfattet rigtigt, at Vikingernes rette Navn var
Dani, medens „Normanner“ var Sydboens Benævnelse
paa dem [3]), men oftest omtale de gamle Beretninger

---

[1]) Man efterse Pertz, Monumenta, Legum Tomus I, hvor de
findes samlede.

[2]) Jfr. Maurer l. c. I. 49—50.

[3]) Gesta domin. Ambaz. hos Duchesne, hist. Norm. scriptores
24: Dani Sueui, quos Theotici lingua sua Norman, id est
Aquilonares homines vocant. — Ermoldus Nigellus liber 4:
    Hic populi porro veteri cognomine Deni
    Ante vocabantur et vocitantur adhuc.
Nort- quoque francisco dicuntur nomine -manni.

dog Normannernavnet som et af nordisk Rod oprunden [1]).
— Noget Exempel paa at Vikingerne selv sige: „vi ere
Normanner“, er mig ikke bekjendt.

Mit tredie Spørgsmaal bliver da dette: kan det
af de fremmede sydlige Kilder ses, i hvilket
af de nordiske Lande Vikingerne havde deres
Hjem? Hertil maa svares, at man ikke mærker Noget
til, at Norges Beboere vare indbefattede derunder.
De Svenske regnes mellem Normannerne, thi Einhard
siger i Vita Karoli Magni: „Dani ac Sveones, quos Nort-
mannos vocamus, et septentrionale litus et omnes in eo
insulas tenent“, og han omtaler kort efter de „Nort-
manni, qui Dani vocantur“ [2]). I den Betegnelse for
Normanner „Nordostrani“, der bruges af den i Slut-
ningen af det 10de Aarh. af en Sangallermunk forfattede
Krønike Gesta Karoli Imperatoris [3]) gives ogsaa en An-
tydning af at det egentlige Arnested for Vikingetogene
var de danske og østersøiske Kystlande. — Dani er
dernæst den hyppigst givne Betegnelse og findes afvex-
lende med Normanni. Kun én Gang høre vi om Pirater
fra Lande Nord for Skagerak, i det en aquitansk Krø-
nike beretter, at Wesfaldingi 843 plyndrede Nantes [4]);
andre Kilder omtale Vikingerne paa dette Togt blot
som Normanner [5]). Notitsen er ganske mærkelig. Det
er vel næppe længere Tvivl underkastet, at Wesfaldingi
maa forstaas som Vikinger fra det norske Vestfold
eller Viken [6]), og Krigerne maa utvivlsomt selv have

---

[1]) Til Exempel: Villelmus Gemmeticensis l. I. c. 4. Roman de
Rou. I. 6.
[2]) Pertz II. 449—50. — „Reges Nortmanniæ“ bruges ofte som
Betegnelse for de danske Konger.
[3]) Pertz II. 757—58.
[4]) Pertz II. 253: eo quoque anno Namnetis a Wesfaldingis capitur.
[5]) Pertz I. 439—40. II. 302.
[6]) Maurer l. c. I. 53 tror dog snarere paa et jydsk Vestfold.

opgivet Navnet paa deres Hjemland. Herved synes vi
at træffe Vestfoldingerne som en egen nordisk Gruppe,
og saaledes var det jo i Virkeligheden ogsaa, i det
denne Provins i det 9de Aarh., efter hvad Kilderne have
berettet os, har villet hævde en vis Selvstændighed.
Før 812 var Vestfold en Del af det danske Rige; da
Reginfred og Harald i dette Aar kom paa Tronen,
nægtede Høvdingerne og Folket i Provinsen at underkaste
sig, hvorfor de to Konger maatte drage mod den og kue
Modstanden (813). Saaledes berette Einhards Annaler.
For den følgende Tid mangle vi paalidelige Oplysninger
til Provinsens Historie, men sandsynligst er det dog,
at den endnu 843 har været en Del af det danske Rige
eller staaet under dansk Overhøjhed, navnlig hvis man
antager Dr. Storms Mening, at det var paa Grund af
Tilslutning til den i Vestfold hjemmehørende og i Dan-
mark regerende Kongeslægt, at Provinsen i Aaret 813
gjorde Oprør[1]); thi da denne Kongeslægt i det nævnte
Aar atter kom til Magten i Danmark og vedblev at
beherske Riget til over Aarhundredets Midte, er det vel
rimeligst, at Provinsen har underkastet sig det nye
Regimente.

Resultatet er saaledes détte, at Nortmanni i Kil-
derne fra Syden er et fælles Navn for Nordboerne og
at vitterligt Svenske og Danske — derunder indbefattet
Vestfolds Beboere — betegnes derved. Herved kunde
man nu gjøre den Indvending, at „Norske" jo ikke
kunde betegnes paa anden Maade end ved Nortmanni,
i det „Norici" og „Nortvegigenæ" som Folkenavne ikke
findes anvendte før det 11te Aarh.[2]). De nordiske

---

[1]) Jfr. næste Kapitel.

[2]) Northguegigenæ findes vist første Gang hos Dudo 282 (148)
Nordwega (Norge) første Gang i Encomium Emmæ, Langebek
II. 492; Norwegon i Anglo-Saxon Chronicle a. 1028, 1030.
Jfr. Maurer l. c. I. 51.

Kilder vise os dernæst ikke de Svenske som Deltagere
i Togene mod Vesten, og da nu Normannernavnet er et
Fællesnavn for Vikinger, mellem .hvilke Danske synes
at være en Bestanddel, kunde man med Grund drage den
Slutning, at Normanni i snævrere Forstand, ɔ: Norske [1]),
udgjorde den anden Bestanddel. Hertil maa nu bemær-
·kes, at det meget vel kan tænkes, at. en Annalist har
opfattet „Dani“ som en Part af Vikingehæren, uden at
han netop antog enten Svenske eller Norske som den
anden Part, thi der nævnedes i Middelalderen ved
Siden af „Dani“ flere Navne paa Folkeslag blandt
Vikingerne, om hvis rette Forhold til Danerne Annalisten
let kunde være ubekjendt. Saaledes nævnes jo Fri-
serne [2]), ved hvilke der vistnok oftest forstaas de paa
Walcheren eller Frislands Kyst bosatte Danske; frem-
deles Marcomanni, ɔ: de Danske, som boede ved
Grænserne mod Syd [3]), og Westfaldingi. — Naar det
i Fuldaannalerne ved Aaret 891 siges: „erat autem ibi
gens fortissima inter Nortmannos Danorum, quæ nunquam
antea in aliqua munitione vel capta vel superata audi-
tur“ [4]) kan „fortissima“ her aabenbart ikke forstaas om
det i Talmængde største Folk, thi den følgende Sætning
henviser paa Folkekarakteren, men lige saa lidt fore-
kommer der mig Berettigelse til i dette enkelte Kilde-
sted at se et Bevis paa at netop Norske ellers vare
tilstede, naar vi dog mangle ethvert udtrykkeligt Udsagn
derom.

---

[1]) Allerede Kong Alfred skjelner mellem Norðmenn, Sweon
og Dene.

[2]) Dudo 164 (81 B): Frisonum quidam de gente natus, qui erat
illis accreditus. Pertz XIX. 506: Paganorum exercitus sc.
Dani et Frisones . . . applicant in insula Scepeige (855).

[3]) Se de af Zeuss, Die Deutschen und die Nachbarstämme
S. 521 anførte Kildesteder („die Benennung ist ohne Zweifel
vom Namen Danmörk ausgegangen“).

[4]) Pertz, Scriptores. I. 408.

Naar man endelig gjør gjældende, at Nordmændene ikke ret vel kunde betegnes anderledes end ved det kollektive Navn Normanni, holder denne Slutning næppe Stik. Vistnok forekommer Noricus og Norvagiensis først i Krøniker fra en senere Tid, men hertil kan jo Grunden simpelthen være den, at de Fremmede ingen Anledning havde til tidligere at omtale Norske, fordi Norge intet krigersk eller fredeligt Samkvem havde havt med Fastlandets Kongeriger. Hvad skulde vel have hindret de Fremmede i at betegne de Norske med Navnet Norici eller Norones, som vilde være en fortræffelig Gjengivelse af Norrön, som „norsk“ hed dengang i Danmark? Man erindre Runeindskriften paa Egaastenen: lantirþi kitils þis nuruna[1]).

Man kunde imidlertid mod det her Paaviste gjøre en anden Indvending, hentet fra det andet Navn, hvorunder Vikingerne forekomme i Syden — Danerne. Daner og Danske skulde i Følge denne Opfattelse være en kollektiv Betegnelse for Danske, Norske og Svenske, og naar Annalerne derfor berette om Indfald af Dani, kunde meget godt Nordmænd være indbefattet derunder. Saadant antyder Maurer[2]); Thorsen forudsætter det[3]).

Det forekommer mig, at der mangler Støtte herfor i Annalerne. Vel benytte disse Navnet Danske afvexlende med Normanner, og vel lade de, ved at berette om det enkelte Indfald, Normanni være identisk med Dani[4]),

---

[1]) „Godsbestyrer hos Ketil den norske“, se Dr. Wimmers Tydning i Aarbøger f. N. O. 1875. 195.

[2]) Maurer l. c. I. 58.

[3]) Runemindesmærker. I. 74—75.

[4]) Dani sive Nortmanni, se Pertz, II. 196. Nortmanni seu Dani, se I. 519. II. 198. Annales Gandenses (II. 187) af meget tvivlsom Alder have ved 851: Northmanni et Dani, hvilket naturligvis beviser lige saa lidt, som naar en fransk Krønike, skrevet under Philip August siger: Nortmanni adjunctis sibi Danis (Bouquet IX. 42). — Selv om imidlertid en enkelt

men deraf tør man jo dog ikke i Almindelighed
udlede, at Danernavnet brugtes som Fællesnavn for
Nordboerne, thi vedkommende Annalist var naturligvis
berettiget til at lade, disse Navne evaluere hinanden
hver Gang Hæren kun bestod af Danske. Man ser
derfor heller ikke noget Sted en Udtryksmaade som:
„Dani, inter quos fuerunt Nortmanni“ eller lignende.
Dernæst fremgaar det jo tęmmelig sikkert af det ovenfor
om Kapitularierne Paaviste, at Dani eller Daci ikke
var Fællesbenævnelsen for Piraterne, men derimod Nor-
manni.

Beboerne af Norge og Sverrig have sikkert nok heller
ikke selv kaldet sig Danske i alt Fald i de Tider,
hvorom her er Tale. Ganske vist bliver det gamle
nordiske Sprog af Nordboerne paa Island og i Norge
kaldt „dansk Tunge“, et Udtryk, der muligt er opstaaet
„a parte potiori“ dog saaledes som Thorsen siger:
„snarere end paa Herredømme synes der at være Anled-
ning til at tænke paa en deri lagt kulturhistorisk Antyd-
ning“ [1]. At Folkene have kaldt hinanden Danske ind-
byrdes, er der derimod næppe nogensteds Antydning af.
Som Følge heraf er det aldeles afgjørende for at de
Nordboer, der med Rolf i Spidsen erobrede Normandiet,
vare Danske, at de i den af Dudo bevarede efter al
Rimelighed sande Beretning paa Spørgsmaalet om hvem
de vare, svarede: „vi ere Danske“. Om Dudo og
hans Opfattelse af Navnet „Daci“ vil jeg i øvrigt nær-
mere beskæftige mig i et følgende Kapitel.

Det mest afgjørende Bevis for at Norske ikke have

---

samtidig Annal skulde bruge et Udtryk, som staar i Strid
med det Ovenudviklede, omstødes derved ikke mit Resultat,
der støtter sig til Annalernes almindelige Udsagn;
det er bekjendt nok, at der i Middelalderen til enhver Tid
fandtes Annalister med slette geografiske Kundskaber.

[1] Runemindesmærker. I. 75.

deltaget i Vikingetogene er imidlertid — som paavist
af K. Maurer — den Omstændighed at der i den norsk-
islandske Sagalitteratur om Tiden før H. Haarfager,
hvor mager den end kan være, ikke er bevaret en eneste
Efterretning om at norske Konger eller deres Familier
ere komne i Berøring med det frankiske Rige eller
dettes Kejser. Hvis noget Saadant virkelig havde fundet
Sted, var det utænkeligt, at der ikke skulde have bevaret
sig en Tradition derom; thi netop den Art Begivenheder
pleje mindst at glemmes af Sagnet, og deres Afstand
fra Kong Haralds Regeringstid, med hvilken det norske
Riges fuldkomment historiske Tid begynder, udgjør jo
næppe to fulde Generationer[1]). — Denne Grund ønsker
jeg imidlertid udstrakt til Harald Haarfagers lange
Regering[2]); thi naar vi afse fra Traditionen om Ganger-
Rolf — hvis Grundløshed skal blive paavist i det Føl-
gende — finde vi ingen Berøring mellem Norge
og Tydskland eller Frankrig omtalt af Sa-
gaerne. — Maurer bemærker fremdeles, at der vel er
Navne paa Vikingehøvdinger i frankiske Annaler, som
man ikke bestemt kan henføre til den danske Konge-
slægt, saaledes en Welandus, der døbes 862, og Hune-
deus, der døbes 897, men at han dog heller ikke véd
at vindicere dem for den norske Stamme. Det vilde
formentlig ogsaa være urigtigt at opstille nogen For-
dring om at vi i danske Beretninger, der saa lidt
beskæftige sig med Genealogi, skulde gjenfinde disse
Navne, og særligt gjælder dette det 9de Aarhundredes
sidste Halvdel, hvor Efterretningerne fra Norden ere
saa magre, at vi end ikke kunne hitte Rede i Konge-
rækkerne. — Vist er det, at de allerfleste af de Vikinge-
høvdinger, som nævnes i Sydens Annaler i det 9de Aarh.,

[1]) Maurer, Bekehrung, I. 55.
[2]) Og hele det 10de Aarhundrede.

kunne paavises som danske Konger eller Søkonger eller
dog som Medlemmer af den danske Kongeslægt. De
frankiske Konger henvende sig stadigt med deres Klager
over Normannerne til Danmark. Allerede ved Aaret
810 siges det, at Normannerne plyndrede ved Frisland,
men at Kongen Godefrid ikke var med, men sad hjemme;
han rustede sig imidlertid til Angreb mod Kejser Karl,
men blev kort efter snigmyrdet[1]). Der klages 836 til
Kong Horik over Normannernes Indfald i Frisland, men
han bevidner sin Uskyldighed og at han ikke har givet
noget Samtykke til Plyndringen[2]). Frankiske Annaler
berette, at 854 vendte de Normanner, der i 20 Aar
havde plyndret Frankernes Kyster, hjem til deres Fædre-
land, og da kom det til hint mindeværdige Slag mellem
Kong Horik og hans Slægtning Guttorm, hvor næsten
hele Kongeslægten omkom[3]). Kort sagt — vi finde i
hele det 9de Aarh. Normannerne sat i nøje Forbindelse
med Danmark og de indre Forhold herhjemme.

Jeg fastslaar som Hovedresultat af den foregaaende
Undersøgelse, at „Normanni“ paa hele det vestevropæiske
Fastland har været Hovedbetegnelsen for de nordiske
Vikinger, at dette Navn ikke er en nordisk Betegnelse,
men er opstaaet i Syden, og fremdeles — at „Danske“
ikke nogetsteds bevisligt er brugt som Fællesnavn for
de nordiske Nationer, samt at ingen Kilde specielt
oplyser os om at Norske (med Undtagelse af Beboerne
af Vestfold) have deltaget i Vikingetogene. Ved denne

---

[1]) Pertz I. 197.

[2]) Pertz I. 430.

[3]) Pertz I. 369 (Ruodolfi Fuldensis Annales): Nordmanni, qui
continuis viginti annis regni Francorum fines per loca navibus
accessibilia cædibus et incendiis atque rapinis crudeliter
vastabant, congregati de regionibus, per quas prædandi
cupiditate dispersi fuerant, in patriam suam reversi sunt.
Ibique inter Horih, regem Danorum, et Godurm etc.

sidste Sætning benægtes imidlertid ikke, at Norske en enkelt Gang kunne have sendt Vikingeflaader mod Fastlandet, men kun at Kilderne oplyse derom; ligesaa lidt nægtes det, at norske Mænd og norske Skibe enkeltvis have været indlemmede i den danske Hær og Flaade.

Dette gjælder Kilderne i det 9de Aarh. Med det 10de Aarh. ophøre omtrent Normannernes Plyndringer paa det vestevropæiske Fastland; de komme nærmest kun gjennem Normandiets danske Befolkning i Berøring med Sydboen. Der indtræder desuden i den derefter følgende Tid et Forhold af yderste Vigtighed. Norge faar Navnet N o r v e g r, og Sydboerne gjøre den Opdagelse, at Nordmænd eller Norröner er Betegnelsen her i Norden for de N o r s k e. Heraf følger naturligvis, at S y d b o e n s æ t t e r d e t i S y d e n m e s t b e k j e n d t e N a v n N o r m a n n i i F o r b i n d e l s e m e d N o r g e o g t i l d e l s g a n s k e u d s l e t t e r D a n m a r k a f R e g n i n - g e n. Dette staar navnlig fast hos Forfatterne i det 12te og 13de Aarh. Saaledes véd — blot for at tage nogle faa Exempler, flere ville blive nævnte i et følgende Kapitel — A i m é, der skrev ved Tiden 1100, at Normannerne kom fra Nora insula [1]); en Chronicon Normannorum fra en lidt senere Tid véd, at „Northmanni" kaldte Normandiet „Northmanniam, eo quod de Nortwegia egressi essent" [2]). Samtidigt udtaler en anden Krønike, at Normannerne kom „ex insula Scanzia, quæ Northuega dicitur", hvorfor Landet kaldtes Normandie [3]). — Kort sagt — dersom virkelig de i en saa sen Tid

---

[1]) L'ystoire de li Normant, S. 9: laquel gent premérement habitèrent en une ysulle, qui se clamoit Nora.

[2]) Pertz, Scriptores, I. 536.

[3]) Genealogia ducum hos Duchesne 213: Pyratæ Danorum ex insula Scanzia, quæ Northuega dicitur, egressi . . . Neustriam . . . vocauerunt Northmanniam eo quod ab ipsis qui ex Northuega venerant, possessa erat.

skrevne Kilder havde nogen Beviskraft, maatte de Danske
aldeles overlade deres Bedrifter i Fortiden til de Nord-
boer, som havde været saa heldige at arve Navnet „Nort-
manni". Men det behøver vel ikke yderligere at bevises,
at disse Kilders Udsagn kun grunder sig paa urigtige
geografiske og historiske Kundskaber. —

Vi gaa derpaa til de engelske Kilder, og her
indtræder et helt andet Forhold. Medens Normanner-
navnet var det almindelige Fællesnavn paa Fastlandet,
bliver i England Navnet Danske det eneste brugte.
Det er mig ubekjendt, at Nordmanni eller Norðmenn
nogensinde i Annalerne eller Krønikerne fra 9de Aarh.
bruges om Vikingerne i Almindelighed. Dette er ikke
lidet mærkeligt, thi man skulde dog tro, at en Sprog-
brug fra Fastlandet let kunde snige sig over Vandet,
tilmed da Brugen af Ordet jo i hvert Fald kunde for-
svares ogsaa i England, dersom det hovedsageligt eller
udelukkende var Norske, der udgjorde Vikingehæren
dér i Landet. Den første Gang Anglo-Saxon Chronicle
i det 10de Aarh. nævner Norðmenn, er ved Aaret 924,
og da forstaas derved Norske i Modsætning til
Danske[1]). Det Samme betegner Northmanni i Krø-
niken af Ethelwerdus, der skrev c. 1000[2]). — I det 9de
Aarh. findes Betegnelsen Norðmenn ikke, men derimod
(som sagt i 2det Kap.) ved Aaret 787 i Beretningen om
de første Vikingeskibe, som kom til England. Stedet
af Anglo-Saxon Chronicle lyder saaledes: „and on his
dagum cuomon ærest 3 scipu Norðmanna of Hereða-
(var. Hereða-) lande. And þa se gerefa þær to ráð and

---

[1]) Monumenta, S. 382: and all those who dwell in Nortli-
humbria, as well English as Danes, and Northmen and
others.

[2]) Monumenta, S. 502: Dani, Northmanni quoque et Suevi. —
I de tvende Digte i Anglo-Saxon Chron. ved 937 og 941 er
Norðmenn maaske brugt i en videre Betydning.

hie wolde drifan to þæs cyninges tune. þy he nyste
hwæt hie wæron and hiene mon þær ofslog. Þæt wæron
þa ærestan scipu Deniscra monna þe Angelcynnes lond
gesohton". Fortolkningen af dette Sted kan give An-
ledning til megen Tvivl. Munch forstaar ved Hæreða-
land „Hardeland eller Hardesyssel i Jylland, thi fra
Hørdeland i Norge have vel endnu paa den Tid ingen
Englandstog fundet Sted" [1]. Maurer foretrækker For-
klaringen som Hørdaland, da Krøniken ogsaa nævner
Fartøjerne som „scipu Norðmanna" [2]. Det forekommer
mig, at netop denne sidste Betegnelse gjør hele Stedet
mistænkeligt, naar — som paavist — Norðmenn ellers
ikke forekommer som Navn for Vikingerne.
Mon ikke Kilden her paa en eller anden Maade skulde
være interpoleret [3], hvad der paa andre Steder vitter-
ligt har været Tilfældet med A.-S. Chronicle? [4] Hvis
de omhandlede Vikingeskibe ere de samme som dem
„the gwentian Chronicle" omhandler ved 795, da skyldes
Indfaldet Vikinger fra „Denmarc" [5]. Et nyt Synspunkt
for Forklaringen er bragt frem af Dr. Todd ved den
Oplysning, at Hirotha eller Irruaith er det irske
Navn for Norge [6]; men det maatte vist nærmere under-
søges om hin irske Betegnelse har været Angelsakserne
bekjendt og dernæst om der ikke i gammel Tid ved
Irruaith forstodes Norden. Jeg tror saaledes, at For-
klaringen af Ordet endnu maa staa hen [7].

---

[1] N. Folks Historie, I. 1. 416.

[2] Bekehrung, I. 66.

[3] Thorpes nye Udgave af A.-S. Chronicle meddeler 6 Texter,
     hvoraf 2 mangle „of Hæreðalande", 1 tillige „Norðmanna".

[4] Til Ex. ved Aar 876 om Rolla og Normandi.

[5] Gaedhil, S. XXXIII.

[6] Gaedhil, S. XXXIV.

[7] Navnet kan vel ikke staa i Forbindelse med Beowulfsangens
     hrêðmen (v. 445) som Betegnelse for de Danske? — Jfr.
     i øvrigt Antiqu. Tidskrift för Sverige, V. 37.

Prof. Maurer nævner som et sidste, om end ikke
vægtigt Bevis for at Norske have deltaget i Vikinge-
togene mod England i det 9de Aarh., nogle senere
engelske Annalister og tvende nordiske Sagaer, men
efter de Principer, jeg har lagt til Grund for dette
Arbejde, kan jeg ikke tage dem i Betragtning. Florents
af Worcester og Henrik af Huntingdon skreve først i
det 12te Aarh., og de af dem brugte Udtryk vidne om
en daarligt anbragt Lærdom. Den yngre Olaf Tryggva-
sons Saga kan der vel i dette Punkt næppe fæstes større
Tillid til end den fantastiske Orvar Odds Saga. —
Imidlertid vil jeg naturligvis lige saa lidt nægte, at
Norge har afgivet Mandskab og ofte maaske i betydeligt
Antal til Vikingehæren i England, som jeg har nægtet
dette ved Undersøgelsen af Forholdene paa Fastlandet.
Da vi desuden vide, i hvor nøje Forbindelse Hærene
paa Irland og i Nordengland stode til hinanden, og da
Nordmændene paa det første Sted vare Hovedmænd for
Erobringerne, er der vel ikke Tvivl om, at der i den
danske Vikingehær i England tidt har været Nordmænd,
som indtoge betydelige Poster. Prof. Maurer har med
Rette henvist til den i de angelsaksiske Kilder oftere
forekommende Standsbetegnelse for enkelte af Vikingerne
hold, hvorved der aabenbart sigtes til det norske
höldr, Odelsbonde; da nu en saadan Betegnelse, saa
vidt vides, hidtil ikke er forefundet i Danmark, er der
derved givet et Bevis for de Norskes Deltagelse i Hær-
togene [1]. — At norske Armeer plyndrede England i det
10de Aarh., er jo historisk sikkert.

Vi skulle derefter undersøge de irske Annalers
Betegnelser paa Normannerne. Et af de almindeligste
Navne paa disse er Lochlannach og paa deres
Hjemstavn Lochlann. Dr. O'Brien anvender i sin

[1] Se Anglo-Saxon Chronicle, a. 905, 910.

Dictionary Ordet baade paa de hvide Hedninger (de Norskes) og de sorte Hedninger (de Danskes) Land. Dr. Todd er enig heri, og man kan vist tillige give ham Ret i, at Lochlann i Kilderne hyppigst bruges om Norge [1]). Stundom kæmper endog Lochlannach med Daunites [2]), og der er da ikke Tvivl om, at de førstnævnte ere de Norske. — Men hvad forstod man oprindeligt ved Lochlann? Lochlann forklares etymologisk som Sølandet, i det Loch betyder Indsø og tillige en Arm af Havet, en Fjord. Munch siger nu, at Benævnelsen „de, som bo ved Indsøerne,“ „nærmest passer paa Norge“ [3]). Jeg indrømmer gjærne, at Navnet passer paa Norges indskaarne, ørige Vestkyst, men mon det dog ikke ligger nærmere at forstaa det om Danmark? „Alle Landene ved den baltiske Søs Bredder ere fulde af Søer“ — siger Dr. O'Brien — „det var uden Tvivl fra de Danske selv, at Irerne lærte dette deres Fødelands Naturforhold at kjende, hvorfor de gave dem det irske Navn Loch-lannaicc“ [4]). Ja, man kan vist gaa videre — mon ikke Lochlann ligefrem er en Oversættelse af Sióland, Siáland, de gamle Navne for Sjælland? Jeg er ikke uvidende om, at kyndige Forskere have paavist, at den ældste Form af dette Ord var Selond og Selund [5]), der udlægges som „Sælhundsøen“ eller „Øen, ved hvis Kyst der er smult Vand“, men Enhver véd, at Etymologier, der knytte sig

---

[1]) Gaedbil, S. XXXI.
[2]) O'Donnovan, Three fragments. 115 ff.
[3]) N. Folks Historie. I. 1. 437.
[4]) Irish Dictionary v. Lochlonnach. — I Neil M'Alpines „a pronouncing Gaelic dictionary“ gjengives Lochlainn ved Denmark, Scandinavia, also the Baltic sea; Lochlannach ved Danish, a Dane.
[5]) Munch i Annaler for N. O. 1848. 268—70. Bugge i Antiqu. Tidskr. för Sverige. V. 61.

til et i Øjne faldende Forhold, have letteré ved at
trænge sig frem end de rigtige, men populært mindre
forstaaelige Udlægninger. Desuden er det jo vist, at
Nordboerne meget tidligt fortolkede Sæland som Sø-
landet. Prof. Bugge udtaler sig om Ordet „siulunti"
i Røkstenens Indskrift, der er ældre end Vikingetiden,
saaledes: „Formen synes at gjengive Udtalen Siólund
og ligesom den i Hrokkinskinna brugte Form Siálund
at være en ved Indflydelse af siór, Sø, opkommen Æn-
dring af Selund, der dannede Overgangen til de senere
Former Siólönd, Sióland, Siáland."

Nordboerne kaldtes endvidere paa Irland Finn-
Gaill, de hvide (norske) Hedninger, og Dubh-Gaill.
de sorte (danske) Hedninger. Denne Betegnelse kan
næppe udledes af Hud- eller Haarfarven, men snarere
af Rustningen eller Klædedragten.

Endelig findes Betegnelsen Normanni ikke sjæl-
dent brugt om Vikinger i Almindelighed, navnlig i de
latinske Krøniker[1]; fremdeles Daunites og Danars
om de Danske og, især i senere Tid, som Fællesnavn;
et Annalfragment har Aunites, hvilket næppe er andet
end en fejlskrevet Form for Daunites; i hvert Fald gaar
det ikke an med Dr. O'Donovan at udlede Navnet af
Haunia (Kjøbenhavn)[2]. —

I Spanien kaldtes Vikingerne Nordmanni og der-
næst i én arabisk Kilde Rus, ved hvilken Betegnelse
vi støde paa det almindelige østevropæiske Navn
for Normannerne.

Normannerne vovede sig nemlig 843 ned langs
Frankrigs Vestkyst og kom i Loiren, hvor de plyndrede
Nantes. Enten alle eller en Del af dem vare Vest-

---

[1] Ogsaa Annales Cambriæ (Monumenta, I. 836) have ved 895:
   Nordmanni venerunt et vastaverunt Loyer etc.
[2] O'Donovan, Three fragments. 159.

foldinger (se foran). Hæren overvintrer paa Øen Rhé
og gaar i Foraaret 844 ind i Garonnen lige til Tou-
louse; senere deler den sig og en Part falder ind i
Gallicien, en anden gaar til de sydligste Kyster af
Spanién. Om Indfaldet i Spanien have vi Beretninger
fra flere arabiske Forfattere og bl. A. af A c h m e d - e l -
K a t i b, der c. 890 skrev sin „Bog om Landene" [1]).
Han fortæller, at i Aaret 844 d e Vantro, som hedde
R u s s e r (el-Rus), plyndrede og brændte Sevilla. Den
i Orienten hjemmehørende, men vidt berejste Araber
har benyttet dette Navn, fordi han strax i hine Hed-
ninger og deres Færd har gjenkjendt de Vikinger, der
vare blevne saa berømte i Østen som Erobrere af Lan-
dene Nord for det sorte Hav. Denne Forklaring ligger
saa nær og synes langt naturligere end Kuniks, at
Vikingerne selv have kaldt sig Rus, hvorpaa man jo
ellers slet ikke har noget Exempel fra andre Vikingetog
mod Vesten.

Russer var derimod det almindelige Navn paa de
Normanner, der gjorde Erobringer i Ø s t e n, altsaa sær-
ligt Svenskerne. Det var ved en ret morsom Situation,
at Folket „Russer" første Gang blev bekjendt i Vest-
evropa. Den græske Kejser Theophilus havde sendt et
Gesandtskab til Kejser Ludvig i Ingelheim 839, og med
dette fulgte nogle Folk, som udgave sig for at høre til
den russiske Nation („dicebant se, id est gentem suam,
Rhos vocari"). Deres Konge havde sendt dem i Sende-
færd til Konstantinopel, men de vovede ikke at gaa den
Vej tilbage, ad hvilken de vare komne, paa Grund af
de dér boende vilde og grumme Folkeslag. Den græske
Kejser ansøgte derfor om, at det maatte tillades dem
at vende hjem gjennem Tydskland. De fremmede Mænd
bleve tagne i Forhør, og det opdagedes da, at de vare

---

[1]) Kunik, die Berufung der schwedischen Rodsen. II. 287.

Svenske. Dette var jo yderst mistænkeligt, thi de hørte altsaa til det samme Folkeslag, der hærgede Rigets Nordkyst. Om en Fortsættelse af deres Rejse kunde der ikke være Tale, og de bleve anholdte som Spejdere, indtil man fik nøjagtigere deres Skudsmaal at høre [1]).

Hvorledes denne Forvikling løb af, vides ikke; men Aarsagen til den er let at finde. De græske Gesandter maa have kaldt de fremmede Mænd med Navnet „Rhos" som det, der var det almindelige i Østen, eller ogsaa have Svenskerne selv kaldt sig med den Betegnelse, de bare hos deres græske Beskyttere; i Tydskland har man imidlertid ikke vidst, at derved forstodes Svenske. — I øvrigt er det endnu ikke opklaret, fra hvilken Konge („Chacanus vocabulo") de vare udsendte [2]).

De næste Gange „Rus" omtales, er hos den nysnævnte Araber og hos de græske Forfattere, der beskrive Russernes Tog mod Konstantinopel 866 (se Kapitlet om Regner Lodbrog). Derefter findes det hyppigt og bliver almen bekjendt. — Om Ordets Etymologi véd man endnu Intet. —

I Følge den foregaaende Udvikling kan der vel næppe være Tvivl om, hvilket Navn man bør bruge som Fællesnavnet for de fra Norden udstrømmende Vikinger. Under Normannernavnet have de været videst bekjendte i Verden, og under dets Fane have de gjort de stolteste Erobringer. Dette Navn er derhos bedst brugeligt i en videnskabelig Undersøgelse, i det vi ved at føje dertil: danske, norske, svenske, franske osv. kunne betegne, hvilken Nations Normanner vi tænke paa. Naar Munch i det norske Folks Historie i Stedet herfor har antaget Formen Nordmænd, er dette et Exempel paa

---

[1]) Pertz, Scriptores. I. 434.
[2]) Jfr. Kunik, Berufung. II. 195 ff. Bestushew-Rjumin, Geschichte Ruszlands (übersetzt von Schiemann). I. 68.

hans Lyst til at skaffe de Norske Indgang overalt i Vikingetiden; det strider lige saa meget mod de sande historiske Forhold som mod den Terminologi, der har været brugt om dem i Nutiden; det er en kjedelig Plet paa et monumentalt Værk. Dersom man vilde afløse Normannernavnet med Betegnelsen „Danske", vilde dette kunne forsvares baade ved disses indgribende Virksomhed i Vikingetiden og derved, at Danske i England og Irland blev et Fællesnavn for de nordiske Folk, men det vilde alligevel ikke stemme med den sædvanlige Ordbrug være sig i Nutid og Oldtid, og derfor bør denne Betegnelses- maade forkastes lige saa godt som Munchs.

Femte Kapitel.

Skjoldungerne i Danmark.

———

„Der er ikke mindre end tre Genea-
logier, ved hvilke Oldtidens Hofmænd
søgte at forherlige den norske Kongeæt
og at udlede dens Herkomst fra Gu-
derne."

P. A. Munch, Samlede Afhandlinger.
II. 375.

P. A. Munch havde som bekjendt i flere Afhand-
linger og i sin „Norske Folks Historie" fremsat den
Theori, at Jylland i det 9de Aarh. blev regeret af en
norsk Fyrsteslægt, der havde sit Regeringssæde i Vest-
fold (Viken). Hans Theori blev grundigt imødegaaet
af Konrad Maurer[1] og Jessen[2] og har nu næppe
nogen Tilhænger i sin gamle Skikkelse — men den er
optaget paa ny i en noget forskjellig Form i en skarp-
sindig Afhandling af Munchs Landsmand Gustav Storm
„om Ynglingatal og de norske Ynglingekonger i Dan-
mark"[3]. — Da det er af Vigtighed at bestemme de
nordiske Nationers indbyrdes Forhold herhjemme, for
at kunne udtale sig rigtigt om hvorfra Vikingehærene

———

[1] Bekehrung des norwegischen Stammes. I. § 5.
[2] Undersøgelser til nordisk Oldhistorie.
[3] (Norsk) Historisk Tidsskrift. III. 58—79.

og deres Anførere stamme, anser jeg det for nødvendigt at belyse det omstridte Spørgsmaal, om Skjoldungeætten eller Ynglingeætten regerede Danmark.

Munch havde støttet sig for det Første paa det i Sydens Annaler almindelige Navn paa Vikinger „Nortmanni“, hvilket skulde betyde Norske; dette Bevis glipper aldeles, som i forrige Kapitel paavist. Dernæst havde han søgt at hævde, at den jydske Konge Godfred, som nævnes i de frankiske Annaler, var den Samme som Ynglingasagas Gudrød Vejdekonge, i det han paaviste, at Navnet Gudrød af Frankerne maatte gjengives som Godefrid, at begge Konger levede paa samme Tid og kom af Dage paa samme Maade, nemlig for en Tjeners Snigmorderhaand [1]). Denne Opfattelse har Gustav Storm yderligere gjort til sin ved af de frankiske Annaler at ville paavise, at der med Godfred er kommet en ny Æt paa Danmarks Trone, som regerede Landet henimod et Aarhundrede, men som dog stadigt blev anfægtet af den fordrevne Kongeæt, Skjoldungerne. —

Da Udgangspunktet for Storms Bevis er de tydske Annalers Beretning om Begivenhederne i Danmark i Aarene 810—815, vil det være nødvendigt at begynde med en Fremstilling af Annalernes Meddelelser om disse Aars Historie. Kong Godfred blev i Aaret 810 dræbt af sin egen Hirdmand, netop som han vilde drage mod Kejser Karl. Hans Brodersøn Hemming fulgte efter ham, men døde allerede i Foraaret 812. En anden Slægtning, Sigfred, skulde derefter arve Tronen, men Anulo (Ring), en Slægtning af en Harald, der tidligere havde regeret

---

[1]) Jfr. Munchs Afhandling „om den gamle vestfoldske Søhandelsplads i Skiringssal og de vestfoldske Konger af Ynglingeætten“ i Saml. Afhandl. II. 352 ff., samt Munchs Norske Folks Historie. I.

i Danmark, gjorde ham Retten stridig. I en frygtelig
Kamp mellem begge Kongsæmnerne faldt de begge og
med dem næsten 11,000 Krigere; men Anulos Parti
sejrede og hans Brødre Harald og Reginfred bleve Sam-
konger. Godfreds Sønner flygtede til Sverrig. De danske
Konger underlagde sig derefter Vestfold, hvis Folk og
Høvdinger havde vægret sig ved at anerkjende dem
(813). Samme Aar kom Godfredsønnerne tilbage til
Danmark med en betydelig Armee og fordreve Harald
og Reginfred fra Landet; de flygtede til Venderne og
kom tilbage 814, men i Kampen mod Godfredsønnerne
faldt Reginfred, og Harald maatte flygte til den fran-
kiske Kejser. Et nyt Forsøg fra Haralds Side med
Kejserens Hjælp mislykkedes (815)[1].

Det er disse Beretninger, om hvis Forstaaelse Striden
drejer sig. Storm har berigtiget enkelte Misforstaaelser
hos tidligere Forfattere, derfor skylder man ham Tak;
men i Hovedsagen har han næppe Ret. Vi skulle nu
bese hans Argumentation nærmere.

Storm vender sig først mod følgende Konklusion,
som Dr. Jessen havde draget[2]:

„Einhard melder under 808, at Godfred, efter at
have befæstet Volden Nord for Ejder, „drog hjem“[3].
Han bode altsaa ikke nær Volden. 813 siger han om
Reginfred og Heriold, at „de ikke var hjemme“, men i
Westarfolda. Danekongernes „Hjem“ skulde altsaa
hverken være Sønderjylland eller „Westarfolda“.“

Storm paastaar, at denne Slutning er urigtig; det
fremgaar af Annalens øvrige Ord, at Reginfred og Harald
hørte til en hel anden Kongeslægt end Godfred, og at

---

[1] Pertz, Scriptores. I. 197—202.
[2] Jessen, Undersøgelser, 59—60.
[3] Pertz, I. 195: Godofridus limitem regni sui qui Saxoniam
respicit, vallo munire constituit . . . diviso itaque opere inter
duces copiarum domum reversus est.

hver derfor maatte have sit forskjellige Hjem. Allerede
her maa jeg gjøre den første Indvending. Det er jo
samme Forfatter, der fortæller om Aarene 808 og
813, og naar han ikke siger Noget om at de danske
Konger havde skiftet Residents eller Hjem, er det vist
ikke uberettiget at slutte, at han tænker paa samme
Hjemsted i begge Tilfælde. Storm har saa meget mere
Uret i ikke at ville lade denne Slutning staa ved Magt,
som han i det Følgende af sin Undersøgelse — hvad
strax skal blive berørt — hævder, at Prudentius ved
Aaret 850 skal have i Tanke, ikke hvad han selv, men
hans Forgænger i Historieskrivningen har sagt ved 812
og 813! — Imidlertid lægger jeg ikke stor Vægt paa
den Konklusion, der kan drages af disse Kildesteder,
thi selv om Kong Godfred oprindeligt stammede fra Vest-
fold, kunde han jo efter Erobringen af det danske Rige
have forlagt Residensen til det gamle Kongesæde Lejre,
og Einhard have glemt at fortælle derom.

Storm siger endvidere (S. 65), at Annalerne tydeligt
nok omtale to forskjellige Kongeslægter. Ved Aaret
812 optræde nemlig som Prætendenter „Sigifridus nepos
Godofridi regis" og „Anulo nepos Herioldi quondam
regis". „De forrige 2 Konger i Danmark havde været
Godefrid († 810) og hans Brodersøn Heming, disse
har altsaa udelukket Haralds Ætlinger fra Kongemagten;
Citaterne betegner aabenbart de 2 Prætendenter som
tilhørende forskjellige Kongeætter." — Jeg kan
ingenlunde indrømme, at Ordene ligefrem hentyde paa
to Ætter; der nævnes kun enhver af Prætendenternes
Slægtskab med en tidligere dansk Konge. Spørgsmaalet
drejer sig om Slægtskab med den næstsidste eller
med en tidligere Konge skal være det Afgjørende.
Vi kunne f. Ex. antage følgende Tilfælde. Godfred dør
og efterlader sig Sønner, der ere saa unge, at de ikke
kunne komme paa Tronen (saaledes var jo netop For-

holdet), og ligeledes to Fætre, Anulo og Reginfred, der
paa Grund af ung Alder heller ikke kunne succedere
ham. Følgelig bliver Hemming, Godfreds afdøde Bro-
ders Søn, valgt til Konge. Han dør derpaa 812 uden
Livsarving. Sigfred, der er Søn af en anden af God-
freds Brødre, vil bestige Tronen efter sin Fætter, men
nu blande Reginfred og Anulo sig deri og sige: Nej!
vi ere den fælles Stamfader nærmere, og vi
ville regere. En saadan Kombination ligger Annalernes
Ord fuldkommen saa nær som Storms, og der er vist
ikke Tvivl om, at man vilde betegne Slægtskabsforholdet
netop paa denne Maade ved Henvisning til den af de
tidligere Konger, til hvem de vare nærmest i Slægt. I
Følge Storms Udsagn skal Annalistens Udtryk „nepos
Godofridi regis" og „nepos Herioldi quondam regis"
hentyde paa, at to Ætter, Godfred- og Haraldsætten,
staa mod hinanden. Jeg kan hertil kun sige, at Anna-
lerne dog vistnok, dersom virkelig to Ætter strede om
Tronen, vilde omtale det med rene Ord og til Ex.
kalde Haraldsætten med sit rette Navn, Skjold-
ungerne. Fordringerne paa Tronen bæres imidlertid
i Følge Annalerne stadigt frem af de enkelte Slægt-
medlemmer, uden at Noget berøres om Ætten i sin
Helhed. „Nepos Heroldi" forekommer ved Aaret 812
og maaske ved 850, hvorom strax skal blive talt, men
„nepos Godofridi" findes kun en eneste Gang (ved 812),
og dér er det jo slet ikke Betegnelse for en Æt, opkaldt
efter Stamfaderen; vedkommende Kronprætendent var
en Brodersøn af Godfred, og „nepos" betyder altsaa ikke
Andet end „filius fratris".

Storm vil dernæst i Urolighederne 813 se et Tegn
paa, at Godfredætten hørte hjemme i Vestfold. Denne
Landsdel udgjorde før 812 en Del af det danske Rige,
men „dens Fyrster og Folk vægrede sig ved at under-
kaste sig Regner og Harald", som Annalerne sige, og

Storm tilføjer (S. 86). „fordi de var Tilhængere af Kongernes Modstandere Godefrids Sønner". Men denne Grund staar der Intet om i Kilderne; tvært imod synes Annalerne kun at vise os en rebelsk Provins, der benytter sig af Urolighederne i Landet. Gudrødsønnerne flygte jo heller ikke til deres formentlige Hjemland, Vestfold, men til Sverrig; Kongerne drage til Vestfold, og først efter at denne Provins er undertvungen og efter at Kongerne ere vendte hjem, falde Godfredsønnerne ind i Landet understøttede af mange fornemme Danske, som havde maattet flygte til Sverrig, og af Krigerskarer fra hele Danmarks Rige, hvorefter Reginfred og Harald lettelig fordrives [1]). Altsaa maatte i Følge Storms Theori indfødte danske Stormænd være fordrevne af de to Konger af Skjoldungeætten; og den vestfoldske Æt, der havde usurperet den danske Trone for maaske 10 Aar siden, skulde allerede være saa rodfæstet i Landet, at den faar Understøttelse fra alle Rigets Egne mod de legitime Tronarvinger, som med største Lethed fordrives! Jeg tror, Annalernes Udtalelser gaa Storms Theori stik imod.

Storm udtaler dernæst, at Prudentii Annaler ved Aar 850 antyde samme Modsætning mellem Kongeslægter:

„Oric, rex Nortmannorum, impugnantibus sese duo-

---

[1]) Pertz I. 200: Regum frater (Hemmingus) eis redditus est. Qui tamen eo tempore domi non erant, sed ad Westarfoldam cum exercitu profecti, quæ regio ultima eorum inter septentrionem et occidentem sita, contra aquilonalem Britanniæ summitatem respicit, cujus principes ac populus eis subici recusabant. Quibus perdomitis, cum revertissent, et fratrem ab imperatore missum recepissent, filii Godofridi regis et ex primoribus Danorum non pauci, qui jam dudum relicta patria apud Sueones exulabant, comparatis undecumque copiis, bellum eis intulerunt, et confluentibus ad se passim ex omni Danorum terra popularium turmis commisso cum eis proelio, etiam regno non multo eos labore pepulerunt.

bus nepotibus suis bello impetitur; quibus partitione
regni pacatis, Roric nepos Herioldi, qui nuper a Lothario
defecerat, assumptis Nortmannorum exercitibus cum
multitudine navium Frisiam et Batavum insulam aliaque
vicina loca per Rhenum et Vahalem devastat; quem
Lotharius — — in fidem recipit eique Dorestadum et
alios comitatus largitur [1])."

Prudentius betegner saaledes den i Landflygtighed
levende Roric som „nepos Herioldi" ɔ: en Ætling af
den gamle Kong Harald i Modsætning til Godfreds
Ætling, den danske Konge Horic. Hvis dette har været
Annalistens Mening, har han udtrykt sig saaledes, at
næppe nogen Læser forstaar ham. Selv har han ikke
omtalt denne Harald, hvorimod en Forgænger i
Krønikeskrivningen ved Aar 812 har sagt ikke om
denne Roric, men om en Anulo, at han var „nepos
Herioldi quondam regis" altsaa med udtrykkelig
Henvisning til en dansk Konge med Navnet Harald, —
medens her staar blankt og bart „nepos Herioldi"!
Jeg anser det for mere end tvivlsomt, at det skulde
være denne Harald, der sigtes til. Den Harald, som
sidst har været paa Omtale i Annalerne, er den danske
Konge i Dorstad, og det er da nok saa rimeligt, at
Roric her betegnes som Slægtning af ham. Tanken
leder ved Ordene „Roric, nepos Herioldi, qui nuper a
Lothario defecerat" efter Oplysning om, hvilken For-
lening det er som nu brydes, og det finder man ved
841, hvor Prudentius med Fortørnelse beretter om denne
danske Hedning Herioldus, der havde gjort Frankerriget
umaadelig Skade og som ikke des mindre af Lothar
belønnes med en stor Forlening [2]). Men mon det da

---

[1]) Pertz, Scriptores. I. 445.
[2]) Pertz, I. 438: Herioldo, qui cum ceteris Danorum maritimis
    incommoda tanta sui causa ad patris injuriam invexerat,

ikke er denne Harald, der sigtes til [1])? Gaa vi lidt
videre frem i Prudentii Annaler finde vi ved 852:
„Godofridus, Herioldi Dani filius, qui quondam
sub imperatore Hludowico Maguntiaci fuerat baptizatus,
a Lothario deficiens ad suos se confert", og her er det
jo dog aabenbart hin Harald fra Dorstad, der tænkes
paa. Han lader 855 denne Godfred og Rørik forsøge
deres Lykke i Danmark som Fordringshavere paa Tronen,
er det da ikke rimeligt, at han forinden har bestemt
Begges Slægtskabsforhold paa samme Maade efter hin
Konge i Dorstad? — Storm nægter imidlertid, at Pru-
dentius kan tænke paa denne Herioldus, fordi han var
Kong Røriks Broder og ikke hans Brodersøn (nepos).
Ja saaledes sige ganske vist Fuldaannalerne 850 [2]), men
er det sikkert, at de have Ret? Vist er det, at der er
stor Forskjel i Alderen mellem Rørik og Harald; denne
blev Konge allerede 812 og døde c. 845, medens Rørik
levede endnu 873 [3]), og mærkeligt er det — hvad Storm
ikke synes at have bemærket — at i Aaret 826 i Følge
den samtidige Ermold Nigellus en „nepos Herioldi" blev
ladt tilbage efter Daaben i Maintz sammen med Gode-
frid, Haralds Søn [4]) — mon det ikke er denne
samme „nepos" (Roric), som senere deler

Gualacras aliaque vicina loca hujus meriti gratia in beneficium
contulit. Dignum sane omni detestatione facinus etc.

[1]) Fuldaannalerne nævne dem som samtidige Lensmænd: Rorih,
natione Nordmannus, qui temporibus Hludowici Inperatoris
cum fratre Herioldo vicum Dorestadum jure beneficii tenuit.
Pertz, I. 366.

[2]) Se Anmærkning 1.

[3]) Storm gjentager derfor stadigt, at Roric var Haralds yngste
Broder, hvad Annalerne ikke udsige.

[4]) Pertz II. 513: Filius atque nepos ipsius Regis in aula excubiis
vigilant, Francisca jura colunt. Baade Langebek (Scr. Rer.
Dan. I. 420) og Dümmler (Ostfränkisches Reich. I. 266)
fremsætte denne Formodning.

Skæbne med Godefrid? — Men selv om Harald
og Rørik vare Brødrè, har Prudentius jo ikke syndet
ved at kalde dem Slægtninge („nepotes"); han har
mulig ikke erindret, hverledes Slægtforholdet var.

Jeg kan saaledes ikke indrømme, at Kildernes
Udtryk antyde en Kamp mellem to forskjellige Ætter.
Det forekommer mig fremdeles heller ikke, at det i
Løbet af Aarhundredet Passerede viser hen paa
en saadan Kamp mellem Ætter. Storm opfatter Striden
saaledes, at Haraldsætten stadigt lever i Landflygtighed.
medens Godfredætten regerer Danmark. Det er imid-
lertid mærkeligt at se, at vi jo i selve Godfredætten
finde nogle Slægtninge, som leve i Danmark og regere.
andre, som ere landflygtige. Saaledes lære vi jo af
Annalerne for Aar 819, at Harald kommer tilbage til
Danmark i Haab om at faa Andel i Riget, og at to af
Godfredsønnerne slutte sig til ham, som om de vilde
dele Magten med ham, efter at have udjaget deres
Brødre[1]); af Annalerne for 850, at Oric (Godfreds Søn)
blev angrebet af to af sine Slægtninge (nepotes)[2]), og
for Aaret 854 at Oric kom i en voldsom Kamp med
sin Brodersøn Gudorm, der hidtil havde levet i
Landflygtighed[3]). Saaledes er det mange andre

---

[1]) Einhardi Annales (I. 206): Harioldus quoque jussu imperatoris
ad naves snas per Abodritos reductus, in patriam, quasi
regnum ibi accepturus, navigavit, cui se duo ex filiis Godo
fridi quasi uno cum eo regnum habituri sociasse dicuntur,
aliis duobus patria expulsis. Sed hoc dolo factum putatur.

[2]) Se foran S. 73.

[3]) Pertz I. 369: Inter Horih, regem Danorum, et Godurm filium
fratris ejus, qui eatenus ab eo regno pulsus piratico more
vixit, orta contentione ita se mutua caede mactaverunt, ut
vulgus quidem promiscuum innumerabile caderet, de stirpe
vero regia nisi unus puer nullus remaneret. — Dette Udsagn
om at hele den kongelige Æt gik til Grunde, maa naturligvis
ikke tages alt for bogstaveligt. Anscharii vita c. 28 nævner

:ongelige Prinser end de af Haraldsætten, der udelukkes
ra Regeringen, og herved forekommer det mig, at
Kampgrunden bliver klart belyst. Det, der fra først til
sidst i Aarhundredet affødte Tronstridighederne, var
den usikre Tronfølgelov, nemlig dels Spørgs-
maalet om hvilke Principer man fulgte i Arvegangs-
ordenen, og dels Spørgsmaalet om Styrelsen af det
danske Rige tilkom en enkelt Mand udelukkende, om
to kunde dele Magten over det Hele, eller om hver af
dem skulde have sin Part af Landet.

Kildernes Udsagn tyde desuden langt snarere hen
paa en Uvished i Arvegangsordenen end paa Kamp
mellem Ætter. Det hedder ved 812: cui cum Sigifridus
nepos Godofridi regis et Anulo nepos Herioldi quondam
regis succedere voluissent, neque inter eos uter
regnare deberet convenire potuisset ... Her
antydes snarere et Frændeskifte, hvor man søger at
forliges om, hvo der skal arve, og hvor man stræber
efter at udfinde, hvo der bør arve; havde Striden drejet
sig mellem en Kongeslægt, der har usurperet Tronen,
og de legitime Arvinger til denne, vilde der ikke have
været Tale om Ret, men om Magt.

Men ogsaa mod Storms Theori i sin Helhed kan
der gjøres betydelige Indvendinger. En norsk Konge
siges at have stødt den regerende Kongeæt fra Dan-
marks Trone for selv at bemægtige sig denne, og i tre
Fjerdedele af et Aarhundrede skal hans Slægt have
regeret Danmark. Hvorledes er det muligt, at de
danske Annaler og Sagn kunne lade uomtalt et saa
betydningsfuldt historisk Faktum? Og dog findes der

Burchardus illustrissimus comes paa den unge Horics Tid:
qui etiam antea apud Oricum seniorem adjutor illi in omnibus
fuerat et apud Regem utrumque bene poterat, quia propinquus
ipsorum erat.

ikke et Ord derom i nogen dansk Kilde. Endnu mær-
keligere bliver Sagen imidlertid, naar vi se hen til de
norske og svenske Kilder, thi heller ikke hos dem
faa vi nogen Oplysning om, at en norsk Konge har
udført en saa storartet Bedrift. Rent ud forbavsende
forekommer det mig endeligt, naar der henses til
Tjodolf af Hvins Vers.

Om Tjodolf af Hvins Levetid og Ægtheden af hans
Vers skal jeg ikke udtale mig, men overlade dette til
Sprogmændene. Jeg undrer mig dog i al Stilhed over,
at man alt ved Aar 850 skulde have adopteret i den
nordiske Poesi saa tunge og kluntede Billeder med saa
pretentiøse Kundskabsforudsætninger hos Tilhøreren. —
Jeg vil i denne Undersøgelse gjærne gaa ind paa
Storms Antagelse, at de ere digtede for Kong Ragn-
vald i Vestfold, en Sønnesøn af vor Godfred. Er det
nu tænkeligt, at en Skjald, som vil hædre sin Konges
Bedstefader, der har udført den store Bedrift at erobre
et mægtigt Naborige, som hans Slægt endnu behersker,
— at en Skjald skulde i sit Mindedigt lade dette være
uomtalt, og kun kvæde om hans Død for Snigmorder-
haand? Og Tjodolf har ikke sunget et Ord om disse
Erobringer, og Ynglingasaga, som anfører Digterens
Vers, har ikke fundet Anledning til at tilføje det
Mindste derom! Jeg kan ikke forstaa, at Storm uden
selv at mærke sin egen Urimelighed har kunnet ned-
skrive følgende Spørgsmaal til Dr. Jessen i Anledning
af at han havde erklæret Tjodolfs Vers yngre end 9de
Aarh. (S. 70): „Og desuden, hvorledes kan det forklares,
at en Digter (fra det 10de eller 11te Aarhundrede)
skulde have kjendt den danske Konge Godfrid og hans
store Bedrifter og derfor vilde have optaget ham iblandt
sin Konges Forfædre, men dog ikke med et Ord om-
taler disse Bedrifter, for hvis Skyld han tog ham op?“
Thi hvorfor har Tjodolf i det Hele ladt uomtalt den

storartede Bedrift, Storm tillægger ham? Jeg gad vide
om Nogen vil give Storm Ret i at „en saadan udtrykke-
lig Omtale var overflødig, hvis Tjodolf er Forfatteren
ikke 50 Aar efter Gudrøds Død". Det var da en
daarlig Digter, som brød sig om at han besang noget
Overflødigt; i Skjaldskab spørger man jo kun om det
Hæderfulde og Prisværdige og bryder sig kun lidt om
det besungne er kjendt eller ukjendt.

Jeg kan derfor ikke komme til noget andet Resultat
end at de Konger, der regerede i Danmark i det 9de
Aarh., have tilhørt Skjoldungstammen, og at man, der-
som man fastholder Identiteten af Kong Godfred og
Ynglingasagas Gudrød[1]), maa formode at Godfred ved
en Forvexling eller Fejltagelse er bleven optaget i
Ynglingeætten; der synes jo endog at spores noget
Saadant i hans dobbelte Tilnavn: „Han blev kaldt
Gudrød Mikillati, men Nogle kaldte ham Gudrød
Vejdekonge."

Det er jo en almindelig anerkjendt Fortolknings-
regel, at naar to fra hinanden afvigende Resultater
kunne faas ud af de givne Data, altid det, som kommer
det Rimeligste nærmest, bør vælges. Vi staa i dette
Tilfælde overfor to Muligheder: enten har virkelig
Gudrød af Vestfold erobret Danmark og hans Æt
behersket Landet efter ham, men da har der ikke
holdt sig et eneste dansk, svensk eller norsk
Sagn eller Digt derom, ikke Spor af en Tradi-
tion, eller ogsaa har man urigtigt anbragt en dansk
Konge, som har hersket over Vestfold, paa en norsk
Kongetavle. Der er vel ikke Tvivl om, at det sidste
af Alternativerne bør vælges? — Naar saa dertil kommer,
at de frankiske Annaler iagttage den samme Tavshed

---

[1]) Det synes sikkert, at der er et Fællesskab i Sagnet om dem
og at Saxo har forblandet dem.

om at en norsk Fyrsteæt har erobret Danmark — tvinges
jeg til at spørge, hvorfor dog Storm vil gjenoprejse
den gamle Theori om de Norskes Herredømme i Dan-
mark paa Grundlag af disse ulykkelige Genealogier,
af hvilke omtrent Alt kan udledes og om hvilke Munch
i et ubevogtet Øjeblik kom til at udtale, at de vare
opdigtede for at forherlige de norske Konger?

Sjette Kapitel.

Regner Lodbrog og hans Sønner.

Ragnar Lodbroks och hans söners tid var, sedan den kritiska häfda-forskningens·begynnelse i Norden, en af dess svåraste uppgifter.

Geijer, Svea Rikes Häfder, Saml. Skr. 1875. IV. 324.

Regner Lodbrog er Nordens berømteste Viking. Om ham er der digtet Draper og skrevet Sagaer; fra ham er der nedledet Ættræer, — og dog staar Regner som en gaadefuld Skikkelse. Hver Gang den historiske Kritik vil holde ham fast og binde ham til Tid og Sted, smutter han den af Hænderne og dukker op i det Fjærne. Han synes eje alle en Sagnhelts Egenskaber, at være mange Slægtfølgers Samtidige, i levende Live en Dobbeltgænger og efter sin Død Gjenganger. Ærgerlig over aldrig at faa Rede paa ham opgiver Historikeren tilsidst Jagten.

Litteraturen om Regner Lodbrog udgjør i Omfang nogle Boghylder. Spørger man de sidst skrevne Bøger om det Standpunkt Undersøgelsen er naaet til, vil man faa det Svar, at Udbyttet næppe er synderligt mere end dette, at hvad der tidligere har været sagt, er urigtigt. Dr. Jessen, som i sine bekjendte Under-søgelser til nordisk Oldhistorie havde behandlet Lod-

brogsættens Historie, var paa sin Vej naaet til det
betydningsfulde Resultat at paavise de nordiske Genea-
logiers og Sagns Værdiløshed lige overfor de frankiske
Annaler, men med Hensyn til Paavisningen af den
historiske Regner Lodbrog og Spørgsmaalet om Regner-
sagnets Oprindelse har hans Undersøgelse næppe bragt
et Resultat til Veje, som man kan blive staaende ved.
Dr. Jessen paaviser uimodsigeligt, at Navnet paa Reg-
ners Fader Sigurd Ring grunder sig i en Misforstaaelse
af Kongelister, hvor de to Samkonger Sigurd og Ring
nævnes som Regners Forgængere, og at Saxos Regner
spiller den samme Rolle som de frankiske Annalers
Reginfred; men videre komme vi heller ikke. Jeg vilde
derfor godt kunde forstaa, om nogen Ynder af den
gamle Vikingesaga, beredvilligt erkjendende de svære
Hug, Kritikkens skarpe Vaaben have bibragt Sagnhelten,
kunde spørge: Ja, men hvad saa? hvorledes bliver hin
Reginfred Vikingetidens største Helt, og hvorfor knytter
Sagnet netop de Bedrifter til hans Person?

Den følgende Undersøgelse gaar ud paa at skaffe
klarere Kundskab til Veje om Regnersagnets Bestand-
dele; dens Maal er at udfinde den sande, historiske
Regner Lodbrog og at vise, hvorledes Sagaen er opstaaet.
Jeg beder imidlertid Læseren erindre, at vi bevæge os
mellem Sagn, og at det er gjennem ofte urimelige For-
tællinger vi maa rykke langsomt frem for at finde den
sande historiske Kjærne.

Vejen er lang, og for at Læseren kan faa Overblik
over de enkelte Stadier i Undersøgelsen, inddeler jeg
det hele Studie i syv Afsnit. Jeg begynder med at
fortælle det nordiske Sagn om Regner. I sine Hoved-
punkter er det vel bekjendt nok, men jeg maa ønske,
at det staar klart for Læserens Minde i alle Enkelt-
heder.

A. Sagnet om Regner Lodbrog.

De nordiske Hovedkilder til Regner Lodbrogs Historie ere Saxos 9de Bog og tvende islandske Sagaer: saga af Ragnari Konúngi Loðbrók ok sonum hans[1]), og: þáttr af Ragnars sonum[2]), samt endelig den saakaldte Krákumál, Regner Lodbrogs Dødssang (Lodbrókarkviða)[3]). De tvende Sagaer bære Præg af at være forfattede i en meget sildig Tid. Keyser henfører saaledes Regners Saga til det 13de Aarhundredes anden Halvdel i det seneste, þáttr til Tiden henimod Aar 1300[4]). Om Krákumáls Alder ere Forskerne meget uenige, thi medens Keyser antager det digtet i det 9de Aarh.[5]), er Storm af den Mening, at det ikke er meget ældre end 1300[6]).

Det bliver som Følge heraf det Naturligste som Grundlag for den følgende Fremstilling at begynde med Saxos Fortælling om Regner; den er den fyldigste, den er opstaaet paa dansk Grund og nedskrevet tidligere end nogen af de andre Bearbejdelser.

Regner var en Søn af den danske Konge Sigurd Ring og besteg Tronen ved sin Faders Død. Hans første Daad var et Hærtog mod Sverrigs Konge Frø, der havde dræbt hans Farfader, den norske Kong Sigurd, og voldeligt efterstræbt hæderlige norske Kvinder. Efter at Kongen var fældet drog Regner paa Frieri hos den norske Skjoldmø Lathgertha, som han vandt til Brud efter at have dræbt foran hendes Bur hendes dobbelte Vagt bestaaende af en Hund og en Bjørn. Imidlertid var under hans Fraværelse Jyder og

---

[1]) Fornaldar sögur. I. 239—99.
[2]) l. c. I. 342—60.
[3]) Krakas Maal, udgivet af Rafn 1826.
[4]) Efterladte Skrifter. I. 391 ff.
[5]) l. c. I. 276.
[6]) N. Hist. Tidsskrift. I. 78.

Skaaninger komne i Kamp med Sjællandsfarerne, der
havde taget Regners Parti; han drog mod Oprørerne,
som han kuede. Lathgerthas mandhaftige Sind synes
at have mishaget Regner, hvorfor han snart forskød
hende. Hun havde imidlertid skjænket ham 1 Søn og
2 Døtre. — Den svenske Kong Heroths Datter Thora
vakte nu hans Elskov. Hun var imidlertid ikke let at
vinde, thi edderspyende Slanger, som hun havde opelsket,
snoede sig om hendes Bur. Regner lod sig da forfær-
dige den senere saa verdensberømte Dragt, de tykke,
lodne Benklæder, der efter at være vanddrukne og
frosne, lettelig kunde modstaa Ormenes Bid. Saaledes
vandt han Thora og avlede med hende 6 Sønner. Med en
tredie Hustru Svanlogha havde han endelig 3 Sønner, og
saaledes ialt af Børn en Tylft, 10 Sønner og 2 Døtre. —
Da Jyderne og Skaaningerne derefter paa ny rejste sig
mod Regner, kaldte han den forskudte Lathgertha til
Hjælp, og hun med hendes norske Ægtefælle og en stor
Hær sloge i Forening med Regner den af Oprørerne kaa-
rede Konge Harald og hans Folk. Senere drog Regner
mod England og dræbte Hamo, den unge Hellas Fader.
Han vandt Skotland og de omliggende Øer samt Norge
og indsatte sine Sønner overalt til Regenter. Imidlertid
var Harald atter bleven udraabt til Konge hjemme i
Danmark, og Regner maatte drage imod ham. Han
flygtede til Kejser Karl, Regner forfulgte ham og slog
den kejserlige Armee. Derefter drog Regner til Sverrig
for at faa sine Sønners Arveret til Tronen anerkjendt;
det kom til Enekamp mellem Regner med hans tre
Sønner og Kæmpen Scardh med hans syv Sønner;
Sejren var paa dansk Side, og Regners Søn Bjørn
Jernside blev Sverrigs Konge. Nu gik Krigstogtet mod
Hellesponten, hvor Regner sloges med de to Konge-
sønner Dian og Daxon, der havde ægtet Døtre af
Russerkongen, hvis Tropper kom dem til Hjælp. Øde-

læggelsen var gruelig. Dian dræbtes, den hellespontiske Armee nedhuggedes, den skythiske ligesaa, Russerkongen flygtede, og Skythien tildeltes Regners Søn Hvitsærk. Efter at Regner derpaa havde kæmpet med Finner og Bjarmer og betvunget dem — de sidste gjorde ved deres Herredømme over Vind og Vejr hans Hær stor Fortræd —, blev han hjemkaldt til Danmark, hvor hans Søn Ubbe paa sin Morfaders Tilskyndelse havde ladet sig udraabe til Konge. Men snart vare Oprørerne slagne.

I Regners Fraværelse var imidlertid Hvitsærk bleven angrebet af Daxon og overrumplet; Sejrherren tilbød ham Fred, men han foretrak Døden, og blev brændt med sine tolv Hirdmænd. Regner drog nu paa Hævntog mod Daxon, som blev fanget og maatte ydmyge sig. Efter nogle Togter til Sverrig, Norge og Skotland, hvor han dræber Kong Murial, drager Regner til England, slaar Kong Ella, gaar med Hæren til Irland og indtager Dublin, hvorefter han sejler ind i Middelhavet og plyndrer overalt. Harald var imidlertid for tredie Gang bleven valgt til Konge og Regner maatte paa ny fordrive ham; han fik sin Tilflugt hos Kejser Ludvig i Maintz. — Da kom den sørgelige Ende paa det store, bevægede Regnerske Drama. Helten var dragen mod hin Ella, hvis Fader var faldet for hans Haand, men havde den Skæbne at blive fanget og kastet i hans Ormegaard. Her kvad han om sit Levnedsløb og endte med de Ord: grynte vilde Grisene, om Galtens Kval de vidste.

Budskabet om Regners Død gjorde dybt Indtryk paa Sønnerne. Da de følte, at deres Hærmagt ikke var stærk nok til at kue Kong Ella, gik de frem med List. Ivar Benløs fik af Ella Lov til at indtage saa meget Jord, som han kunde omspænde med en Hestehud; ved at skære den i smalle Strimler vandt han Plads til en Borg. Senere kom Sigurd Orm i Øje og Bjørn Jernside

ham til Hjælp. Ella blev fanget og dræbt. Ivar og
Sigurd regerede derefter i Danmark, Agner i England.

Den islandske Regnersaga dvæler udførligst ved
hans Elskovseventyr og fortæller kun lidet om Erobrin-
ger; det er ikke Regner selv men hans Sønner, der
hærge Suðrrike, og det er i deres Fraværelse, Regner
begiver sig paa Togtet mod England, ved hvis Kyst
han lider Skibbrud; Kong Ella fanger ham og han dør
i Ormegaarden. Ligesaa tildeler „þáttr af Ragnars
sonum" Sønnerne de store Bedrifter i Syden.

Vi holde os som sagt især til Saxos Fortælling.
Vort Maal er at udfinde den historiske Regner og der-
efter at se, hvorledes Sagaen er voxet frem til denne
mærkelige Roman.

Af det Fortalte udfinder man hurtigt som sikker
Historie Alt hvad der fortælles om de fortsatte Kampe
mellem Regner og Harald; det kjendes fra de frankiske
Kilder og er alt omtalt i forrige Kapitel. Regners
Modkonge kan ikke være nogen Anden end hin Harald,
der i Aarene 812—13 og 819—27 havde Andel i Rege-
ringen og som 826 blev døbt i Maintz, og det er da
rimeligt nok, at Regner er identisk med Reginfred, som
samtidig (812—14) var Konge i Danmark; Saxo har da
ikke vidst, at han var Haralds Broder og Medkonge,
ikke Modkonge.

Ved dette Resultat er Dr. Jessen og efter ham
Gustav Storm[1]) blevet staaende.

Imidlertid er det jo dog ikke givet, at vi allerede
have truffet den rette Regner. Det kunde tænkes, at
Saxo havde slaaet Reginfred og den historiske Regner
sammen til én Person, ja hvorledes kunde vel egent-
lig en Skikkelse som Reginfred blive den berømte Vi-
kingehelt?

_____

[1]) (N.) Historisk Tidsskrift. III. 65 ff.

Den følgende Undersøgelse maa derfor gaa ud paa
det Spørgsmaal:

B. Er Kong Reginfred, der døde 814, den historiske Regner Lodbrog?

Dr. Jessen (Undersøgelser, S. 29) holder følgende
Straffetale til hver den, som kunde tvivle om at dette
Spørgsmaal maatte besvares med Ja!

„At den Regner, som er Sigurds og Rings Efter-
følger, Rings Broder har ført Tilnavnet Lodbrok, kan
vi lade gjælde paa Sagnets Ord. Alle danske Kilder
ere enige heri. Og det norsk-islandske Sagn har haand-
gribeligt fortalt Sagen oprindelig paa selvsamme Maade.
Den normanniske Overlevering, saa vidt vi kjender den,
indeholder ikke Andet end hvad der stemmer hermed.
Vi kan være vis paa, at saaledes er det fælles-nordiske
Sagns oprindelige Skikkelse. Vi har aldeles ingen gyl-
dig Grund til at forandre Noget heri. Alligevel, det er
kun et Sagn, og kun 1 Sagn (det fælles-nordiske), der
giver denne Regner Tilnavnet Lodbrok. Er der Nogen,
som ikke vil respektere det, og i hvis Kram det passer
at skille „Lodbrok" fra denne Regner, i Henhold til
Sagnpoesiens Friheder med at overføre Tilnavn og Be-
givenheder fra en Person til en anden, saa kan vi lige
saa lidt give Beviser imod ham, som han for sig, og vi
faar at lade ham gjøre sig lige saa lystig han vil. Den
uindskrænkede Frihed har altid en Udvej, der kan ikke
lukkes for den; med de uendelige Gisninger og Kom-
binationer vil den nordiske Oldhistories Dyrkere velsigne
Menneskeheden, saa længe Verden staar."

Der skal Mod til at trodse en saa alvorlig For-
maning! Imidlertid indeholde Dr. Jessens egne Ord
selv en Del Urimeligheder, som gjør, at man mindre
frygtsom begiver sig til Undersøgelsen. —

Dr. Jessen siger i sin Afhandling saaledes (S. 14): „Regner blev, vi véd ikke hvorfor — maaske i Følge med hele Ættens straalende Navn i den paafølgende Vikingetid —, en af Skjaldekvadenes Yndlingshelte, hvem de snart fik tillagt en uendelig Mængde vidunderlige Gjerninger og Hærtog, der aldrig har fundet Sted i Virkeligheden.“ Storm udtrykker sig paa samme Maade[1]): „Men saa har Sagn og Sange bemægtiget sig ham fuldstændig for at give ham Erstatning for hans Uheld i Livet.“ — I disse Udsagn ligger allerede udtalt noget højst Betænkeligt. Reginfred (alias Regner) har i Følge de paalidelige frankiske Annaler, saaledes som baade Jessen og Storm har paavist, ført et temmelig daadløst og mest ved Uheld repræsenteret Liv. Regner har ledet Modstanden mod Sigfred, der i Aaret 812 skulde følge efter Hemming paa den danske Trone. I den voldsomme Kamp mellem Kongsæmnerne sejrede Regner og Broderen Harald, og disse erhvervede nu som Samkonger hele det danske Rige, Vestfold deri indbefattet. Regners Magt varede knap 2 Aar, thi i Aaret 813 fordreves Kongerne fra Landet og maatte søge Hjælp hos Venderne, og 814 faldt Regner mod Godfredsønnerne og Harald maatte flygte bort. — Altsaa i tre Aar har Reginfred kæmpet for at blive dansk Konge; i det første af tre Slag har han været heldig; Frugten af det andet var den, at han maatte fly af Riget, og i det tredie tilsatte han Livet! Det forekommer mig uforstaaeligt, at Sagnet skulde bemægtige sig en slig lidet lykkelig Figur som Reginfred og gjøre ham til Vikingetidens største Helt. At han før sin Rolle som Kongsæmne har havt en Fortid, rig paa Piratlivets Bedrifter og Eventyr, nægte Kilderne for saa vidt som de iagttage en fuldkommen Tavshed derom, og der var

---

[1]) N. Hist. Tidsskrift. III. 77.

heller ingen samtidig Vikingefærd, hvori han kunde have
deltaget, eller som med Urette kunde være lagt ham
til Del. I Aaret 807 plyndrede ganske vist nogle Nor-
manner paa Irland, 810 kæmpede Godfred med Obo-
driterne og i Frisland, men der haves ingensomhelst
Oplysning om, at Regner har deltaget i det irske eller
det frisiske Tog. I de Plyndringer paa Frisland, som
fandt Sted 812 og 813, kan han som nyvalgt Konge og
beskjæftiget herhjemme ikke have deltaget. Og selv
om han maatte have udsendt Vikingehæren, er der liden
Grund til at Togene skulde have svulmet op i Sagnet
til store Sejrvindinger; om Togtet til Irland 812 hedder
det hos Einhard, at de Danske maatte uhæderligt fly
efter et stort Nederlag[1]), og flere irske Annaler be-
kræfte, at Anfaldet ikke løb synderligt heldigt af[2]).
Den glansfulde Vikingetid falder jo ogsaa langt senere
i Aarhundredet end paa Reginfred-Tiden.

Jeg spørger igjen, er det tænkeligt at hin ubetyde-
lige Kronprætendent af 814 skulde være bleven adlet i
i Sagaen som Vikingetidens største Helt, at nordiske
Slægter skulde have kappedes om at nedlede deres
Stamtræ fra en Fainéant som han?

Ogsaa en anden Omstændighed taler imod de to
Kongers Identitet. Vi kunne af vestevropæiske Kilder
med temmelig stor Sikkerhed bestemme de saakaldte
Lodbrogsønners Levetid; men i Følge denne er der
ingen Sandsynlighed for at Reginfred kan være deres
Fader. — Bjørn Jernside nævnes i Aarhundredets Midte,
da han med sin Lærer Hasting plyndrede Frankrig,

---

[1]) Pertz, Scriptores. I. 199: classis etiam Norðmannorum Hiber-
niam Scottorum insulam adgressa, commissoque cum Scottis
proelio parte non modica Norðmannorum interfecta, turpiter
fugiendo domum reversa est.
[2]) Jfr. Hennessy, chronicon Scotorum, og O'Donovan, Annals
of Ireland by the Four Masters.

særligt anføres Aar 851; han kom hjem fra Middelhavet
862 og døde ikke længe efter i Frisland. Ivar og Ubbe
findes 855 sammen med Halfdan paa Shepey, 867 fælde
de Kong Ella; Ivar synes død 873. En Sitroc og Sige-
frid, som kunde være identisk med Sigurd Orm i Øje,
forekommer i Annaler fra 852—891. — Alt dette skal
blive udførligt dokumenteret i Slutningen af Kapitlet;
da Dr. Jessen synes enig med mig i Resultatet, opsætter
jeg Beviset for ikke at standse Undersøgelsen.

Men Dr. Jessen siger (S. 20): „naar Regner faldt
814, kan Børn af ham, dengang smaa, være under 60
Aar gamle 870, og en enkelt endnu være med paa Tog
henved 880, ja senere om det skulde været." Denne
Mulighed maa man indrømme, men til de rimelige blandt
Mulighederne hører den dog ikke, thi intet af Børnenes
Navne dukker op før c. 850 og deres rette Virketid er
mellem 850—880, altsaa mindst 35 Aar efter Faderen
Reginfreds Død. Man kan indrømme, at et af Børnene
ved hans Død var spædt, men at han skulde være bort-
kaldt fra lutter spæde Børn, er ikke muligt. Nu siger
jo tilmed Vilhelm af Jumiéges, at Bjørn i Faderens
levende Live blev udsendt af denne paa Vikingetog med
Læreren Hasting; Bjørn har vel da ikke været meget
gammel. De nordiske Sagn lade jo ogsaa Faderen del-
tage med Sønnerne i Erobringstogene. — Jeg tror, at
enhver uhildet Læser, som ikke har noget bestemt
Slægtregister i Hukommelsen, med mig vil sige, at Sand-
synligheden for at Reginfred skulde være Lodbrogsønner-
nes Fader kun er ringe.

Udbyttet af den foregaaende Undersøgelse er saa-
ledes dette:

1. Hin Reginfred af 814 kan ikke have været Sag-
nets Regner Lodbrog, fordi dette umuligt kunde finde
paa at gjøre en uheldig og uberømmelig 2 Aars Regent
til en sejrrig Helt;

2. fremdeles fordi hin Reginfred kun i Følge en lidet rimelig Antagelse kan være Fader til de bekjendte Lodbrogsønner, hvis Heltetid falder imellem 850—880.

Det Resultat, hvortil Forskningen hidtil er kommet, maa altsaa lægges til Side som ubrugeligt eller i alt Fald usandsynligt. Vi maa søge videre efter den rette Regner Lodbrog, og det er naturligt at gaa paa Spor mellem Vikingeheltene i hin Periode.

C. *Hvor skulle vi finde den historiske Regner Lodbrog?*

Ved at undersøge, hvilke Normannerhelte der nævnes i Udlandets Annaler i det Tidsrum, hvorom her er Tale, træffe vi i Aaret 845 paa en Ragneri, som med sin Flaade løb op ad Seinen til Paris og brandskattede Landet[1]. Dette passer med Saxos Fortælling om at Regner selv eller ved sin Søn Sigurd lod Flaaden løbe ind i Seinen til Bekæmpelse af Karls Rige[2], og Tiden passer, i det Regner Lodbrog maa have været i Virksomhed 845, — der er Mulighed for, at vi her træffe Helten.

Desværre tie Kilderne ellers om Vikingen Regner, og vi vilde være ladte i Stikken, hvis ikke et Fragment af en højst karakteristisk irsk Annal kom med Hjælp. Den er udgivet paa Gammelirsk med engelsk Oversættelse „for the Irish Archæological and Celtic Society" af O'Donovan under Titlen „three fragments copied from ancient sources by Dubhaltach mac Firbisigh[3]":

---

[1] Pertz, Scriptores. II. 302: anno 845 Ragneri dux Nortmannorum venit cum classe sua et usque Parisius accessit etc.

[2] Rigtignok ikke Karl den Stores, men Karl den Skaldedes Rige.

[3] S. 159—163. Vore offentlige Bibliotheker eje ikke Bogen, men ved Professor Stephens' Godhed har jeg faaet den til Laans fra hans rige Bibliothek.

Paa denne Tid (865—866) kom Auniter, d. e. de Danske,
med en talløs Armee foran York, og de erobrede Byen og
lagde den øde; dette var Begyndelsen til store Lidelser og
Ulykker for Britterne. Thi ikke længe før den Tid herskede
der Krig og Urolighed af enhver Art i Lochlann,· hvortil
Aarsagen var denne: de to yngre Sønner af Albdan, Konge
af Lochlann, fordreve den ældste Søn Raghnall, Albdans
Søn, af Frygt for at han skulde tage Kongedømmet i Loch-
lann efter deres Fader; og Raghnall kom med sine tre Sønner
til Orkney-Øerne, og Raghnall dvælede dér med sin yngste
Søn. Men hans ældre Sønner droge, drevne af Overmod og
Ærgjerrighed, med en stor Hær, som de samlede alle Vegne
fra, til de brittiske Øer for at anfalde Franker og Sakser.
De troede, at deres Fader var vendt tilbage til Lochlann
strax efter deres Afrejse.

Nu drev deres Overmod og ungdommelige Ærgjerrighed
dem til at ro over den Cantabriske Sø, d. e. Søen mellem
Erin og Spanien, til de naaede Spanien, og de lode Spanien
lide meget ondt baade ved Mandslæt og Plyndring. Derefter
sejlede de gjennem det Gaditanske Stræde, d. e. det Sted,
hvor Middelhavet gaar ud i det ydre Ocean, og de landede
i Afrika og dér kom det til Kamp med Mauritanerne i et
Slag, hvor der blev gjort stort Blodbad paa Mauritanerne.
Men en af Sønnerne sagde, da han gik i Kampen, til den
anden: „Broder", sagde han, „det er en stor Dumhed og
Galenskab af os saaledes at drage fra et Land til et andet,
gjennem hele Verden og slaa os selv ihjel i Stedet for at
forsvare vort Fødeland og adlyde vor Faders Villie; han er
nu alene, og borte fra sit Hjem lever han i et Land, som
ikke er hans eget; den Søn, som vi lode blive hos ham, er
bleven dræbt, saaledes som det blev mig aabenbaret (dette
var bleven aabenbaret ham i en Drøm) og en anden Søn er
faldet i et Slag! Ja det skulde undre mig, om Fader selv
er sluppet levende fra hint Slag!" Og saaledes forholdt det
sig i Virkeligheden (quod revera comprobatum est).

Medens han talte disse Ord, saa de Mauritanernes Slag-
orden rykke frem; og da den Søn, som talte de nysnævnte

Ord, saa det, styrtede han pludselig ind i Kampen og han
naaede hen til Kongen af Mauritanien, og han huggede efter ham
med sit store Sværd og afskar hans Haand. Slaget udkæm-
pedes med stor Tapperhed paa begge Sider, skjønt ingen af
Parterne vandt Sejr i den Kamp, men begge vendte hjem til
deres Lejre, efter at mange Mænd vare blevne dræbte paa
begge Sider. Imidlertid æskede de hinanden til Kamp den
næste Dag. Men Kongen af Mauritanien flygtede fra sin
Lejr, og han flygtede ved Nattetid, efter at have mistet sin
Haand. Da nu Morgenen kom, iklædte Lochlanns sig deres
Rustning og beredte sig med Mod og Fasthed paa Kampen.
Men da Mauritanerne bemærkede, at deres Konge havde ladet
dem i Stikken, flygtede de, efter at mange vare blevne ned-
huggede med stort Blodbad.

Derpaa drog Lochlanns over Landet og plyndrede og
brændte hele Landet; og de bortførte en stor Skare Mau-
ritaner som Fanger til Erin, og disse ere de blaa Mænd paa
Erin, for Maurer er det Samme som sorte Mænd, og Mauri-
tania er det Samme som Sorthed („nigritudo"). Det var et
Under om hver tredie Mand af Lochlann undslap mellem det
store Tal, som blev dræbt, og dem, som druknede i det Gadi-
tanske Stræde. Disse blaa Mænd vare i Sandhed længe paa
Erin. Mauritania ligger lige overfor de baleariske Øer.

Dette er aabenbart en saare mærkelig Oplysning.
Sønner af „Raghnall" drage fra England til Plyndring
i Spanien og Mauritanien! Der fortælles om deres
Forudanelse af Faderens Død og Bekymring for hans
Skæbne! — vi mærke os ligesom i Nærhed af Sagaen.
Vi maa aabenbart undergive Brudstykket en nøjere
Kritik og udfinde den Tid, det omhandler.

For det Første — er dette Brudstykke en god
Kilde? Krøniken foreligger kun i en Afskrift af en
Afskrift fra det 17de Aarh. af et Pergamentsmanuscript,
men der synes ingen Anledning til derfor at mistænke
Krøniken, for hvis Troværdighed indre Grunde tale.
Dens Opgivelse stemmer i det Hele med andre irske og

engelske Annaler; den benytter, som det synes, gamle
heroiske Sange og tabte Krøniker. Udgiveren udtaler
om et følgende Stykke af Krøniken (om Kampe i Irland
868), at det er det fyldigste, som hidtil er bleven op-
daget, og synes fuldkommen authentisk, saa vel som
skrevet umiddelbart efter Begivenheden [1]). Vi bør nu
prøve det her omhandlede Stykke ved at sammenholde
det med andre Kilder.

Det ovenanførte Afsnit har som Udgangspunkt, hvor-
ledes de Danske med en stor Armee erobrede York.
Kort i Forvejen er omtalt en Begivenhed, som forefaldt
866, og der er derfor ingen Tvivl om, at det er Belej-
ringen af York 867, som haves for Øje. Fra denne Tid
gaar Annalen tilbage til hvad der er sket nogen Tid i
Forvejen, hvorledes Raghnalls Sønner sade med en stor
Hær i England og ønskede at drage ud paa Erobring
af fremmede Lande. De sejlede til Spanien og
Mauritanien. Hvornaar skete da dette?

Normannerne hjemsøgte i det 9de Aarh. egentligt
Spanien kun to Gange 844 og 858—860; vi maa vælge
mellem et af disse Tidspunkter, og det sidste er som
nærmest 866 det sandsynligste. Til Afrika kom de
desuden kun paa den sidstnævnte Expedition. Den
arabiske Geograf Becrî fortæller ganske vist, at Mad-
sjus, ɔ: Hedninger, ogsaa paa det første Togt skulle
være landede ved Afrikas Vestkyst, dér hvor senere
Arzilla blev anlagt, men af hans Beretning fremgaar,
at deres Landing var mere tilfældig eller dog med
fredeligt Maal [2]). Ibn-al-Coutîa fortæller om en
Plyndring ved Nécour inde i Middelhavet ved 844, men

---

[1]) l. c. S. 177.
[2]) Dozy, recherches sur l'histoire de l'Espagne (seconde édition).
     II. 288—90.

han har aabenbart forvexlet de to Togter; dette udtaler
ikke jeg, men en Autoritet som Dozy[1]).

Derimod finde vi hos flere arabiske Forfattere Op-
lysninger om Plyndringerne i Aaret 860, der fuldkomment
passe med den irske Annal. Becrî fortæller saaledes,
at Normannerne havde hærget i Spanien og droge nu til
Afrika, hvor de udskibede sig ved Nécour[2]). Staden
blev erobret; de plyndrede og toge Fanger, som maatte
udløses for høje Løsepenge. Nogle andre Arabere
berette kun korteligt, at Normannerne gik til Afrika og
hærgede. Sebastian af Salamanca bekræfter derimod,
at de plyndrede Nachor i Mauritania, hvor de dræbte
et stort Antal Muselmænd. Derefter anfaldt de Øerne
Majorka, Formentera og Minorca, som de udplyndrede[3]).

Jeg tror, at disse Oplysninger paa bedste Maade
bekræfte den irske Annal. Denne véd, at Normannerne
først efter at være gaaede igjennem Gibraltarstrædet
gjorde Indfald paa den afrikanske Kyst; Mauritanien
eller Skuepladsen for Begivenheden siges at ligge lige
overfor de baleariske Øer — alt dette passer fuld-
kommen paa Nécour. Skildringen af Kampen med
Maurerne bekræftes ikke særligt af Annalerne, men
har heller ikke det Mindste, som strider imod dem.

Krøniken siger endvidere, at næppe hver 3die Mand
af dem, som droge ud, kom tilbage, saa mange vare
faldne og druknede i det Gaditanske Stræde.

---

[1]) Dozy, l. c. II. 294.

[2]) Nécour eller Nécor laa i Marokko ved Middelhavets Kyst
omtrent overfor Malaga. Senere fik Byen Navnet Mezemma.

[3]) Becrî (S. 92, éd. Slane): Ils prirent la ville, la pillèrent et
réduisirent ses habitants en servitude, à l'exception de ceux
qui s'étaient sauvés par la fuite. Parmi leurs prisonniers se
trouvèrent Ama-ar-rahmân et Khanoula, filles de Wâkif
ibn-Motacim ibn-Çâlih. L'imâm Mohammed ibn-Abdérame
les racheta. Les Madjous restèrent huit jours à Nécour.
Dozy, 293. Scr. R. D. I. 552.

Flaaden maa altsaa have lidt Skibbrud, og dette bekræfter
Araberen Ibn-Adhârî ved sit Udsagn om, at Nor-
mannerne, der i 860 kom tilbage til Spanien, havde tabt
mere end 40 af deres Skibe [1]). Vilhelm Gemmeticensis
fortæller netop det Samme, at de fleste af de Skibe,
der vendte hjem fra Plyndringerne i Middelhavet, lede
Skibbrud [2]).

Saa spørge vi da endelig, om der var Lodbrogsønner
med paa denne Middelhavstur, — og dette er unægteligt.
Bjørn Jernside, Regners Søn, nævnes af Vilhelm af
Jumiéges, Robert Wace og Benoît som Deltager og
Hovedmand i Togtet sammen med Fosterfaderen Hasting.

Hermed anser jeg den irske Annal bekræftet i saa
mange af sine Enkeltheder, at dens Skudsmaal aaben-
bart maa lyde: i høj Grad troværdig.

Mon der da er Grund til at tvivle om den smukke
Beretning om Sønnernes Forhold til deres Fader? Vist
er det, at deres undrende Angst om hvorledes det vel
er gaaet Faderen: „the second son, whom we left along
with him, having been killed, as was revealed to me
. . . . and his other son was killed in a battle! It is
wonderful, too, if the father himself has escaped from
that battle", mærkeligt ligner Beretningen i den islandske
Saga om Sønnernes bekymrede Ængstelse for hvorledes

---

[1]) Ibn-Adhârî (éd. Dozy, II. p. 99): Ensuite ils retournèrent
    vers la côte d'Espagne; mais ils avaient déjà perdu plus de
    quarante de leurs vaisseaux, et quand ils eurent engagé un
    combat avec la flotte de l'émir Mohammed, sur la côte de
    Sidona, ils en perdirent encore deux, qui étaient chargés de
    grandes richesses. Leurs autres navires continuèrent leur
    route. Dozy, recherches 292.
[2]) L. I. c. 11: Nam Bier totius excidij signifer, exercitûnmqne
    Rex, dum natiuum solum repetæret, naufragium passus, vix
    apud Anglos portum obtinuit, quam pluribus de suis nauibus
    submersis. Indequé Frisiam repetens, ibidem obiit mortem.
    Jfr. Benoît, Chronique. I.; Depping, Norms. Søtoge. 568—69.

det var gaaet Faderen, medens de opholdt sig i Suðr-
rike og hærgede alle Lande lige til Luna: „En er synir
Ragnars höfðu herjat of Suðrríki, þá snèru þeir à
Norðrlönd, ok ætluðu at vitja ríkis sins, þess er Ragnar
rèð fyrir, en þeir vissu eigi herför hans, hversu hún
hafði orðit, ok þó er þeim mikil forvitni á, hversu
orðit hafði" [1]). Baade i Sagaen og i den irske Annal
siges os, at Faderen var død, medens Middelhavsturen
stod paa.

En yderligere Bekræftelse paa, at vi her træffe
noget historisk Sikkert, synes det at være, at Krøniken
derefter fortæller os om Toget mod York, i hvilket jo
vitterligt nok Lodbrogsønnerne vare Deltagere, og som
bl. A. havde den Følge, at Kong Ella blev slaget.
Men mon Ella da ikke ogsaa faldt for Fader-
hævner es Sværd?

Dette synes ikke muligt at afgjøre nu, men det
forekommer mig dog, at der kastes et klarere Skjær
over den sande Kjærne i Sagaen. Saa meget er vist,
at Lodbrogsønnernes Fader ikke er død 814, men har
levet i Aarhundredets Midte og rimeligvis er bleven
dræbt i Tiden henimod 860. —

Jeg skal endelig bringe et yderligere Bevis for at
den rette Regner Lodbrog har levet i Aarhundredets
Midte eller rettere 845. Desværre er det ikke her som
ved den irske Krønike paalidelige Kilder, der skulle
vejlede os; vi maa finde os i en Vandring gjennem de
uklare Sagn. Jeg vil kalde det:

Sagnet om Normannerhæren, der ødelagdes
af Dysenteri.

Vi vende os til Saxos Fortælling. Regner gjorde
som fortalt et Togt mod Bjarmerne. Disse bevægede
ved deres Tryllesange Himlen til at sende Skyer over

___

[1]) Fornald. Søgur. I. 283.

Jorden saa tætte som Taage med voldsomt
Nedslag, og de Danske standsedes i deres Sej-
lads og lede Mangel paa Levnedsmidler. Bjarmerne
lode da Vejret slaa om til den stærkeste Varme,
og denne Afvexling af Frost og Hede ødelagde de
Danske; en dysenterisk Syge dræbte Størsteparten
af Tropperne. Regner maatte trække sig tilbage til
Kurernes og Semrernes Land. Senere sejrer han dog
over Bjarmerne og deres Hjælpere Finnerne[1]).

Lad os kaste et Blik paa de normanniske Begiven-
heder i Aaret 845. Prudentius fortæller, at Vin-
teren da var yderst stræng. Normannerne gik i
Marts Maaned med 120 Skibe op gjennem Seinen til
Paris og maatte bortkjøbes, thi Frankerriget var yderst
svagt; en Hungersnøds uhyre Kval hærgede det
Indre af Gallien, saa Tusinder af Landets Indbyggere
omkom. Senere paa Aaret trække Normannerne sig
tilbage og ud af Seinen og plyndre alle omliggende
Kyster. Men Gud vilde ikke lade deres Hovmod ustraffet.

---

[1]) Saxo 452: At Regnerus, cæteris prompta sibi deditione sub-
stratis, quum quinquennem propemodum piraticam explevisset,
Bjarmos nuper devictos invalida subjectionis fide palam im-
perium detrectantes invenit. Qui quam adventum ejus com-
pertum haberent, carminibus aggressi cælum, solicitatas nubes
ad summam usque nimborum violentiam impulerunt. Quæ
res Danos aliquamdiu navigatione prohibitos alimentorum
facultate defecit. Eosdem quoque, subito remissa tempestate,
æstuossimi fervoris flagrantia torruit. Nec ea quidem pestis
concitati frigoris magnitudine tolerabilior extitit. Itaque
anceps geminæ intemperantiæ malum vicissim affecta corpora
immoderata utriusque status accessione corrupit. Cæterum
laxi ventris profluvium complurimos exanimavit. Ita Dano-
rum plerique, dubia cæli qualitate conclusi, passim oborta
corporum pestilentia decesserunt. Cumque se Regnerus
adulterina magis quam vera aeris vi præpeditum animadver-
teret utcunque navigatione producta, in Curorum Semborumque
regionem accessit.

Efter at have afbrændt og plyndret Klostret Sithdiu
(St. Bertin) og forladt Landet med rigt Bytte i deres
Skibe, bleve de ved Guds Dom saaledes blendede af
Taage og slagne af Vanvid, at kun Faa undkom, som
kunde melde de andre Guds Vrede. De Danskes Konge
Oric blev saa bevæget derover, at han sendte alle
Fanger tilbage[1]).

Man vil se, at der hviler et vist mystisk Slør over
den egentlige uheldbringende Begivenhed, over Karak-
teren af det Onde, som skal have slaaet Vikingerne dels
med Blindhed, dels med Galskab. Man maa formode,
at pludselige Temperaturforandringer have virket paa de
af det udhungrede Land kun daarligt forplejede Danske,
og at dette har medført feberagtige Sygdomme. Dette
kan man formode, men klart fremgaar det ikke.

Annales Xantenses lære os ogsaa, at der er
indtruffet noget for Normannerne Ulykkeligt — ret som
en Pest. Det hedder, at Normannerne under Regner
bleve slagne af et stort Onde, saa at deres Anfører

---

[1]) Pertz I. 441: Hiems asperrima. Nordmannorum naves centum
viginti mense Martio per Sequanam hinc et abinde cuncta
vastantes Loticiam Parisiorum nullo penitus obsistente per-
vadunt . . . Fames valida Galliæ interiora consumit, adeo ut
multa hominum milia eadem invalescente absumpta sint . . .
Nortmanni, alveo Sequanæ remenso, maria repetunt cuncta
maris loca finitima diripiunt, vastant, atque incendiis concre-
mant. Sed licet peccatis nostris divinæ bonitatis æqvitas
nimium offensa, taliter christianorum terras et regna attriverit,
ne tamen etiam pagani improvidentiæ aut certe impotentiæ
Dominum omnipotentissimum impune diutius insimularent,
cum a quodam monasterio, Sithdiu nomine, direpto incen-
soque oneratis navibus repedarent, ita divino iudicio vel tene-
bris coecati et insania sunt repulsi, ut vix perpauci evaderent,
qui Dei omnipotentis iter ceteris nunciarent. Unde, ut fertur,
commotus animo rex eorum Oricus, ad Hludowicum, regem
Germanorum, legatos pacis destinat, captivitatem absolvere
thesaurosque paratus pro viribus restituere.

endog døde. De besluttede at kaste Lod om hvor de
skulde søge Hjælp, men Loddet faldt uheldigt [1]). Da
raadede en kristen Fange dem til at søge Hjælp hos de
Kristnes Gud, og nu faldt Alt heldigt ud. Deres Konge,
ved Navn Rorik (Horik?), afholdt sig med hele sit Folk
i 14 Dage fra Kjød og Mjød, og „Landeplagen ophørte"
og han sendte alle kristne Fanger hjem til deres Føde-
land [2]). — Som man ser, er Beretningen i enkelte
Punkter meget uklar. Stykket ender med, at „Plagen"
eller „Pesten" ophørte, uden at en saadan Sygdom har
været omtalt. Da imidlertid det af den kristne Fange
givne Raad gaar ud paa en midlertidig Faste, synes
vor Antagelse at bestyrkes, at et umildt Klima har paa-
draget Normannerne en stærk Sygdom, der standser
deres Planer. — Men hvor foregik dette? Efter Pru-

---

[1]) Dette vil vist sige, at ingen af de Guder, til hvem de hen-
vendte sig, vilde hjælpe dem. Det hedder i Anscharii vita
c. 27 om de svenske Vikinger paa Togt i Kurland (omtrent
paa den samme Tid) saaledes: cum ergo quid sibi esset agen-
dum nimium turbati omnimodis nescirent, quærendum sortibus
statuerunt, utrum dii eorum eis vellent auxiliari, ut vel vic-
toriam caperent, vel vivi inde evaderent. Missis itaque sor-
tibus neminem deorum, qui eis subsidio esse vellet, reperire
potuerunt. — Ligesom ved den ovenomtalte Forlegenhed.
kommer en Kristen dem til Hjælp: „missa est sors et inven-
tum, quod Christus vellet eis auxiliari".

[2]) Pertz, Scriptores. II. 228: Postea vero ingenti clade percussi
sunt predones; in qua et princeps sceleratorum, qui christia-
nos et loca sancta predaverat, nomine Reginheri, Domino
percutiente, interiit. Consilio enim inito, miserunt sortes.
a quo deorum suorum salutem consequi debuissent; sed sortes
salubriter non ceciderunt. Suadente autem eos quodam cap-
tivo christiano, ut coram deo christianorum sortem ponerent.
quod et fecerunt, et salubriter sors eorum cecidit. Tunc rex
eorum nomine Rorik una cum omni populo gentilium 14
dies a carne et medone abstinuit, et cessavit plaga, et omnes
christianos captivos quos habebant, ad patriam propriam
dirigunt.

dentius maatte man snarest antage, at det var paa
Hjemvejen fra Frankrig og hjemme. I Følge de sidst-
nævnte Annaler synes Scenen henlagt til Tydskland.
Imidlertid ere disse Annaler meget uklare, og rettest
er det derfor at antage, at Sygdommen kom til Udbrud
i Frankrig, at Normannerne førte den hjem med sig,
samt at Kong Horik sendte alle kristne Fanger hjem,
fordi han frygtede, at Smitten skulde udbrede sig.

Den Ulykke, som var ramt Normannerne midt under
deres Plyndringer som en Straf fra Himlen, og den
Erkjendelse fra deres Side af at have gjort Uret, som
laa i Tilbagesendelsen af de kristne Fanger, maatte let
bringe de Kristne paa den Tanke, at her var sket et
Mirakel. I en Legende vilde vi aabenbart faa at
læse om en Helgens personlige Indgriben. Heldigvis
har man en saadan legendeagtig Fortælling om det i
845 Forefaldne. I denne berettes, hvorledes de ugude-
lige Danske vare trængte ind i det St. Germanus viede
Kloster i Paris, da der pludseligt overfaldt dem en tæt
og tyk Taage, saa at Tempelranerne bleve som slaaede
med Blindhed. Forfærdede vilde de flygte til Portene;
de famlede forgjæves omkring for at finde Udgangen,
indtil det endelig lykkedes dem at slippe ud, hvorefter
de ilsomst flygtede bort og ingensinde oftere vovede at
besmitte Helligdommen. Fra samme Dag af overfaldtes
de desuden af Dysenteri, som dræbte den ene efter
den anden af disse Tempelranere. Skyndsomt droge
de hjem til deres Fædreland. Ret som nu deres An-
fører Regner stod og pralede for Kong Horik over hvad
han havde udrettet i Paris og Frankrig, faldt han
pludselig om, ramt af et Slag, og skreg med Forfærdelse,
at St. Germanus stod hos ham og slog ham med en
Stok. Ikke længe efter døde han. Men utallige af de
hjemvendte Normanner havde medbragt Sygdommen,
og for at ikke Smitten skulde udbredes videre, lod

Kongen dem alle henrette. De kristne Fanger sendte
han hjem[1]).

Her møde vi altsaa hin Hændelse iført Legende-
dragt. Det overfaldende Tusmørke sker inde i Kirken,
og Normannerne opholdes i deres Flugt, fordi de ikke
kunne finde Dørene. Man maa imidlertid ikke tro, at
Sagnet dermed. standsede. Det var altfor mærkeligt til

---

[1]) Duchesne, Hist. Francor. Scr. II. 657: dum ipsum sanctissi-
mum Oratorium a crudelissima impie violaretur turba, tanta
subito nebulæ est densitate repletum, ejusdemque obscæni
violatores ita divini iudicii cæcitate perculsi, quatenus illud
metu ac tremore nimio paucfacti linquere cupientes, vix ostia
vel fores, per quas intraverant, invenire valerent. Sicque in
oberrando diutius fatigati, tandem erumpentes quantocius
effugerunt tali ab illo die tantoque peruasi terrore quo nec
ausi ulterius essent quacumque fæditate ipsam contaminare
ecclesiam. Insuper et ita dysenteriæ morbo exinde, ut est
vulgatum, sunt afflicti, ut dum quotidie morerentur, nullus
ex tanta multitudine se putaret evadere. Interea simulato
langore legationis causam dirigunt ad præcellentissimum
regem Carolum ut eos cum pace fideles suscipiens ad propriam,
dato regni tributo, redire permitteret patriam etc: . . . Accepta
auri argentique summa inposita læti redierunt. Sed rever-
tentes morbo quo in prædicta ecclesia perculsi fuerant quotidie
deficientes cruciabantur, cruciatique nequissimas miserabiliter
animas expiraverunt: nemine, quos secum habebant, Christia-
norum hujusmodi plagam sentiente etc. . . . . Ab eo sane die
quo monasterium almi Præsulis Germani ingressi sunt, donec
pænaliter cuncti interirent, ita ut diximus turgenti sunt Kob-
bone teste viscerum inflatione perculsi, quatenus omnis eorum
cœtus etiam in patria quotidie moriens periret, præter quos
Horich postea jussit occidi. Timens etenim ipse ejusque
optimates et populus pariter universus hujusmodi morte
pessima damnari, præcepit omnes, qui residui erant, exceptis
paucis fuga lapsis, quos nec mortis credimus evasisse exitium
decollari eorumque capita veluti satisfaciens morbo, christiano,
qui captivus illic erat, populo tradi . . . . Insuper jussit
cunctos captivos, qui christianitatis vocabulo censerentur, in
regno suo perquiri, eosque cum libertate et honore absque
alicujus contradictione in suam patriam reverti. — Jfr. Acta
Sanctorum, 28. Maj, S. 799.

ikke senere at skulle overføres paa en anden Helgen.
Theobaldus, der i det 11te Aarh. skrev St. Gommarus'
Liv, henfører denne Begivenhed til Normannertoget
836, da Antwerpen, Witla og Mecheln lagdes øde for
Normannernes Sværd. De kom til Lier i Braban↑, men
da de vilde plyndre og brænde Kirken i denne By, døde
pludseligt den ene Anfører Reolf af Blodgang, den anden,
Regner, blev slaget med Blindhed [1]). — St. Germanus
vil dog aabenbart kunne hævde sig Prioritetsretten til
dette Mirakel [2]).

Det vil næppe blive benægtet, at Saxos Sagn be-
handler den samme faktiske Begivenhed som Legenden.
I Annalerne, den kristne Legende og det hedenske Sagn
træffe vi de samme Bestanddele:

1. At Normannerhæren paa et Vikingetog over-
faldes af uroligt Vejr, stærk Kulde og stærk Hede.

2. Hæren indhylles i en saa tæt Taage, at den
ingen Vegne kan komme og lider Hungersnød.

3. Tropperne overfaldes af en dysenterisk Syge,
for hvilken Størsteparten bukker under, og de maa for-
lade Landet.

4. I begge Fortællinger fremstilles det som en Ind-
virkning ved overnaturlige Midler.

5. Begge Fortællinger angaa en Regner, og vi
have største Grund til at antage den frankiske Viking
for Regner Lodbrog.

Dersom Nogen, samtidig med at indrømme, at det
er samme Begivenhed, der fortælles i Sagnet og i Le-
genden, skulde finde sig forknyttet over, at Sagnet

---

[1]) Acta Sanctorum, 11. Oct., S. 688: alter eorum Reolfus, alter
vocabatur Reginarius: sed Reolfus cum ventrem purgaret,
omnia intestina per secessum emisit. Reginarius autem
oculorum lnmine privatus graviorem morte mortis pænam
sustinuit etc.

[2]) Dette erkjende Udgiverne af Acta Sanct. S. 679.

saalunde kan omskabe og forflytte et historisk Faktum,
maa han paa den anden Side vel finde en Trøst deri,
at Sagnet ikke er blevet værre medtaget end at det kan
afgive det historiske Støttepunkt, som vi ønskede.

At Regner er død af Pesten, er ikke rimeligt, skjønt
Annales Xantenses og Legenden om St. Germanus paa-
staa det; disse Kilder ere imidlertid ikke paalidelige
nok til at kunne afgjøre Sagen, og Udlandets Annaler
lade ofte en Høvding omkomme blot fordi han rejser
bort. I dette Tilfælde hørte det desuden til Fortællin-
gens underfulde Indhold, at Regner helst skulde dø.
St. Gommari Vita lader sig nøje med at gjøre Regner
blind til sin Dødedag. —

Man kunde muligt ville benytte endnu et Punkt
til Fastsættelsen af Regners Levetid. Saxo (S. 459)
fortæller, at Kong Regner drog til Dublin, belejrede
og indtog Byen og dræbte Kong Melbricus. I irske
Annaler berettes ved 831, at Hedningerne plyndrede
Conaille og fangede Maelbrigdhe, dets Konge,
og hans Broder Cananan, hvem de førte til deres
Skibe [1].

Til Dublin kom Danskerne ganske vist ikke 831 og
heller ikke fortælles det i Annalerne, at Melbricus blev
dræbt, men da Tiden og Navnet passer, var det jo
ikke urimeligt, at Saxo havde havt denne Daad i Tanken.
Dr. Todd har været opmærksom derpaa; han har endog
peget hen paa den Mulighed, at Regner var identisk
med den berømte Turgesius, som herskede paa Irland
fra 832—845 [2]. Dette Sidste forekommer mig dog
ganske ugrundet. Dr. Todd bestemmer jo selv efter

---

[1] Chronicon Scotorum. a. 831: The plundering of Conaille by
Gentiles who captured Maelbrigdhe, its king, and Cananan,
his brother, whom they carried off to their ships. **Four
Masters**, 829.

[2] The war of the Gaedhil. S. LIII. ff.

Annalernes udtrykkelige Udsagn Turgesius' første Ind-
fald i Irland til Aaret 832, og det Rige, han erhvervede
sig, var især i det nordlige Irland. Det er derfor
slet ikke rimeligt, at Turgesius har været paa den Flaade,
som Aaret forinden (831) plyndrede Sydirland. Tur-
gesius blev i Følge Annalerne druknet i Loch Uair
845; i Følge det irske Sagn ved en Fredssammenkomst
lumskelig dræbt af irske Ynglinge, der vare forklædte
som unge Piger. Regner kan ikke være bleven dræbt
allerede 845, og Dødsmaaden er jo en helt anden. Dr.
Todd siger endvidere, at det var en almindelig nordisk
Tradition, at Regner blev dræbt paa Irland. Dette
Sidste fortjener en noget nærmere Undersøgelse.

Saxo fortæller saaledes: Regner slaar Brittaniens
Konge Hamo, Fader til den unge Hella (S. 448). Senere
opkaster Hella sig til Konge i England (S. 459), men
slaas. Endelig hedder det, at Hella begav sig til
Hyberni („Hella ad Hybernos collatus"), og dér var det,
at Regner kæmpede med ham og fangedes. Nu kommer
Hævntoget. Ivar drager til England og faar af Hella
Lov til at indtage saa meget Jord, som en Hud kunde
dække (S. 462); snart efter dræber han Hella. Vi se
altsaa, at Saxo paa alle Steder undtagen ved Beret-
ningen om Regners Mord sætter Hella i England.
Jeg tillader mig da den Gisning, at Saxo slet ikke har
skrevet „Hella ad Hybernos collatus", men „ad Hum-
bros", det er Northumberlands Beboere, jfr. hans Udtryk
paa et andet Sted (S. 366): „Humbrorum rege prostrato".
Gisningen tror jeg forsvares tilstrækkeligt 1) ved den
historiske Sandhed, at det var hos Northumbrerne Hella
søgte Tilflugt og 2) ved at Saxo intetsteds ellers antyder,
at Scenen for Hellas Virksomhed var paa Irland; ende-
lig 3) siger Lodbrogsaga Kap. 15: en konúngr sá hèt
Ella, er þá réð Englandi, og 4) þáttr af Ragnars

sonum c. 3: i þenna tíma réð sá konúngr fyri Norð-
humrulandi, er Ella hèt [1]). —

　　At Saxo endnu paa utallige Steder trænger til
Rettelse, maa vel anses for godtgjort ved Overlærer
I. Kinchs Afhandling „Bidrag til en Textkritik af de 7
sidste Bøger af Saxos Danmarkshistorie" [2]). Naar For-
fatteren udtaler, at den sidste Halvdel af Saxos Værk.
saa vidt han kan se, langt mere end den første Halvdel
trænger til Rettelse (S. 276), kan jeg ingenlunde være
enig med ham deri, og jeg skal i det Følgende paavise
en stor Del Steder, der utvivlsomt maa korrigeres. Det
var imidlertid at ønske, at Overlærer Kinch, der er saa
udmærket fortrolig med Saxos og hans Forbilleders
Stil, vilde give os en lignende Række af Textrettelser
til Saxos første Part, som dem han har meddelt i den
nysnævnte værdifulde Afhandling.

D. Enkeltheder i Regnersagnet.

　　Hos Saxo findes følgende Stykke (S. 458), som træn-
ger baade til Forklaring og Rettelse:

　　„Quippe Galli, fugato eo (ɔ: Ivaro), in Hellam quen-
dam Hamonis filium falsam regis contulerant postetatem.
Quo duce Regnerus perinde atque locorum perito usus.
edita classe, portum, qui Norvicus appellatur, accessit,
ubi expositis copiis, Hellam,˙ Gallicana virtute subnixum,
post extractam in triduum pugnam fugæ amantem effe-
cit, eaque res creberrimo Anglorum, rarissimo Danorum
sanguine constitit. Cumque˙ ibidem Regnerus annum

---

[1]) Ryaarbøgerne (Scr. I. 156) have: tandem in Hibernia occisus
　　est, og Hamforts Chronologie (Scr. I. 36): Hella Hybernorum
　　regulus. Enhver véd imidlertid, hvor let i Middelalderen
　　Irer, Skotter og Nordenglands Beboere forvexledes og deres
　　Hjemlande identificeredes.
[2]) Aarbøger for nordisk Oldk. og Historie. 1874. S. 271—334.

victor explesset, consequenter, excitis in opem filiis
Hyberniam petit, occisoque ejus rege Melbrico, Dufli-
nam barbaris opibus refertissimam obsedit, oppugnavit,
accepit."

Hvilket Slag sigtes herved til? — Der tales om
„portus, qui Norvicus appellatur", og Saxos Udgiver
fortolker det vel rigtigt som Norwich i Norfolk. Nu er
Norwich imidlertid ingenlunde saa bekjendt i Norman-
nernes Historie som York, der var et Centrum for Dan-
skernes Herredømme i England. York nævnes desuden
særligt i Lodbrogsønnernes Saga, ja der anføres endog
et Vers af en gammel dansk Sang (3. Kap.): svá segir
Sigvatr skáld i Knúts drápu:

> Ok Ellu bak
> at lèt hinn er sat
> Ívar ara
> Jórvík skorit.

Men saa bør her jo aabenbart læses Jorvicus, den
gammeldanske Betegnelse for Byen. Der er ingen Grund
til at antage, at Saxo vilde have kaldt den Eboracum.
I øvrigt nævner han hverken York eller Norwich andet-
steds i sin Historie. Det er mindre rigtigt, at han
betegner Byen som „portus", men det Samme gjælder
om Norwich; begge ligge i lang Afstand fra Havet.

Efter denne Rettelse bliver det klart, til hvilken
Begivenhed Saxo sigter, hvor misforstaaet end hans
Gjengivelse er. I Tiden henimod 866 herskede der i
Northumberland Borgerkrig og indre Uroligheder; man
havde afsat Kong Osbert og valgt en anden Ella i
Stedet, der ingen Arveret havde til Riget (jfr. Saxos:
in Hellam quendam . . . falsam regis contulerant pote-
statem). De danske Hære, som i Aaret 866 vare landede
i Østanglen, benyttede sig af Urolighederne, og droge
mod Northumbrerne under Anførsel af Ivar og Ubbe,
Regner Lodbrogs Sønner. Den fælles Fare forenede

imidlertid de tvende Kronprætendenter, som droge mod
York og belejrede den. Efter en haardnakket Kamp
sejrede de Danske og begge Konger bleve dræbte [1].
Hos Saxo slaas Ella kun paa Flugt; i Følge den Udvik-
ling, Sagnet havde faaet [2]), kunde han ikke lade Ella
dø allerede, og det fortjener da ogsaa at bemærkes, at
flere fremmede Kilder ikke lade Ella dø ved York, men
kort efter under særlige, ikke nærmere belyste Forhold [3]).
I øvrigt er Sagnets Fortælling om Ellas Død, om Ørnen,
der blev ristet paa hans Ryg, og Saltet, der strøedes
i Saaret, karakteristisk for den „Henkerslust" — for at
bruge Lappenbergs Udtryk — der udmærker de nordiske
Sagaer og Sagn fra en sén, kristen Tid; det stemmer
ikke med Vikingeaanden, hvis Hævnfølelse snarere blev
slukket i Haan mod den faldne Fjende end i udøvede
Pinsler. Paa samme Maade beretter den islandske Saga
om Hvitsærk, Regners Søn, at han i Rusland blev brændt
paa et Baal af Mandehoveder, hvilket uhyggelige Bil-
lede endnu ikke var opstaaet paa Saxos Tid; han lader
Hvitsærk simpelthen dø paa Baal. — Vi se i øvrigt af
det Foregaaende, at Saxo har overført Sejren ved York
til Faderens Historie, skjønt den udelukkende tilkommer
Sønnerne. Saxo fortæller videre saaledes: Regner blev
et Aar i York og sejlede derpaa med Sønnerne til

---

[1]) Jfr. Lappenberg, Geschichte von England. I. 298 ff.
[2]) At Sønnerne nemlig gik frem med den bekjendte Dido-List,
at skaffe sig fast Fod i Landet ved at bygge en Borg paa saa
meget Jord, som en Oxehud kunde omspænde. Denne List
var allerede tidligere adopteret i England i Sagnet om Hengist;
den danske Saga har derefter arvet den. Jfr. Saxo 462.
[3]) I Følge Geffroy Gaimar, v. 2725. og Bromton, Twysden,
col. 803, var Ella under Slaget paa Jagt og faldt senere i
Enkelttræfning. O'Donovan, Three fragments, S. 173,
har: they defeated the Saxons and killed the Saxon king
there viz. Alle through the treachery and deceit of a young
man of his own people.

Dublin; hvilket stemmer med hvad Annalerne berette
om at Ivar i Aaret 869 drog til Dublin[1]).

I øvrigt bærer Saxos Beretning Præg· af at være
hentet af Vers; „fugæ amantem effecit“ minder om old-
nordisk Poesi og maaske ligesaa Sætningen „eaque res
creberrimo Anglorum rarissimo Danorum sanguine con-
stitit.“ — „Duflinam obsedit, oppugnavit, accepit“ maa
vel rettes til: oppugnavit ac cepit.

Hvilke de „Galli“ ere, der understøtte Ellas Valg
til Tronen og kæmpede mod de Danske, er usikkert.
Udgiverne af Saxo tænke paa Franskmænd, der hos
Saxo hedde „Galli“. Munchs Forklaring, „at Saxo ved
„Gallerne“ forstaar de Vælske eller Indbyggerne af
Wales“ [2]), forekommer mig dog naturligere [3]). —

Da Udgiverne af Saxo udtale, at det er lidet troligt, at
der paa den Tid kom Hjælpetropper fra Frankrig (Galli) til
England mod de Danske, bør jeg gjøre opmærksom paa en
mærkelig Sagncyklus om saadanne Tropper, der rigtignok
ikke hjalp Englænderne, men de Danske. Chronicon Alberici [4])
har en Fortælling om at Isembard fra la Ferté var kommet
i Strid med Kong Ludvig og flygtede til Normannerne, hos
hvis Fyrste Guarmund han fik Hjælp. Denne Beretning
trænger i og for sig stærkt til Bekræftelse [5]), men værre er
det, at Sagnet er blevet optaget af engelske Kilder, og nu
lyder saaledes, at Isembard i det 6te Aarh. opsøgte Gurmund,
Afrikanernes Konge, ved Belejringen af Cirencester og anholdt
om Hjælp til Betvingelsen af Frankrig [6]). Hvorledes denne

---

[1]) The war of the Gaedhil. 269.

[2]) N. Folks Historie. I. 1. 617.

[3]) Annales Ulton. have ved 870: Avlaiw and Ivar came again
to Dublin out of Scotland and brought with them great
bootges from English-men, Britons and Pights in theire two
hundreth ships with many of theire people captives.

[4]) Pertz, XXIII. 743.

[5]) Dümmler, Ostfränk. Reich. II. 153. — Lappenberg l. c. I. 323.

[6]) Galfredi Monumetensis liber XI. c. 8 (S. 206). Jfr. foran
S. 24, Stykke 4.

Forvanskning er opstaaet, er det vanskeligt at faa Rede paa.
At Gurmund ikke er nogen Anden end Hasting, derom kan
næppe være Tvivl. Sagnet knytter sig i Frankrig til Slaget
ved Saucourt (881), og det var jo med Hasting Ludvig 882
forhandlede om Afmarsch. Flere Kilder tillægge desuden
Hasting det dobbelte Navn [1]). Vanskeligt er det at fortolke
Angivelsen af Hasting som Afrikaner, men da han, som
nys omtalt, har gjort et Togt til Afrika, og da han har bragt
et synligt Vidnesbyrd hjem med sig i nysnævnte Blaamænd,
er det vel ikke underligt, at man har kaldt ham Hasting
„fra Afrika“, hvad der let omskabes til Afrikanernes Konge.
Lappenberg [2]) gætter paa, at Misforstaaelsen grunder sig paa
en walisk Krønike, der har betegnet Normannerne som dubh-
gaill (sorte Fremmede); ogsaa dette er jo muligt og fortjener
at erindres her, da Saxos „Galli“ kunde lede Tanken hen paa
en lignende Misforstaaelse. —

Da Regner i Hellesponten kæmpede med Dian og
Daxon, der understøttedes med Hjælpetropper af deres
Svigerfader Russernes Konge, og da de Danskes Fyrste
ved Synet af de talløse fjendtlige Mænd tvivlede om
Sejr ved almindelige Midler, lod han bygge Kobberheste,
der bleve satte paa Ruller og let bevægelige Vogne;
disse bleve nu paa Regners Bud førte med vældig
Kraft mod Fjenden, der bukkede under for deres vold-
somme Anfald [3]). P. E. Müller har ikke kunnet finde
hvad der har givet Saxo Anledning til denne Fortælling.

---

[1]) Pertz, Scriptores. IX. 378. Martene, Scriptores. V. 969: Ha-
stingus, qui Gurmundus a populo vocabatur. Jfr. foran S. 27.

[2]) Geschichte. II. 408

[3]) Saxo 452: Quorum Regnerus immensum animadvertens exer-
citum, diffidentia copiarum habita, equos æneos (ligneos?)
ductilibus rotulis superpositos ac versatilibus curriculis cir-
cumductos in confertissimos hostes maxima vi exagitari præ-
cepit. Quæ res tantum ad laxandam adversariorum aciem
valuit, ut vincendi spes magis in machinamento quam milite
reposita videretur, cujus intolerabilis moles, quicquid impulit,
obruit.

Vi have imidlertid Oplysning om, at Normannerne have brugt den Krigsmaade at føre uhyre Maskiner frem mod Fjenden paa Hjul eller Vogne.

Abbo, der i sit Epos om Paris's Belejring 886 har givet en nøjagtig Beskrivelse over Normannernes Krigsmaskiner og Vaabenbrug, synger omtrent[1] saaledes:

Bygged med Snildhed og Kunst de da et mærkeligt Under:
Tre Uhyrer i Rad, som otte Par Hjul frembare;
Ryggen var tømret af Eg og støtted de dækkende Tage;
Brystets hvælvede Gjem og Bugens og Lyskens Hulhed
Rummed af rustede Mænd tre Snese, som Rygtet fortalte.
Det trefoldige Væsen nu byggedes sammen til Enhed.
Men som de to var fuldendt og Haand var lagt paa den tredie,
Sendtes ved Blidekast en Sten mod de tvende Bygmestre.
Skuddets vældige Magt i Værket standsed dem begge,
Saa de høsted den Død, de os hovmodigt tiltænkte.
Trillingbroderens Fald og Fællerne Undergang volded[2].

Det forekommer mig, at Abbos Beskrivelse, hvor Maskinen netop fremstilles som et uhyre Dyr, kongruerer

---

[1] Abbos Vers ere som bekjendt meget dunkle, og Oversættelsen er derfor kun tilnærmelsesvis rigtig. Jfr. Dümmler, Ostfr. Reich. II. 262.

[2] Pertz, Scriptores. II. 782—83. Langebek, Scriptores. II. 81:
Ergo bis octonis faciunt mirabile visu
Monstra rotis ignara modi compacta Triadi,
Roboris ingentis super argete qvodqve cubante
Domate sublimi cooperto. Nam capiebant
Claustra sinus archana uteri penetralia ventris
Sexaginta viros, ut adest rumor, galeatos.
Unius obtinuere modum formæ satis amplæ.
Completis autem geminis, ternum peragendo
Mittitur arte fala vexare falarica binos
Artifices, nervis jaculata uno qvoqve plectro:
Sic nobis lethum primi meruere paratum.
Mox monade necata obiit sævissima dias.

fortræffeligt med Saxos[1]), og det er jo meget muligt at
en saadan Maskine har været benyttet af Normannerne
foran Konstantinopel. Imidlertid kan jo ogsaa Sagnet
om Trojas Erobring have bevirket, at Saxo lader Nor-
mannerne anvende den i Østen, og at han netop sammen-
ligner den med en Hest.

Vi gaa over til at undersøge de paalidelige, navnlig
fremmede Kilders Efterretninger om

E. Lodbrogsønnerne.

Bjørn Jernside (Bier costæ ferreæ) var i Følge
Vilhelm af Jumiéges' Fortælling i Aarhundredets Midte
jaget bort fra sit Fædreland Danmark af Faderen
Lothroc og sendt paa Sørøveri med Plejefaderen eller
Læreren Hasting. 851 ankommer han til Frankrig og
hærger dette Land i mange Aar, gaar ind i Middelhavet,
erobrer Luna og vender tilbage 862[2]), han dør i Fris-
land (l. I. c. 1. 5.). Det er vel fremdeles Bjørn, der
sigtes til ved den Berno Normannus, dux partis pira-
tarum, som Annalerne lade husere i Seinen i Aarene
855—58 og som indesluttes af Karl og Lothar paa Øen
Oissel i Seinen, hvor de havde befæstet sig[3]). Radulph
de Diceto[4]) lader Normannerne, der gik under Biers
Anførsel, efter at have hærget Gallien i 20 Aar, 873
drage tilbage til Fædrelandet, hvor de omkomme i

---

[1]) Af Beskrivelsen hos Richer. histor. l. II. c. 10 ses, at en saa-
dan Maskine bevægedes frem ved Hjul, som sad i dens Indre.
[2]) Til de Normanner, som 862 drog mod Bretagne, sluttede sig
i Følge Hincmar (Pertz I. 456) de fra Spanien hjemvendende
Vikinger (quibus et illi iunguntur, qui in Hispania fuerant).
[3]) Pertz II. 304.
[4]) Twysden, scriptores 451: Normanni ducem Bier habentes cum
per 20 annos Galliam infestassent, in patriam suam reversi
intestino bello perierunt.

Borgerkrig. Denne Efterretning synes fremkommet ved Misforstaaelse af Fuldaannalerne for 854 [1]), hvor imidlertid Bjørn ikke udtrykkeligt nævnes som Vikingernes Anfører, hvad han vel da heller ikke har været i 20 Aar, medens det derimod er rimeligt nok, at han og Lodbrogsønnerne vare med i Slaget 854 [2]).

Sigurd Orm i Øje. Annalerne nævne i det 9de Aarhundredes Slutning saa mange Sigurder, at man vanskeligt tør udpege nogen bestemt som Regnersøn [3]). Chronicon Fontanellense lader 852 en Flaade under Anførsel af Sydroc og Godfred plyndre i Seinen. 853 trækker den sig bort [4]) og gaar vist til Irland, thi i Følge Annales Inisfallenses komme 853 to Brødre Sitricus og Ibarus til Irland [5]). Fontanellekrøniken nævner atter 855 Sidroc i Seinen ved Siden af Berno. 856 gaar han ud af Seinen. 871 falde i Følge Anglo-Saxon Chronicle 2 Jarler Sidroc i England. Fuldaannalerne anføre ved 873 den danske Konge Halfdan og hans Broder Kong Sigfred [6]). Paris belejres 886 af en Kong Sigfrid, der dør 887 [7]). — Sandsynligheden taler for, at den Sigfred, som er Broder til Halfdan, er Regners Søn.

Ubbe. Annales Lindisfarnenses nævne 855 en Hær paa Shepey under Halfdan, Ubbe og Ingvar [8]).

---

[1]) Se ovenfor S. 58, Anm. 3.

[2]) Se nedenfor S. 115.

[3]) I de her givne chronologiske Bestemmelser om Regnersønnerne kunne i det Hele let Fejl være indløbne; thi Udlandets Kilder vakle ofte baade i Aarstallene og i Navnenes Stavemaade.

[4]) Pertz II. 304.

[5]) O'Conor, Scriptores. II. 34 (Codex Dubl.): Sitricus et Ibarus duo fratres veniunt cum eo (Amlafo) in expeditione ista.

[6]) Pertz I. 386.

[7]) En anden rex Danorum Sinric var allerede død 886, se Abbo II. v. 219. — 891 falde paa ny to Konger Sigfred og Godfred, jfr. Lappenberg, Geschichte. I. 541, Dümmler, l. c. II. 350.

[8]) Pertz XIX. 506.

A.-S. Chronicle lader Ingwair og Ubba 870 fælde Kong Edmund. Legenden om St. Edmund, der findes hos Mathæus af Westminster, siger de vare Lodbrogsønner[1]). A.-S. Chronicle nævner ved 878: the brother of Inwær and of Healfdene.

Ivar Benløs findes 856 paa Irland, hvor han sejrer over Caittil Find og the Gaill-gaedhill (irske Apostater). Ved 858, 861, 862 nævnes andre Krigsbedrifter af Ivar. I 865 gaar den norske Høvding Olaf den Hvide fra Irland til Skotland og kommer tilbage 868. Ivar var vist gaaet derhen alt tidligere, og efter Yorkerslaget vender han tilbage til Dublin 870 eller 871, som Annales Ultonienses sige, med et stort Tal af Fanger, Britter og Picter. Ved Aar 873 anfører Ann. Ulton: Ivar rex Nordmannorum totius Hiberniæ et Britanniæ vitam finivit[2]). Fragment of Annals (S. 119) siger ved 873, at Ivar døde af „an ugly sudden disease, sic enim Deo placuit". Regner Lodbrogs Saga lader ligeledes Ivar, som raadede for England efter Regners Fald, dø Sotdød[3]).

Halfdan „Konge" nævnes af A.-S. Chron. 871 i England, kommer 875 til Northumberland. Fulda-annalerne omtale allerede 873 en dansk Konge Halbdeni, der sender Gesandtskab til Tydsklands Konge om Afslutning af en Handelstraktat.

Regner Lodbrog havde endelig Døtre, Saxo siger to, et Tillæg til Asser nævner tre[4]); de havde, siger den

---

[1]) Flores Historiarum (1601) S. 162.

[2]) Om Chronologien i Ivars Historie se Dr. Todd, war of the Gaedhil. 268 ff.

[3]) Kap. 19: en Ivar réð fyrir Englandi allt til dauðadags ok varð sóttdauðr.

[4]) Asser (Monumenta, S. 481): dicunt enim quod tres sorores Hungari et Habbæ filiæ videlicet Lodebrochi illud vexillum texuerunt et totum paraverunt illud uno meridiano tempore.

sidstnævnte Kilde, paa én Dag syet den mærkværdige
Fane, med et Billede af Odins Ravn, som efter Folke-
troen ved at flagre med Vingerne eller lade dem hænge,
spaaede Kampens Udfald, Sejr eller Undergang. I Følge
Landnámabók hed en af disse Søstre Aaluf og var gift
med den engelske Jarl Hunde-Steinar [1]. —

Til hvilken Gren af Kongeslægten høre nu Lodbrog-
sønnerne? Aabenbart ikke til den i Danmark herskende
Stamme. Det er vel næppe tilfældigt, at de alle vise sig
i fuld Virksomhed i Udlandet i Aaret 855, netop Aaret
efter at det afgjørende Slag havde staaet mellem Kron-
prætendenterne herhjemme. I Eftersommeren 855 findes
Sydroc og Berno i Frankrig, Halfdan, Ubbe og Ivar paa
Shepey. En Krønikeforfatter synes endog at sige os
— som nys sagt — at Bjørn var mellem de Normanner,
som 854 vendte hjem fra Frankrig og kæmpede i det
store Slag hjemme. Det irske Fragment lader Regner
være fordrevet fra sit Fædreland noget før 859 og siger,
at Regners Sønner sade paa de brittiske Øer og tænkte
paa at angribe Sakser og Franker med deres store
Hær; denne Beskrivelse passer fortræffeligt
paa 855.

Flere Data pege dernæst hen paa Frisland som
Regnerfamiliens Sæde. Bjørn siges død i Frisland; i
Armeen i England 855 findes Friser; Simeon Dunel-
mensis kalder Ubbe dux Frisiarum. Det irske Fragment
siger fremdeles, at „de to yngre Sønner af Albdan,
Lochlanns Konge, fordreve den ældste Søn Raghnall,
Søn af Albdan, fordi de frygtede han vilde tage Riget
efter deres Fader". Regners Fader hed altsaa
Halvdan. Det er nu vist nok, at en dansk Høvding
Halfdan og af kongelig Æt har levet i Frisland. Ermold

---

[1] Landnámabók. III. 1. I Følge denne Stamtavle maa hun have
levet ved Tiden 860, se Munch, N. F. Historie. I. 1. 358.

Nigellus lader i Aaret 807 en dux Northmannorum Alf-
deni underkaste sig Kejser Karl[1]), og Annalerne nævne
ved Aaret 837, at en dux christianissimus ex stirpe
Danorum Hemming, Halvdans Søn, blev dræbt af Nor-
mannerne paa Walcheren[2]); disse tvende vare vel Fader
og Søn, og Regner Lodbrog kunde da være en anden
Søn. Men Hemming kunde da atter være den kongelige
Prins Hemming, hvem hans Brødre Harald og Reginfred
forlange udleveret af Kejser Karl 812, og som bliver
ført til dem 813[3]). Kejseren har da bemægtiget sig
en dansk Prins, der har opholdt sig i Tydskland, i An-
ledning af at hans Brødre havde usurperet den danske
Trone efter hin Konge (Hemming), der havde sluttet
Fred med ham. Er denne i og for sig rimelige Gis-
ning rigtig, blive Reginfred og Harald Sønner af en
Halfdan, — og Reginfred og Regner (Lodbrog) maa da
enten have været Brødre med temmelig enslydende
Navne, som Sagnet havde forvexlet (et af dem var
maaske Ragnvald), eller ogsaa identiske, og da maa
Einhards Udsagn om, at Regner skulde være død 814,
være urigtigt. Denne Løsning forekommer mig at være

---

[1]) Pertz I. 263:
        Interea Northmannorum dux Alfdeni dictus
        Augusto magna sese comitante caterva
        Subdidit atque fidem studuit firmare perennem.
        Samme Halvdan var maaske i det af Kong Sigfred 782
udsendte Gesandtskab, jfr. Pertz I. 162: etiam illuc convene-
runt Nordmanni missi Sigifridi regis, id est Halptani cum
sociis suis.

[2]) Pertz I. 361: Nordmanni tributum exactantes in Walchram
    insulam venerunt ibique Eggihardum eiusdem loci comitem
    et Hemmingum, Halbdani filium, cum aliis multis occiderunt.
    II. 604: ibi cecidit Hemminch, qui erat ex stirpe Danorum,
    dux christianissimus.

[3]) Se S. 73, Anm. 1.

naturlig og har i alt Fald Støtte i den paalideligste Kilde
i hele dette Spørgsmaal, det irske Annalfragment[1]).

Vil man sige, at jeg derved gaar det fællesnordiske
Sagn imod, som gjør Regner til en Søn af Sigurd Ring,
da kan hertil svares, at Dr. Jessens Kritik jo allerede
har gjort Ende paa dette Sagn ved at skære „Sigurd
Ring" over i to Personer og ved at. paavise den ene som
Regner Lodbrogs Broder, den anden som hans Mod-
stander. — Vil man dernæst indvende mod min Regner
Lodbrog, at jeg ikke gjør ham til Konge i Danmark,
hvorom dog Sagnene ere enige, kan det bemærkes, at
Regner meget vel nogen Tid kan have havt et Hertug-
dømme eller en Del af det danske Rige under sig, og
dernæst, at flere gamle Kilder ikke nævne Regner som
Konge. Svend Aagesen siger, at der for den Tid er
Virvar i Annalerne; for ikke at fortælle Usandhed springer
han derfor en Del Konger over og fortæller, at Siward,
en Søn af Regner Lodbrog (hvem han ikke har omtalt),
faldt ind i det danske Rige og efter et vundet Slag
bemægtigede sig Tronen; Faderen var altsaa ikke Konge
i Danmark. Efter Siward regerede Sønnen Knud[2]).
Kongelisten Nr. 13 kjender heller ikke Regner Lodbrog
som dansk Konge, men Sønnen Syward. Annales Esro-
menses kjende kun Regnersønnerne[3]). Brudstykket
hos Langebek II. 17 siger, at Erik Barn lod Lodbrogs
Sønner hærge Turonia, Francia, Saxonia.

At Sigurd Orm i Øje har regeret i Danmark og
vundet Tronen efter en Kamp, er et almindeligt dansk

---

[1]) Mærkværdigt nok har Hamsforts chronologia prima
(Scr. R D. I. 35): Regnerus ab Hella Hybernorum regulo
captus gravi supplicio afficitur, necatur in carcere anno 854.
Fossius habet annum 865. Hvorfra mon disse Forf. have
denne tilnærmelsesvis rigtige Dato?

[2]) Scr. R. Dan. I. 48.

[3]) Scr. R. Dan. I. 66. 229.

Sagn, som heller ikke strider mod Annalerne. I Aaret 873 nævnes jo nemlig som danske Konger Brødrene Sigifred og Halbdeni, og da Regner netop havde to Sønner af dette Navn, er det vel ikke urimeligt at identificere Sigurd med Sigifred.

Jeg mangler endnu at redegjøre for Hvitsærks Skæbne, men dette vil bedst kunne ske, naar vi have betragtet Sagnet om Regner i sin Helhed.

F. Resultatet af Undersøgelsen.

Sagnet om Regner Lodbrog og hans Sønner eller Sagaen om dem, som den foreligger hos Saxo, er nu bleven belyst i dens Enkeltheder. Vi have søgt at udfinde de historiske Bestanddele, at paapege Misforstaaelserne og Overdrivelserne. Sagnet hos Saxo har først og fremmest gjort sig skyldig i den Urigtighed at tildele Faderen en stor Del af de Bedrifter, som tilkomme Sønnerne; i denne Henseende er den islandske Saga korrektere, i hvilken Faderens Bedrifter mest høstes paa Elskovsfærd. Imidlertid er det jo højst sandsynligt, at den historiske Regner har været en berømmelig Kriger, selv om Glansen fra Sønnerne har laant noget af sit Skjær til Faderen. At Sønnerne have været berømte Vikinger og udført store Bedrifter, derom kunne vi efter de fremmede Annaler ikke tvivle. Utallige Sejre i England, Irland og Frankrig ere knyttede til Lodbrogsønnernes Navn. De ere trængt videst frem mod Syd; Middelhavets Folk have først af deres Hærskarer lært Normannernes Ufærd at kjende. I England have de været Hovedmændene for Grundfæstelsen af de Danskes Herredømme. — Paa den anden Side maa det fastholdes, at den danske Regnersaga i sine store Hovedtræk ikke tillægger Faderen og

Sønnerne flere Bedrifter end dem, der histo-
risk vist eller dog med al Sandsynlighed ere
udførte af dem[1]). Man kan meget vel kalde Regner
„en Type for Vikingetiden", naar man kun ikke derved
forstaar, at alle berømmelige Bedrifter fra Normanner-
tiden ere tillagte ham. Det synes efter min Redegjørelse
temmelig sandsynligt, at Sagnet ikke i nogen betydelig
Grad tildeler hans Person Andet end hvad der tilkommer
ham eller dog hans Sønner[2]).

Med dette Sidste for Øje falder der et noget mær-
keligt Lys over de Erobringer i Østen, som Sagnet
tildeler Regner, til hvilke jeg derfor nu til Slutning
gaar over.

G. Provinsen Skythien.

Saxo lader Regner krige mod Hellespontens Konge,
han indsætter sin Søn Hvitsærk til Konge i Østen, denne
bliver besvegen og fanget og forlanger at brændes med
sine Kammerater. Den islandske Saga siger ligeledes,
at Hvitsærk krigede i Østen og dér kom af Dage, brændt
paa Baal.

Da der saa bestemt peges hen paa, at Regner-
sønnerne ogsaa vare paa Togt i Østen, fortjener det en
nærmere Undersøgelse om de Sejrvindinger, Saxo om-
taler, virkeligt fandt Sted paa hin Tid.

Regner bekriger Hellesponten og dennes Konge

---

[1]) Jeg afser fra Saxos Forblanding af Reginfred og Regner.
Ligesaa bør det naturligvis bemærkes, at Saxo næsten altid
skildrer Regner og Sønnernes Færd som heldig, medens andre
Kilder ikke udtale sig saa gunstigt. Omvendt kunde Sagnet
have medtaget Bedrifter, som det forbigaar.

[2]) Man maa saaledes betydelig modificere den tidligere Anta-
gelse, at Regnersagaens Erobringer „aldrig have fundet Sted
i Virkeligheden".

Dian, som falder i Kampen. Den fortsættes mod Søn-
nerne Dian og Daxon, der faa Hjælp fra Russernes
Konge og fra Skytherne. De fjendtlige Hære blive alle
slagne paa Flugt, men Skythien synes dog at være
det eneste Land, der erobres; det tildeles Hvitsærk. —
At Regner er gaaet ad østlig Vej til Hellesponten (og
ikke gjennem Gibraltarstrædet) fremgaar af hele Kon-
texten (S. 451—52).

Fandt nu efter Historiens Vidnesbyrd noget
Normannertog Sted mod Konstantinopel paa
den Tid, hvorom her er Tale, altsaa da en Søn af Reg-
ner har en Hovedrolle, vel i Tiden mellem 850—870?
— Blev der paa hin Tid stiftet en nordisk
Provins i „Skythien"? — Svaret er: ja, netop!

Det er bekjendt, at i Midten af det 9de Aarhun-
drede (Nestor siger 862) de tre Brødre Rurik, Sineus og
Truwor bleve hidkaldte fra den anden Side af Havet
for at styre de sønden for den botniske Bugt boende
slaviske Stammer. Rurik fik den nordligste Part af
Landet med Ladoga som Hovedsæde, den nordøstlige
Del med Residents i Bieloosero blev givet Sineus, Truwor
fik de sydligste Landskaber med Isborsk til Sæde. Efter
de to Brødres Død synes Rurik at have faaet Over-
herredømmet, at være flyttet til Nowgorod og at have
givet Provinserne i Len til sine Mænd. Nestor fortæller
derefter saaledes [1]:

„Og der var to Mænd hos ham, som ikke vare af hans
Slægt, men dog Bojarer, og de forlangte Orlov for at gaa
til Konstantinopel med deres Følge. Og de droge ned ad
Dnêpr, og saa dér, da de vilde drage forbi, en lille By paa
en Høj, og spurgte sig for og sagde: „hvis er denne By?-
Men Folk svarede: „der har været tre Brødre, Kij, Scek og
Choriv, som have bygget denne By, og de ere døde, og vi,

---

[1] Nestors russiske Krønike, oversat af C. W. Smith, S. 29.

deres Æt, bo her og betale Skat til Kozarerne". Og Oskold
og Dir nedlode sig i denne By, og der samledes mange
Varjager til dem, og de begyndte at regere over det polske
Land, medens Rurik regerede i Novgrad."

Enkelte af Ruriks Krigere ses saaledes at være
blevne misfornøjede [1]); tvende af dem, der vare Høv-
dinger, men ikke af hans Æt, drage ud paa egen Haand
langs Dnepern og grundlægge et Rige i det polske
Land med Hovedstad i Kjev [2]). Denne Landsdel maatte
af de nordiske Geografer paa den Tid blive kaldt
Skythia, derom er ingen Tvivl; og vist er det at
Krigere fra denne normanniske Provins af Grækerne
bleve kaldte Skyther [3]). Altsaa stemme andre historiske
Kilder med Saxo, og der er Sandsynlighed for, at enten
Askold eller Dir er identisk med Hvitsærk eller at han
har været i deres Selskab.

Men de kjewske Normanner foretoge end-
videre 866 et Tog mod Konstantinopel. Nestor
(S. 30) fortælles saaledes:

„Aar 6374 gik Oskold og Dir mod Grækerne, og de
kom i Kejser Michaels fjortende Regeringsaar. Kejseren var
dragen ud mod Agarianerne (ɔ: Hagars Efterkommere, Sara-
cenerne) og var kommen til den sorte Flod, men Eparchen
sendte ham Budskab, at Russerne kom mod Konstantinopel,
og Kejseren vendte om. Men hine, som vare trængte ind i
Sundet, gjorde stort Mord paa kristne Folk, og omgave Kon-
stantinopel med 200 Skibe. Kejseren slap med Nød og

---

[1]) Nogle senere Tilføjelser til Nestors Text (se Kunik, Berufung.
II. 377) synes stemme hermed: „I det samme Aar (864) bleve
Nowgoroderne uvillige og sagde: Hvorledes? Skulle vi være
Ruriks Tjenere og taale allehaande Ondt af ham og hans
Slægt? I det samme Aar slog Rurik Wadim den Tapre, og
han tog mange andre Nowgoroder af Dage, som vare hans
Kammerater."
[2]) Bestuchef-Rjumin, Geschichte Ruszlands. I. 74.
[3]) Se nedenfor S. 122.

næppe ind i Byen, og begav sig med Patriarken Photios til
den hellige Gudsmoders Kirke i Blachernai, og de tilbragte
hele Natten i Bøn og førte Guds Moders hellige Klædning
ud under Psalmesang og vædede den i Havet. Og det var
Vindstille, og Havet var roligt. Og pludselig rejste der sig
en Storm, og store Bølger hævede sig og drev de ugudelige
Russeres Skibe mod hinanden og kastede dem ind paa Kysten
og sønderslog dem, saa at faa af dem undgik slig Ødelæggelse,
og de vendte tilbage til deres Land.“

Denne Efterretning bekræftes af flere byzantinske
Forfattere. Saaledes fortæller Munken Niketas David:
Paa hin Tid kom de saakaldte Rôs, det Folk blandt
Skytherne, som er. mest med Blod besmittet, gjennem
Pontus Euxinus ind i Sundet, efter at de havde plyndret
alle Landskaber og alle Klostre. De droge til de om-
kring Byzants liggende Øer og plyndrede[1]. Kontinuator
Teophanis taler ligeledes om Indfaldet af Rôs, „dette
ustyrlige og raa Skytherfolk“[2], og saaledes fremdeles
en hel Række Forfattere, der ere enige i, at Russerne
vel bragte Konstantinopel i Fare, men maatte vige til-
bage med uforrettet Sag fra Angrebet paa selve Hoved-
staden, hvad der navnlig skyldtes Jomfru Maries Særk.
Saxo har altsaa Uret i at fremstille Togtet som afgjort
heldigt; imidlertid er det vist, at Normannerne ved
deres Plyndringer gjorde megen Skade i de nærmest
liggende Egne og paa Sejladsen frem og tilbage. Derfor
kan endog en saa gammel og af de øvrige Kilder uaf-
hængig Forfatter som Johannes Diaconus (der skrev
ved Aar 1000) fortælle, at Normannerne, da de paa
ingen Maade kunde indtage Konstantinopel, førte Krigen

---

[1] Acta Consiliorum edit. Harduin. Vol. V. Parisiis 1714:
τὸ μιαιφονώτατον τῶν Σκυθῶν ἔθνος. Jfr. Kunik II. 337.

[2] Theophanes (ed. Bonn.), S. 196: ἔθνος δὲ οὗτοι Σκυθικὸν
ἀνήμερόν τε καὶ ἄγροικον. Jfr. Kunik II. 339.

ver paa Byens Omgivelser, dræbte Mange og vendte
ıed Sejr hjem til Sit[1]).

Saaledes bliver Saxos Beretning om det
kythiske Rige bekræftet i flere Punkter —
g dette gjælder fremdeles hans Fortælling om Hvitsærks
Iød (S. 456—58).

Her maa nu først bemærkes, at Saxo kalder Hvit-
ærk „Svetiæ principans", Herre over Svetia. P. E.
Iüller udvikler i Notæ uberiores (S. 256) med sædvanlig
ikarpsindighed, at Grunden hertil maa være, at Saxo
ıar havt en Kilde for sig, som har talt om „Svíþjód
ıin mikla", hvad der i Følge nordisk Sprogbrug betyder
ikythien[2]), og at han af Misforstaaelse har taget Ordet
sædvanlig Betydning om Sverrig. — Jeg er enig i, at
itedet maa forstaas om Skythien, men ikke i Maaden,
ıvorpaa P. E. Müller naar til dette Resultat. Saxo siger
i. 452, at Scitharum provincia blev tillagt Hvitsærk;
hvor kan han saa S. 456 kalde ham „Svetiæ principans",
naar han tilmed S. 450 har gjort Bjørn til Konge i
Svetia ɔ: Sverrig (Björno .... Svetica prælatione do-
nato)? Er der endelig nogen Rimelighed i at Saxo
skulde lade Hellespontens Konge rejse paa Krigstogt
til Sverrig? — Her er atter et af de utallige Steder,
hvor man med en mærkværdig Respekt for den over-
leverede Saxoske Text bevarer Urimeligheder i hans

---

[1]) Pertz, Scriptores. VII. 18: eo tempore Normannorum gentes
cum 560 navibus Constantinopolitanam urbem adire ausi sunt.
Verum quia nulla racione inexpugnabilem ledere valebant
urbem, suburbanum fortiter patrantes bellum quam plurimos
ibi occidere non pepercerunt, et sic predicta gens cum triumpho
ad propriam regressa est. Jfr. Kuniks Noter til Dorns
Caspia i Mémoires de l'Académie Impér. des Sciences de St.
Pétersbourg. 7e Série. T. XXIII. S. 230.

[2]) N. M. Petersen, Haandbog i den gammel-nordiske Geografi,
S. 270.

Værk, som et Pennestrøg kan udslette. I Stedet for
„Svetiæ" skal jo aabenbart læses „Scythiæ".

Denne Rettelse maa foretages, og Stedet lyder da
saaledes: „Imidlertid havde Daxon længe forgjæves søgt
at overvinde Hvitsærk, Kongen over Skythien. Han
besluttede da at gaa til Værks ved Svig. Efter at have
sluttet en skrømtet Fred med Kongen, lod han sig ind-
byde til Gjæstebud hos ham. Han skaffede hemmeligt
sine Krigere derhen, de udgave sig for Kjøbmænd og
kjørte ind i Byen paa Vogne, som det sagdes, for at
handle. Men de havde skjulte Vaaben, og om Natten
overfaldt de Hvitsærk i hans Slot." Han blev fanget
med 12 af sine Mænd, og uagtet Daxon af Medlidenhed
tilbød ham sin Datter til Hustru og desuden det halve
Rige, foretrak han Døden. Efter eget Valg blev han og
de tolv Fyrster brændte [1]).

Nestor fortæller saaledes (S. 30):

„Aar 6387 overgav Rurik ved sin Død Fyrsteværdig-
heden til Oleg, som var af hans Slægt, og gav sin Søn Igor
i hans Varetægt, thi Igor var endnu ganske lille . . . . Aar
6390 (882) drog Oleg ud med meget Krigsfolk . . . og han
kom til de kijewske Høje, og Oleg hørte, at Oskold og Dir
regerede som Fyrster, og han skjulte sine Folk i Ski-
bene, og lode andre blive tilbage, og nærmede sig selv til
Byen, og førte den unge Igor med sig. Og han sejlede hen

---

[1]) Interea Daxon Withsercum, Scythiæ principantem, diu ne-
quicquam superare conatus, tandem factæ pacis commento
circumventum aggreditur. Convivialiter ab eo exceptus,
armatum subornavit exercitum, qui simulata mercatione in
urbem rhedis advectus hospitis domum nocturno laceraret
assultu. Cujus latrocinii manum tanta Withsercus strage per-
culit, ut hostilium corporum cumulo circumfusus nisi scalis
superne admotis comprehendi nequiret. Duodecim quoque
comites ejus pariter ab hoste capti, facta sibi repetendæ patriæ
potestate, devotis pro rege capitibus, alienum participare peri-
culum quam suum abjicere maluerunt. Saxo 456.

nder den ungarske Høj, og skjulte sine Krigsfolk, og
endte Bud til Oskold og Dir og lod sige: „Vi ere Kjøb-
mænd, vi komme fra Oleg og fra den unge Fyrste Igor og
;aa til Grækenland; kommer ud til os, da vi ere Eders
Landsmænd!" Og Oskold og Dir kom. Men da sprang de
øvrige ud af Skibet, og Oleg sagde til Oskold og Dir: „I
ere ingen Fyrster og ikke af fyrstelig Slægt", og han lod
gor føre frem og sagde: „denne er Ruriks Søn"; og de
sloge Oskold og Dir ihjel og førte dem i Høj og lagde dem
den Høj, som nu kaldes den ungarske, hvor nu Olmas
Gaard er; thi over denne Gravhøj har Olma bygget den
hellige Nikolaus' Kirke; og Dirs Gravhøj er bag den
hellige Irenes Kirke. Og Oleg nedsatte sig i Kijew som
Fyrste."

Vi se saaledes, at Saxo endnu engang lader Hvit-
særk spille den Rolle, som Nestor tildeler Oskold og
Dir. Da jeg nu ikke véd nogen Grund til at identificere
ham med en af disse Krigere, kan jeg kun tænke mig,
at Hvitsærk har været i deres Følge[1]). Det er jo rime-
ligt nok, at ogsaa Danske have deltaget i de svenske
Erobringer i Østen, og ligesaa kan det jo tænkes, at en
dansk Afdeling har udsondret sig og stiftet et Rige i
det Sydligste, jfr. Nestors Udsagn, at „der samledes
mange Varjager til Oskold og Dir".

At danske Vikinger ofte have rettet deres Vaaben
mod Østen, er jo sikkert nok. De Danske, som c. 850
gjorde et Togt mod Birka i Mälaren, sejlede derfra til

---

[1]) I øvrigt ere flere Enkeltheder i Saxos Fortælling jo urigtige,
saaledes at han lader Hvitsærk falde for en Konge af Helle-
sponten og lader Regner ydmyge Daxon. Saxo har mulig
endog overført Navnene paa de normanniske Konger Dir og
Askold paa Hellespontens Konger Dian og (D)axon. — Imid-
lertid er det rimeligt, at der kan findes endnu mere i Saxos
Fortælling, der stemmer med Historien, og Textkritiken er
heller ikke færdig med sit Arbejde, jfr. det besynderlige
Utgarthia S. 457.

en langt borte liggende Slavestad, som de erobrede og plyndrede, hvorpaa de vendte hjem til Sit. Nogle Aar efter findes de Danske paa et Vikingetog mod Kurland, der imidlertid løb uheldigt af, medens Svenskerne, der umiddelbart efter fortsatte Krigsførelsen, gjorde store Erobringer og toge meget Bytte[1]). — Thietmars Udsagn ved Aar 1018, at Befolkningen i Kjew, det sky-thiske RigesHovedstad, mest bestod af „velo-ces Dani"[2]), belyser desuden paa en mærkelig Maade Saxos Fortælling om Provinsen Skythien.

Min Overbevisning om, at Saxo ikke har optaget et Lodbrogsønnerne uvedkommende Stykke Historie i sin Saga, støtter sig som foran sagt derpaa, at Sagaen ikke ret ofte fremviser Bestanddele, som med Nødvendighed maa udsondres. At de normanniske Tog til Skythien og Grækenland forefaldt netop paa Lodbrogsønnernes Tid, er dog ogsaa et ganske mærkeligt Træf. —

Omvendt finde vi altsaa hos Saxo en hidtil overset Bekræftelse paa et Stykke af Nestors Krønike!

Man kan jo nemlig rette saa stærke Beskyldninger, som man vil, mod Saxos Fremstilling af Togene i Østen — saa meget er dog i Følge hans Regnersagas hele Sammensætning vist, at han ikke let vilde have hittet paa at fortælle om en Erobring af Skythien ved nordiske Vikinger, hvis en saadan ikke havde fundet Sted i Virkeligheden. Men naar nu dertil kommer, at hans Beretning ikke afviger i højere Grad

---

[1]) Se Anscharii vita Scr. R. Dan. I. 461. 478. — Loðbrókarkviða v. 3 lader jo Regner synge om sine Bedrifter i Dynaminde.
[2]) Pertz, Scriptores. III. 871: In magna hac civitate (Kitawa) que istius regni caput est, plus quam quadringente habentur eclesiæ et mercatus 8, populi autem ignota manus, que sicut omnis hæc provincia ex fugitivorum robore servorum huc undique confluencium et maxime ex velocibus Danis, multum se nocentibus Pecenegis hactenus resistebat et alios vincebat.

fra Nestors, end hans Fortælling om Erobringerne i Vesten afvige fra de sande Forhold, vil man næppe nægte; at der ved Saxos Fortælling gives en Bekræftelse paa Nestors Efterretning. —

I Følge Saxo (S. 459) kom Regner ogsaa en Gang til Hellesponten fra Gibraltarstrædet gjennem Middelhavet: „Hyberniam petit ... ibique annuo stativis habitis, mediterraneum fretum pernavigans ad Hellesponticum penetravit, interjecta regnorum spatia clarissimis emensus victoriis, continuæ felicitatis progressum nusquam interpellante fortuna." — Naaede Normannerne i det 9de Aarh. paa deres Vikingetog i Middelhavet helt op i Dardanellerne? Der foreligger næppe tilstrækkeligt Bevis herfor, men dog berette ikke faa Kilder derom. Araberen Ibn-al-Coutîa (fra det 10de Aarh.) skriver saaledes om Normannernes Færd efter at have plyndret Nécour: „Ensuite les Madjous pillerènt à la fois l'une et l'autre côte, et pendant cette expédition, qui dura 14 ans, ils arrivèrent dans le pays de Roum et à Alexandrie" (Dozu, recherches. II. 286). Hos Sebastian, Biskop af Salamanca, (Sandoval Historias. Pamplona. 1634. S. 55) læses om samme Togt: „Post Græciam advecti, post triennium in patriam sunt reversi" (Zeuss, die Deutschen, 532). Rygtet om Plyndringer af nordiske Folkeslag i de østlige Dele af Middelhavet netop paa samme Tid har ladet Historikerne samle Togter i Middelhavet fra Øst og fra Vest til Et. Saaledes lader en Forfatter i det 15de Aarh. Toget mod Konstantinopel 866 udføres af de i Frankrig plyndrende Normanner (se Kuniks Noter til Dorns Caspia l. c. S. 231).

Syvende Kapitel.

Rollo, den danske Erobrer af Normandiet.

„Dani sumus, Dacia advecti huc.
Franciam expugnare venimus."
Dudo, de moribus et actis primorum
Normanniæ ducum, 154 (76).

Fra hvilket Land kom Rollo og hvilken var hans
Herkomst? De historiske Kilder dele sig i to Grupper
med to forskjellige Traditioner, der staa i skarp og
uforsonlig Modsætning til hinanden. Den ene Over-
levering er kommet til os gjennem de nordiske
Sagaer, den anden gjennem Normandiets Historie-
skrivere. Jeg skal nu først fortælle, hvad enhver af
disse Kilder lærer os om Rollos Historie, før han kom
til Normandiet, og derefter gaa ind paa en Kritik af
Traditionerne.

Snorre Sturlassøn beretter i Heimskringla[1]), at
Ragnvald Jarl paa Møre — en af Norges mægtigste
Mænd og en af de Første, som underkastede sig Harald
Haarfager, da han samlede Norges Rige, — havde en
Søn Rolf, som man i Almindelighed kaldte Gaungu-
Hrólfr (Gangerrolf), fordi han paa Grund af sin Førhed
altid maatte færdes til Fods; ingen Hest formaaede at

----

[1]) Haralds Saga Hárfagra. Kap. 24.

bære ham. Han var en vældig Viking og drog navnlig
paa Krigsfærd i Østerleden. Kong Harald havde søgt
at kue alt Sørøveri ved Norges Kyster og sat strængt
Forbud mod Strandhug. Nu kommer engang Rolf hjem
fra Togt og øver da Strandhug i Viken. Da Kongen
hørte derom, blev han højlig fortørnet og gjorde Rolf
fredløs over hele sit Rige. Hans Moder Hild søgte at
bevæge Kongen til Naade, men det hjalp Intet, og Rolf
maatte fly til Syderøerne; derfra drog han til Valland,
hvor han grundlagde det Hertugdømme, som kaldes
Normandi.

Dudo — og efter ham Vilhelm af Jumiéges,
Robert Wace og Benoît — fortælle derimod saa-
ledes. Der levede i „Dacia" en overordentlig rig og
mægtig Fyrste; talrige Krigere havde han i sit Følge
og ved sit Hof, og aldrig havde han bøjet sig for nogen
Konge eller lagt sine Hænder i anden Mands Haand
for at tilsige ham Huldskab og Troskab. Han besad
en stor Del af det danske Rige, men Konge var han
ikke. Ved hans Død arvede hans to Sønner Rollo og
Gurim hans Magt. Man havde i Danmark paa de
Tider for Skik, naar Landet fandtes utilstrækkeligt til
at nære den store Befolkning, at udjage det unge Mand-
skab, for at det ved Bekæmpelse af fremmede Folkeslag
kunde erhverve sig Rigdomme og Lande. Den danske
Konge lod netop paa den Tid et saadant Paabud udgaa.
De bortjagne unge Mænd søgte Beskyttelse hos Rollo
og Gurim, som bøde dem vende hjem til deres Arner
og tilsagde dem Beskyttelse, dersom Kongen skulde
forurolige dem. Imidlertid var det kommet den danske
Konge for Øre, at Rollos og Gurims Fader var død, og
Kongen tænkte at hævne paa Sønnerne, hvad Faderen
havde forbrudt, og at tilrive sig hans Lande. Man
ruster sig til Kamp paa begge Sider; Brødrenes Hær
falder ind i Kongens Rige; hans Armee bliver slaaet og

flygter. Kampen fortsættes endnu i fem Aar, da sendte
Kongen Bud til Brødrene og foreslog Fred paa det
Vilkaar, at Enhver skulde beholde, hvad han tidligere
havde ejet. Rollos Parti modtog Tilbudet, og Fred og
Enighed blev svoret. Men den trædske Konge havde
udtænkt en Svig. Skjult af Natten sneg hans Hær sig
ind i Brødrenes Land og drog mod den By, hvori Brø-
drene sad. Kongen fik Lejlighed til at lægge Tropper
i Baghold nær ved Byen, og da nu Rollo og Gurim efter
et Udfald forfulgte Kongen, der lod som han flygtede,
drog Tropperne fra deres Skjulested ind i Staden og
tændte den i Brand. Brødrene bleve angrebne fra
tvende Sider, og Kampen var blodig; Gurim faldt. Da
maatte Rollo flygte med sine Folk, og han drog over
til Scanza insula.

Rollo dvælede nu dér nogen Tid. Da drømte han
engang, at en Stemme fra Himlen bød ham drage til
England. Efter at Drømmen var bleven ham udlagt af
en kristen Fange, sejlede han med sine Folk til dette
Rige. Strax efter at han var landet, maatte han bestaa
en haard Kamp med Folket paa hine Kyster, som dog
maatte vige for hans Vaaben. Rollo var imidlertid i
Tvivl om, hvor han skulde drage hen. Da havde han
et nyt Drømmesyn, som blev udlagt for ham dels om
hans fremtidige Daab, dels om hans tilkommende Hertug-
dømme i Frankrig. — Paa den Tid herskede i England
den kristne Konge Alstemus (Adelstan). Til ham
sendte Rollo Bud og Underretning om sin Stilling, at
han var fordreven fra Danmark, og at en Storm havde
kastet ham ind paa Englands Kyster, hvor han kun
ønskede at sidde i Ro Vinteren over; mod Foraaret
vilde han drage mod Frankrig. Kong Adelstan tilstod
ham det gjærne. Rollo drog derpaa den følgende Vaar
med veludrustede Skibe til Walcheren. Undervejs blev
Flaaden overfaldet af en stærk Storm, men da Rollo i

en Bøn havde paakaldt den almægtige Gud, der saa
ofte havde vist, at han vilde drage ham til sig, stilledes
Uvejret. Nu begyndte Rollos Kampe med Friserne;
senere drager han til Seinen, og efter mange mere
eller mindre heldige Slag, vinder han endelig Nor-
mandiet.

Som alt foran sagt[1]) er den Kong Adelstan, som
Rollo træffer i England, den danske Konge Gudrun,
som i Daaben fik Navnet Adelstan. De Høvdinger,
som Rollo overvinder i Frisland, kjende vi andetsteds
fra[2]), og vi kunne i de frankiske Annalers Beretning
gjenkjende den normanniske Hærs Bevægelse. Spørgs-
maalet er altsaa nærmest, om Dudo skildrer den Tid
sandt, der ligger før Rollos Ankomst til England.

Hvilken af de to Traditioner er nu den sande?
— En Forsoning mellem dem kan der ikke være
Tale om.

De fleste Forfattere, der have behandlet dette
Spørgsmaal, forkaste Dudos Beretning og holde sig til
Sagaernes. Depping[3]) og Licquet[4]), Thorpe[5]) og
Maurer[6]) ere alle enige i at de normanniske For-
fatteres Beretning er en Fabel, som maa forkastes lige
over for Sagaens paalidelige Oplysning. Munch[7]) og
vistnok alle norske Forfattere[8]) antage ogsaa Rollos norske
Extraction. — Lappenberg[9]) henstiller til Overvejelse,
om Sagafortællingen dog ikke muligt er en Opfindelse

---

[1]) Se S. 35.
[2]) Se S. 37.
[3]) Normannernes Søtoge, Kap. 8, S. 316.
[4]) Histoire de Normandie. I. 46.
[5]) Anglo-Saxon Chronicle. I. Pref. XI.
[6]) Bekehrung. I. 58 ff.
[7]) Norske Folks Historie. I. 1. 654 ff.
[8]) Saaledes Sars, Udsigt over den norske Historie. I. 78, 83, 90—93.
[9]) Geschichte von England. II. 7.

af nordiske Skjalde, der under Snorres Ægide har faaet historisk Anseelse. Lair[1]) helder mest til at tro Dudo. men vil dog ikke bestemt vælge, Worsaae[2]) tror ubetinget mere paa Dudos Udsagn end paa Sagaen; men han mener, „at det dog altid vil forblive meget tvivlsomt", om Rollo var dansk eller norsk af Fødsel.

Mon vi virkeligt skulde staa ved en af de Kjendsgjerninger, som Historien for stedse nægter os at. faa Rede paa? Eller mon det ikke snarere er paa Tide at gjøre de tvende Traditioner til Gjenstand for en indtrængende Kritik, saa at Sandheden endelig kan blive bragt for Dagslyset?

Spørgsmaalet er i Virkeligheden af højeste Vigtighed. Den Usikkerhed og taagefulde Dunkelhed. som indhyller Normannernes første Tid i Normandiet og standser Studiet af Provinsens Historie, bør fjærnes. Vi bør vide, om de ydre og indre Forbindelser mellem Normandiet og dets Moderland skulle søges i Danmark

---

[1]) Mémoires de la Société des Antiquaires de Normandie. XXIII. 51.

[2]) Den danske Erobring af England og Normandiet, 141. — Holger Fr. Rørdam har i Kirkehistoriske Samlinger, 3die Række. I. 266, gjort opmærksom paa, at Ion Jakobsen Venusinus, der fra Aar 1600 var Lærer ved Kjøbenhavns Universitet, i sine Forelæsninger har gjort den norske og Udlandets Tradition til Gjenstand for Kritik og søgt at hævde, at de saakaldte Normanner for en stor Del have været Danske, og navnlig at Rolf har været en dansk Mand. Af det Haandskrift (Barthol. Mskr. Vol. F.), til hvilket Rørdam henviser, hidsætter jeg Følgende (S. 55): Extat etiam inscriptio Rotomagi, quæ Normannos ejus loci incolas et accolas ex Norivedia originem ducere prodit. Ejus mihi copiam fecit nobilissimus et optimus D. Arnoldus Witfeldius. Eam tamen ex stylo recentem esse satis liquet. Quin etiam Annales Norvagici Genealogiam Rollonis vel Rodulfi, qui ejus expeditionis dux fuit, exhibent. Sed Scaldrarum et Bardorum Genealogiæ quod mera fere figmenta sint, suo se produnt judicio.

eller i Norge, om Udviklingens Traade have sit Tilknyt-
ningspunkt paa dansk eller norsk Bund. Det er frem-
deles af stor Betydning at faa Klarhed om Dudo er en
paalidelig Skribent eller en Fabelskriver, og om vi
kunne adoptere hans Bog om Rollo som Kildeskrift til
dansk Historie for en Periode, som paa ·Grund af Dun-
kelhed og Modsigelser trænger til enhver Haandsrækning
fra fremmede Kilder.

Jeg skal i det Følgende udvikle de Grunde og
Betragtninger, som efter min Opfattelse ikke
lade en Tvivl til Rest om at Dudos Fremstil-
ling er den rigtige, — og at Sagaens er falsk,
det vil sige, vist fuldkommen paalidelig i Alt, undtagen
deri, at Gangerrolf var den Rollo, som ·erobrede Nor-
mandiet.

Jeg vil i det Følgende søge at belyse Spørgsmaalet
fra saa mange Sider som muligt ogsaa af den Grund,
at jeg ikke vil beskyldes for af en utidig Patriotisme
at ville frarane den norske Historie Rosen for en Bedrift,
der med Rette anses for en af de mest epokegjørende
Begivenheder i Middelalderen, og som altid har været
anført blandt de Norskes berømmelige Gjerninger.

I.

Min første Betragtning gaar da ud paa en Vurde-
ring af Kilderne som saadanne.

Den ældste Sagatext, som er os bevaret og som
fortæller om Gangerrolf og hans Flugt fra Norge, er
fra det 13de.Aarhundredes Begyndelse, 300 Aar efter
Begivenheden. Snorre har bygget sin Beretning i Heims-
kringla paa Fagrskinna (Kap. 210), som er affattet
henved 1220, og efter al Rimelighed paa en tabt
Jarlasaga (eller Orkneyingasaga), skrevet henimod

Aar 1200[1]). Han har desuden i Fortællingen om Rolf
benyttet nogle Kvad, som dog Intet indeholde om hans
normanniske Hertugdømme. Ogsaa i Landnámabók
(IV. 8) findes en Beretning om den Rolf, som vandt
Normandiet. Landnámabók begyndtes af Are Frode
(efter 1120) og fortsattes og udvidedes i de følgende
to Aarhundreder[2]); hvad der hører til det oprindelige
Grundlag lader sig nu ikke skille fra den senere Tilvæxt,
og vi kunne derfor ikke anse denne Kilde for ældre
end de alt nævnte Sagaer; længere tilbage end til Aar
1120 vilde den i hvert Fald ikke bringe os. Fortællin-
gen i Landnámabók gjør heller ikke Indtryk af at være
ældre; alt er allerede sat i Scene med Hensyn til Rolfs
fremtidige Erobring. — Endelig giver „Historia Nor-
vegiæ" os en Beretning. Dette Skrifts Affattelsestid
er endnu stærkt omtvistet; Gustav Storm antager det
forfattet i Slutningen af 12te Aarh.[3]), Sofus Bugge
henimod 1230[4]); efter Konrad Maurers Opfattelse
kan det ikke være skrevet før 1262—63 og muligt langt
senere[5]). I sin Beretning om Rolf er Krøniken meget
uheldig; Forfatteren har aabenbart læst fremmede
Skrifter, men glemt eller misforstaaet deres sande Ind-
hold. Det hedder saaledes, at Rollo erobrede Rouen
ved det Krigspuds, at hans Folk grov Løbegrave, som
de tækkede med Grønsvær; da nu Beboerne forfulgte
Rollos Folk, der lod som de flygtede til Skibene, styr-

---

[1]) Gustav Storm, Snorre Sturlassøns Historieskrivning, 44, 65, jfr. 119.

[2]) Keyser, Efterladte Skrifter. I. 439.

[3]) Snorres Historieskrivning, S. 22—24. Aarbøger for Nordisk Oldk. 1871; S. 410 ff. 1873, S. 361 ff.

[4]) Aarbøger for N. O. 1873, S. 1 ff.

[5]) Die Entstehungszeit der älteren Frostuþingslög. Abh. der k. bayer. Akademie der Wissenschaften I. Cl. Bd. XIII. 3te Abtheilung, S. 8—10.

tede de alle i Gravene og nedhuggedes[1]). Dette Krigs-
puds hører hjemme mange andre Steder[2]), kun ikke
her; thi Rollo erhvervede Rouen ved fredelig Forhand-
ling med Byens Indbyggere[3]). Krøniken beretter lige-
ledes aldeles urigtigt, at Rollo blev snigmyrdet af sin
Stifsøn i Holland[4]), medens Sandheden er, at han
døde Sotdød i sin Stue[5]). Krøniken har saaledes kun
sammenarbejdet paa den uheldigste Maade nogle faa
fra udenlandske Kilder hentede Beretninger, som ikke
vedkomme Normandiets Erobrer, med den norske Tradi-
tion om Gangerrolf!

Og den norske Tradition gik efter samtlige Saga-
kilder ikke ud paa andet end dette: Gangerrolf, den
bekjendte Helt, Sønnen af Ragnvald Jarl, erobrede
Normandiet. Der haves ikke den mindste Oplysning
om Forberedelsen til dette mærkelige Foretagende, ikke
om hvorledes Rolf fik samlet sig en Hær eller om hvad
han foretog sig, før Neustrien blev ham endelig afstaaet[6]),

[1]) Munch, Symbolæ ad Historiam Antiquiorem Rerum Norvegi-
carum, 6.
[2]) Se til Ex. Will. Gemmet. V. 11. Bouquet, Historiens. X. 155.
Pertz, Scriptores. II. 202 og det Følgende om Normannernes
Krigskunst.
[3]) Dudo 152—153.
[4]) Munch, N. Folks Hist. I. 1. 671, gætter, at Forf. har for-
vexlet Rollo med Godfred, der 885 blev myrdet paa en Ø i
Rhinen. Munchs anden Gisning, at Rollo er bleven forvexlet
med sin Søn Vilhelm, der dræbtes af Hertug Arnulf af
Flandern svigagtigt paa en Ø i Sommefloden, forekommer
mig dog rimeligere. Jfr. Läppenberg, Geschichte. II. 27,
Anm. 1.
[5]) Historia Norvegiæ lader endvidere Rolf ægte „den forrige
Greves Hustru“, medens Annalerne lære os, at han ægtede
Grev Berengers Datter.
[6]) Med mindre man vil støtte sig til følgende Fortælling i Hi-
storia Norvegiæ (S. 6), der forekommer mig at være netop
lige saa paalidelig som de ovenfor belyste Parter af denne
Krønike: istæ itaque nationes in diebus Haraldi comati Regis

ej heller om Maaden, hvorpaa Magten grundfæstedes i Normandiet, osv. osv. Den norske Tradition er aldeles nøgent og bart dette: Gangerrolf erobrede Normandiet[1]).

Om Opfattelsen af Dudos og hans Efterfølgeres Skrifter til Normandiets Historie er tilstrækkeligt talt i 3die Kapitel.

Hvem skal man nu tro: Sagaerne eller den normanniske Tradition? Dudo, som skriver for Rollos Sønnesøn efter Familietraditioner, efter de normanniske Hjemmelsmænds Beretning — eller de nordiske Sagaer, nedskrevne 2—300 Aar efter Erobringen? Mon ikke utallige Forvexlinger og Fabler kunne opstaa i en saa lang Tidsperiode? Var Navnet Rolf ikke saa almindeligt, ja muligt endog Gangerrolf (der jo senere optoges i den romantiske Saga), at en Forvexling af Personer med nogenlunde identiske Skæbner saare let kunde indløbe? Laxdælasaga (Kap. 32) har jo allerede gjort sig skyldig i en Forvexling ved at lade Gangerrolf være Øxnethores Søn[2]).

---

videl. Norwegie quidam pirate prosapia robustissimi principis Rognwaldi progressi cum magna classe Solundicum Mare transfretantes de diuturnis sedibus exutas ex toto delenerunt ac insulas sibi subdiderunt, ubi securius hiemalibus sedibus muniti estivo tempore tum in Anglos, tum in Scotos quandoque in Hibernios suam exercentes tyrannidem iverunt, ut de Anglia Northimbriam, de Scocia Kathanasiam, de Hybernia Difflinniam ceterasque maritimas urbes suo imperio subjugarent. De quorum collegio quidam Rodulfus a sociis Gongurolfer cognominatus etc.

[1]) Der knyttes dertil gjærne en Stamtavle over de første Hertuger indtil Vilhelm Bastard, se Heimskringla, H. Haarfagers Saga c. 24, Flateyjarbók II. 30, Fagrskinna c. 210 (jfr. ogsaa Morkinskinna 122), der alle have samme Fejl, at give Robert (le Diable) Tilnavnet Longaipé, som tilkommer Rollos Søn Vilhelm! — Snorres Olav den Helliges Saga c. 19 har endelig det Rette.

[2]) Se herom Munch, N. Folks Historie. I. 1. 653.

Man vil maaske sige, at Dudo har lagt an paa at stille Rollos Forfædre i et saa glimrende Lys som muligt; han har med det Øjemed forvansket Historien. Dette hjælper mig ikke til at forstaa Dudos Fremgangsmaade. Dudo siger, at Rollos Fader var en Mand, der ikke havde bøjet sin Nakke for Nogen og aldrig havde været Nogens Lensmand; han kalder ham senere Hertug (dux). Dersom Ragnvald var Rollos Fader, mon det da ikke havde været tilstrækkeligt for en smigrende Forfatter at meddele, at hans Fader havde været en uafhængig Jarl, som havde bøjet sig for Norges Konge, men at Sønnen ikke havde villet finde sig deri og derfor var flygtet? Vilde det ikke have været rimeligere at prale med det sande Faktum, at Rollos Broder var gift med en Datter af Norges Konge Harald[1])? — Og selv om Dudo havde gjort sig skyldig i disse Løgne, hvorledes kunde de efterfølgende Forfattere gjentage dem uden med et Ord at melde om, at der i Normandiet ogsaa fandtes en anden Tradition?

II.

Efter hvad der er udviklet i det foregaaende Stykke gaar det altsaa ingenlunde an at forkaste Dudos Beretning uden videre Prøvelse. Nu indeholder tilmed Dudos Fortælling om Rollos Ankomst til England og Frankrig Data, der stemme med kronologiske Oplysninger hentede fra paalidelige engelske og franske Annaler. — Vi ville undersøge om de norske Sagaer lade sig forene med denne Part af Dudos Beretning, eller om vi støde paa kronologiske Vanskeligheder?

Det gjælder i dette Tilfælde at bestemme efter

---

[1]) Snorre, H. Haarfagers Saga, Kap. 30. Kong Harald gav Thorer Jarl sin Datter Aalof Aarbot til Ægte.

Sagaerne, naar Gangerrolf drog fra Norge som land-
flygtig, — og uafhængigt af disses Udsagn at bestemme
efter Udlandets Annaler, naar Rollo kom til England
og Frankrig. Lade disse to Tidspunkter sig ikke forene,
er der Tale om to forskjellige Rolfer.

Allerbedst var det, om to forskjellige Forfattere
toge de nordiske og de normanniske Kilder for sig for
at bestemme Tidsregningen uden Hensyn til om Resul-
tatet stemte med det andet Sagn.

Dette er i Grunden allerede sket. Den bekjendte
skarpsindige Forfatter Gudbrand Vigfússon har i
sit Arbejde „um tímatal i Íslendínga sögum i fornöld“ [1]
aldeles skudt de frankiske Efterretninger til Side, og
Jules Lair har ved grundig Kritik af de sydlige Kilder
uden at kjende de nordiske Sagaers Enkeltheder be-
stemt Tidsfølgen i Rollos Historie. Den første Forfatter
udfinder, at Rolf ikke kan have begyndt sine Vikinge-
farter før ved Tiden 890, og at han ikke er kommet
til Frankrig før c. 912, „og det er derfor Snak, hvad
de frankiske Annaler melde om ham fra en tidligere
Tid“ [2]. Lair faar af de engelske og franske Kilder ud
som Resultat, at Rollo maa have opholdt sig i England
kort efter 880 og derpaa i fortløbende Erobringstog
have kriget i Frankrig og England til han i Aaret 912
blev døbt og fik Hertugdømmet afstaaet [3]. — Den
simple Slutning er da den, at Gangerrolf og Rollo
ikke kunne være identiske. —

Jeg skal dog ikke lade Tidsspørgsmaalet bero der-
med, men selv gaa ind paa Undersøgelsens Enkelt-
heder.

---

[1] Safn til Sögu Islands og Islenzkra Bókmenta. Fyrsta Bindi.
273—76.
[2] l. c. S. 275.
[3] Mémoires de la Société des A. de Norm. XXIII. 51 ff.

Jeg begynder da med Sagaerne, og gjør den ind-
ledende Bemærkning, at Argumentationen her som
overalt, hvor det gjælder Bestemmelsen af Tidsregningen
i de nordiske Sagaer, ikke bevæger sig paa sikkert
Grundlag, men kun arbejder paa at finde det Rimeligste.
— Ragnvald Jarl blev indebrændt af Harald Haarfagers
Sønner, der ikke kunne have været Voxne før c. 890 [1]).
Ragnvald havde 3 Frillesønner: Ejnar, Hallad og
Rollaug og desuden 3 ægte Sønner: Thorer Jarl
den Tavse, Ivar og Rolf. Imellem disse to Kulds
Alder var der stor Forskjel; thi Frillesønnerne siges at
være Voxne, da de andre endnu vare Børn, altsaa har
der vel været mindst 10 Aars Forskjel mellem Kuldene.
Ivar faldt paa Haralds Vesterhavsfærd, siger Heims-
kringla; andre Sagaer sige i Hafrsfjord [2]), men det
Første er langt rimeligere, da de paa Vesterhavsfærden
erobrede Orkneyøer bleve givne Ragnvald i Sønnebod [3]).
Men nu kan Haralds Vesterhavsfærd ikke vel have fundet
Sted før c. 880, da han jo først maatte have befæstet
Sikkerheden i Riget, og desuden se vi af Sagaerne, at
Harald, forinden det store Togt foretoges, i nogle Aar
havde skærmydslet med de Kysten foruroligende Vikin-
ger. Heraf kunne vi bestemme, at Rolf ved Tiden 880
kan have været Voxen. Derimod var han da næppe
fordreven fra Norge, hvad der fremgaar af Følgende.
Ragnvald havde sat sin Broder Sigurd til at bestyre
Orkneyøerne; da denne myrdedes, sendte Ragnvald Frille-
sønnen Ejnar derover, og da, siger Sagaen, var Rolf

---

[1]) Munch, N. Folks Historie. I. 1. 514.
[2]) Flateyjarbók. I. 575. Vatnsdæla c. 9.
[3]) Vigfússon l. c. 274. Gjessing, Kongesagaens Fremvæxt, 88:
„Upphaf har maaske sat „i Hafrsfirdi" alene ved en Mis-
forstaaelse af et af Originalens mindre tydelige Udtryk."

ude paa Vikingefærd [1]). Ogsaa nogle andre Omstændig-
heder gjøre det sandsynligt, at Rolf ikke var landsforvist
før langt senere. 1) Efter at Faderen, Ragnvald, var
bleven myrdet (c. 890), hævnede Ejnar sig paa Mor-
derne og kvad da en Vise, hvori Brødrene bebrejdes
for ikke at have deltaget i Hævnen:

> „Ikke ser jeg Spydets Flugt
> fra Rollaug og fra Rolf
> mod Fjendens Skare" [2]).

Bebrejdelsen er lidet rimelig, hvis Rolf paa det Tids-
punkt opholdt sig i det Fjærne og var landsforvist.
2) Rolfs kjødelige Broder Thorer tager først efter Fa-
derens Død Hustru, i det Kong Harald giver ham Dat-
teren Aalof [3]). 3) Ved Rolfs Fordrivelse fra Norge se
vi kun Moderen Hild virksom, sandsynligvis har Ragn-
vald allerede da været død. — Alle de anførte Om-
stændigheder synes at lære os Følgen i Begivenhedernes
Gang og at sætte Tiden for Rolfs Fordrivelse henimod
Aar 900.

Efter sin Fordrivelse opholdt Rolf sig nogen Tid i
Skotland, hvor han havde en Datter, og fór senere til
Valland. —

Vi gaa derpaa til de engelske og franske
Kilder.

Man vil bedst kunne besvare Spørgsmaalet om naar
Rollo kom til England ved at klare det Spørgsmaal,
paa hvilket Tidspunkt hans Plyndringer i Flandern og
Frankrig fandt Sted. Dudo beretter, at Rollo med en
stor Flaade og Hær drog over til Flandern og havde

---

[1]) Flateyjarbók. I. 222: Hrolfr var þá enn i hernnade. Land-
námabók, IV. 8, og Flateyjarbók, I. 418, lade Rolf da være
hjemme i Faderens Hus.
[2]) Heimskringla, H. Haarfagers Saga c. 31.
[3]) Heimskringla l. c. c. 30.

Standkvarter ved Abbediet Condé ved Schelden. De samstemmende og fuldt paalidelige engelske og franske Annaler lære os, at en normannisk Hær i Aaret 880 drog over fra England til Flandern, og vi finde den i de følgende Aar til 883 i Lejr netop ved det nævnte Abbedi[1]). Dette Holdepunkt for Beregningen bestyrkes af Annalernes Efterretning om de følgende Begivenheder. Man samler Tropper i Flandern for at kunne belejre Paris og drager derefter til Seinen; ved Rouen slaas Lejr 885[2]). Dudo beretter netop om denne Fremrykning mod Seinen; hans Aarstal for Flaadens Ankomst i denne Flod, 876, er urigtigt, rimeligvis opstaaet ved en Fejllæsning af 886. — Vi kunne af det Paaviste drage den Slutning, at Rollos Ophold i England falder i Begyndelsen af 80'erne. Gudrun-Adelstan, som af Dudo beskrives som rex christianissimus, blev først døbt c. 879[3]).

Om Rollos Fødselsaar vide vi intet Sikkert, men da han i Følge Dudos Fremstilling ved sin Død var meget gammel og sløvet, har han vel naaet en Alder af henved

---

[1]) Anglo-Saxon Chronicle, 880: The army, which previously had sat down at Fulham, went over sea to Ghent in France, and sate there one year. 881: the army went further into France, and the French fought against them . . . 882: the army went up along the banks of the Maese far into France, and there sate one year . . . 883: This year the army went up the Scheld to Condé, and sate there one year. Annales Vedastini 882: Nortmanni mense Octobrio in Condato sibi sedem firmant. 883: Verno tempore a Condato egressi maritima petivere loca; ibique æstivo remorato tempore Flamingos e terra sua fugere compulere. Pertz II. 199—200.

[2]) Anglo-Saxon Chron. 886: This year the army, which before had drawn eastward, went westward again, and thence up the Seine. Annales Vedastini, 885: Mense Iulio . . . Rotomagum civitatem ingressi cum omni exercitu.

[3]) Monumenta Historica Britannica. I. 482, 740. — Jfr. i øvrigt Lair l. c. 51 ff.

80 Aar. Chronicon Turonense, som ganske vist ikke
er nogen paalidelig Kilde, stemmer dermed, naar den
gjør ham 86aarig ved hans Død; han var altsaa født
c. 845[1]).

Den foregaaende Udvikling har ikke kunnet lære
mig Andet end at Krønikerne og Sagaerne have bevist
et dobbelt og gjensidigt alibi, Sydens Annaler for den
af de nordiske Sagaer opstillede Erobrer, og Nordens
Sagaer for den normanniske Traditions Helt. Men saa
maa jo disse Rolfer ikke være identiske. —

Jeg skal til Slutning berøre ét Punkt i Vigfússons
Argumentation. Denne Forfatter antager, at Rollo er
bleven landflygtig c. 890 og derefter har opholdt sig en
Snes Aar paa Syderøerne og Skotland; før 912 skulde han
ikke være kommet til Normandiet. Dette er dog en
Umulighed, selv afset fra Dudos Beretning. Den Rollo,
til hvem Karl den Enfoldige afstaar sin Provins, kan
ikke have været en nysankommen Høvding,
men maa sikkert længe have hærget de frankiske Lande;
han maa længe have været kjendt af Vikingerne for at
kunne blive valgt til deres Høvding. Da nu desuden
Rollo med en Datter af en Greve i Bayeux har en Søn,
til hvem han allerede 927 kan overlade Regeringen, og
som vel altsaa da har været mindst 20 Aar gammel[2]),
maa Rollo allerede 906 i det sildigste have været paa
fransk Grund.

III.

Min tredie Betragtning drejer sig om de tvende
Personers Navne. I de nordiske Sagaer er Beteg-
nelsen Gangerrolf uadskilleligt knyttet til Helten. Ingen

---

[1]) Bouquet, Historiens de la France. IX. 951: obiit Rollo, qui
et Robertus, dux Normanniæ anno ducatus XII. apud Roto-
magum et anno adventus sui LXIV. et vitæ LXXXVI.

[2]) Jfr. Lair l. c. 179.

sydlandsk Kilde véd noget om at Normandiets
Erobrer havde dette Tilnavn — og dette er højst
paafaldende, thi blandt Normannerne i Syden vare slige
Øgenavne og Tilnavne omtrent lige saa almindelige som
hos Nordboerne. — Hvor kan det være, at den nor-
manniske Tradition aldrig har opsporet noget om dette
Tilnavn til deres Yndlingshelt? Hvorledes kan Vilhelm
af Jumiéges, som har flere nye nordiske Traditioner,
f. Ex. om Lodbrog og Bjørn Jernside, være gaaet
glip af en saa interessant. Oplysning?

IV.

Baade de nordiske Sagaer og de sydlige Kilder
give en Karakteristik af Rollos Person. Sagaerne
sige, at Rollo var en overordentlig svær og før Mand.
Naar man nu véd, at vore Forfædres store og svært-
byggede Legemer tildrog sig Sydboernes Opmærksomhed,
saa at der i mange Annaler og Krøniker findes Bemærk-
ninger derom [1]), er det omtrent givet, at en Figur som
Gangerrolfs, der vakte Nordboernes Opmærksomhed,
maatte falde Frankerne særligt i Øjnene. Rollo var
den normanniske Traditions Yndlingshelt; allehaande
Minder om hans Liv og Virken bevaredes i Traditionen
— er det da tænkeligt, at et saa karakteristisk per-
sonligt Træk skulde blive glemt? Ikke des mindre findes
Intet derom i Kilderne. Dudo beskriver ham som det
dejligste Menneske paa Jorden [2]); Romansforfatterne

---

[1]) Dudo 276: gens robustissima Danorum Muratori, Scrip-
    tores. IV. 362: viri et statura proceri et specie pulchri et
    armorum experientia summi. Pertz, Scriptores I. 399: (884)
    in quo certamine tales viri de Nordmannis cecidisse referuntur
    quales numquam antea in gente Francorum visi fuissent, in
    pulchritudine videlicet ac proceritate corporis. 596: (887)
    omnes pene robusti bellatores.
[2]) Dudo 141, 166: corpore pulcherrimus.

ligesaa (Benoît, v. 6165: plus beau cors n'a chevalier).
Man maa i Normandiet aldrig have vidst, at han var
en saa svær Mand, thi i Følge den af Worsaae
givne Oplysning viser den i det 14de Aarh. over Rolf
i Rouen rejste Billedstøtte „ingenlunde Rolf som en
overordentlig stor eller svær Mand" [1]).

　　Rolf, hedder det fremdeles i Sagaerne, var saa
svær, at han ikke kunde ride, men altid gik. Det er
vist, at dette **ikke** gjaldt om Normandiets Erobrer.
Benoît siger udtrykkeligt om Rollo og hans Broder:

> (v. 477) e li dui frere les ordenent
> 　　　　 e establissent e asenent
> 　　　　 puis **chevauchent** cum genz hardie
> 　　　　 en la terre que ert plus garnie
> 　　　　 e que le rei ert plus demeine

og om Rollo:

> (v. 757) e il meismes senz delai
> 　　　　 **saut tut armez el cheval bai** . . .
> (v. 1871) joius fu Rou del mandement;
> 　　　　 de ces compaignons a pris cent,
> 　　　　 gent aturnez sun lor usage
> 　　　　 od le conduit de lur message
> 　　　　 **chevalcherent** dreit vers le rei
> 　　　　 qui contre eus vint od gent conrei . . .
> (v. 2417) (Rou) **hurte de sei et de cheval**
> 　　　　 és major presses livre estal . . .
> (v. 3856) e Rou tint nu le brant d'acer
> 　　　　 enteint de sanc glacié de cors,
> 　　　　 **sur un cheval sist qui fu sors.**

　　Dudo forudsætter, at Rollo altid har kunnet ride;
thi han omtaler, at Rollo i sit Livs sidste Dage blev

---

[1]) Erobring af England og Normandiet, 173.

saa svækket af Alderdom, at han ikke kunde sidde til Hest[1]). At antage det norske Tilnavn opstaaet paa den Tid af hans Liv, vilde være fuldkommen urimeligt[2]).

V.

Sagaerne og de frankiske Kilder opgive hver for sig Navne paa Slægtninge af de to foregivne Erobrere. Vi bør undersøge, om der ikke i disse Navne paa Medlemmer af Familien skulde være et Sammenstødspunkt.

Flere Sagaer fortælle, at Gangerrolf paa Skotland havde en Datter Kadlin (Kathrine), som blev gift med den irske Konge Bjolan[3]). Denne Fyrste maa vist være den Beollan Littill, som blev dræbt 969 med sin Søn i Limerick[4]); herfor taler hans nordiske Tilnavn, og i de irske Annaler fra det 10de Aarh. nævnes, saa vidt jeg kan se, ingen anden Beollan. — Den normanniske Tradition véd Intet om at Rollo skulde have havt et Barn før sin Ankomst til Frankrig, og den kjender Intet til de normanniske Fyrsters Slægtskab med irske Kongehuse. — Omvendt véd Traditionen i Syden, at

---

[1]) Dudo 174 (86): Postea, uno lustro vivens, ætatis suæ defectu, effetoque viribus corpore, equitare non valens, regnumque pacificatum solidum et quietum tenens . . . . plenus dierum migravit ad Christum.

[2]) Ligesaa urimeligt var det at tænke paa de nordiske og normanniske Hestes forskjellige Bærekraft (jfr. Fortællingen om Sigurd Orknøjarls Heste, der bar to rustede Krigere. Munch, N. Folks Historie. I. 1. 507.).

[3]) Olafs Saga Tryggvasonar i Flateyjarbók I. 308. Laxdælasaga c. 32. Landnámabók II. c. 11.

[4]) The war of the Gaedhil. 85: (969) and Imar, accompagnied by a great fleet, arrived again in the western harbour of Luimnech, and Beolan Littill and his son were killed by them. Chronicon Scotorum og Four Masters ved 967: Beollan son af Ciarmhac, lord of Loch-Gabhar died.

Rolf havde havt en Broder Gurim, der døde før Flugten
fra Hjemlandet, — derom tie Sagåerne. — Vilhelm af
Jumiéges kjender en Hulc, som var Rollos Farbroder,
og som med ham havde deltaget i Erobringen af Nor-
mandiet, hvor hans mægtige Slægt længe blomstrede [1]).
Sagaerne kjende ikke nogen såadan Onkel til Rolf; de
nævne kun som Ragnvalds Broder Sigurd, der sattes til
at styre Orkneyøerne.

En Krønike nævner endog Navnet paa Rollos Fader
Ketil [2]), men da denne er meget upaalidelig, skal jeg
ikke støtte mig til dens Udsagn. Dog er det paafaldende,
naar saa mange, baade paalidelige og upaalidelige Kil-
der give os Oplysning om Rollos personlige Forhold, at
ikke én skal vise os et Glimt, som røber den norske
Tradition! ·

I flere Krøniker fra en sen Tid forekomme Navne paa
andre af Rollos Slægtninge. Saaledes skal Rollo i Følge
Chronicon Sithiense (fra det 13de Aarh.) have været
i Slægt med den Gerlo, som samtidigt med at Rollo fik
Normandiet til Len, blev forlenet med Blois, se Bouquet,
Historiens de la France, IX. 76: eo tempore erant duo cognati
duces eorum, quorum unus Rollo, alter Gerlo vocabatur.
Carolus igitur rex Francorum de consilio Optimatum suorum
dedit Rolloni, qui major erat inter eos, Gislam filiam suam

---

[1]) Lib. VII. c. 3: Rogerius Toenites de stirpe mala Hulcii,
qui Rollonis Ducis patruus fuerat et cum eo Francos atterens
Normanniam fortiter adquisierat, vir potens et superbus ac
totius Normanniæ signifer erat. Udgaven hos Duchesne har
urigtigt: de stirpe Malahulcii, hvilket er rettet i Udgaven hos
Bouquet, Historiens de la France, XI. 38: Male in edito, Mala-
hulcii; in Chronicis enim S. Dionysii legitur, de mauvaise
racine.

[2]) Richer I. 27. Pertz III. 578: Irruperant enim duce Rollone
filio Catilli intra Neustriam repentini. Richer har kort i
Forvejen (I. 9) talt om en Norman Catillus, der blev fanget,
modtog Daaben og strax efter dræbtes af en Fanebærer Ingo.

in uxorem, eo tamen pacto ut baptizaretur, deditque sibi totam Neustriam, quam sic per Normannos edomuit, quia jam diu contra eum rebellaverunt. Gerloni vero secundo Normannorum Duci dedit et sub eadem conditione uxorem et montem Blesensem . . . . Gerlo in monte Blesensi castrum ædificans habitavit ibidem, qui de uxore sua genuit Theobaldum Vetulum. Hele denne Beretning trænger stærkt til Bekræftelse (jfr. Lair l. c. 74). — Richers Historie fortæller saaledes om Ingo, der havde dræbt Rollos Fader, (l. I. c. 11): Rex . . . Ingonem in gratia resumit. Et insuper castrum, quod Blesum dicitur, ei liberaliter accomodat, eo quod is, qui castri custodiam agebat, in bello pyratico occisus esset. Eius quoque uxorem derelictam dono regio in matrimonio Ingo sibi accopulat . . . . vitam amisit, Gerlonem filium parvum superstitem relinquens (Pertz III. 572). Dette har vist heller ingen Hjemmel. — Endelig kan mærkes, at Hugo af Fleury, der skrev henimod Aar 1120, kalder Rollo Gurmundi regis et archipyratæ propincus (Pertz IX. 378).

VI.

Det lader sig paavise, at det norske Sagn knytter sig saa nøje til forskjellige Navne og Forhold, at det falder i Øjnene, hvorledes Sagnet er opstaaet, ja hvorledes det med Nødvendighed maatte opstaa.

Det norske Sagn er, som alt foran sagt, yderst lille og indholdsfattigt; det lyder i Sagaerne kun paa: „Gangerrolf fór siden vester over Havet til Syderøerne, og derfra vester til Valland, hvor han hærgede og grundlagde sig et stort Jarledømme, som han bebyggede med Nordmænd, hvorefter Landet siden kaldtes Normandi." Denne sidste Sætning findes omtrent i alle Sagaerne, og i den ligger Gaadens Løsning.

Jeg berørte allerede i fjerde Kapitel, hvor ulykkebringende det har været for den historiske Videnskab, at Folk og Lande skiftede Navne. Folkesagnet sysler

som bekjendt med Forkjærlighed med Etymologier; af
en Navnelighed oprettes strax en historisk Forbindelse.
Hvor ofte ere saaledes ikke i Middelalderen Daner
blevne forvexlede med Danaer? eller Sueones med Svever?
eller Roxolaner med Russer, osv.? I Sagnet om at
Beboerne af Schweitz og særligt Haslidalen skulle hid-
stamme fra Svenskerne, synes jo en Forvexling af
Schweitz (Suedia og Suecia) og Sverrig (Svecia) samt
af Gother og Göther at have spillet en Rolle [1]). —
„Normanni" var i den Tid, da Sydboen kun daarligt
kjendte de nordiske Folk og ikke ret vidste at skjelne
mellem de enkelte Stammer, bleven Betegnelsen for
Nordboerne og særligt de Danske. Med Vikingetiden
og dens Erobringer fulgte en nøjere Kundskab til Nordens
Geografi og Folk, — og i det 10de og 11te Aarh. havde
Folkene i Syden opdaget, at de tre nordiske Nationer
hed Dani, Northmanni og Sueones. Imidlertid var Navnet
Northmanni overgaaet paa de danske Beboere af Nor-
mandiet. Der fandtes altsaa kun to Nationer med Navnet
„Northmanni", nemlig Norges og Normandiets Indbyggere.
Man vidste tillige, at de sidste vare af nordisk Herkomst.
Jeg tror nu man kan paastaa, at af disse Fakta maatte
med Nødvendighed opstaa et Sagn om at Nord-
mænd og en norsk Høvding havde grundlagt
Herredømmet i Normandiet. — Jeg har alt i 4de
Kapitel nævnt Citater af Forfattere fra denne Tids-
periode, der udsige, at Normannerne vare udgaaede fra
Norge. Jeg skal nu nævne nogle Exempler paa, hvor-
ledes Rollo gjøres til en norsk Mand. Gaufred Mala-
terra, der skrev c. 1100, fortæller om „Rholo dux
fortissimus pirata a Dacia vel Norveja" [2]). Vilhelm

---

[1]) Se Schierns Afhandling om Sagnet om Palnatoke og Vilhelm
    Tell, Hist. Tidsskr. I. 91.
[2]) Liber I. c. 1, jfr. Overskriften til c. 2: Rholo duce dat piratas
    per mare Noërveja. Muratori, Scriptores. V. 549.

af Malmesbury († 1141) véd, at Rollo var „nobili sed per vetustatem obsoleta prosapia Noricorum ortus, Regis præcepto patria carens" [1]), hvor vi altsaa maaske [2]) gjense den norske Tradition, der har sneget sig over til England. Chronicon Alberici har fulgt Vilhelms Fortælling [3]).

Den, nordiske Opfattelse maatte naturligvis gaa frem paa samme Vej. Nordmændene hørte om en Provins i Valland, der hed Normandi, og at den var erobret af en nordisk Helt; det er jo klart, at han maatte have været en Nordmand; det gjaldt blot om at huske sig om i Historien efter en Rolf, der paa hin Tid drog udenlands i Vikingetog. Valget faldt paa Gangerrolf og dermed var Sagen ordnet og Sagnet udviklet; det blev aldrig til mere end at en Rolf var draget paa Erobring i Valland og fik en Provins, som han befolkede med Nordmænd, hvorfor den blev kaldt Normandi.

Vil man bebrejde mig, at jeg ved denne Antagelse gaar den hæderlige Sagatradition i Almindelighed for nær, skal jeg tage en slaaende Parallel. Der kom i Aaret 832 en Flaade til Irland under Anførsel af Turgeis eller Turgesius; han opkastede sig efterhaanden

---

[1]) Gesta Regum Anglorum, Liber II. § 127 (ed. Hardy I. 199): Primo Hasteng, mox Rollo, qui nobili sed per vetustatem obsoleta prosapia Noricorum ortus, regis præcepto patria carens, multos, quos vel æs alienum vel conscientia scelerum exagitabat magnis spebus solicitatos secum abduxit. Itaque piraticam aggressus, cum ubique libera spatiaretur insania, apud Carnotum hæsit etc.

[2]) Det er dog slet ikke sikkert, at ved „patria carens" tænkes paa Straffen for Strandhugget, thi i Følge den normanniske Tradition vare alle Vikinger udviste af deres Fædreland paa Kongens Bud, jfr. tredie Afsnit om Grundene til Udvandringen.

[3]) Bouquet, Historiens. IX. 62.

til Herre over alle de Fremmede paa Erin og grundede
et stort Rige. Turgesius døde 843, i Følge Sagnet
myrdet svigagtigt af Irerne[1]). Rimeligvis var denne
Konge norsk af Fødsel. — Snorre véd nøje Besked;
han fortæller, at Harald Haarfagers Sønner, Thorgils
og Frode, af deres Fader fik „Krigsskibe, hvormed de
fór paa Vikingetog til Vesterlandene og hærgede Skot-
land, Irland og Bretland. De vare de første blandt
Nordmændene, som indtoge Dublin. Det fortælles, at
der blev givet Frode Dødsdrik; men Thorgils var længe
Konge over Dublin, indtil han blev svegen af Irerne og
faldt dér"[2]). I ·Følge Snorre skulde Turgesius altsaa
være en Søn af H. Haarfager, — men dette er en
komplet Umulighed, da Turgesius vitterligt døde 843 og
H. Haarf. er født c. 850[3]). Ja, vi kunne paavise, hvor-
ledes denne falske Tradition er opstaaet. „Upphaf
ríkis" kjender Thorgils, men véd kun, at han fór i
„vestrvíking"[4]); — Snorre eller muligt en Forgænger
har imidlertid hørt om en Thorgils, som underlagde sig
Dublin, og han identificerer ham da uden videre
med Kong Haralds Søn af samme Navn[5]). —
Mon det nu ikke er rimeligt at antage, at Sagnet om
Gangerrolf er opstaaet skridtvis paa lignende Maade?
En Sagafortæller har sagt, at den landflygtige Rolf fór
i Vesterviking og muligt til Valland; den næste, som
er klogere og som kjender en af nordiske Folk beboet

[1]) The war of the Gaedhil. XLII. Jfr. foran S. 105.
[2]) Harald Haarfagers Saga c. 35.
[3]) Munch, N. Folks Historie. I. 1. 440.
[4]) Fornmanna Sögur X. 196.
[5]) Gjessing, Kongesagaens Fremvæxt. 103: der kan „ogsaa være
  indflydt historiske Conjecturer, der alene skyldes Forfatteren
  (af Heimskringla) f. Ex. Thorgils's Erobring af Dublin, hvor
  Upphaf kun nævner „Vestrviking"."

Provins Normandi, lægger til: og han er den Rolf, som erobrede Normandiet.

Der findes i Følge Udlandets Annaler Rolfer i tilstrækkelig Mængde i Vesterviking, navnlig ved Irlands Kyst, og Gangerrolf kan være identisk med en af dem. 916 falder saaledes en Rolt Pudarill paa Irland[1]). Anglo-Saxon Chronicle omtaler ved Tiden 812—18 (Aaret angives meget vaklende), at en Flaade, som 19 Aar forinden var gaaet til Gallien, nu vendte hjem, under Anførsel af Other og Hroald, fra Bretagne; den blev i Severn slaaet paa Flugt og gik da til Syd-Wales og Irland. Da den netop kommer tilbage fra Frankrigs Nordkyst paa den Tid, Rollo har faaet Normandiet og Bretagne i Len, gætter Lappenberg ikke urimeligt paa, at Rollo har jaget den bort fra sine Lande[3]). Gangerrolf har maaske været paa denne Flaade. —

Jeg kunde tænke mig den Bemærkning fremsat, at det dog i hvert Fald vidner om Norges Interesse for Normandiet, at det har et Sagn om Landets Erobring, medens Danmark intet har, og dernæst, at man maa undre sig over, at Saxo aldeles ikke omtaler, at Normandiet blev erobret af Danske, og det skjønt Saxo citerer Dudo.

Det synes imidlertid sikkert, at Saxo aldrig har læst Dudo. N. M. Petersen antager det rigtignok[4]), medens Velschov udtaler sig tvivlende[5]), og Munch formoder, at Saxo „middelbart" har benyttet ham[6]).

---

[1]) The war of the Gaedhil 29.

[3]) Anglo-Saxon Chron. 918: In this year a great fleet came over hither from the South, from the Lidwiccas, and with it two eorls, Ohtor and Hroald: and they went about till they arrived within the mouth of the Severn etc.

[3]) Lappenberg. I. 360—61. Gaedhil XCIV.

[4]) Literaturhistorie, 2den Udg. I. 46.

[5]) Saxo, prolegomena LXIV.

[6]) N. Folks Historie. I. 2. XV.

Men hvorledes kan man tænke sig, at Saxo skulde have
kjendt Dudo, naar han dog ikke har en eneste Begiven-
hed eller et eneste Navn, som kan ses at være taget
af Dudo? Hvorledes er det tænkeligt, at Saxo ikke
skulde have adopteret for sin Danmarkshistorie nogen
Del af alle de Erobringssagn, som Dudo fortæller om
„Daci"? Det eneste, som Saxo véd om Dudo, findes i
hans Værks andet Punktum: „Quanquam Dudo rerum
Aquitanicarum scriptor Danos a Danais ortos nuncupa-
tosque recenseat". Jeg skal nu ikke lægge videre Vægt
derpaa, at han kalder Dudo urigtigt aquitansk Historie-
skriver; thi Saxo har næppe ret vidst, hvor Aquitanien
laa[1]). Men hans Citat er end ikke rigtigt, thi det er
ikke Dudo, som udleder Daner af Danaer, men han for-
tæller, at de Danske gjøre Paastand paa denne Her-
komst. — Der forekommer mig ikke at kunne findes
det fjærneste Bevis for, at Saxo har læst Dudo middel-
bart eller umiddelbart; han har hørt eller set et Citat
af Dudo om dette ene Punkt.

Man kan endelig ikke paastaa, at Norge tidligere
end Danmark fik optegnet et Sagn om Normandiets
Erobring, thi allerede Annales Ryenses véd, at „Rollo
dux Danorum" trængte ind i Francia og fik Normannia,
og det Samme fremgaar af Annales Lundenses[2]).

---

[1]) Det synes i al Fald besynderligt, at Saxo (S. 366) lader
Harald Hyldetand gaa paa Hærtog fra Sclavia til Aquitania og
saa til Britannia. — Man har sat dette Sted i Forbindelse
med Dudos Beretning om den af Normandiets Beboere i det
10de Aarh bidkaldte danske Kong Harald (Blaatand), og det
er jo muligt, at denne Begivenhed har givet Anledningen til
Saxos Fortælling, men man kan umuligt deraf slutte, at Saxo
skulde have læst Dudo.

[2]) Scr Rer. Dan. I. 157, 230—31. Jfr. Usinger, Dänische Annalen
und Chroniken des Mittelalters, 73.

VII.

Jeg skal i Modsætning hertil gjennemgaa Dudos Beretning og omtale de forskjellige Indvendinger, man har rettet mod ham, og endelig undersøge, om hans Fortælling har Støttepunkt i andre Kilder.

A. Man har for det Første sagt, at der ikke kan tillægges det Udsagn af Dudo stor Vægt, at Rollo kom fra „Dacia" og med „Dani" eller „Daci", thi han kjendte ikke Nordens Geografi og gjorde sig skyldig i den almindelige Misforstaaelse, at kalde alle Nordboer Danske. Denne Indvending kan jeg ikke give Medhold. Det er allerede i 4de Kapitel søgt bevist, at Dani i Middelalderen ikke var et saadant Fællesnavn. Ved Betragtningen af Dudos Værk gjør sig desuden Følgende gjældende.

Dudo begynder sin første Bog med en Del geografiske og etnografiske Oplysninger. Han fremsætter her Middelalderens staaende og velbekjendte Lære om de østlige og nordlige Folk med de sædvanlige Urigtigheder til Ex. saaledes som denne Lære findes hos Isidor af Sevilla. Disse Oplysninger har Dudo aabenbart ikke fra Nordboerne, de ere hans Boglærdom[1]. — Det

---

[1] Man er — saa forekommer det mig — ofte noget for stræng i Bedømmelsen af hine Tiders geografiske Kundskaber, for saa vidt de angaa Østevropa. Man bør huske paa, hvor lidet vi endnu i dette Aarh. vide om de talrige Folkeslag, der i Middelalderen boede mellem Østersøen og det kaspiske og sorte Hav, og hvorledes vi nu forkaste Antagelser, som for ikke længe siden vare antagne for gode og gyldige. Dernæst bør det erindres, at det maatte ligge en Geograf f. Ex. paa Dudos Tid saare nær at sætte Romernes Dacien, det danske Dacia (Danmark) og endelig Scanzia insula, der er Folkeslagenes Vugge (vagina gentium), i den nøjeste Forbindelse med hinanden; thi det var jo bekjendt, hvorledes Nordboerne fra Skandinavien og fra Danmark droge ud og befolkede og betvang de østlige Riger.

var nu højst rimeligt, at Dudo ved Siden af disse Kund-
skaber havde af sine nordiske og søfarende
Hjemmelsmænd faaet Efterretninger om Danmarks
Beliggenhed, og det sporer man ogsaa. — Dudo véd
saaledes meget godt at skjelne mellem Danske og
Norske; han siger nemlig et Sted: quid facient vel quid
dicent ceteri Dacigenæ et Northguegigenæ [1])? — Dudo
er maaske den første Forfatter, som har denne af Nor-
vegr afledede Form.   Dudo kalder fremdeles Rollos
Fader: „omnium Orientalium præpotentissimus" [2]),
hvad der aabenbart snarere peger hen paa Danmark,
end paa Norge; hvor Dudos Øst ligger, fremgaar af, at
han om Otto „rex transrhenanus" siger: „ascita et coa-
dunata Orientalium profusius manu, venit velociter
devastans omnia Parisius" [3]). — Fremdeles siger Rollo,
da han kommer til Kong Adelstan, at Eurus, ɔ: Øst-
eller Sydostvinden, har drevet dem over til Eng-
lands Kyst [4]); og en saksisk Hertug fortæller Rollos
Søn, Hertug Vilhelm, at han ofte har kriget med det
tapre Folk i hans Forfædres Hjemland og én Gang
endog har været dets Fange [5]). Der er vel derefter ikke
Tvivl om hvilket Land Dudo opfatter som „Dacia".

Dudo véd dernæst klart nok Besked om Forholdet
mellem Betegnelsen Northmanni og Daci eller Dani;
det Første er Navnet paa de Syden plyndrende Vikinger
og paa Beboerne af Neustrien i det 10de Aarh.; det

---

[1]) Dudo 282 (148 B).
[2]) Dudo 141 (70 A). Benoît I. S. 89: en tut le regne d'Orient
naveit nul home si vaillant.
[3]) Dudo 253 (130 B).
[4]) Dudo 147 (73 A).
[5]) Dudo 198 (100): Bellicosum egregiumque genus tuæ armi-
potentis progeniei me nolentem Daciscam lingvam docuit . . .
quia invadens sæpissime plurima castra mei ducaminis
innumerabilia prælia in me exercuit meque proelio captum
ad sua detraxit.

Andet er Vikingernes egentlige Folkenavn. Man vil
kunne gjennemgaa hans Værk og overtyde sig derom·
Saaledes siges S. 130: Daci nuncupantur a suis Danai,
vel Dani, glorianturque se ex Antenore progenitos . . ·
Daci cum duce Anstigno (Hasting) . . . S. 133: Hasting
lader melde i Luna: Alstignus, dux Dacorum vobis fidele
servitium et omnes pariter sui, sorte Dacia cum ipso
ejecti. S. 136 siges derimod: dum pavidi North-
mannorum adventus formidarentur (af Frankerne).
S. 141—150 i Skildringen af Rollos Liv før hans Ankomst
til Frankrig: Dacigenarum turmæ, rex Daciæ, dux Da-
corum osv. Derimod S. 152: det rygtes i Rouen
„Normannorum multitudinem adesse Gimegias“;
S. 154: Rygtet siger „adesse Normannos“. De to
franske Riddere, som sendes ud mod dem, ere: „Daciscæ
linguæ periti“, S. 155 „ars proeliandi more Dacorum“.
Fra S. 156 til Bogens Slutning bruges Normanni afvex-
lende med Daci, men det sidste hyppigst. —

Jeg tror, at det Paaviste klart oplyser, at Dudo
véd Besked om Forholdet mellem Danske og Norske,
at han véd, hvor Dacia er beliggende, og kjender
Betydningen af Navnene „Northmanni“ og „Daci“.

B. Man bebrejder dernæst Dudo, at han skildrer
Rollo som Hovedanfører for Vikingehæren allerede paa
en Tid, da han højst kan have været underordnet Del-
tager, ikke Anfører[1]). Annalerne nævne ham ikke paa
den angivne Tid som Høvding og opgive endog Navne
paa de Anførere, der da vare i Virksomhed.

Man har kun tildels Ret i denne Indvending. Det
er naturligvis altid farefuldt, naar en Forfatter grupperer
Begivenhederne om bestemte Helte, — at han skriver
først en Bog om Hasting og en anden om Rollo. Dudo

---

[1]) Jfr. Lappenberg, Geschichte von England. II. 11. Munch, N.
Folks Hist. I. 1. 665—71. Maurer, Bekehrung. I. 62.

er maaske kommet til at tildele sin Helt noget mere end der tilkommer ham, — men Dudos eget Værk bringer selv Korrektionsmidlet med sig. Det ses saaledes af mange Bemærkninger hos Dudo, at Rollo stadigt sammenkalder sine Krigere til Raad og af dem faar enten Tilladelse eller Vejledning i vedkommende Punkt: S. 146: Rollo .... accersitis majoribus principum .... inquirit. S. 151: Rollo consultu fidelium suorum libravit vela ventis navigeris. S. 153: inde ad naves suas reuersus convocatis principibus quærit sagaci mente consilio suorum quid sit faciendum. S. 158: principibus advocatis quid acturus sit super hoc negotio cæpit inquirere. S. 160: Rollo autem his auditis consilio suorum dedit regi pactum trium mensium. S. 166: quo audito convocat majores Dacorum et quæ episcopus sibi retulit narrat in auribus eorum. Daci vero ... dixerunt Rolloni ... etc.[1]).

Denne stadige Raadførsel med Hærførerne viser dog vist Rollos Stilling imellem dem. I hvert Fald kommer et Udsagn af Dudo lige paa tvært mod Opfattelsen af Rollo som Enebefalende. En af Rollos Mænd bruger det Udtryk til de franske Udsendinge: „Vi have ingen Herre; vi ere alle lige!" Jeg skal nærmere omtale dette Sted i det Følgende; her noterer jeg det kun som visende hen paa det rette Forhold og Rollos virkelige Stilling, ogsaa efter hvad Dudo beretter.

Det anføres endvidere mod Dudo, at fremmede Annaler angive andre Navne paa Vikingehøvdingerne paa denne Tid. Dette har nu ikke stort at sige, thi hvis virkelig Kommandoen var delt mellem Flere, kunde

---

[1]) Det Samme gjenlyder hos Vilhelm af Jumiéges, Wace og Benoit.

let én AnnaL angive ét Navn, eu anden et forskjelligt.
De Høvdinger, der kan være Tale om, ere: Godfred,
der blev døbt og ægtede Lothars Datter, men han
myrdes allerede 885; Sigfred, som belejrer Paris 886,
myrdes 887 i Frisland[1]); i Slaget ved Löwen 891 nævnes
to Konger Sigfred og Godfred som faldne[2]). Hasting
findes 891 ved Amiens og drager 892 til England[3]).
896 kommer Huncdeus sejlende ind i Seinen. Det
maatte vel især være denne sidste Skikkelse, der kunde
træde Rollo i Vejen, og vi bør derfor nøje undersøge
hans Pas og Hjemstavn.

Annalerne fortælle, at Normannerne 892 efter Neder-
laget ved Löwen havde forladt Frankrig, der synes at
have nydt Fred indtil 896, da Normannernes Anfører
Huncdeus med 5 Barker kom i Seinen; kort efter var
en hel Hær samlet, og Plyndringerne begyndte. I det
følgende Aar trak Normannerne sig noget tilbage af
Frygt for Fjenden, der samlede en større Hær. Karl
modtog Huncdeus hos sig, og han blev døbt i Cluny[4]).
Dette var fra Normannernes Side vist ren og bar Politik,
thi da der kort efter udbrød Uenighed mellem Karl og
Otto, hærgede Normannerne løs paa ny. Vi høre senere
Intet om denne døbte Høvding.

Munch siger nu om Beretningen om Huncdeus'
Ankomst i Seinen 896: „denne er mærkelig, fordi den
allerede temmelig tidligt·enten ved en Misforstaaelse eller

---

[1]) Pertz, Scriptores. II. 203.

[2]) Annal. Fuldens. Pertz I. 408.

[3]) Dümmler, Ostfr. Reich. II. 351.

[4]) Annales Vedastini, Pertz, Scriptores II. 208: (896) et per idem
tempus iterum Nortmanni cum duce eorum Huncdeo nomire
et quinque barchis iterum Sequanam ingressi .... North-
manni vero jam multiplicati .... (897) Karolus vero Hunc-
deum ad se deductum, Cluninio monasterio in pascha eum de
sacro fonte suscepit. Den ældre Udgave i første Bind af
Pertz (efter Bouquet) havde Hunedeus (I. 530).

ved en Tillempning er bleven overført paa Gangerrolf" [1]).
Sagen er nemlig den, at en Chronicon de Normannorum
gestis uden videre har sat Rodo (var. Roflo) i Stedet
for Huncdeus. Krøniken er i Følge de indledende Be-
mærkninger til Udgaven i Pertz' Scriptores i det Hele
øst af Annales Bertiniani og Annales Vedastini; da Ud-
giveren angiver Forfatteren som yngre end 911, er det
vel hans Formodning, at han ikke er meget yngre end
denne Tid [2]). — Man har altsaa allerede tidligt følt sig
trykket ved at nævne en Anden end Rollo som Norman-
nernes Høvding paa en Tid, da denne dog i Følge de
bekjendteste Kilder var Øverstbefalende. — Navnet Hunc-
deus volder desuden Vanskelighed. Munch gjengiver
det ved Angantyr (Ongenþeóv), men tænker sig dog
ogsaa den Mulighed, at det er fejlskrevet for Hemideus,
ɔ: Hamdhir, eller at Manden har hedt Hundi. Maurer [3])
gætter paa Hundolfr eller Hunþjofr [4]).

Jeg tillader mig at forøge Vanskelighederne. Vil-
helm af Jumiéges fortæller (l. 7 c. 3), at den Gang
Vilhelm Bastard kom paa Tronen i Normandiet, blev
den mægtige Roger af Toeni meget forbitret over at en
uægtefødt Søn skulde arve den hertugelige Trone; thi
hans Slægt var da mere berettiget som nedstammende
fra den Hulc, der var Rollos Farbroder og som med
ham var trængt ind i Frankernes Rige og havde vundet
Normandiet [5]). At det af Vilhelm Oplyste har sin Rig-

---

[1]) N. Folks Historie. I. 1. 652.
[2]) Pertz I. 536.
[3]) Munch l. c. Maurer, Bekehrung. I. 57.
[4]) Jfr. Palgrave, England and Normandy. I. 662: „This name
    is of singular sound, it never occurs before — possibly the
    reading is corrupt, — but the sudden apparition of „Hune-
    deus" is rendered more remarkable from that circumstance,
    that others call him Rodo, or even Rollo."
[5]) Se ovenfor S. 146, Anm. 1.

tighed, er der ingen Anledning til at tvivle om, men
saa maa vi med samme Skjel som andre Forfattere have
rettet Bebrejdelser mod Dudo, rette den Bebrejdelse
mod de frankiske Annaler, at de jo Intet have oplyst
om denne Hulcius.

Mon ikke den Løsning ligger nær, at Huncdeus
og Hulcius er den selvsamme Person? Lydovergangen
fra *l* til *n* sker jo let, og lige saa let kan der tænkes
paa en grafisk Misforstaaelse:

Huncdeus

Hulcheus.

Ved denne Gisning forklares fremdeles, at Rollo
kan nævnes afvexlende med Hulc som Anfører, thi vare
de saa nære Slægtninge, have de vel været lige i Magt,
og endelig opnaa vi at faa Enighed til Veje mellem
Kilderne; thi efter hvad Vilhelm beretter maa vi søge
om en saadan Vikingehøvding ved Tiden 896, og paa
den anden Side optager efter Annalerne Høvdingen Hunc-
deus Pladsen for Rollo og hans Følge [1]).

Jeg henstiller denne Gisning til ærede Forskeres
Overvejelse og mulige Godkjendelse.

C. Man siger endvidere: Dudos Beretning er skrevet
med famlende og usikker Haand; man ser Rollos Skæbne
herhjemme i Danmark kun i en Taage.

Dudo véd til Ex. end ikke Navnet paa Rollos F a d e r.
Dette rammer imidlertid Dudo som Forfatter i Alminde-
lighed, ikke alene hans Beskrivelse af Rollos Ungdom.
M a n s a v n e r o f t e N a v n e h o s h a m b a a d e p a a
P e r s o n e r o g S t e d e r. Enten har han ikke kjendt
disse Navne eller han har været uvis om den rette
Stavemaade; det lader sig ogsaa tænke, at hans Ophold
paa et fremmed Sted har ladet ham under Nedskrivningen

---

[1]) Endelig faar Høvdingen derved et rimeligt, nordisk Navn;
han har vel hedt Hölgi eller Hugleikr.

savne et enkelt Navn, hvorom han let kunde have faaet Oplysning i Normandiet. Dudo priser til Ex. Hertug Vilhelm I's Hustru, men nævner ikke hendes Navn; Vilhelm af Jumiéges kalder hende Sprota [1]). Dudo omtaler denne Hertugs Søster uden at navngive hende, Vilhelm kalder hende Gerloc [2]), Roman de Rou Elborc [3]). Efter andre Kilder hed hun Adèle, hvad der vist er hendes Kristennavn [4]). Dudo nævner ikke Navnet paa den By, hvor de franske Bisper havde Fredssynode paa Richard I's Tid; Vilhelm har Laon [5]).

Andre af disse formentlige Utydeligheder ville blive berørte i det Følgende.

D. Man gjør fremdeles den Indvending, at saadanne Bestanddele af Dudos Fortælling som Drømmene henvise den til den historiske Roman [6]). Hertil kan svares, at skulle alle de berømte Begivenheder forkastes, som Krønikerne ledsage af saadanne Forvarsler, maatte et stort Tal af Erobringer udslettes af Historien. Og desuden, hvor kan man tro, at en Tid, der var saa aandelig anspændt som hin, da den gamle Tro rystedes i sin Grundvold, da de enkelte Menneskers Sind pintes under Anfægtelser af Tvivl og Frygt, da den nye og den gamle Bekjendelses Tilhængere støde skarpt mod hinanden — hvor kan man tro, at en saadan Tid ikke skulde være rig paa Drømme? — Og desuden, drømte ikke netop paa denne Tid Kong Gorm den Gamle og Dronning Thyra mærkelige Drømme? Havde Halfdan

---

[1]) Liber III. c. 2, jfr. Dudo 185.
[2]) Liber III. c. 3, jfr. Dudo 194.
[3]) I Følge Lair l. c. 192 kun en Fejllæsning af Udgiveren.
[4]) Lair l. c. 192.
[5]) Liber IV. c. 17, jfr. Dudo 277.
[6]) Allerede paa Vilhelm Erobrerens Tid har denne Fortællingens Karakter i Forening med Dudos smigrende Stil vakt Anstød, se Bouquet, Historiens de la France, XI. 621; jfr. foran S. 32.

Svarte og Ragnhild ikke forunderlige Drømme, der forudsagde dem deres Søns tilkommende Vælde og Storhed [1]?

E. Hvad Dudo i øvrigt siger os om Forholdene her i Danmark, passer med hvad vi vide andetstedsfra. Riget havde i hele det 9de Aarh. været Scenen for Kampe mellem Kongefamiliens Medlemmer. Det samme Billede opruller Dudo for os, thi Kongen af Danmark siger til Rollo, med hvem han saa længe har kriget, at de som Slægtninge bør være Venner: „nihil mihi et tibi nisi gratia propinquitatis" [2]. Dette Slægtskab sattes paa Prøve, da Rollos Sønnesøn Richard 944 sendte Bud til Kong Harald „propinquus suus" om Hjælp mod Franskmændene (jfr. næste Kap.).

Hvor Rollos Fader har hersket, ses ikke klart; han besad en Del af Dacia og desuden nogle Lande, som grænsede til Dacia og Alania (mon her lig Halland?). Navnet paa den By, hvori Rollo belejres af den danske Konge og hvor han narres ved det ægte normanniske Krigspuds ved forstilt Flugt at blive lokket forbi et Baghold, som derefter anfalder ham i Ryggen, nævner Dudo ikke, men mærkværdigt nok — og her er atter et Exempel paa, hvorledes snart en, snart en anden Forfatter kjender mere af den fælles Tradition — nævner

---

[1] Heimskringla, Halfdan Svartes Saga, c. 6, 7. — Dudo fremstiller Rollos Sindelag og Aandsretning saaledes, at han halvt frivilligt, halvt ufrivilligt bæres henimod Kristendommen. Han fortæller, at Rollo medbragte den hellige Hameltrudes Levninger til St. Vedasti Kapel i Normandiet. Det var muligt ikke af religiøs Interesse, men som Part af et gjort Bytte, at disse kom til Normandiet; men man bør ikke uden videre forkaste denne Tradition, for hvis Sandhed ikke faa Omstændigheder tale; jfr. Lair l. c. 58, 152.

[2] Dudo 143. — Denne Yttring og dens Betydning synes overset af tidligere Forfattere.

Benoît Byens Navn. Den hed Fasge[1]). Man kan
gætte paa Faxe, om man vil; vist er det, at Navnet er
godt dansk. — Efter at Byen var taget, maatte Rollo
flygte, og han drog til Skanza insula; det synes at
være Skan-ey, og man skulde altsaa antage, at han ved
denne Flugt kom udenfor den danske Konges Lande.
Dette kunde i Følge danske Kilder ogsaa meget vel
passe paa de daværende Forhold; vi have i alt Fald et
Sagn om at Skaane paa hine Tider var bleven erobret
af eller underlagt Sverrig. Saxo siger nemlig, at Thyre
havde Fortjeneste af at bringe Skaane ud af det skat-
skyldige Forhold til de svenske Konger; naar dette For-
hold er begyndt og naar Tilbageerobringen skete, vide
vi ikke[2]). Muligt staar med dette i Forbindelse en
Tradition, som Adam af Bremen har optegnet efter Kong
Svend, at en Olaf, der kom fra Sverrig og var Fyrste
i dette Land, tillige blev Konge i Danmark (eller en
Del deraf?)[3]).

Hermed har jeg gjennemgaaet Traditionen om Rollos
Herkomst. Jeg har paavist, hvorledes den norske Tra-
dition ikke i nogetsomhelst Punkt finder Bekræftelse i
de vestevropæiske Kilder og i mange staar i direkte
Strid med dem; jeg har søgt at vise, hvorledes denne
urigtige Tradition er opstaaet, og jeg har endelig belyst
Enkeltheder i den normanniske Tradition, navnlig som
den findes hos Dudo. Det Resultat, som derved er

---

[1]) Benoît I. 105:
> Ron a Fasge senz gens enmeine
> riche cité sue demeine.

Dette Navn findes ogsaa i „Chronique ascendante des
ducs de Normandie".
[2]) Saxo 482. Munch, N. Folks Historie, I. 2. 87.
[3]) Adam af Bremen I. c. 50.

vundet, og som jeg ikke tror det muligt at omstøde, er da dette:

1. Det norske Sagn om Gangerrolf bør udvises af Historien som falskt.

2. Dudos Beretning om Rollos danske Fødsel og hans Skæbne hjemme i sit Fødeland bør i alt Væsentligt anses for paalidelig.

Dette Resultat stemmer i Et og Alt med den Stilling, som Normandiet senere indtog i Forhold til Danmark (se herom næste Kapitel), det stemmer med det Fællesskab i historiske Minder, i Sagn og i Love, der kan paavises mellem disse to Lande, og hvorpaa der senere skal blive anført mange Exempler. Det stemmer fremdeles med, hvad Historien lærer os om Neustriens Skæbne før det normanniske Hertugdømme blev stiftet, at det nemlig var danske Hærskarer og danske Hærførere, der færdedes paa Frankrigs Kyster. Ved det vundne Resultat ville derfor Historikerne for Fremtiden blive fritagne for at nedskrive den besynderlige Sætning, at det dog var forbeholdt en Nordmand at plukke den rige Frugt, som var modnet til Indhøstning i Løbet af Menneskealdre ved danske Mænds Anstrængelser[1]).

---

[1]) Munch, Norske Folks Historie. I. 1. 653: den skjønne Frugt, der gjennem et Par Menneskealdres uafladelige Kamp og Strid var modnet, var det nu forbeholdt Nordmanden Gange-Rolf at plukke. Maurer, Bekehrung. I. 57: Und doch ist es gerade der Norwegische Stamm, von welchem schlieszlich die folgenreichste und bleibendste Niederlassung im Fränkischen Gallien ausging.

Ottende Kapitel.

Normandiet som dansk Koloniland.

Pacem continuam inter se firma-
verunt, ea videlicet lege ut per suc-
cedentia Danorum Regum Norman-
norumque Ducum ac eorum heredum
tempora, firma perpetualiter inter eos
maneret, et quæ Dani abstulissent
inimicis emenda conferrent Normannis.
Si quis vero Danorum inualidus aut
vulneratus amicorum indigeret iuua-
mine apud Normannos quasi in domo
propria sub securitate sanaretur.
Willelmus Gemmeticensis, Historia Nor-
mannorum. V. 7.

I Følge Dudos i forrige Kapitel belyste Beretning
om Forholdet mellem Rollo og den danske Konge, skal
denne Sidste have sagt til Rollo: „lad der ikke være
Strid mellem dig og mig, thi vi ere jo Slægtninge“.
Som efter Abrahams Forslag til Loth [1]) skulde Enhver
beholde sin Landepart og leve uforstyrret af den Anden.
Den danske Konge var imidlertid falsk og fordrev Rollo;
først efter, at de danske Udvandrere havde stiftet et

---

[1]) Jfr. foran S. 161. Man bør være opmærksom paa, at Dudo
meget ofte benytter gammeltestamentlige Udtryk og Ven-
dinger.

selvstændigt Rige i Vesten, mindedes man igjen de gamle Forbindelser mellem Fyrstehusene.

Rollos Søn, Vilhelm Longue-Épée, blev snigmyrdet i Aaret 943 af Grev Arnulf af Flanderns Mænd paa et Fredsmøde i Sommefloden. Han efterlod sig en tiaars Søn, Richard, og da den franske Konge ikke vilde tillade, at et Formynderskab overtog Bestyrelsen af et af Rigets Len, og han desuden i Henhold til de almindelige Lensregler gjorde Fordring paa, at den umyndige Lensarving skulde udleveres ham for at opdrages ved Hoffet, udbrød der store Uroligheder mellem Normanner og Franskmænd. For at kunne modstaa de Sidstes Overmagt vendte de Danske sig til deres gamle Hjemland Danmark. Nogle af de anseteste Normanner bleve sendte i Gesandtskab til Kong Harald, „Hertug Richards Slægtning" [1]), som strax med en betydelig Flaade kom dem til Hjælp. Der blev kæmpet med Held mod Franskmændene, og Kong Ludvig kom endog i de Danskes Vold. En for Kongen meget ydmygende Fred blev sluttet, og Harald, som imidlertid havde styret Hertugdømmet paa det Bedste, vendte hjem. — Al Sandsynlighed taler for, at denne Konge var Harald Blaatand [2]). Begivenheden ligger kun en Menneskealder før Dudos Levetid, og han véd, som paavist, god Besked om Dacia. Vilhelm af Jumiéges angiver udtrykkeligt, at den tilkaldte Konge var Harald, Svends Fader [3]). De franske Forfattere Frodoard og efter ham Richer omtale

---

[1]) Dudo 239: Northmannorum optimates miserunt ad Haigroldum, regem Daciæ, nobilioris et ditioris potentiæ milites, ut Ricardo, Willelmi magni ducis filio, suo consanguineo, succurrere festinaret. 244: suus propinquus.

[2]) Lappenberg, Geschichte, II. 29. Munch, N. Folks Historie, I. 2. 213. Worsaae, Erobring af Normandiet, 215. Depping, Søtoge, 5te Tillæg.

[3]) Liber III. c. 9, IV. c. 7.

Harald kun som den Normannus „qui Bajocis (Bajocen-
sibus) præerat"[1]; men Harald havde netop ogsaa denne
Stilling; han kommanderede Tropperne i Bayeux, til
hvilke Folk fra Cotentin og Bessin sluttede sig. Der
er hengaaet nogen Tid mellem Haralds Landing og
Felttoget; Frodoard har ikke vidst, at han var en ny-
ankommen Skandinav, og lærer ham først at kjende, da
han indtog denne Stilling som Hærfører [2].

Det er naturligvis ingen gyldig Indvending mod den
normanniske Tradition, at vi ikke have nogen nordisk
Efterretning om, at Harald Blaatand er kommen til
Normandiet. Vi vide jo desuden af Saxo og Sagaerne,
at Gorms Sønner vare meget beskæftigede i Vester-
viking [3]; Knud Danaast falder saaledes i England eller,
som Saxo vil, paa Irland. Saxo lader endvidere Harald
strax efter Gorms Død, altsaa netop paa det her om-
handlede Tidspunkt, være ude paa Viking; han véd
aabenbart ikke, hvor han har været henne, og angiver
ganske ubestemt „i Østen" [4].

---

[1] Pertz, Scriptores, III. 392, 598.

[2] Jfr. Lair, Études sur Dudon, l. c. S. 9L.

[3] Saxo 471   Jfr. Saga Olafs konúngs Tryggvasonar, c. 64 i
Fornald. sögur, I. 117: Eptir hann var konúngr Aðalbrikt,
hann var goðr konúngr ok varð gamall; á hans dögum ofar-
liga kom Dana herr til Englands, ok voro þeir bræðr höf-
ðingjar fur liðinu, synir Gorms hin gamla, Knútr ok Haraldr;
þeir herjuðu viða um Norðimbraland, ok lögðu undir sik margt
fólk, töldu þeir þat arftekjulönd sin, er átt höfðu Loðbrókar
synir ok aðrir margir þeirra forellrar.

[4] Saxo 475: trajecta in Orientem piratica circumpositum laces-
sivit Oceanum. Uagtet Saxo ellers ikke gjærne kalder de
østlige Vande Oceanus, vover jeg dog ikke at rette Oriens
til Occidens (hvilken Fejl i øvrigt findes paa et andet Sted
hos Saxo, se Kinchs Note til S. 680; Aarbøger f. N. O. 1874.
295), da nemlig Saxo S. 476 ogsaa har: reductis ab Oriente
copiis og S. 477: cum itaque res barbaras regia executione
tractasset, og da det efter Kontexten er rimeligt, at Saxo har
tænkt paa Østfærd.

Skjønt det strængt taget ikke hører herhen, maa jeg i Forbigaaende gjøre opmærksom paa en Textrettelse i Saxos Fortælling om Knud Danaasts Død — baade for at standse en Række unyttige Gisninger om et Kildested, der altid har været anset for dunkelt, og tillige for at vise, hvormeget Udgaven af Saxo trænger til Textkritik. Saxo fortæller saaledes (S. 472): Cujus rex, Duflina, quæ provinciæ caput habebatur, obsessa, cum paucis admodum sagittariæ artis peritis conjunctum urbi nemus ingressus, Canutum, magna cum militum frequentia nocturnis ludorum spectaculis interpositum, insidioso fraudis circuitu, vulnifica procul sagitta petivit, quæ in adversum regis corpus incidens mortificum ei vulnus intorsit etc. Herved spørger Udgiveren: hvad kan det vel være for ukjendte natlige Lege, som Knud var Vidne til eller deltog i? Dr. Todd (Gaedhil, S. 267) gætter paa en eller anden hedensk Ceremoni, osv. Forklaringen er ikke saa vanskelig, som man tror. Vi bør erindre, hvad Olaf Tryggvasøns Saga fortæller om Knuds Død. Han og Broderen vare landede i England, havde vundet store Sejre og tilsidst indtaget York; de sade derpaa i Ro i det erobrede Land. Men en varm og solhed Dag, da Soldaterne morede sig ved Svømning mellem Skibene og Kongerne selv deltoge i Øvelserne, kom nogle Mænd løbende ned til Stranden og skød efter dem med Pile; da blev Knud dødelig ramt af et Bueskud; Soldaterne bare hans døde Legeme til Skibene[1]). Her have vi aabenbart den samme Fortælling. Scenen er henlagt til England, Legene, hvorom der er Tale, have været Svømning, og Gjerningsmanden er, som Saxo fortæller, kommet listende til, skjult af en Lunds Skygge. En ganske simpel Rettelse vil lade den hele Identitet komme

---

[1]) Fornmanna sögur, I. 117: Eptir þat fóro þeir suðr með landi ok ætlaðu til Jórvíkr, gekk þar undir þá alt fólk, uggðu þeir þá ekki at sèr; ein dag var skin heitt, ok fóro menn á sund milli skipanna, en er konúngar voro á sundinu, þá ljópu menn af landi ofan ok skutu á þá, þá var Knútr lostinn öru til bana, þeir tóko líkit ok fluttu út á skip.

frem; i Stedet for nocturnis skal naturligvis læses nata-
torum eller natantium.

Hvis man kan tro Vilhelm af Jumiéges, er Kong
Harald ogsaa en anden Gang kommet til Normandiet
for at faa Hjælp mod sin Søn Svend, der havde for-
drevet ham ·(l. 3. c. 9); han sætter denne Begivenhed
allerede i Vilhelm Longue-Épées Levetid, altsaa en Snes
Aar for tidligt, hvorved Sandheden af hans Beretning
bliver tvivlsom. — Derimod er det vist, at Normannerne
senere under Richard I's Regering fik Hjælp fra Dan-
mark. Grev Thibaut af Chartres var trængt ind i Seine-
landet lige til Rouen og truede stærkt det normanniske
Fyrstendømme; da sendte Hertug Richard paa ny Bud
til Danmark for at hidkalde Hjælp. Kong Harald skal
have modtaget Sendebudene paa det Bedste; en Flaade
blev rustet og sejlede til Kanalens Kyster, men Kongen
var selv ikke med. De Danske plyndrede Grev Thibauts
Lande· og ødelagde dem i en saadan Grad, at der
— som man sagde — ikke blev levnet en Hund, der
kunde gø mod Vikingerne (963). Ja, de vare i den
Grad ustandselige i deres Kampmod, at de, selv efter
at Richard havde beredt sig til Forsoning med Fjenden,
ikke vilde høre op, men svore at ville bringe hele
Frankrig i hans Vold, eller om han ikke vilde modtage
det, erobre det for sig ·selv. Richard vidste da ingen
anden Udvej end at vinde de danske Høvdinger under-
haanden ved Gaver og Løfter, og Vikingerne faldt
omsider til Føje, imod at Richard anviste dem et Land,
som de kunde vinde[1]). Efter hans Raad droge de til
Spanien, hvor de under Anførsel af deres Konge Gunde-
red plyndrede i sex Aar (966—971) og brændte 18 Byer;

---

[1]) Dudo 276 (144). Willelmus Gemm. IV. 16.

i spanske Kilder kan man finde nøjagtige Oplysninger om disse Krige[1]). Men mange af Vikingerne bleve bosiddende i Normandiet og døbtes[2]).

Det fremgaar af det Paaviste, at Normannerne ved Kanalen endnu en lang Stund efter Erobringen af det franske Fyrstendømme betragtede sig som Kolonister fra Danmark, og at Moderlandet vidste at komme sine udflyttede Sønner til Hjælp. Men det Samme fremgaar af den stadigt vedligeholdte Forbindelse mellem Normandiets Beboere og de Danske, der plyndrede i England.

I Aaret 988 plyndrede en dansk Flaade i Sommersetshire ved Bristolkanalen. Det er højst rimeligt, at Indbyggere i det nære Bessin og Cotentin ikke have kunnet modstaa deres Vikingenatur og have sluttet sig til Togtet som Deltagere; i hvert Fald har Flaaden sikkert i Normandiets Kyststæder søgt og fundet det ønskede Marked for Salget af det ranede Gods[3]). Dette Forhold har vakt Kong Æthelreds Harme, han har klaget derover til sin Nabofyrste, og det kom om end ikke til aabenbar Krig, dog til truende Forhandlinger, der medførte en Mellemkomst fra Pavens Side. Leo, Bisp af Trier, blev af Paven sendt til Rouen, hvor han mødtes med engelske Gesandter, og der blev sluttet Fred om, at man hverken fra engelsk eller normannisk Side skulde modtage hinandens Undersaatter eller Fjender, uden at disse medbragte Kongens Segl eller Orlov[4]).

---

[1]) Dozy, recherches sur l'histoire de l'Espagne. II. 300—315.

[2]) Willelmus Gemm. IV. 17: His itaque salubriter Dux expletis, Paganorum plurimos ad fidem Christi sacris monitis conuertit, alios in paganismo permanere disponentes ad Hispanias transmisit. Vbi plurima bella perpetrantes, decem & octo diruerunt vrbes.

[3]) Lappenbergs Gisning, Geschichte I. 421, tiltraadt af Freeman, The history af the Norman Conquest of England, I. 314.

[4]) Vilhelm af Malmesbury II. 166.

I Aaret 1000 synes der at være sket et Brud paa
dette Forlig. I Annalerne siges der, at den danske
Flaade efter at have plyndret England „sejlede til
Normandiet"[1]), rimeligvis for at sælge sit Bytte.
Hermed var Forliget jo brudt. Kong Æthelred blev
yderst fortørnet og sendte en Flaade til Cotentin med
Befaling at hærge hele Normandiet og bringe Hertug
Richard fangen for hans Fødder. Indfaldet løb imidlertid
saare uheldigt af. Beboerne af den nævnte Kyststræk-
ning samlede sig under deres Høvding Nigellus, selv
Kvinder grebe til Vaaben, og der blev anrettet et saa
grueligt Blodbad paa Fjenden, at kun én Mand skal
være undsluppen til Skibene, som kunde melde Kongen,
hvad der var sket[2]).

Man vilde have kunnet vente, at en nøjere For-
bindelse mellem den angelsaksiske og normanniske Na-
tion skulde være indtraadt, efter at Kong Æthelred
havde faaet Richard II's Søster Emma til Ægte (1002);
men dette synes ikke at have været Tilfældet. Da de
Danske efter hin forfærdelige St. Briccius Nat søgte at
hævne den Tort og Kval, som var overgaaet deres Nation,
og fore voldsomt frem mod Angelsakserne, sluttede
Richard sig til sin Nations gamle Forbundsfæller. Kong
Svend kom sejlende til Rouen og indgik det Forbund
med Hertugen, at der altid skulde være Fred mellem
Danske og Normanner, at de Danske frit kunde sælge
det til Bytte tagne Gods i Normandiet, og at en saaret

---

[1]) Anglo-Saxon Chr. 1000: Danorum classis præfata hoc anno
Normanniam petit. Roger af Wendower (I. 434) tilføjer
„hostiliter", hvilket Lappenberg I. 429, II. 36 følger. Men
Freemans Fremstilling (I. 327), der her er fulgt, er aabenbart
den rette.

[2]) Willelmus Gemmeticensis. V. 4. — Lappenberg (I. 422) hen-
fører Indfaldet til 991, men Freemans Opfattelse synes rig-
tigere, se Norman Conquest I. Appendix E.

eller syg dansk Kriger, der maatte trænge til Venners
Hjælp, altid skulde finde Kur og Understøttelse i Nor-
mandiet „som var han i sin egen Stue"[1]). Af denne
Tractat fremgaar paa det Klareste, hvor fredeligt For-
holdet var mellem de Danske og Normandiets Beboere.
Det synes endog som om Normannerne have villet sikre
sig Andel i det Bytte, de selv vare forhindrede i at
erhverve. — Da nogle Aar derefter Grevinde Emma a
Limoges blev røvet af Vikinger og i 3 Aar holdt i
Fangenskab „hinsides Havet", maatte Hertug Richard
ogsaa være Mellemmand og ved sin Indflydelse formaa
dem til at udlevere den røvede Dame til hendes Ægte-
fælle mod store Løsepenge[2]).

Blandt de fremmede Krigere, der hjalp Svend og
Knud den Store med Erobringen af England, var ogsaa
Olaf, Harald Grænskes Søn, den senere Hellig Olaf, og
„Lacman" „rex Suavorum" (?), der ligeledes havde bragt
Hjælpetropper til den danske Armee. Da nu Hertug
Richard II paa samme Tid var kommet i Strid med
Grev Odo af Chartres i Anledning af sin Søsters Med-
gift, hidkaldte han disse tvende Høvdinger med deres
Tropper. At dette skete, medens disse opholdt sig i
England, fremgaar sikkert nok deraf, at netop begge
disse Mænd, som havde hjulpet Svend, komme ham til
Hjælp, og endvidere deraf, at Glaber Radulphus, II. c. 3,
kun taler om en Krigshjælp fra England[3]). Disse under-
støttede ham paa bedste Maade, idet de ved Landgang

---

[1]) Will. Gemmeticensis V. 7, se Mottoet S. 164. Om Tidspunktet
for denne Tractats Affattelse, se Freeman I. 372. — Lappen-
berg, II. 36, føjer til, at de Danske forpligtede sig til ikke
at plyndre de franske Kyster, men dette indeholder For-
liget ikke.

[2]) Bouquet, Historiens. X. 151.

[3]) Will. Gemmeticensis synes at antyde, at de hentedes i deres
Hjemland. V. 11.

og Erobringer paa Fjendens Kyster skaffede ham Ro.
Sagerne syntes at blive truende for selve det franske
Rige, og Kong Robert forligede de stridende Parter[1]).
Olaf var under dette Ophold i Normandiet bleven høj-
tideligt modtaget i Rouen af Hertug Richard og døbt
eller konfirmeret af Bispen.

Snorre har ogsaa en Bemærkning om dette Ophold
i Rouen, uden at han dog nærmere gaar ind paa Grun-
den dertil; han ripper op i den gamle Historie om Nor-
mannerhertugernes Nedstammen fra Norge, og tilføjer,
at Jarlerne i Rouen „længe regnede sig i Slægtskab
med Norges Høvdinger og holdt dem længe i saadan
Agt, saa de allenstund vare Nordmændenes største Venner
og alle Nordmænd havde i Normandiet et Venneland,
naar de ønskede det" [2]). Disse Ord ere altsaa en Varia-
tion over det gamle Thema med den gamle Anledning,
at Neustrien hed Normandi.

Mærkeligt nok lyder Vilhelm af Jumiéges's Frem-
stilling helt anderledes. Som lige foran sagt var det
efter hans Udsagn danske Mænd, hvem der tilstaas
et Hjemland i Normandiet. Dernæst nævner han ikke
og overhovedet ingen normannisk Forfatter, at Hertugerne
af Normandiet roste sig af Slægtskab med Norske. Det
var fremdeles rent tilfældige Omstændigheder, der havde
ladet Normannerne tilkalde norsk Hjælp, nemlig fordi
disse Høvdinger vare paa Hærtog i Nærheden [3]).

---

[1]) Lappenberg II. 36—37; I. 446, 451. Munch I. 2. 506.
[2]) Snorre, Olaf den Helliges Saga c. 19.
[3]) Worsaae, Den danske Erobring af England og Normandiet,
     S. 288, fremhæver ogsaa det Urigtige i Snorres Fremstilling:
     „Snorre . . . . har overset, at der i de første hundrede Aar
     efter Rolfs Erobring og lige til Olaf den Helliges Tid ikke er
     Tale om nogen Forbindelse mellem Normandiets Beherskere
     og Norge eller Norges Konger og Høvdinger, men derimod
     udelukkende om stadige Forbund mellem Normannerne og de
     Danske eller deres Konger."

Hvis virkelig Snorres Ord indeholdt en Sandhed, maatte man kunne belægge dem med Beviser fra det forløbne Aarhundredes Historie. Men hele den righoldige nordiske Sagasamling bestrider hans Ord ved at iagttage en fuldkommen Tavshed om at norske Mænd søgte til Normandiet. Der foreligger jo Vikingebiografier i stort Antal, men ikke én af dem fortæller os om en Fart til dette Land, hvorimod vi se dem drage til Østersøen, til Rusland eller Miklagaard, til Vesterhavsøerne og Irland. Til Rusland drager saaledes Sigurd, Søn af Erik Bjodaskalle paa Ofrestad; han tjente lang Tid hos Wladimir [1]). Færingerne Sigmund og Thore drage paa Viking i Østersøen; senere sejler Sigmund ud alene og gaar atter til Østersøen; endelig bliver han sendt paa Togt for at fange Harald Jernhaus, der var gjort utlæg i Norge. Sigmund sejlede til Vesterhavsøerne og traf ham endelig ved Anglesey [2]). Kolskegg, en Broder til Gunnar paa Hlidarende, drager til Norge, Danmark og Gardarige og ender som Høvding for Væringerne i Konstantinopel [3]). Njálssønnerne drage i Viking ved Syderøerne, Anglesey, Man og Wales [4]). Kormak og hans Broder drage med Kong Harald Graafeld til Irland, hvor de bestaa mange Kampe. Senere sejler Kormak til Bjarmeland, til Danmark, til England, Irland og Skotland, hvor han falder [5]). Den overvejende Part af de udvandrende Nordboer droge imidlertid mod

---

[1]) Olaf Tryggvasøns Saga c. 46.
[2]) Færeyingasaga c. 19—21.
[3]) Njála c. 81.
[4]) Njála c. 89, 90.
[5]) Kormakssaga c. 19, 25, 26, 27: en þeir bræðr herjuðu um Irland, Bretland, England ok Skotland, ok þóttu hinir ágæztu menn. þeir settu fyrst virki þat, er heitir Skarðaborg. þeir runnu uppá Skotland ok unnu mörg stórvirki ok höfðu mikit lið.

Øst, og Munch har derfor saa fuldkommen Ret i de
Ord, at det (i Midten af det 10de Aarh.) „ikke var sæd-
vanligt, at Vikingerne fra selve Norden droge til de
vestlige Farvande, men derimod fornemmelig søgte til
Austerveg" [1]), kun maa hans Udsagn indskrænkes til at
gjælde Island og Sverrig og Norge; thi de Danske
droge, som nys er paavist, ofte til England og Nor-
mandiet. Den første Gang vi høre om norske Vikingers
Plyndring paa det vestevropæiske Fastland, er ved Tiden
1010—1012 [2]), da Olaf (den Hellige) med en Flaade
plyndrede Flandern, Frankrig og selv Spanien [3]).

Imidlertid er det rimeligt nok, at Normandiet, da
det var et Venneland for Danske, ogsaa var et saadant
for andre Nordboer. Da derfor Kaare i 11te Aarhun-
dredes Begyndelse rejste fra Island til Rom, drog han
til Normandiet og lod sit Skib ligge dér, indtil han kom
tilbage [4]). Norges Romafarere kom i øvrigt ikke over
Normandiet. Først Korsfarerne toge en vestlig Vej til
det hellige Land gjennem Gibraltarstrædet, hvilken siges
at være indviet i det 12te Aarh. af Skofte fra Giske [5]).

---

[1]) Munch, N. Folks Historie. I. 2. 218.

[2]) Dog have Ágrip og Hist. Norvegiæ en Efterretning om, at
Erik Blodøxe skal være faldet i Spanien (se Munch I. 1. 728);
men der fandt ikke noget Togt Sted mod Spanien før 966,
og den hele Fortælling er apokryph. Ligesaa Snorre, Ol. Tr.
Saga, c. 31.

[3]) Dozy, recherches II. 315 ff. har nøjagtigere Oplysninger. —
Forfatteren har næppe Ret i sin Antagelse (S. 322), at Olaf
Tryggvasøn har været i Normandiet.

[4]) Njála c. 159.

[5]) Saga Magnúss Konúngs Berfætts c. 33: þat er sögn manna, at
Skopti hafi fyrstr Norðmanna siglt Njörvasund, ok var sú för
hin frægjasta (Fornm. Sögur VII. 66). Jfr. Paul Riant, expé-
ditions et pélerinages des Scandinaves en Terre Sainte, 71:
Cependant, soit qu' aucun de ces Vikings du IXe siècle ne
soit revenu dans la mère patrie, soit que le souvenir de ces
premières expéditions ait été perdu en Norvége au temps de

Jeg har saaledes paavist, at Normannerne i de
første Hundrede Aar efter Hertugdømmets Grundlæggelse
søgte at bevare Forbindelsen med Moderlandet. Det
vil fremgaa af mange Omstændigheder, som i det Føl-
gende ville blive udviklede, at Normandiets Beboere
først sent gave Slip paa deres nordiske Livsvaner og
Principer, at den gamle Tro havde ondt med at kues
og fremfor Alt, at den nordiske Frihedsfølelse ofte
kom til Gjennembrud. Det danske Sprog døde ingen-
lunde hurtigt hen; derom vidner den utallige Mængde
Stednavne[1]), der skylde det danske Sprog deres Oprin-
delse, Navne, som ikke blot bæres af Sogne og Byer,
men af enkelte Marker, Lunde, Enge osv. Lige saa
sikkert, som det er, at kun en Kolonisation efter stor
Maalestok, der skjænker Landet i det Hele en ny
Befolkning og ikke blot en ny Herskerstamme, vilde
kunne give Landet en saadan Forsyning af nordiske
Navne, lige saa vist er det, at disse nordiske Navne
ikke vilde have slaaet saa dybe Rødder, at de bevare-
des til Eftertiden, dersom Befolkningen hurtigt havde
skiftet Sprog.

Man ser ikke sjældent følgende Vers af Benoît ci-
teret som Exempel paa, at allerede paa Vilhelm Longue-
Épées Tid det danske Sprog var aldeles fortrængt fra
Rouen[2]), saa at Hertugen nødsagedes til at sende sin
Søn til Opdragelse hos Grev Boto i Bayeux, for at han
kunde lære Dansk:

la rédaction des Sagas, c'est aux premiers croisés norvégiens,
les Arnunges de Giski (1103), qu'elles attribuent l'honneur
d'avoir inauguré la route occidentale.

[1]) Der findes i ældre og yngre normanniske Aktstykker en stor
Del hidtil oversete danske Stednavne.
[2]) Lappenberg, Geschichte. II. 23. Annaler for Nordisk Oldk.
1844—45, 219. Jfr. Amari, storia dei Musulmani di Sicilia.
III. 18. Gibbon, Roman Empire, c. 56.

Se à Roem (ɔ: Rouen) le faz garder
Et norir gaires longement,
Il ne sara parler neient
Daneis; kar nul nel i parole.
Si voil kil seit à tele escole
Ke as Daneis sace parler.
Se ne serent neient forz romanz,
Mes à Bajuez en a tanz,
Ki ne sevent parler se Daneis non
Et pur ço sire quens Boton,
Voil ke vos l'aiez ensemble od vos,
Et de li enseigner curios.

Her er Tale om Tilstanden ved Tiden 940 — altsaa ikke en Menneskealder efter Fyrstendømmets Grundlæggelse, og dog skulde en saa stor Forandring allerede være indtraadt! Enhver kan sige sig selv, at dette er en Umulighed, og se vi efter i Benoîts eneste Kilde. Dudo, saa staar der kun, at i Rouen Romansk tales hyppigere end Dansk, medens det Modsatte er Tilfældet i Bayeux [1]. Men at Indbyggerne i en Handelsby som Rouen bedre kunne bevare eller lettere optage det franske Tungemaal, er ikke mærkeligt. —

Man paaberaaber sig endvidere det samme Faktum om Prinsens Opdragelse i Bayeux, i det man siger: altsaa talte man ikke Dansk ved Hove; men ogsaa denne Slutning er forhastet, hvad der vel temmeligt sikkert fremgaar af Dudos Fortælling om at Hertug Herman af Saksen paa en Fredssammenkomst med Hertug Vilhelm finder paa at tiltale ham paa Dansk [2].

---

[1] Dudo 221 (112): quoniam quidem Rotomagensis civitas Romana potius quam Dacisca utitur eloquentia, et Bajocacensis fruitur frequentius Dacisca lingva quam Romana.

[2] Dudo 198 (100): Regibus secretius colloquentibus cæpit affari Dacisca lingua ducem Willelmum Saxonum dux Herimannus.

Da Vilhelm forundret spørger ham, hvem der har lært ham at tale dette Sprog, svarer han, at det har han lært nødtvungent i dansk Fangenskab.

Derimod er det vist nok, at den danske Befolkning i tættest Mængde havde besat Omegnen af Bayeux, Landskaberne Bessin og Cotentin. Blandt denne Befolkning fandt længst den hedenske Tro og Uafhængigheds-følelsen sit Tilhold. Da Hertug Vilhelm sender sin Søn til Opdragelse hos Grev Boto, er det for at han kan lære at tale de Danskfødte til Rette[1]), nemlig de mange mægtige Mænd, som gjærne vilde tilegne sig Andel i Hertugmagten. Ogsaa af et andet Sted hos Dudo faar man Indtrykket af en saadan særlig dansk Koloni i Om-egnen af Bayeux; den tydske Hertug Kuno svarer saa-ledes Hertug Vilhelm, til hvem han er overleveret som Gissel og som har bestemt Bayeux til hans Opholdssted: send mig, hvorhen Du vil, ogsaa til de Danske, der ere Dit Herredømme undergivne[2]).

Jeg tror saaledes, at den danske Befolkning endnu en god Stund efter Erobringen har bevaret sine hjem-lige Sæder, sit Sprog og sin Lovgivning — og min For-undring over, at for Tiden næsten alle Udlandets For-fattere omtrent udslette det danske Elements Betydning i Dannelsen af den normanniske Nation, saa at Nord-boerne i Løbet af to eller tre Decennier skulle være undergaaede en total Forvandling, er saa meget større, som dog Ingen tvivler paa, at Normannerne i Karakter

---

— Derimod hidrører det af Worsaae l. c. 352 anførte Exempel paa, at en normannisk Greve i det 11te Aarh. ikke skulde have kunnet tale Fransk, fra en Misforstaaelse, se Muratori, Scriptores. VII. 322.

[1]) Dudo 222 (112): (Daciscam linguam) discens tenaci memoria, ut queat sermocinari profusius olim contra Dacigenas.

[2]) Dudo 195 (98): Mitte me quo vis etiam Dacis tuæ ditioni subditis. Jfr. Worsaae, Erobring af Normandiet, 188.

og Aand vedbleve at være en selvstændig Part af den franske Nation, hvor meget de end havde optaget af romansk Levevis. Historien fremviser heldigvis to store Kjendsgjerninger, fra hvilke det er umuligt at slippe bort, selv om man vidste at bortforklare alle de øvrige — og det er Erobringen af Syditalien og Erobringen af England. Ingen har dog endnu vovet at opfatte dem som Tilfældigheder, der knytte sig til den normanniske Nations Historie.

Af disse to Erobringer er den første baade i Tid og Aand mest knyttet til den gamle Vikingetid, udgaaet som den var fra den Kamplyst, Uafhængighedsfølelse og Dristighed, der udmærkede enhver af disse kristne Vikinger; der hviler et farverigt og idealt, næsten romanagtigt Skjær over Erobringen af Syditalien [1]), saa at man ved Læsningen af dens Historie kunde tro at have en Roman for sig, om man ikke vidste, hvor talrige og paalidelige Kilderne ere. Jeg kommer i dette Arbejde derfor stadigt til at paaberaabe mig Maaden og Midlerne, hvorved Normannerne vandt Riget i Syditalien. og de Kjendsgjerninger, der knytte sig til denne Erobring, for at kunne belyse Nordboernes Færd i den egentlige Vikingetid.

Erobringen af England var en med normannisk Snedighed forberedt og med normannisk Tapperhed udført Krigerdaad, men den fremtræder mere som en modern Sejrvinding; et vundet Slag skaffede den fremmede Kriger Herredømme over et Rige, der i sig selv havde været splidagtigt og nu for sidste Gang og helt

---

[1]) Jeg henviser danske Læsere til Prof. Schierns korte, men indholdsrige „Udsigt over Udvandringerne fra Normandiet til Italien og Normannernes første Erobringer i Neapel og Sicilien". Ann. f. Nord. Oldk. 1844—45. 218 ff. En ny og udførlig Fremstilling af Siciliens Erobring findes hos Amari, Storia dei Musulmani di Sicilia Vol. III.

og holdent underkastedes et fremmed Folk. Ved denne
Erobring og dens Gjennemførelse aabenbarede sig mere
end noget andet Sted Normannernes Evne til at grund-
lægge Stater og til at administrere, hvorfor Grundlæg-
gelsen af den engelske Stat giver os lærerige Oplysninger
til Forstaaelse af tidligere normanniske Statsdannelser.

Excurs. Jeg har søgt at godtgjøre og jeg skal i
det Følgende yderligere paavise, at Normandiets Befolk-
ning endnu i lange Tider efter Erobringen beholdt sin
nordiske Karakter og frem for Alt den gamle Vikinge-
aand. Nu vil imidlertid vel heller Ingen nægte, at et
Folk er afhængigt af den Jordbund, hvorpaa det
lever, som giver sit Bidrag til Bestemmelsen af dets
aandelige Karakter. Normandiets Befolkning har da
ogsaa gjennem mange Aarhundreder til den Dag i Dag
bevaret et Særpræg, som skiller den fra Befolkningen i
Frankrigs øvrige Provinser. Da nu endvidere Norman-
diets Naturforhold synes at have havt særlig Betydning
for de Danske, da de valgte denne Provins til Bosættel-
sessted, vilde det være urigtigt her at tilbageholde nogle
Bemærkninger, som have saa saare let ved ikke at
blive gjorte, og som dog efter min Formening have
deres Betydning til at give det rette etnografiske og
kulturhistoriske Billede.

Normandiet var for 1000 Aar siden, som det er
endnu, et fra Guds Haand rigt udstyret Land, og det
var et saadant, Normannerne søgte. Hine Vikinger
havde naturligvis den største Kjærlighed til Naturen
og den Forstaaelse af den, som følger med et bevæget
Liv under aaben Himmel, den Forstand paa Benyttelse
af Land og Vand, af skyggende Skove og dækkende
Høje, som et anstrængt og aarvaagent Vagabond- og

Krigerliv giver. Intet mystisk eller romantisk Sværmeri, ingen fortabende Opgaaen i Naturens Storhed, men en Glæde over Verdens uendelige Rigdom og Jordens Fylde og Frugtbarhed, en Lyst til at maale sit Mod med den Strænghed og Haardhed, som Naturen kunde vise, en Nysgjerrighed efter at lære „hele Jordens Kreds" at kjende — det var det, der opfyldte Vikingens Sind og drev ham ud i Verden, som gjorde ham til Kriger og vældig Jæger, til Fisker og Hvalfanger. Ved en enkelt af disse Sider kunde jeg ønske at dvæle lidt nøjere.

Der har i Normandiet været Noget, som særligt tiltalte de Danskes Natursans og Yndlingstilbøjeligheder.

Dudo og Gaufred Malaterra beskrive begge, hvorledes Rollo første Gang sejlede op ad Seinen. De kom fra de østlige Egne til det Sted, hvor Seinens blaa og dog gjennemsigtige Bølgevæld udgyder sig i Havet, og styrede op langs den store Strøms blomsterprydede og duftende Bredder; men jo længere de naaede frem, jo skjønnere og dejligere tyktes Landet dem [1]). Den Glæde over Landets Rigdom og Skjønhed, som er udtalt i disse Linier, kommer stadigt igjen hos de normanniske Forfattere, der En efter Anden beskrive Hertugdømmet som et jordisk Paradis [2]); her er altsaa ikke Tale om

---

[1]) Dudo 152 (75): permenso ponto, qua Sequana, cæruleo gurgite perspicuisque cursibus fluens, odoriferasque excellentium riparum herbas lambens, fluctuque inflatiore maris sæpe reverberata secundum discrimina lunæ, inundantis maris pelago se immittit, aggrediens, navibus Gimegias venit.

[2]) Jfr. Dudos Beskrivelse af Normandiet, S. 166, 252. Aimé, l'ystoire de li Normant, I. c. 1. S. 9: en la tin de France est une plane plenc· de bois et de divers frut. Gauffred Malaterra (Muratori V. 549): est enim piscosis fluminibus et feralibus silvis abundantissima, accipitrum exercitio aptissima, frumenti et cæterarum segetum fertilis, piscinis uberrima, pecorum nutrix. Cartulaire du Mont St. Michel

lærde Bogmænds klassiske Prydelser. Ved Erobringen
af Syditalien mærker man hos de normanniske Krigere
den samme Glæde over Landets Skjønhed og Rigdom.

Det flade Land, om det var nok saa frugtbart og
fedt, synes ikke at have tiltalt Vikingen, naar det ikke
var smykket fra Naturens Haand, fremfor Alt med de
store, tætte Skove, der lønnede hans Jagtlyst. Efter at
Rollo havde faaet Neustrien overdraget, gjorde han
Fordring paa et andet Land, der skulde yde ham og
hans Folk de nødvendige Existentsmidler; thi Norman-
diet var da øde. Man foreslog ham Flandern; men
han vilde ikke modtage det uagtet dets Frugtbarhed,
af den Grund, som Kilderne berette, at det var for
sumpigt[1]), hvorimod han tog mod det smukke Bre-
tagne.

Det Land, som Normannerne vilde vinde, maatte
først og fremmest prydes af store, herlige Skove, med

(12te Aarh.), anført af Worsaae 353: Provincia Lugdunensis
Secunda, qve nunc dicitur Normannia, non inmerito asseritur
precipua ceterarum quas infra se continet Gallia, ut pote qve
non solum est sufficiens sibi omnium affluentissima copia,
verum etiam circumiectis provinciis non minima probatur
conferre subsidia. Namqve aeris salubritate, opime telluris
ubertate, vinearum fertilitate, silvarum delectabilitate, nemo-
rum fruciferarumqve arborum apricitate, hortorum salubriumqve
herbarum amoenitate, metallorum qvorumqve congerie, silv-
estrium domesticarumqve bestiarum multiplicitate, avium cuius-
qve generis multitudine, piscium marinorum dulciumqve
aqvarum copiosa effusione, navium cunctarumqve mercium
assiduitate, clarissimarum urbium dignitate, nobilium coeno-
biorum numerositate, illustrium virorum animosissimorumqve
militum populositate, ut testimonio sunt Cenomannicus pagus,
Anglica regna, Campania, Apulia, Calabria, Sicilia, aliaqve
plura ab eis armis adquisita diverso tempore, cunctis ad
postremum commodis humane vite, omni sue vicinitati
noscitur longe prestare. Jfr. endvidere Waces og Benoîts
Lovprisninger.

[1]) Dudo 168 (83): noluit præ paludum impeditione recipere.

mægtige Træer, i hvis Ly de kunde jage, af hvis Frugter
de kunde nære sig, af hvis Tømmer, Ved og Bast der
kunde bygges Skibe, hugges Master, bøjes Buer, skæres
Spær og snoes Tovværk. Og disse Krav kunde Nor-
mandiet fuldkomment tilfredsstille. Eg, Fyr, Bøg og
Lind groede paa Marker og i Skove; talrige Æbletræer
lovede Normannen den kjære Drik Most eller Cidre,
som endnu er Normandiets berømte Produkt [1]). —

Jeg nævnte Linden, fordi jeg dertil vil knytte en
lille Oplysning. Den, som med Interesse sysler med
Middelalderens indre Liv herhjemme i Danmark, vil
have bemærket, hvilken Rolle Linden spiller i Folke-
troen og Folkepoesien som et af de smukkeste Træer.
Dets stærke Væxt og svære Kuppel med de talrige,
friske og smukke Blade, dets rige Blomstring med det
summende Liv og den bedøvende, søde Duft gjorde det
til Folkets Yndlingstræ — langt mere end Bøgen. Ogsaa
havde det den Gang en langt større Udbredelse her-
hjemme end nu; mangen Egn kunde fremvise endog
store Lindeskove. Tager man Fortegnelser over
topografiske Navne [2]) i Haanden, fremvise de da ogsaa
Navne som Lindeskov, Lindebjerg, Lindegaard og Lind-
holm i stort Antal og desuden mange andre Sammen-
sætninger med „Lind“, medens Sammensætningerne med
„Bøg“ ikke ere nær saa mange. I Kæmpeviserne gjen-
lyder fra først til sidst Lindens Pris; én har saaledes
til Omkvæd:

Der stander en Lind i Grevens Gaard saa herlig,
og en anden:
Mens Linden bær Løv, og Løvet falder af, og Jorden bær
alle grønne Blade [3]).

---

[1]) Delisle, condition de la classe agricole en Normandie. 471 ff.
[2]) Til Ex. Registret til Trap, Kongeriget Danmark, eller til: De
    ældste danske Archivregistraturer.
[3]) Grundtvig, Danmarks gamle Folkeviser. IV. 170, 504.

En dansk Folkevise om en Jomfru, der er forvandlet
til en Lind, har Paralleler hos flere andre Nationer;
men i England og Tydskland er hun bleven omskabt
til en Hassel, i de slovenske, vendiske og littauiske
Sagn til et Ahorntræ [1]). Lindetræets Skjønhed bliver
stadigt berømmet i vore Viser; Linden maa tjene Billed-
poesien, og den er Kulisse ved alle de heroiske eller
erotiske Dramaer, som Viserne oprulle for os [2]).

Med dette for Tanken er det ganske mærkeligt at
læse hos en Forfatter, der ikke kjendte det nys Op-
lyste, hvorledes de Danske i Normandiet gjenfandt deres
kjære Træ. I en Beskrivelse over Kommunen Saint-
Martin du Tilleul i Arrondissementet Bernai
Syd for Seinemundingen skriver Auguste Le Prevost
Følgende: „Der findes i Frankrig 278 Kommuner med
Navnet St. Martin, laant fra deres Kirke. Der imellem
findes 7 Kommuner kaldte Le Tilleul og én kaldt Le

---

[1]) Grundtvig, Folkeviser. II. 214.
[2]) Jeg anfører af Grundtvigs Folkeviser nogle Exempler blandt
  mange:

  II. 15: Der møder hannem duergens datter
          hun huiller sig under en lindt

  II. 147: Dette skede vnder Linden saa grøn
           den Ridder bleff løst aff vaade.

  II. 216: Vell worde dig, linden, saa bold thu staar
           forgylden er alld dyn blad, du ber.

  III. 331: Lynden stander paa Linde-bierge,
            och bøyer hun neder sinn rod.

  IV. 152: I-men jeg brydder thi liennde-løff,
           som wy skaall buode paa huille.

  IV. 155: Du binth din hest wedt lynne-quist,
           du gack saa listelig fram!

  IV. 172: Her Oluff hand reende under lynnde-greenn
           imod den grøffue saa wredde

  IV. 434: Saa satte jeg meg paa liende-thre nieder
           meg tøckte, dy greene dy bognet der-wed.

Teilleul. De ligge alle i Normandiet; fem høre til De-
partementet Eure og fire til Arrondissementet Bernai;
disse Sidste ere Le Tilleul dame Agnès, Le Tilleul en
Ouche, Le Tilleul Folenfant og Le Tilleul Otton. Der
findes i Frankrig 13 Kommuner kaldte Le Teil, som er
en anden Form af samme Navn. Af dette Antal høre
8 til vor Provins. Det skulde synes at fremgaa heraf,
at Lindetræet maa have voxet hyppigere her
end andetsteds eller at Befolkningen i særlig
Grad har havt Opmærksomheden henvendt paa
det. . . . Der findes i Normandiet endvidere 9 Thil, et
Thilai, et Le Thillai, et Thilleux, et Thilliers, et Thillois,
et Thillombois, et Tilh, et Tilchatel, et Tillac, et Tilliard,
et Tillai, et Tillaie, et Tillé, et Tilleux, sex Tilli, syv
Tilloi, et Tillois, et Tillolet, et Tillou, et Tillouse.
Endelig bør vi jo henføre til denne Gruppe de Kom-
muner, som de erobrende Skandinaver have givet Nav-
nene Limboeuf, Lindebeuf og Lintot (Lindebo og Linde-
tofte)" [1]).

At det ikke saa meget var for den praktiske Brugs
Skyld, at Lindetræet tildrog sig Opmærksomhed og at
dets Navn er indgaaet i saa mange Stednavne, synes
fremgaa deraf, at man ellers kun sjældent finder det
omtalt i ældre Diplomer [2]). Imidlertid er der ikke Tvivl
om at dets Tømmer benyttedes, og vi finde ogsaa om-
talt, at Træets Bast maatte tjene til Tovværk [3]).

Jeg anførte, at Vikingerne elskede Mjød og Frugt-
most og at de fandt Frugttræer i rigelig Mængde i Nor-
mandiet. Men de ønskede ogsaa Vin. Man finder i
Annalerne ikke faa interessante Træk, der vise; hvor-
ledes de vilde Kæmper længtes efter søde og berusende

---

[1]) Le Prevost, Histoire de Saint-Martin du Tilleul, S. 3—4.
[2]) L. Delisle, condition de la classe agricole en Normandie, S. 358.
[3]) Delisle l. c. 358. Le Prevost l. c. 5.

Drikke, ret som Bjørnen paa sin Jagt efter Honning.
Imod Vinhøstens Tid kan man være sikker paa at træffe
Vikingerne i Bevægelse mod Vinegnene, og Fjenden
maatte ofte afstaa dem hele Høsten eller give dem Part
i den. Krønikerne fortælle saaledes, at de Normanner,
som 865 plyndrede Seinelandet, dumdristigt sendte 200
Mand ned til Paris for at skaffe sig Vin, men da de
Intet fandt, vendte de i god Behold tilbage[1]). I Aaret
869 sluttede Hertug Salomon af Bretagne et Forlig med
Normannerne i Loiren om at have Lov til med sine
Bretoner at indhøste Vinen paa sine Vinbjerge i Anjou,
hvorimod Befolkningen i den øvrige Part af disse Egne
maatte give Normannerne en betydelig Kontribution
særlig af Vin for at blive ladt i Ro[2]). I det Hele var
Vin og stærke Drikke stadigt indbefattet i Normannernes
Udskrivninger. — Det kan ogsaa erindres, hvorledes
Godfred 885 stillede det Forlangende til Kejser Karl,
at han skulde afstaa ham Koblenz, Andernach og Sinzig
foruden andre rige Vinegne, for at han dér kunde faa
den Vin, som Frisland ikke kunde yde ham[3]) — en
Fordring, der naturligvis blev afslaaet.

Man kunde nu synes, at Normandiet i denne Hen-

---

[1]) Pertz, Scriptores. I. 470: Ipsi autem Nortmanni . . . . ex se
circiter 200 Parisius mittunt ubi quod quæsierant vinum non
invenientes ad suos, qui eos miserant, sine indemnitate sui
reveniunt.

[2]) Pertz, Scriptores. I. 486: Salomon dux Brittonum pacem cum
Nortmannis in Ligeri residentibus fecit et vinum partis sue
de pago Andegavensi cum Brittonibus suis collegit . . . .
Nortmanni . . . multam summam argenti frumenti quoque et
vini ac animalium ab incolis terræ ipsius quæsierunt ut cum
eis pacem facerent.

[3]) Pertz, Scriptores. I. 595: mandat . . . [ut] Confluentes, Andre-
nacum et Sincicha et nonnullos alios fiscos obsequiis imperiali-
bus deditos sibique largiretur propter vini affluentiam quæ in
his locis exuberabat, eo quod terra quam ex munificentia
principis possidendam perceperat, minime vini ferax esset.

seende kun daarligt hjalp de Danske; det er jo nu vin-
løst. I Middelalderen dyrkede man imidlertid Vin
i Normandiet i en ikke ringe Udstrækning. Diplomerne
nævne ofte Vinhaver og deres Udbytte, og de norman-
niske Annaler vise sig meget interesserede i Vinhøstens
Udfald. Léopold Delisle har endog i sit berømte
Arbejde „études sur la condition de la classe agricole
et l'état de l'agriculture en Normandie au moyen âge"
kunnet opstille en hel Statistik over Vinkulturens Ud-
bredelse. Han paaviser tillige, at skjønt der vel findes
omtalt Vinhaver i Normandiet før det blev undertvunget
af de Danske, skyldes den betydeligere og inten-
sivere Vinavl dog Bestræbelserne under de
første normanniske Hertuger. Der er næppe
Tvivl om at disse have søgt at ophjælpe Vindyrkningen
i deres Land for at kunne slippe for de betydelige
Toldafgifter, som ellers maatte betales for Indførselen
fra Frankrig, og for ikke at være udsat for i Tilfælde
af Krig ganske at være berøvede denne Drik[1]).
    Fremdeles maatte Landet være rigt paa vilde
Dyr, thi Danskerne vare lidenskabelige Jægere. Alle-
rede de første Hertuger træffe vi — ved Læsning af

---

[1]) Se Delisle l. c. 418—20. — Her kan ogsaa erindres den lille
naive Fortælling hos Aimé (med et berigtigende Indskud af
den franske Oversætter fra det 13de Aarhundrede), om hvor-
ledes Robert Guiscard og hans Hustru en Gang under deres
mange Trængsler paa Sicilien vare saa afknappede paa Føde-
midler, at de maatte drikke Vand i Stedet for Vin. „Man
vilde maaske sige, at Robert i sit Hjemland ikke var vant
til denne Drik (og dog voxer der nu megen Vin i Norman-
diet), men tænk paa hans Hustru, den fornemme Dame, som
i sin Faders, Salernerfyrstens Hus havde drukket ægte og
klar Vin som Vand!" (Quar falli á lo duc lo vin non est
merveillé; quar comme se dit que en la contrée soe non
croissoit vin, més maintenant en cestui temps i croist vin
assez, etc. VI. 18. S. 180.)

Krønikerne ofte paa Jagt; senere udartede de norman-
niske Hertugers og engelske Kongers Jagtlyst til et
formeligt Raseri. Ved uhyre strænge Love og Alt, hvad
dertil hører, af skrap Kontrol og Tilsyn, have de ofte
sat .dem et tvivlsomt Mindesmærke og vakt de indre
Uroligheders fortærende Flamme.

Krønikerne tale dernæst alle om det omgivende
Havs og Flodernes Rigdom paa Fisk, og denne
vidste naturligvis de Danske at drage sig til Nytte. Jeg
skal her kun berøre ét Punkt. I gamle normanniske
Dokumenter og senere i de normanniske Coutumer, i
Englands normanniske Lovgivning og i engelske Doku-
menter finde vi omtalt Fangsten af den saakaldte cras-
sus piscis, grapois, en stor, nu næsten udryddet
Hval, der i Middelalderen til visse Tider af Aaret i
Mængde søgte til Evropas Vestkyst og Kanalen. Det er
muligt, at Beboerne af Neustrien allerede før de Danskes
Ankomst have kjendt dette Dyrs Nytte, i alt Fald synes
Munkene i St. Denis 832 at have besiddet faste Anlæg
i Cotentin til Indfangning af Hvaler [1]). Det er imidlertid
vist, at Normannerne have havt deres Opmærksomhed
særligt henvendt paa dette Fiskeri; derom vidne talrige
Udtalelser i Aktstykkerne. Vikingerne have kjendt den
store Nytte, man i mange Henseender kunde drage af
disse Havdyr, og de have havt en ved Erfaring prøvet
Kundskab om alle de Maader, hvorpaa Fangsten kunde
foregaa, hvad enten det nu gjaldt om at anstille en
egentlig Jagt paa Dyret og at ramme det med Har-
punen [2]), eller man skulde bemægtige sig det tilfældigt

---

[1]) Jfr. Léopold Delisle i Bibliothèque de l'École des Chartes.
IIIe Série. I. 429. Bouquet, Historiens. VI. 580.

[2]) Jfr. Raoul Tortaire's Beskrivelse af en Hvaljagt i Bibliothèque
de l'École des Chartes. IVe Série. I. 515.

strandede Dyr [1]).   Normandiets Beboere sluttede sig
endog sammen i Selskaber for at udøve Fangsten i
desto større Maalestok og med alle Midler, og Hval-
fangerne bare det nordiske Navn Walmanni [2]).

En lille Episode i Guillelmus Appulus' Beskrivelse
af Normannernes Erobring af Syditalien faar derfor sin
Interesse. Da Robert Guiscard engang opholdt sig ved
Adriaterhavets Kyst, meldtes det ham, at en uhyre stor
Fisk, som Italienerne aldrig havde set før, havde vist
sig udenfor Stranden; den varme Foraarsluft havde
drevet den ind paa ukjendte Veje. Robert vidste strax
Besked om hvilket Dyr det var og hvorledes man skulde
indrette Fangsten, og ved forskjellige Kunstgreb, ved
Anvendelse baade af Net og Lansekast kom Uhyret
snart i Normannernes Vold; det blev skaaret itu og
deltes mellem de Omboende (altsaa som endnu den Dag

---

[1]) Baskernes Hvalfangst kan næppe forfølges saa langt tilbage
   i Tiden som Nordboernes, se Noël, histoire générale des
   pêches anciennes et modernes I. 218, 229. I Fischers Docu-
   ments pour servir à l'histoire de la Baleine des Basques i
   Annales des Sciences Naturelles. 5e Serie. XV. (1872) er
   heller ikke anført noget Bevis for at Baskernes Hvalfangst er
   ældre end Nordboernes.

[2]) Noël l. c. 238: Ad capiendos vero crassos pisces, concessit
   abbas Cadomensis, ut abbas Fiscannensis tot naves habeat
   in societate walmannorum quot hactenus habuit et cum
   eadem consuetudine, sicut monstrare poterit erga commu-
   nionem walmannorum; quod si ipsi walmanni injuriam
   fecerint abbati Fiscannensi et hominibus suis, de hac re
   abbas Cadomensis omnem eis justitiam faciet fideliter et
   sine retractione. Ex Cartulario abbatiæ Sancti-Stephani de
   Cadomo, fol. 54. — Delisle l. c. 430: Donationem quoque
   quàm Vaumanni Sare fecerunt, ego Guillelmus comes
   Pontivorum et filius meus concedimus, scilicet de cultellis
   crassorum piscium quos capient. · Cartul. de Montebourg,
   p. 63. — Noël (og de, der følge ham, se Actes de la Société
   Linnéenne de Bordeaux. T. XXII.) har aabenbart Uret i at
   antage crassi pisces for Marsvin.

i Dag i Norden) og afgav Føde for mange Mennesker for lang Tid [1]).

Naar Crassus piscis som „werec" ɔ: Vrag [2]) opdrev paa Forstranden i Normandiet, tilkom den Hertugerne, men disse havde ved Breve tilstaaet et stort Antal Private Ret til at tage Crassus piscis paa deres Forstrand. Imidlertid udtalte allerede et Nævningeudsagn fra Midten af det 12te Aarh., at Normandiets Hertug ingen Ret havde, naar Hvalens Værd ikke oversteg 50 Livres [3]). Som bekjendt var ogsaa herhjemme i Danmark opdrevne store Fisk Regale, og vore Love kjende en lignende Grænse nedad; Hvalen eller Lyften

---

[1]) Muratori, Scriptores V. 265:

> Piscem fama refert a littore non procul esse
> fluctibus Adriacis horrendo corpore magnum
> forma incredibili, qualem non viderat ante
> Italiæ populus: quem verni temporis aura
> propter aquas dulces properare coëgerat illuc.
> Per varias artes ducis hunc prudentia cepit.
> Qui cum delabens in retia funiculosa
> retibus innixo cuncto cum pondere ferri
> ille maris mersus mersis sed adusque profundum
> a nautis tandem vario jam culmine cæsus
> littore vix tractus populo spectabile monstrum
> cernitur, inde ducis jussu per frusta secatur,
> unde sibi atque suis longus datur usus edendi
> et populo Calabris, quicumque manebat in oris,
> hoc etiam passim gens Appula participatur.
> Os spinæ sectum palmorum quatuor orbe
> mensuram obtinuit.

[2]) Jfr. et Vidnesbyrd fra Henrik II's Tid: de crasso pisce dixerunt quod si vulneratus fuerat in aliquo portu et in naufragium ubique devenerit post unum fluctum et unam ebam veriscum est. Warnkönig, Französische Rechtsgeschichte. II. Urkb. 28. (Jfr. Skaanske Lov. VIII. 1: ængin fisk ma hetæ wrak utæn styriæ al görlæ ok hual). — Grand Coutumier de Normandie, c. 17.

[3]) Marnier, établissements et coutumes de Normandie, 49. Warnkönig, Rechtsgeschichte. II. Urkb. 28.

skal være saa stor, „at man gitær ey valdit han“, de skulle være „storæ fiskæ thær man ma æi bæræ“ [1]). — Angelsakserne synes ikke at have deltaget i Fangsten af Crassus piscis [2]). Ligesaa synes først de normanniske Konger at have indført i England Regalet over Crassus piscis. Dette udtaler Phillips i sin engelske Retshistorie [3]), og jeg tror, han har Ret deri; jeg har i det Mindste ikke i Love og Aktstykker, der ere ældre end Normannertiden, fundet en saadan Forret omtalt.

Normandiets Floder og Aaer, og Havet, som beskyllede dets Kyster, vare imidlertid ikke blot vigtige for de normanniske Erobrere ved deres Fiskerigdom. De havde deres største Betydning ved den rige Lejlighed til Samfærdsel og Handel mellem Hertugdømmets Beboere og, fremfor Alt, med de Nord og Syd for liggende Stater, som de gave de af Handelsaand besjælede Vikinger. Ikkun kort Tid efter Erobringen var derfor ogsaa Hovedstaden Rouen med sin ypperlige Beliggenhed et Centrum for en vidtstrakt Handel [4]).

---

[1]) Er. Sj. Lov III. 62; Jydske Lov III. 62, jfr. Joh. Steenstrup, Studier over Kong Valdemars Jordebog, 343.

[2]) Herfor taler indirekte Ottars Beretning om Hvalfangsten paa hans Tid, og i Æthelreds instituta Lundoniæ § 2 forudsættes det, at „Craspiscis“ kommer fra Rouen: homines de Rotomago, qui veniebant cum vino vel craspisce, dabant rectitudinem sex sol. de magna navi et vicesimum frustum de ipso craspice. Schmid, die Gesetze der Angelsachsen (2te Auflage) 218.

[3]) Englische Reichs- und Rechtsgeschichte seit der Ankunft der Normannen. II. 85.

[4]) De Fréville slutter en Afhandling: Rouen et son Commerce maritime depuis Rollon etc. i Bibliothèque de l'École des Chartes. 2e Série. T. III. saaledes (S. 19): Des détails qui précèdent, il faut conclure, ce nous semble, que, par leur établissement en France, les Normands ne rendirent pas seulement la tranquillité aux contrées occidentales de l'Europe, mais encore, qu'ils furent les premiers à profiter de la paix, pour relever, je dirais même pour créer le grand commerce maritime entre la France et les pays septentrionaux.

Herpaa tør jeg imidlertid ikke komme videre ind, da det vilde føre mig for langt bort fra min Vej. Jeg slutter derfor denne Excurs, i det jeg endnu kun skal henlede Opmærksomheden paa den Kjendsgjerning, at af de mange nordiske Gloser, som ere bevarede i den gamle og den ny normanniske Patois, og hvoraf flere ere overgaaede i det almindelige franske Sprog, netop en betydelig Del vil findes at være knyttet til de her berørte normanniske Yndlingstilbøjeligheder og til de Virksomheder og Gjerninger, som de Danske enten have indført i Normandiet eller givet et nyt Opsving.

Tredie Afsnit.

Aarsagerne til Normannertogene.

Niende Kapitel.

De nordiske og fremmede Efterretninger om Aarsagen til Udvandringerne.

--

> Mange og hel forskjellige Aarsager
> samlede sig i en eneste Virkning, og
> frembragte disse Toge; den laveste
> var Higen efter Bytte, den højeste
> Begjerlighed efter Hæder; men stær-
> kere end begge var en naturlig Trang,
> der saavel i legemlig som i aandig
> Henseende maatte tilfredsstilles.
> *N. M. Petersen*, Danmarks Historie
> i Hedenold. II. 215.

De Sagn, som angaa Folkeslagenes Vandringer,
kunne ikke siges at høre til dem, som Historikerne
ynde. Man stødes over deres indbyrdes Lighed, skjønt
de Begivenheder, de omhandle, ligge fjærnt fra hin-
anden i Tiden, og Sagnene synes at concentrere til én
Begivenhed med én Aarsag, hvad der har strakt sig ud
over lange Tidsrum og havt sin Anledning i mange
Forhold. Folkeslagenes Vandringer ligge desuden saa
langt tilbage i Tiden, at Studiet synes kun at kunne

lønnes med Spild af al Umage. Videre end til rimelige Hypotheser skulde man formentlig ikke kunne komme; sikkert Udbytte for den historiske Videnskab lader sig ikke bringe til Veje, og den økonomiske Videnskab vilde gaa paa Vildspor, om den støttede sig til saadanne Undersøgelsers Resultat.

Imidlertid vil Spørgsmaalet om Grundene til Folkenes Vandringer og til Normannertogene altid dukke op for Forskerens Tanke. Det staar i nøjeste Forhold til Folkenes indre Liv og Levevis, Karakter og Love, til Hjemlandets Rigdom eller Fattigdom, til Samfundets hele indre Sammensætning og Vilkaar, kort sagt, til alle disse Forhold, som den historiske Videnskab med stedse stigende Interesse retter sin Opmærksomhed paa. Forskeren ledes i sin Søgen derfor ikke af en utidig Nysgjerrighed lige over for Fortiden, men af en berettiget Kundskabstørst. Heller ikke har nogen Forfatter af Normannernes Historie turdet forbigaa dette Spørgsmaal om Aarsagen til Vikingetogene, og da Académie des Inscriptions et Belles-Lettres 1820 udsatte sit Prisspørgsmaal om Normannerne, var Grunden til Udvandringen et af de Hovedpunkter, som ønskedes oplyst. Normannertogene repræsentere desuden den sidste af de fra Nordog Østevropa udgaaede Folkevandringer, og alle de Oplysninger, man kunde skaffe til Veje om hine Toge, fortjente vist at fremdrages, for at man om muligt kunde faa Klarhed om Folkebevægelserne i den fuldkommen mørke Tid. Heller ikke var det urimeligt, om den økonomiske Videnskab spurgte sig for om Aarsagen til disse Historiens mærkelige Kjendsgjerninger for om muligt at belæres til Bedste for sin Videnskab.

Det er min Plan i dette Afsnit at belyse Aarsagerne til de normanniske Udvandringer. Jeg indser vel, hvor vanskeligt det er at komme til et Resultat, som kan kaldes fuldt bevist, men jeg haaber, at Undersøgelsen vil give Bidrag til Spørgsmaalets Løsning, ligesom den i hvert Fald vil komme til at omhandle en Række af Forhold, som nødvendigvis maa tages i Betragtning ved Studiet af Vikingernes Virken og Færd og Vikinge-togenes Formaal.

————————

Vi bør nu først og fremmest tage de gamle Kilders Efterretninger om Aarsagen til Normannernes Udvandring for os. Dels give disse nemlig deres Bidrag til Løs-ningen af Spørgsmaalet, dels afstikke de for os alle de Veje, som vi i den følgende Undersøgelse maa slaa ind paa.

Imellem disse Overleveringer mener jeg atter, man maa skjelne mellem Efterretninger om Begivenheder, der én enkelt Gang have foranlediget en Udvandring, og Sagnene om hvorledes Norden stadigt udsendte Vikingeskarer. Der er saa meget mere Grund til at holde paa denne Adskillelse, som vi maatte komme til at sondre Beretningerne i de samme to Grupper, der-som vi valgte at behandle de indenlandske og de fremmede Kilder for sig, eller dersom vi skjelnede mellem Sagnene om Udvandringen mod Østen og mod Vesten.

A. *Efterretninger om Udvandringer fra Norden ved en bestemt given Lejlighed.*

Ryaarbøgerne — og efter dem Petrus Olai' Excerpter — fortælle, at under Lothene-Knut, Erik Barns Søn (altsaa ved Tiden 870), hver tredie Mand af Trælle og det menige Folk udvandrede af Riget og droge mod Østen, hvor de erobrede Preussen, Semgallen og Karelien foruden nogle tilgrænsende Lande. De fandt saa stort Behag i disse frugtbare Egne, at de

ikke vilde vende hjem, men ere forblevne boende dér
til den Dag, da Krøniken skreves[1]). At Sagnet netop
nævner Trælle og Fattige som de Udvandrende, er ikke
urimeligt, da andre Kilder bekræfte, at Saadanne søgte
udenlands for at vinde bedre Kaar[2]). Derimod har
Sagnet aabenbart været for rundhaandet med Hensyn
til Landvindingens Omfang; at et eller to af de nævnte
Lande var bleven betvunget, havde vist været til-
strækkeligt.

Denne Begivenhed skulde være forefaldet i Slut-
ningen af det 9de Aarh. Saxo kjender den i en anden
Form og fra en anden Tid. Harald Blaatands Søn
Hagen skal nemlig have gjort et Hærtog til Semgallen,
og da han troede at bemærke, at hans Krigere af Frygt
for Fjendens Overmagt vare ved at tabe Modet, lod han
Skibene opbrænde[3]), saa saare Tropperne vare land-
satte. Saaledes bleve Vikingerne nødsagede til at
kæmpe til det Yderste, og deres Anstrængelser kronedes
ogsaa med Sejr. De vandt hele Semland, og efter at
Landets mandlige Indbyggere vare dræbte[4]), tvang de
deres Enker til at ægte sig, glemmende de Hustruer,

---

[1]) Scriptores R. Dan. I. 158: Hujus tempore quilibet tertius de
servis & plebeis hominibus exivit de regno & venientes, totam
Pruciam, Semigaliam & terram Carelorum, aliasqve qvam
plures terras subjugaverunt sibi & delectati terrarum ubertate
noluerunt redire, sed ibi remanent usqve in præsentem diem.
Jfr. ib. 114. Udgaven hos Pertz, Scriptores. XVI. 398: de
servis et pluralibus (ɔ: superfluis) hominibus.

[2]) Jfr. ovenfor S: 126, Anm. 2.

[3]) Dette Træk knyttes af de nordiske Sagn til forskjellige sam-
tidige Vikingetogter; saaledes brænder en anden Hagen,
nemlig den norske Hagen Jarl, sine Skibe, før han hærger
Götaland, Snorre, Olaf Tryggvasøns Saga c. 28, jfr Munch,
N. F. H. I. 2. 93, og Styrbjørn brænder sine Skibe paa Togtet
til Sverrig, Knytlingasaga c. 2.

[4]) Necatis maribus. I Petri Olai Gjengivelse af Ryaarbøgernes
Sagn er tilføjet: occisis viris.

13*

som sade hjemme i Danmark. Semrerne regne sig derfor i Følge Saxos Udsagn endnu paa hans Tid for at være af dansk Herkomst [1].

Ogsaa i Følge Ryaarbøgerne var Semgallen · jo et af Danske erobret Land; da der nu ikke er nogen Rimelighed for at Danske to Gange skulle have bebygget denne Provins, er det vist samme Begivenhed, som begge Efterretninger omhandle.

Muligt finde vi endnu paa et tredie Sted samme Sagn, nemlig i Sagaen om Gulland (Gutasaga, Kap. 1):

Siþan . . . aukaþis fulk i Gutlandi so mikit um langan tima, at land elpti þaim ai alla fyþa. Þa lutaþu þair bort af landi hwert þriþia þiauþ, so at allt skuldu þair aiga ok miþ sir bort hafa, sum þair ufan iorþar attu. Siþan wildu þair nauþugir bort fara, men foru innan þ.ors-borg [2]) ok bygþus þar firir. Siþan wildi ai land þaim þula, utan raku þaim bort þeþan. Siþan foru þair bort i Faroynn, ok bygþus þar firir. Þar gatu þair ai sik uppihaldit, utan foru i aina oy wiþr Aistland, sum haitir Dagaiþi, ok bygþus þar firir, ok gierþu burg aina, sum enn synis. Þar gatu þair ok ai sik haldit, utan foru upp at watni þi, sum haitir Dyna, ok upp ginum Ryþsaland;. so fierri foru þair, at þair qwamu til Griklands . . . . So bygþus þair þar firir ok enn byggia, ok enn hafa þair sumt af waru mali [3].

Vi træffe her atter den samme Folkebevægelse mod Øst, Gotlænderne rykke først til Farø, der ligger ved Gullands Nordende, derpaa til Dagø ved Estland, derpaa ind ad Dyna, altsaa gjennem Semgallernes Land og gjennem Rusland til Grækenland; først dér skulle de i

---

[1]) Saxo 485.

[2]) En Klippefæstning paa Gulland.

[3]) Gutniska Urkunder: Guta Lag, Guta Saga och Gotlands Run-inskrifter, språkligt behandlade af Carl Säve. S. 31—32. — Jfr. Schlyter, Sweriges Gamla Lagar. VII. 95.

Følge Sagaen være standsede. Sagaen synes at have blandet den hjemlandske Tradition om en Overbefolkning og om en Udvandring til Østersøens sydlige Kystlande, med den senere varægiske Bevægelse ned gjennem Rusland til Grækenland, og naar den lader et græsk, unævnt Landskab være koloniseret af Nordboerne, er det jo meget muligt — som Säve antager — at en Beretning om de paa Krim levende tetraxitiske Goter, der længe bevarede deres Sprog, har givet Anledning hertil [1]).

Endelig bør jo det bekjendte Sniosagn nævnes. Under Kong Snios Regering i Slutningen af det 8de Aarh.[2]) indtraf saa slemme Uaar og saa stor Hungersnød i Danmark, at man maatte gribe til alvorlige Forholdsregler. Efter Aage og Ebbes Forslag blev det først bestemt paa Tinge, at man skulde dræbe alle Børn og gamle Folk, men dette uhæderlige Bud vidste de tvende Mænds kloge Moder Gambaruc at faa forandret til, at alle de, hvem Loddet traf, skulde udvandre. De Udviste droge til Blekingen, derpaa sejlede de forbi „Moringia" (Landskabet Möre ved Kalmarsund) og landede ved Gulland, hvor de „efter Pauls Udsagn" antog Navnet Longobarder; endelig landede de ved Rygen; dér bleve Skibene liggende, og de begave sig ad Landvejen til Italien, hvor de grundede Longobardernes Stat[3]).

Saxo henviser til Paul Warnfrids Udsagn og har

---

[1]) Den brabantske Minorit Wilhelm Ruysbroek var først opmærksom paa dette Folk (1253), senere blev det iagttaget af Flere: nu ere Levningerne helt forsvundne. Se Gabelentz et Loebe, Ulfilas, II. 2. 9.

[2]) Dette Tidspunkt synes fremgaa deraf, at Saxo lader Bjørn og Harald regere efter Snio, men om dem véd han i øvrigt Intet: derpaa følger Gorm, som var Fader til Godfred, der døde 810. Jfr. foran S. 16, Anm.

[3]) Saxo 418—19. Sagnet er senere behandlet i Folkevisen om Longobarderne (Grundtvig, Gl. Danske Folkeviser. I. 317 ff.).

altsaa middelbart eller umiddelbart benyttet denne For-
fatters Fortælling om Longobardernes Udvandring fra
Skandinavia[1]). Men at Saxo tillige har havt andre og
hjemlige Kilder, fremgaar dels af hans Afvigelser fra
Paulus, dels af hans Ord „et hæc quidem de Snione,
quam verissime potui, digesta sufficiant"[2]).

Paul Warnfrids Fortælling har ingen Værdi med
Hensyn til Spørgsmaalet om Normannertogene, og det
gjælder altsaa om at udfinde, hvorledes Saxos danske
Sagn har lydt. — Paulus har nu Intet om det første
Forslag, at ihjelslaa gamle Folk og Børn, hvorimod
dette Træk har Paralleler her i Norden (jfr. næste
Kapitel). Saxo har heller Intet om at det var en Tredie-
part af Folket, der drog bort[3]), og Intet om at Aage
(Ajo) og Ebbe (Ibor) bleve de Forvistes Anførere. Vejen,
som Udvandringsflaaden i Følge Saxo slaar ind paa, er
besynderlig. Fra Blekingen gaa de forbi „Moringia"
til „Gutlandia", og hertil synes Paulus at have givet
Anledning ved at lade Udvandrerne opholde sig først i
et Land „Mauringia", senere i „Golanda". Saxo har
muligt af samme Grund ladet dem komme til „Rugia",
thi en Variant af den Paulus'ske Text har „Rugulanda"
i Stedet for „Golanda". — Imidlertid kunde man stærkt
fristes til her i Saxos Text[4]) at læse „Russia", thi det
er jo dog mærkeligt, at han først lader Udvandrerne
rejse mod Nordost, derpaa drage lige den modsatte
Vej, og hvorledes kan Saxo finde paa at lade de Danske
begynde Landvejen paa Øen Rygen?

Selv om man imidlertid ikke adopterer denne Ret-

---

[1]) Jfr. Paulus Diaconus liber I. Muratori, Scriptores I.

[2]) Jfr. P. E. Müller i Notæ uberiores.

[3]) Dette har dog Folkevisen. Ryaarbøgerne (Scr. R. D. I. 156):
quilibet nonus homo exivit de regno.

[4]) Saxo 419: Tandem ad Rugiam se applicantes, desertisque na-
vigiis solidum iter ingressi.

telse, forekommer det mig mærkeligt, at vi ogsaa af
Saxos Fremstilling faa en Beretning om en Udvandring
fra eller gjennem de østlige Egne af Danmark. Der
findes i Paulus' Fortælling Navne, som lige saa godt
kunde have bragt Saxo til at drage Vestdanmark ind i
Sagnet; det skandinaviske Folk, der udvandrer, hedder
saaledes „Vinili", og kunde have været gjort til Vendel-
boer. Mærkeligt er det jo ogsaa, at vi paa ny finde
Gulland inddraget i et Udvandringssagn. Ryaarbøgerne
have ogsaa optegnet Sniosagnet, og der hedder den
kloge Kvinde Magge og er fra Skaane [1]).

Skulde jeg derfor af disse 4 Sagn ville udlede noget
almindeligt Resultat, da er det dette, at der ved Øster-
søens Kyster har existeret en bestemt Tradition
om en Udvandring mod Øst og en Kolonisation
navnlig af Landene omkring Dynas Munding.
Dette Sagn er næppe foranlediget ved de senere Aar-
hundreders Varægerfærd ned gjennem Rusland, thi i
alle 4 Tilfælde tales der om en Udvandring ikke af
enkelte Krigere, men af store Skarer, og den har
Erobring og Bebyggelse af et fremmed Land til Følge.
I de tre af Sagnene angives som Aarsag Overbefolkning;
Ryaarbøgerne nævne ikke nogen Grund, men det siges
dog, at det var de lavere Klasser af Folket, der udvan-
drede, rimeligvis for at erholde bedre Kaar. Endeligt
er det sikkert, at den Warnfridske Tradition om Longo-
bardernes Udvandring tidligt er kommet til Norden og
har paavirket de lokale Sagn.

Det vil være passende her at henlede Opmærksomheden
paa en udenlandsk Kilde, der muligt knytter sig til disse
Udvandringssagn.

I en Krønike, som (vist med Urette) tillægges Byzantineren

---

[1]) Scr. R. D. I 156.

Simeon Logothetes, der levede i det 10de Aarh., hedder det (nærmest i Anledning af Russernes Anfald paa Konstantinopel i Aaret 941) om dette Folk saaledes:

'Ρῶς δέ . . . . . ἀπὸ 'Ρῶς τινὸς σφοδροῦ, διαδραμόντες ἀπηχήματα τῶν χρησαμένων ἐξ ὑποθήκης ἤ θεοκλυτίας τινὸς καὶ ὑπερσχόντων αὐτούς, ἐπικέκληνται.

Forstaaelsen af dette Sted frembyder ikke faa Vanskeligheder. Den Oversættelse af Combefis, som er optrykt i Bonner-Udgaven [1]), er aabenbart urigtig, hvorfor Kunik ogsaa forkaster den. Kunik giver adskillige gode Oplysninger til Forstaaelsen af Stedet, men hans Formodning om at dette skulde hentyde til den bekjendte Nestorske Tradition, at slaviske Stammer lidende af indre Uroligheder havde hidkaldt Folk fra den anden Side Havet for at styre sig, synes mig ikke at have noget Støttepunkt, og Kunik er da ogsaa meget uvis om sin Tydnings Rigtighed [2]).

Det tæt sammentrængte Indhold af hint Kildested forekommer mig at indeholde to Ting.

I. 'Ρῶς δέ . . . ἀπὸ 'Ρῶς τινὸς σφοδροῦ . . . ἐπικέκληνται. Rôs ere opkaldte efter en voldsom og hæftig Rôs. Dette er en Eponym af ganske almindelig Art. Det var jo Middelalderens Brug at lade Folkeslagene være opkaldte efter en eller anden Høvding eller Konge, som havde været Folkets første Hersker og givet det sit Navn. Saaledes var i Følge Saxo „Dan" jo „conditor gentis nostræ"; „Scotus" var „Scotici nominis conditor"; Angul „gentis Anglicæ conditor" [3]), og selve Simeon har i Forvejen anvendt denne Methode paa en hel Del andre Folkeslag [4]). — Ved denne Rôs's „Voldsomhed" er sandsynligvis kun hentydet til Folkeslagets almindelige

---

[1]) Theophanes Continuatus. Bonnæ 1838. 707.

[2]) Kunik, die Berufung der schwedischen Rodsen. II. 412 ff.

[3]) Saxo 21, 73.

[4]) Efter at Kunik S. 413—14 havde fremsat denne Tydning, tilbagekalder han den paa S. 496, fordi der i de andre Individualiseringer af Folkeslag hos Simeon intet Tillægsord findes. Dette kan jeg ikke anse for afgjørende, jfr. det ovenfor Anførte.

Karakter som voldsomt og ustyrligt (se foran S. 122). Det var jo nemlig ogsaa Brug at finde saadanne passende Adjectiver for ethvert Folk, se til Ex. Tillægene til Nennii historia (Monumenta Britt. I. 81): Invidia Judæorum, perfidia Persarum . . . rapacitas Normannorum.

II. Den anden Part af Sætningen maa aabenbart — saaledes som Kunik ogsaa har forstaaet den — sigte til Noget vedrørende det russiske Folks Tilblivelseshistorie. Simeon fortæller om Oprindelsen til Folkets N a v n og om Folkets S l æ g t s k a b (med „Frankerne"); det er da rimeligt, at han ogsaa omtaler dets Fødsel. Kunik oversætter nu saaledes, at Rôs „havde undgaaet Ulemper fra d e r e s Side, som havde indhentet en Udtalelse af Guderne eller et Orakelsvar og derved vundet en Overmagt over dem"[1]. Denne Oversættelse kommer vist Ordene temmelig nær, og det er da ikke urimeligt, at der hentydes til, at de vare Nordboer, bortjagne af deres Landsmænd i Kraft af et Orakelsvar (efter stedfunden Lodtrækning), som havde paabudt dem at forlade Landet, der var altfor overfyldt. Ved Lodkastning udtalte jo efter den nordiske Tro Guderne deres Villie; den var vel ikke altid en religiøs Ceremoni, men vist er det, at den ofte benyttedes ved Gudsdyrkelsen, og at den, naar Sagen drejede sig om noget saa alvorligt som om Midlerne til at afhjælpe en Overbefolkning, vilde blive foretaget af Præsterne som en religiøs Akt[2]. — Vi finde desuden i Vestevropa Normannerne betegnede paa en lignende Maade. Saaledes lader Hasting ved Ankomsten til Luna melde i Byen:

---

[1] Kunik, Berufung II. 412, oversætter under megen Tvivl saaledes: Die Rôs, welche auch Dromiten heissen, haben ihren Namen von einem gewaltigen Rôs erhalten, nachdem sie den Feindseligkeiten derer entgangen waren, welche einen Götterspruch oder ein Orakel eingeholt und über sie ein Uebergewicht erlangt hatten.

[2] Se ovenfor S. 100. Jfr. Scholion 128 til Adam af Bremen: Omnia quæ aguntur inter barbaros sortiendo fiunt in privatis rebus. In publicis antem causis et demonum responsa peti solent, sicut in gestis sancti Ansgarii potest cognosci.

vi ere de Danske, der, som bekjendt, af deres Landsmænd
ere udjagne fra deres Fødeland og hvem det efter Lodtræk-
ning tilfaldt at drage .ud i Verden for at erobre sig Lande[1]).
— Jeg henleder altsaa Opmærksomheden paa at dette dunkle
Kildested muligt kan hentyde til de nordiske Udvandringssagn.
Jeg udgiver ikke min Tydning for sikker, men man faar ved
denne en ikke unaturlig Forstaaelse af Stedet, medens en
saadan hidtil ikke har kunnet findes.

Hermed har jeg gjennemgaaet Sagnene om Udvan-
dringer mod Østen og ved en bestemt given Lejlighed.
— Vi skulle nu betragte de vesteuropæiske Kilders
overordentlig vigtige Vidnesbyrd om Grunden til Nor-
mannertogene.

B. Den normanniske Tradition om Aarsagen til de stadige Udvandringer fra Norden.

Dudo maa betragtes som Hovedkilden; han er den
Første, som giver Oplysning om Grunden til Normanner-
togene; af hans Bog have de fleste følgende Forfattere
øst. Dudo fortæller nu saaledes, at hos Geter, Sarmater,
Amacsobier, Tragoditer og Alaner tilfredsstiller man sin
altfor kildne Sanselighed ved at tillade en Mand at
have Omgang med mange Kvinder, hvorfor der fødes
et talløst Afkom; naar Sønnerne blive voxne, trættes
de om Arven med deres Fader eller Bedstefader, og
Børnene kives indbyrdes. Er Tallet af de unge ejen-
domsløse Mænd naaet op til at blive en stor Skare og
Landet ikke længer kan føde dem, da udstødes de i
Følge ældgammel Skik af Riget, i det den Hob, hvem

---

[1]) Dudo 133 (64): Alstignus, Dux Dacorum, vobis fidele servi-
    tium et omnes pariter sui, sorte Dacia cum ipso ejecti. Non
    vobis incognitum, quod sorte Dacia expulsi . . . Francigenæ
    gentis regnum sumus advecti.

Loddet træffer, maa drage ud at erobre fremmede Riger
og Lande, som kunne give dem Underhold. Saaledes
gjorde Geterne, som ogsaa kaldes Goter, der plyndrede
hele Evropa lige til de Lande, hvor de nu bo[1]).

Dette kunde synes at høre til de af Dudo fra ældre
geografiske Skrifter fra Middelalderen indsamlede Efter-
retninger, som man ikke kan tillægge nogen Værd. Af
den følgende Fremstilling hos Dudo fremgaar imidlertid,
at disse Sæder ogsaa ere i Brug hos de Danske.

Danmark led af en Overbefolkning, hvortil Grunden
var den slappe Sædelighedstilstand. Man skjelnede ikke
mellem tilladelige og utilladelige Forbindelser. Fa-
milierne laa i indbyrdes Kiv, og Slægtning kæmpede
mod Slægtning; da bestemte Kongen paa vise og erfarne
Mænds Raad, at en Del af det unge Mandskab efter
Lodtrækning skulde sendes paa Erobringstog. Dette
Bud blev kun modtaget med Uvillie af de Forviste, der
sluttede sig til Rollo og hos ham i nogen Tid fandt
Beskyttelse mod Kongen[2]).

Hvorfra har Dudo nu denne Underretning? Man
kunde maaske antage, at Jornandes[3]), der skrev om-
trent 550, var hans Kilde. Jornandes fortæller ganske
vist om Folkevandringer paa Grund af Overbefolkning
og nævner insula Scanzia som Folkeslagenes Vugge og
Nationernes Tilblivelsessted, men man finder hos ham
Intet om en stadig Udjagen, om Flerkoneri og i det
Hele Intet, der minder om Dudos Fortælling. Endvidere
kunde Dudo have øst af Paul Warnfrid (som levede
paa Karl den Stores Tid). Denne Forfatter har imidlertid

---

[1]) Dudo 129.
[2]) Dudo 141.
[3]) Muratori, Scriptores. I. 1. 193 B (c. 4): ex hac igitur Scanzia
    insula quasi officina gentium aut certe velut vagina nationum
    cum rege suo nomine Berig Gothi quondam memorantur
    egressi.

ikke Andet end det nysomtalte Sagn om Longobardernes
Udvandring fra Skandinavia, hvis Folkemængde var
bleven altfor stor, hvorfor man delte sig i tre Hobe, og
den ene af disse maatte efter Lodtrækning drage bort[1]).
Depping, som selv gjør opmærksom paa (S. 69), at
Sagnet kun angaar én Begivenhed indtruffet en eneste
Gang, tænker sig dog Muligheden af at de normanniske
Historieskrivere af Fortællingen have skabt en alminde-
ligere Regel; men dette har næppe nogen Hjemmel.
Dudo røber ikke, at han har kjendt Paulus, og dennes
Beretning har saare Lidet tilfælles med den normanniske
Tradition. Paulus taler om en bestemt Udvandring, om
en Overbefolkning, som blev afhjulpet ved at en Tredie-
del af Folket drog bort. Her er ikke Tale om Poly-
gami, om Kamp mellem Slægtninge, om stadig Udjagen
af de Unge osv. — Jeg tror altsaa, at Dudo, hvor-
meget han end ellers kan have indsamlet fra Middel-
alderens Geografer, giver os en selvstændig nor-
disk Tradition[2]).

Dudos Meddelelse bestyrkes af Willelmus Gemme-
ticensis, der giver samme Beretning, men med klarere
Ord. De Danskes Øer vare blevne saa menneskefyldte
— siger han — at Kongerne ved Lov maatte byde, at
Skarer af Folket skulde udvandre, og Folket var blevet
saa talrigt af den Grund, at det, hengivent som det
var til Overdaadighed, tillod en Mand at leve med
mange Kvinder. Familiens Overhoved drev da alle de
voxne Sønner bort fra sig, én undtagen, som han gjorde
til sin Arving[3]). Dette udtales i de Kapitler af Vilhelms

---

[1]) Paulus Warnfridus, de gestis Longobardorum, liber I. c. 2.
[2]) Lair (l. c. 34) kommer til samme Resultat.
[3]) Will. Gemmeticensis I. c. 4: Dani . . . tantis post hoc adol-
everunt incrementis, ut dum repletæ essent hominibus insulæ
quamplures sancita a Regibus lege cogerentur de propriis
sedibus migrare. Quæ gens iccirco sic multiplicabatur,

Krønike, hvor han fremsætter selvstændige, af den nordiske Tradition hentede Oplysninger [1]), og da han bl. A. giver den Tilføjelse til Dudos Fremstilling, at det især er Faderen, som driver Sønnerne bort, og at kun én Søn bliver hjemme som Arving af Fædrenejorden, tør vi betragte Vilhelm som en i alt Fald til Dels selvstændig Kilde.

Hermed ere egentlig de normanniske Kilder om dette Spørgsmaal udtømte. Wace følger i Roman de Rou Vilhelms Fremstilling; og mærkes bør, at han ogsaa siger, at det var Faderen, der jog Sønnerne ud og kun beholdt én tilbage; at det var den Ældste, siges ingenlunde [2]):

(v. 212) un des filz reteneit par sort,
ki ert son her emprès sa mort,
e cil, sor ki li sort torneit,
en altre terre s'en aleit,

hvorefter altsaa Lodtrækning skulde gjøre Udslaget. Benoît har det Samme kun i mere bred og mindre klar Fortælling. Resten af Forfatterne har kun øst af de alt nævnte Kilder, saaledes Mathæus af West-

---

quoniam nimio dedita luxui mulieribus jungebatur multis. Nam pater adultos filios cunctos a se pellebat, præter unum. quem hæredem sui juris relinquebat. Cap. V: Qvæ denique lex per multorum tempora Regum inconnulsa mansit, quoadusqve Lothrocus Rex, de quo supra prælibanimus, patri in regno successit. Is etiam Rex, patrum legibus excitus, cum ingenti iuuenum agmine sorte cogente filium, nomine Bier Costæ ferreæ, a suo abdicat regno, cum eius pædagogo Hastingo per omnia fraudulentissimo: vt peregrina regna petens, exteras sibi armis adquireret sedes.

[1]) Jfr. Koerting, Quellen des Roman de Rou, 20.
[2]) Det er altsaa urigtigt, naar en stor Mængde Forfattere tale om en gjældende Primogenitur, til Ex. Depping, Søtoge, 67. Lair l. c. 55, Wheaton, history of the Northmen 134, Larsen, Saml. Skr. I. 1. 442.

minster[1]) og Johannes Wallingford[2]). Hvad der
findes ·i Petri Olai Excerpter er altfor aabenbart
taget af de normanniske og engelske Krøniker[3]), til at
man kan tillægge det nogensomhelst selvstændig Betyd-
ning. En vis tractatus Odonis abbatis Cluniacensis de
reversione B. Martini a Burgundia[4]) vilde, om den vir-
kelig skrev sig fra Odo, der døde 942, være et tidligt
og vigtigt Vidnesbyrd om hin Udvandringslov, men det
tør anses for bevist, at dette Stykke tilhører en langt
sildigere Tid og navnlig er yngre end Dudo[5]).

I ingen af de ældre Kilder findes altsaa omtalt en
Primogenitur[6]). Det i 11te Aarhundredes Slutning af

---

[1]) Flores historiarum Francofurti, 1601. 179.

[2]) Gale, Scriptores. I. 533: Omnibus autem his populis una fuit
diu consuetudo (quonsque Christianitatis et fidei titulo inter
Danos est repressa), quod pater omnes filios adultos a se
expelleret, excepto uno solo, quem juris sui relinqueret
hæredem. Unde et factum est quod juvenes propriæ volun-
tati dediti luxui nimio se subdentes et mulieribus diversis
copulantes innumeram sobolem procrearent; et consuetudo
inter eos inolevit, ut cum eos patria ferre non posset ad
aliam sedem quærendam arcerentur. Qua lege acti omnibus
populis suæ patriæ adjacentibus infesti habebantur.

[3]) Scr. Rer. Dan. II. 10: Dani eo tempore olim a Regibus snis
lege sanxita de Danamarchia sua migrare coguntur. Pater
namque cunctos filios adultos a se pellebat preter unum
heredem. Lodbrocus igitur Danorum Rex filiam suum Bjørn
cum ejus pedagogo Hastingo a regno emittit. Sammenlign
hermed Vilhelms Ord I. c. 4, 5 (se S. 204, Anm. 3). Vel-
schow (de Danorum institutis militaribus, S. 129) har derfor
næppe Ret i at skrive: non constat, unde Petrus Olai noster
sua hauserit.

[4]) Jfr. Scr. Rer. Dan. II. 49. d'Achéry, spicilegium III.

[5]) Jfr. Lair 35, Note 1.

[6]) Mathæus af Westminster siger vel, at Rollos Fader havde
tilbageholdt den førstefødte Søn „ut sibi succederet", og sendt
Rollo bort „ut hæreditatem armis obtineret", men Lovgiv-
ningen i Danmark gaar i Følge hans eget Udsagn ud paa „ut
viri andaciores de propriis migrare sedibus cogerentur".

Osbern forfattede Vita S. Odonis Dani antyder lejlig-
hedsvis, at der i Slutningen af det 9de Aarh. hos de
Danske i England gjaldt en Primogenitur, men paa
dette Vidnesbyrd kan der ikke lægges nogen Vægt[1]).

Vi have nu skaffet os den tilstrækkelige Oversigt
over Kilderne for at kunne bedømme dem og paavise
deres egentlige Indhold. Jeg tror, at det vundne Re-
sultat er dette:

Vi besidde en i en Række af Kilder ud-
talt bestemt normannisk Tradition, der gaar
ud paa:

A. at Normannernes Hjemland paa Vikingetiden var
overordentligt tæt befolket,

B. ja, saa tæt, at Landet ikke kunde føde sine
Indbyggere (en Overbefolkning).

C. Grunden hertil var Nordboernes Hang til Vel-
levnet, der lod dem tillade en Mand at have flere
Hustruer eller dog Friller ved Siden af sin Ægte-
hustru, hvorved alt for mange Børn fødtes til Verden.

D. For at raade Bod paa denne Overbefolkning
bleve store Skarer af det unge Mandskab ved offent-
ligt Bud udviste af Riget for at hente Bytte og erobre
sig Jord i fremmede Lande.

E. Ligesaa drev Faderen sine unge Sønner
bort fra Hjemmet og lod kun én Søn arve Fædrene-
jorden. —

Denne normanniske Tradition har i og for sig Krav
paa Tiltro. Kilderne, hvoraf vi have øst, ere saa paa-
lidelige og overensstemmende, at der ingen Grund er
til at tvivle om deres Udsagn. Jeg skal ikke des mindre

---

[1]) Scriptores Rer. Dan. II. 402: Hinc iterum pater super huma-
num modum exasperatus, gravissima illum correptione affligit,
jusqve hæreditatis, qvod ad illum lege primogenitorum venire
debebat, subtrahit.

i det følgende Kapitel gaa ind paa en nøjagtig Prø-
velse af Sandheden og Betydningen af de her frem-
dragne fem Punkter. Naar vi have belyst disse fra
forskjellige Sider og tillige have søgt at klare os de
Forhold, som ere fremkomne i den først omtalte Tradi-
tion om Udvandringen mod Østen, tror jeg, vi ville
være i Stand til i alt Fald med nogen Sikkerhed at
kunne udtale os om Aarsagen til Vikingetogene.

Tiende Kapitel.

Belysning af Aarsagerne til Normannertogene.

> In a general view of the subject
> I can not help considering this period
> of history as affording a very striking
> illustration of the principle of popu-
> lation.
>
> *Malthus*, the principle of population.
> Book I. Chapter 6.

I.

Den normanniske Tradition gik som paavist for det Første ud paa, at Vikingernes Hjemland var meget tæt befolket. Det bør nu være vort Maal at undersøge, med hvilke Troppestyrker Normannerne optræde i Ud- landet, om der i Vikingehærens Størrelse er Noget, der vækker Opmærksomhed — og om vi med god Grund kunne drage den Slutning, at Normannernes Hjemland maa have været tæt befolket. Jeg har paa S. 214—17 sammenstillet en Tabel over de Tal, som Kilderne med- dele os til Oplysning om den normanniske Hærs Stør- relse; den kan være vor Vejleder i dette som i flere andre Spørgsmaal, der i det Følgende skulle undersøges. Man vil ikke i Tabellen finde netop alle Tal, som Kil- derne give; hvor kun en lille Part af Flaaden nævnes (f. Ex. at 5 Skibe strandede eller Lignende), har jeg

anset det ufornødent at notere det. Endvidere ere mine
Angivelser fra Irland ikke udtømmende; Annalerne inde-
holde for mange og for uforenelige Tal til at alle til
Hobe have kunnet medtages; jeg har valgt de nogen-
ledes sikre. Den vedkommende Kilde er overalt angivet,
og man vil se, at Oplysningerne næsten altid skrive sig
fra gode Kilder, saa at Tallene i sin Helhed fortjene
Tiltro.

Man regner jo gjærne, at den danske historiske
Tid begynder ved Aar 800, da de fremmede Annaler
for første Gang give os Oplysning om vore indre For-
hold. Det er da mærkeligt, at disse Annaler strax give
os et Tal i Hænde, som maa vække vor Forbavselse.
I Kampen mellem Kongsæmnerne Sigfred og Ring (Anulo)
812 skulle 10,940 Mennesker være faldne. Det var en
Borgerkrig mellem Danske og Danske; vi have ingen
Grund til at formode, at fremmede Hjælpetropper have
deltaget i Kampen. Danmark indbefattede da Skaane,
Halland og maaske Noget af Götalandene, i hvert Fald
Vestfold. Fra dette Rige er altsaa kommet Armeer i
Marken, som kunde efterlade sig c. 11,000 Faldne. Op-
lysningen findes hos Einhard, der jo formodes i Alminde-
lighed at have benyttet paalidelige Hjemmelsmænd; da
Opgivelsen altsaa ikke ret vel kan betvivles, tør man
vist paastaa, at Danmark har været vel befolket.

I Normannertogenes første Tider møder os ellers
ikke noget Tal, som vækker særlig Opmærksomhed. De
Danske sende 810 200 Skibe til Frisland, og 815 talte
Godfredsønnernes Flaade 200 Skibe; selv om nu hvert
Skib har havt 40 Mands Besætning [1]), kan en Hær paa
8000 Mand jo aabenbart kun have udgjort en lille Part
af Danmarks daværende Armee. De første Vikingetog

---

[1]) Om Størrelsen af Besætningen paa de normanniske Skibe se
det Følgende.

til England foretoges af smaa Flaader, højst paa hen-
imod 40 Skibe. — 845 siges 12,000 Normanner at være
faldne i Frisland, og samtidigt 600 i Gallien; Kilden
(Annales Xantenses) er just ikke videre paalidelig; men
at store Skarer da vare ude, fremgaar af Prudentius'
Efterretning, at 600 Skibe vare løbne ind i Elben sam-
tidigt med at 120 plyndrede i Seinen [1]). Af disse Op-
givelser kunne vi muligt beregne Størrelsen af den
Flaade, Danmark kunde udsende. Det kan vist antages,
at de to nævnte Flaader a l e n e bestod af d a n s k e
Skibe; thi for det Første udgjorde de Danske (som
paavist i 4de Kapitel) Hovedparten af Vikingehæren,
og dernæst sættes i Kilderne udtrykkeligt begge Flaader
i Forbindelse med den danske Kong Horic. Selv om
de nu maatte have talt et mindre, ikke-dansk Kontin-
gent, vil dette næppe skade vor Regnings Rigtighed,
da paa den anden Side danske Skibe utvivlsomt til
samme Tid have deltaget i andre Togter, f. Ex. paa
Irland, hvor der da stod en betydelig Vikingehær, eller
i England, hvor efter Anglo-Saxon Chronicle en Vikinge-
flaade blev slaaet. Men altsaa har Danmark i Aaret
845 kunnet udsende en Flaade paa 720 Skibe, hvad
der, efter Beregningen af 40 Mand paa hvert Skib,
udgjør 28,800 Vikinger — og dog kan det ikke antages,
at Danmark derved har blottet sine Kyster for Forsvar
mod krigslystne Naboer.

Ved Tiden 880 er Normannerhæren kolossal. I det
berømmelige Slag ved Saucourt skulle 9000 Normanner
være faldne, og dog blev deres Magt ikke i mindste
Maade knækket ved dette Nederlag; tværtimod opnaar
Høvdingen Godfred ved Freden i Juli 882 at blive for-
lenet med betydelige Landstrækninger i Frisland, og
de øvrige Høvdinger faa udbetalt den uhyre Sum af

---

[1]) Se ovenfor S. 99, Anm. 1.

2412 Pund Guld og Sølv og sendte 200 Skibe hjem til Danmark lastede med Bytte[1]). Senere samme Aar ere saa store Styrker i Marken, at Normannerne kunne miste 1000 Mand ved Avaux, uden at de derved paa nogen Maade standses i deres Fremtrængen. Og paa samme Tid stod en lige saa stærk Armee i England under Gudrum.

Ved Paris' Belejring 885 vare 40,000 Mand tilstede, hvoraf dog maaske kun c. 30,000 vare Krigere, og 890 i Bretagne 15,000 Mand, af hvilke 12,000 siges at være faldne, hvad dog sikkert er overdrevent. Anglo-Saxon Chronicle (for 893) betegner da ogsaa den Hær, som paa hin Tid plyndrede Nordfrankrig, til Forskjel fra andre samtidige Hære som „den store Hær" (se micla here). Vi mangle desværre Angivelser om, hvormange Vikinger der faldt i Slaget ved Löwen 891, som i Almindelighed anses for afgjørende at have sat en Grænse for Erobringerne paa Fastlandet. Fuldaannalerne beskrive, hvorledes Normannerne under de Kristnes sejrrige Fremtrængen bleve afskaarne af Floden Dyle og nu styrtede sig i den rivende Strøm, klamrende sig fast til hverandres Arme og Ben; de druknede i hundrede- og tusindevis, og Floden blev næsten standset i sit Løb og skjult af Lig[2]). Det er det samme Billede, hvormed Saxo beskriver os Kong Frodes uhyre Blodbad paa Russerne, da hans Skibe næppe kunde sejle over Havet, der syntes tørlagt af døde Kroppe[3]).

Den Armee, som hvis Høvding Rollo nævnes, maa

---

[1]) Dümmler, Ostfränk. Reich. II. 205.

[2]) Pertz, Scriptores. I. 408: nam instantibus ex altera parte cæde christianis coacti sunt in flumen præcipitari. coacervatim se per manus et colla cruribusque complectentes in profundum per centena vel milia numero mergebantur ita ut cadaveribus interceptum alveum omnis siccum appareretur.

[3]) Saxo 234.

henimod Tiden 912 have talt mindst 20,000 Krigere. Man kan ikke ret vel tænke sig, at den Hær, som tvang Kong Karl til Afstaaelsen af sin Provins, har havt et mindre Antal Krigere, tilmed naar det i flere, ganske vist ikke af de bedste Kilder fortælles os, at Rollo Aaret før han fik Lenet overdraget, skal have havt et Tab af c. 6000 Mand foran Chartres [1]), hvilken By han forgjæves havde søgt at erobre [2]).

Fra Midten af det 9de Aarhundrede gjenlyder da ogsaa i alle Krøniker Folkeslagenes Forfærdelse over de Hærskarers Mængde, Normannerne vide at stille i Marken, deres Forbavselse over at stadigt nye Krigere voxe op i de Faldnes Plads. Under en Mængde af Billeder gjengive Krønikeforfatterne det Indtryk, som Normannernes Mangfoldighed har gjort paa Folkenes Fantasi. Normannernes Anfald beskrives som et tæt og uudholdeligt Uvejr fra det høje Norden, som et Alt henvejrende Stormvejr; Vikingerne siges at skygge over Landene som naar Himlen er bedækket med Skyer, og tætte som Græshoppesværme bedække de hele Jorden. Store Bølger af Fremmede rullede fra Havet op over Erin, berette de irske Annaler, og der var ikke en Plet paa Øen uden en Flaade; Havet udspyede Flaade efter Flaade, og ikke en Havn eller et Ankersted, intet Kastel og ingen Skanse var uden Flokke af Skibe. Som en Skare af røde Fugle opfylde Normannernes Skibe Havet — skriver en arabisk Forfatter — og saaledes fyldes

---

[1]) I Krønikerne angives Aaret, da Belejringen fandt Sted, forskjelligt; de fleste Forfattere anse dog 911 for det rette. Lappenberg, Geschichte. II. 11; Lair l. c. 62, 162; Licquet, Histoire de Normandie. I. 62.

[2]) Bouquet, Historiens IX. 8 (Chron. S. Maxentii: 6700); 55 (Chron. Mon. S. Florentii: 6800); 65 (Chron. Alberici: 6800); 132 (Hist. Episc. Autissiod: 6500). Wace, Roman de Rou. I. 85: 1800.

Tabel

til Oplysning om Størrelsen af

Normannernes Flaade og Hær.

Aar.	Skibenes Antal.	De Faldnes Antal.	Kildestederne.
787	3		In his (king Beorthric's) days came 3 ships of Northmen out of Hærethaland. (A.-Saxon Chron. jfr. foran S. 60.)
810	200		Imperator nuntium accepit classem 200 navium de Norðmannia Frisiam appulisse. (Einhard.)
812		10,940	Iu eo (ɔ: proelio inter Sigifridum et Anulonem) 10,940 viri cecidisse narrantur. (Einhard.)
812	120	416	The foreigners cáme into Camas ó Fothaidh Tire (county of Cork) viz. 120 ships . . 416 men of the foreigners were killed. (Gaedhil.)
·815	200		Omnes Saxonici comites omnesque Abodritorum copiæ cum legato imperatoris Baldrico . . ad auxilium Harioldo ferendum in terram Nordmannorum perveniunt . . filii Godofridi contra eos magnis copiis et 200 navium classe conparata in insula quadam . . residebant. (Einhard.)
820	13		De Nordmannia 13 piraticæ naves egressæ, primo in Flandrensi litore prædari molientes . . in ostio Sequanæ similia temptantes . . tandem in Aquitanico litore prosperis usæ successibus . . cum ingenti præda ad propria reversæ sunt. (Einhard.)
833	35		King Ecgbryht fought against the men of 35 ships at Carrum, and there was a great slaughter made, and the Danish-men maintained possession of the field. (A.-S. Chron.)
837	33		Wulfheard the ealdorman fought at Hamtun against the forces of 33 ships and there made great slaughter and got the victory. (A.-S. Chron.)
837	60 +60		A fleet of 3 score ships of Norsemen on the Boinn. Another fleet of 3 score ships on the river Liffe (Ireland). (Chron. Scotorum.)
c. 839	65		After this came 3 score and 5 ships and landed at Dubhlinn of Athcliath. (Gaedhil.)
840	35		King Æthelwulf fought at Carrum against the crews of 35 ships, and the Danish-men maintained possession of the field. (A.-S. Chron.)
844	c. 100		On reçut dans la capitale une lettre de Wahb-allâh ibn-Hazm, le gouverneur de Lisbonne. Il y disait que les Madjous s'étaient montrés dans 54 vaisseaux et autant de barques sur les côtes de la province . . Les Madjous

Aar.	Skibenes Antal.	De Faldnes Antal.	Kildestederne.
		500	arrivèrent dans environ 90 navires . . (Á Cadix) on leur tua environ 500 hommes. (Ibn-Adhâri.)
845	120		Nordmannorum naves 120 per Sequanam Loticiam Parisiorum . . pervadunt . . Nortman-
		600	norum rex Oricus 600 naves per Albim fluvium in Germaniam adversus Hludowicum dirigit . . (Prudentius.)
845		12,000	· Multis in locis gentiles christianos invase- runt; sed cesi sunt ex eis a Fresionibus plus
		600	quam 12,000. Alia pars eorum Galliam petie- runt ibique ceciderunt ex eis plus quam 600 viri. (A. Xantenses.)
847		1200	Olchobhar . . defeated (the Black-gentile Danars) in the battle of Sciath Nechtain, where the heir of the king of Lochlainn fell and 1200 of the nobles of Lochlainn with him. (Gaedhil.)
848		700	Maelsechlainn . . defeated them in the battle of Caislen-Glinni, where 700 were killed. Tigher- nagh, too, defeated them in a battle at Daire-
		500	Disiurt-Dachonna, where 500 fell. The afore- said Olchobhar . . defeated them in a battle
		240	at Dun-Maeltuli, where twelve score fell. There
		368	fell, also, 368 by the Fair-gentiles. 200 of them
		200	fell by the Cianachta at Inis-Finmic; and there
		300	fell, too, 300 more of them by the Ciannachta in a month after that, at Rath-Altan. (Gaedhil.)
849	140		A naval expedition of 7 score ships of the people of the King of the Foreigners, came to oppress the Foreigners who were in Erinn be- fore them. (Chron. Scot.)
851	350		This year came 350 ships to the mouth of the Thames and the crews landed and took Canterbury and London by storm. (A.-S. Chron.)
852	160		A fleet of 8 score ships of Finn-Ghenti arrived to fight against Dubh-Ghenti at Snamb- aignech (Carlingford). (Chron. Scot.; Four Masters.)
·		5000	There came after this Black-gentile Danars, and. they . . endeavoured to drive the Fair- gentiles out of Erinn; and they engaged in battle, and they killed 5000 of the Fair-gentiles at Snamh Ergda. (Gaedhil.)
852	252		Nortmanni 252 navibus Fresiam adeunt. (Prudentius.)
859	62		Les Madjous se montrèrent de nouveau, et cette fois dans 62 navires, sur les côtes de l'Ouest (de l'Espagne). (Ibn-Adhâri.)
861	200		Dani . . duce Welando cum 200 et eo amplius navibus per Sequanam ascendunt et

Aar.	Skibenes Antal.	De Faldnes Antal.	Kildestederne.
	60		castellum in insula, que Oscellus dicitur, a Nortmannis constructum et eosdem Nortmannos obsident . . Interea Danorum pars altera cum 60 navibus per Sequanam in fluvium Tellas ascendunt indeque ad obsidentes castellum perveniunt et eorum societate junguntur. (A. Bertiniani.)
865	50		Carolus . . contra Nortmannos, qui cum navibus 50 in Sequanam venerant, hostiliter pergit. (Hincmar.)
870	200		Awlaiw and Ivar came again to Dublin out of Scotland and brought with them great bootges . . in theire 200 ships. (Annal. Ulton.; se foran S. 109, Anm. 3.)
873		800	Hruodulfus Nordmannus classem duxit . . in comitatum Albdagi. Ipse Hruodulfus cecidit primus. et cum eo 800 viri. (A. Fuldenses.)
876	100		Normanni cum 100 circiter navibus magnis, quas nostrates bargas vocant, Sequanam introierunt. (Hincmar.)
877	120		The army came to Exeter from Wareham, and the fleet sailed round westwards: and then a great storm overtook them at sea and there 120 ships were wrecked at Swanawic. (A.-S. Chron.)
878	23	840	The brother of Inwær and of Healfdene came with 23 ships to Devonshire in Wessex, and he was there slain and with him 840 men. (A.-Saxon Chron.)
880		5000	Rex Hludowicus . . ad expugnandos Nordmannos, qui in Scalta fluvio longo tempore residebant, convertit exercitum initoque certamine plus quam 5000 ex eis prostravit. (A. Fuldenses.)
881		9000	(Hludovicus) cum Nordmannis dimicans nobiliter triumphavit; nam 9 milia equitum ex eis occidisse perhibetur. At illi instaurato exercitu et amplificato numero equitum plurima loca in regno . . vastaverunt. (A. Fuldenses.) In quo certamine (in villa Sodaltcurt), ut ferunt, plus quam 8000 adversariorum gladio prostravit. (Regino ved 883.)
882	200		Nordmanni de thesauris et numero captivorum 200 naves onustas miserunt in patriam. (A. Fuldenses.)
882	.	1000	Karlomannus . . eos in Avallis comprehendit. Ceciderunt ibi Nortmanni circiter mille. sed nil eos hæc pugna perdomuit. (A. Vedastini.)

Aar.	Skibenes Antal.	De Faldnes Antal.	Kildestederne.
885		(40,000 ere tilstede)	Mque truces posthac chile, seranta chile id extat (Abbo, de bello Parisiaco). Nordmanni . . Parisius . . obsidione claudunt. Erant, ut ferunt, 30 et eo amplius adversariorum milia omnes pene robusti bellatores. (Regino ved 887.)
	700		Septies aerias centum præter juniores — quamplures numero naves numerante carentes, — extat eas moris vulgo barcas resonare. (Abbo.)
886		1500	Carnoteno (Chartres) innumeros conflictus applicuerunt — Allofili, verum liquere cadavera mille — Hic quingenta simul, rubeo populante duello. (Abbo.)
890		(15,000 tilstede) 12,000 (?)	Bis a Britonibus victi 12,000 suorum ibi amiserunt. (Chron. Turonense). Alanus tanta strage hostes fudit, ut vix 400 viri ex 15,000 ad classem repedarent. (Regino). Nortmannorum 25 milia commisso proelio cum Brittonibus super 400 viros occiduntur. (A. Einsidlenses.)
893	250		The great army . . came again . . they came to land at Limenemouth with 250 ships . .
	80		Then soon after that Hasten with 80 ships landed at the mouth of the Thames. (A.-S. Chron.)

Menneskenes Hjerte af Angst. Seinen var ved Paris's Belejring (885) i to Lieues Afstand dækket af danske Skibe, saa at Floden ikke vidste, hvor den skulde skjule sig, og fra Paris's Taarne saa man, saa langt Øjet kunde naa, kun malede Skjolde. — Naar Normannerhæren deler sig, antages det, at den er for stor til at gaa frem ad samme Vej, og det er Folkeslagenes Tro, at hele det danske Folk er brudt op fra sit Hjemland, hvor ikke En er ladt tilbage [1]). —

Det er imidlertid kun de oven anførte Tal, som i denne Undersøgelse komme i Betragtning, og disse maa,

---

[1]) Kunik, Berufung. II. 333. Monumenta hist. Britt. I. 678, 736, 738, 739, 749. Bouquet, Historiens de la France. IX. 112, 136. Dozy, Recherches. II. 279. Pertz, Scriptores. I. 569; II. 779. d'Achéry, Spicilegium. II. 284. War of the Gaedhil 15, 41.

som det forekommer mig, vække Opmærksomhed. De
gives af saa mange og saa paalidelige Kilder, at vi i
hvert Fald maa tro det samlede Udsagn, om end en
enkelt Forfatter kunde have overdrevet. Historikerne
ere imidlertid som oftest gaaede forbi disse Data uden
at skjænke dem Opmærksomhed, og man har endog
udtalt som selvfølgeligt, at Norden „naturligvis" i Middel-
alderen ikke var saa tæt befolket som nu. Dette er
jo dog aabenbart kun en Paastand. Naar man henviser
til, at Landet bevisligt den Gang ikke var paa langt
nær saa opdyrket som nu, da er den Slutning, som
deraf kan drages, for det Første usikker, da Skovene
og Havet muligt kunne have indeholdt ganske ander-
ledes rige Fødeevner end nu, og man forgriber sig des-
uden paa selve det, som skulde bevises, at nemlig
Vikingernes Hjemland den Gang ikke var overbefolket.
Mange Talangivelser fra det 11te Aarh. og senere fra
Valdemarernes Dage godtgjøre desuden, at Danmark i
Middelalderen har talt en betydelig Befolkning. Velschow
har saaledes i sin skarpsindige og i Hovedresultatet
utvivlsomt rigtige Beregning af Folkemængden paa
Valdemarernes Dage paavist, at den jydske Halvø ved
Tiden 1250 har havt omtrent lige saa mange Ind-
byggere udenfor Kjøbstæderne som i Aaret 1840
eller henimod 748,000[1]).

II.

Det lader sig vel altsaa ikke nægte, at Danmark
og efter al Sandsynlighed hele det Norden, som udsendte
Vikingeflaaderne, var stærkt befolket. Det næste Trin
i Undersøgelsen maa da være, om Normannernes Hjem-
land var for stærkt befolket, om det havde en

---

[1]) Hist. Tidsskrift. IV. 48.

Overbefolkning. Er der nogen Rimelighed for, at Landet kunde føde et Tal af Indbyggere, svarende til det Antal Krigere, som — efter hvad jeg nu har oplyst — Hæren ofte kunde rumme? Kilderne til Oplysning om Danmarks Kulturtilstand og Opdyrkning i den ældre Middelalder ere kun faa. De beskrive imidlertid ikke Folket som fastsiddende og agerdyrkende; det søger sin Føde paa Skibet og bebor Havet, synger Ermold Nigellus:

Lintre dapes quærit incolitatque mare [1]),

og endnu i Aaret 1128 kunde Udsendinge fra Bisp Otto af Bamberg udtale, at i Danmark Jagt, Fiskeri og Kvægavl ere Beboernes Hovederhverv; heri bestaar Landets Rigdom, thi Kornavl er der kun Lidt af [2]). Og dog havde disse Udsendinge været i Skaane, der utvivlsomt har hørt til de bedst opdyrkede Landskaber [3]).

Adam af Bremens Beskrivelse af Jylland vidner ligeledes om Landets ringe Opdyrkningsgrad. Jordbunden er ufrugtbar — siger han — og Alt synes øde og forladt undtagen ved Fjordbredderne. Vel er hvert Landskab i Tydskland fuldt af tætte Skove, men Jylland er dog mere tilgroet og utilgængeligere end alle de andre Lande, thi man flyr fra Landjorden paa Grund af dens Ufrugtbarhed, men fra Havet for Vikingernes Anfald. I enkelte Egne er der næsten ikke en Plet opdyrket

---

[1]) Scr. Rer. Dan. I. 400. Pertz, Scriptores. II. 501. Jfr. ogsaa Arnoldus, chron. Sclav. III. 5 (Pertz XXI. 146): cum olim formam nautarum in vestitu habuissent propter navium consuetudinem, quia maritima inhabitant.

[2]) Scr. R. Dan. IV. 219: studia hominum aut venatio aut piscatio est, vel pecorum pastura; in his etenim omnes divitiæ illorum consistunt, siquidem agrorum cultus rarus ibi est.

[3]) Adamus Bremensis. IV. 7: Sconia est pulcherrima visu Daniæ provintia, unde et dicitur armata viris, opulenta frugibus divesque in mercibus et nunc plena eçclesiis.

eller beboelig. Men hvor Fjordene skyde sig ind i
Landet, findes de store Byer[1]). Norge beskrives paa
en lignende Maade af Ottar: alt det af Landet, som
man kan bruge til Græsning eller Pløjeland, ligger
ved Søen og det er endda paa nogle Steder meget
klippefuldt.

At de Normanner, som erobrede Rusland,
ikke vare noget agerdyrkende Folkeslag, fremgaar af
Beskrivelser hos forskjellige Forfattere, som ere enige
i, at Krigen er Russernes Hovedbeskæftigelse. Konstantin
Porphyrogenetes skriver, at Russerne søge at holde
Fred med Petschenegerne, hos hvem de tilforhandlede
sig Hornkvæg, Heste og Faar, som Rusland ikke frem-
bringer. I November Maaned trække de sig tilbage til
deres Vinterkvarter, og først i April komme de atter
frem og drage ud paa Krigstogt og Handelsfærd[2]). Hos

---

[1]) Adamus Bremensis l. IV. c. 1: ager ibi sterilis præter loca
flumini propinqua omnia fere desertum videntur terra salsu-
ginis et vastæ solitudinis. Porro cum omnis tractus Ger-
maniæ profundis horreat saltibus sola est Judlant ceteris
horridior, quæ in terra fugitur propter inopiam fructuum, in
mari vero propter infestationem pyratarum. vix invenitur culta
in aliquibus locis vix humanæ habitationi oportuna. Sicubi
vero brachia maris occurrunt, ibi civitates habet maximas.

[2]) Constantin Porphyrogenetes, de administrando imperio, c. 2:
Russi operam dant, ut pacem cum Patzinacitis habeant. ab
ipsis enim boves equos et oves comparant atque horum ope
facilius svaviusque vitam agunt: nullum qvippe horum ani-
malium in Russia nascitur. c. 9: Hiberna vero et aspera
Russorum vivendi ratio hæc est. Ineunte Novembri mense
quam primum eorum principes cum universa Russorum gente
egrediuntur Ciabo et in oppida proficiscuntur, quæ Gyra
appellantur, aut in Sclavica loca Berbianorum Drungubitarum
Cribitzarum Serviorum, reliquorumque Sclavorum, qui Russis
tributarii sunt. illic vero peracta tota hieme, rursum Aprili
mense soluta glacie Danapris fluvii Ciabum descendunt.
Deinde receptis, uti supra dictum est, monoxylis iisdemque
probe instructis Romaniam descendunt.

Araberen Mukaddesi († 1052) gjenlyder det Samme: Sæd og Hjorder have Russerne ikke. Fødes der Nogen en Søn, kaster han et Sværd til ham og siger: „Dit er kun, hvad Du erhverver Dig ved Sværdet" [1]).

Nu er det imidlertid sandt, at Normannerne i Rusland kunde have skiftet Sæder, og jeg anfører derfor disse Kilder kun som et Vidnesbyrd i anden Række for, at den hæderligste Beskæftigelse for Nordboerne og den, som faldt dem naturligst, dog var Krigerhaandværket og Handelsfærd. —

De foran anførte Kildesteder have vist os, at Norden og særligt Danmark var lidet opdyrket [2]); derimod lader det sig ikke bevise, men kun sandsynliggjøre, at Landet var saa lidt kultiveret, at det umuligt kunde føde den tætte Menneskemængde, som beboede det. Vi maa her holde os til det i saa mange Sagn Udtalte, at Landet var overbefolket. Saaledes siges det om Værmeland i det 8de Aarh., at man indsaa, „at den store Dyrtid voldtes deraf, at der var større Folkemængde i Landet end det kunde taale", hvorfor Beboerne droge bort og erobrede Solør [3]). Gutasaga og Sniosagnet udtale det Samme.

Man kan ogsaa vanskeligt forklare den Haardnakkethed, hvormed Befolkningen holdt fast paa Retten til Børneudsættelse eller til at overgive det nyfødte Barn til Døden, uden deraf, at Folket ikke vilde slippe et Middel til at begrænse Familiens Størrelse efter dens Formueindtægter [4]). Det er bekjendt, at da Kristen-

---

[1]) Frähn, Ibn-Foszlan's und anderer Araber Berichte über die Russen älterer Zeit, S. 3.

[2]) Jfr. Mathæus af Westminster, Flores Histor. S. 179: Danimarchia, insula maris rerum et maxime hominum fertilitate fecunda

[3]) Ynglingesaga c. 48.

[4]) Jfr. Depping, Søtoge. 61.

dommen blev antaget paa Island, Folket udtrykkeligt
fordrede som Indrømmelse, at man overlod det den
gamle hævdede Ret til at maatte udsætte nyfødte
Børn.

Nu maa det jo imidlertid erindres, at Overbefolkning
er et relativt Begreb. Det Land, som vi i vort Aar-
hundrede kalde overbefolket, vil sandsynligvis om 1000
Aar kunne rumme det dobbelte Tal af Mennesker uden
at være overfyldt. I Ordet Overbefolkning er kun udtalt
det paa et bestemt Tidspunkt tilstedeværende Misforhold
mellem Folkemængdens Størrelse og Folkets Evne og
Villie til at gjøre sig Landet frugtbar. Der er vist ikke
Tvivl om at vore nordiske Forfædre ved intensivere
Dyrkning af Jorden og ved at kaste sig over allehaande
materielle og fredelige Arbejder vilde have kunnet skaffe
Føde til den Menneskemængde, som Landet talte ved
Aar 800. Men der maatte da indtræde en fuldstæn-
dig Forandring af Levevis, en Opgiven af alle de
gamle Livsvaner med Krigerberømmelsen som eneste
Maal for den hæderlige Borger. Denne Forandring
maatte indtræde i det Store, thi saa meget synes at
fremgaa af de ovenanførte Tal, at det lidet vilde have
nyttet, om enkelte Mænd ellér en enkelt Landsdels
Befolkning havde givet sig til Rydning eller Opdyrkning
af Jorden.

Men man har ikke her i Norden vidst at skatte
den Mand, som søgte at indvinde Agerland ved anstrængt
Arbejde i Stedet for at erhverve sig det ved Sværdet.
Da Olaf Ingjaldssøn gav sig til at rydde Værmeland for
de store Skove, spottede Almuen ham og kaldte ham
Trætelge [1]). — Kejser Ludvig, som døbte Harald i Maintz,
indsaa meget vel, at hvad der først og fremmest maatte
gjøres for at bringe de Danske til at ophøre med at

---

[1]) Ynglingesaga c. 46.

røve deres Føde hos andre Nationer, var at tvinge dém
til at skifte System, at forvandle Landets Indbyggere
fra Krigere til Agerdyrkere. Han giver derfor den
nydøbte Høvding det Paalæg, at han lader Plove smede
og ophjælper Agerdyrkningen [1]).

III.

Den tredie af den normanniske Traditions Sætninger
gik ud paa, at Grunden til Overbefolkningen var de
Danskes Hang til Vellevnet, som lod dem tillade, at en
Mand havde mange Hustruer eller Friller ved
Siden af sin ægte Hustru.

Den i Statistiken og Fysiologien kyndige Læser vil
her strax kunne gjøre en Indvending hentet fra nogen-
lunde sikre Erfaringer. Polygami kan i sin Almindelig-
hed næppe siges at fremme Folkeformerelsen.
Forholdene i de østerlandske Nationer vise os, at Fler-
koneriet ikke absolut fører til Overbefolkning eller til
Folkeformering i nogen overvættes Grad [2]), ja enkelte
Iagttagere paastaa, at de monogame Ægteskaber i Østen
ere absolut mere frugtbare end de polygame [3]). Hertil
tror jeg imidlertid man bør føje den Begrænsning, som
ganske vist kun støtter sig paa en apriorisk Slutning og
ikke kan støtte sig paa statistiske Oplysninger, at det
dog er sandsynligt, at en Nation, naar den i øvrigt er
fysisk og aandelig sund og lever et stærkt anspændt
Liv, hvor alle Legemets Egenskaber blive fuldt udviklede,
uden at de aandelige Evner forsømmes — at en saadan
Nation ved et tilladt Flerkoneri vil fremme Formerelsen
endog i høj Grad.

---

[1]) Scr. R. D. I. 415. Pertz II. 509.
[2]) Roscher, Nationalökonomie. I. § 245. 8te Auflage. S. 535.
[3]) Roscher l. c. S. 538, Note 8.

Og at de nævnte Betingelser, for at Flerkoneriet kunde virke som folkeforøgende, vare tilstede hos Normannerne, derom kan ikke være Tvivl. Normannerne vare efter alle Kilders Udsagn sværtbyggede, men velvoxne, skjønne, behændige og adrætte Mennesker. At de ogsaa i aandelig Henseende vare vel udrustede, fremgaar af deres Foretagsomhed, deres Snarraadighed, Evne til at finde sig til Rette i alle Forhold og at omgaas med og styre alle Nationer, deres Sprogkundskab, deres Kjærlighed til Sagn og Poesi osv. Naar nu de saaledes udrustede Nordboer havde den letteste Adgang til at erhverve Udkomne for sig og Familie, vilde de utvivlsomt ogsaa hurtigt og tidligt stifte Familie, og dersom de havde Hang til Sanselighed, vilde de ved at stifte og underholde flere Familier kunne bringe det til en Folkeformerelse efter en større Maalestok end sædvanlig.

Fra det Øjeblik af at Normannerne saa, at de kunde erhverve sig Underhold ved Plyndring eller Kolonisation i fremmede Lande, har der været den letteste Adgang for den unge Mand til at indgaa Ægteskab, som han derfor ofte har stiftet med mere end én Kvinde. Det er ogsaa ganske mærkeligt, at Johannes Wallingford i Gjengivelsen af den normanniske Tradition om Udvandringen lader Flerkoneriet og den deraf følgende Folkeformerelse opstaa i Udlandet, da de unge Mænd vare overladte til dem selv [1]).

Det lader sig næppe nægte, at Nordboerne hyppigt indlod sig i Ægteskab med flere Kvinder. Man henviser rigtignok til Taciti Beretning om Germanernes Kyskhed; men derved overser man fuldkommen for det Første Tidsafstanden og for det Andet den Kjendsgjerning, jeg saa ofte har fremhævet, at Normannertogene ere Frugten

---

[1]) Se foran S. 206, Anm. 2.

af en ny Tid i de nordiske Folks Udvikling, og at derfor
Intet af det, som var Sæd og Skik til Ex. i det 6te Aarh.
e. Kr. F., behøver at være det i det 9de og 10de Aarh.[1]).
Tacitus siger jo ogsaa, at Germanerne ikke udsætte
deres Børn, hvilket meget vel kan have været Tilfældet
paa en Tid, da Befolkningen ikke var større end at
Landet med Lethed kunde føde den, men at det ikke
gjaldt i den senere Middelalder, derom vidne talrige
Love og Optegnelser fra Tydskland og Norden.

I Modsætning til Tacitus' Beskrivelse, der lød paa,
at Germanerne i Reglen lode sig nøje med én Hustru,
med Undtagelse af ganske Faa, som ikke paa Grund af
Sanselighed, men formedelst deres høje Stand havde
flere, tror jeg man kan beskrive Nordboernes ægteskabe-
lige Forhold i Vikingetiden saaledes, at de vel erkjendte
én Hustru som den legitime, men at det var sædvan-
ligt at have flere, og at Fyrsterne og de For-
nemme ofte havde mange.

Dette kan godtgjøres ved saa mange Paralleler og
Data, at der næppe kan være Tvivl derom.

For Danmarks Vedkommende have vi maaske de
færreste Oplysninger, dog fremgaar saa meget af Saxo,
at Frillelevnet var udbredt, ligesom der var den største
Skilsmisselethed. Exempler paa Flerkoneri mangle ikke
heller; saaledes ægter Hamlet først en engelsk, senere
en skotsk Prinsesse og sejler med begge Hustruer tilbage
til Danmark (Saxo 4de Bog). Adam af Bremen og hans
Scholiast sige om Kong Svend, at han var en Synder
i den Henseende, at han ikke lod sig nøje med én
Kvinde; dog havde hans egen Begjærlighed ikke saa
stor Skyld deri, som hans Nations lastefulde Vaner[2]).

---

[1]) Lair l. c. 36 udtaler sig netop paa samme Maade.
[2]) Adamus Bremensis III. 20: excepto quod de gula et mulieribus,
quæ vitia naturalia sunt illis gentibus, persuaderi non potuit;

15

Om Svenskerne udtaler Adam af Bremen ud-
trykkeligt, at der ingen Grænse er for, hvor mange
Hustruer en Mand kan tage. Enhver har i Følge sin
Stand og Formue to, tre eller flere; men de Rige og
Fornemme uden Tal, og Børnene fødte af disse For-
bindelser ere alle ægte [1]).

Hos de normanniske Russer træffe vi samme
Levevis. Nestor viser os saaledes, at Fyrsterne indgik
dobbelte Forbindelser [2]), ja det udartede til slige øster-
landske Forhold, at Vladimir, Ruriks Sønnesøns Søn
(† 1015), foruden sine Ægtehustruer havde over 800
Friller [3]). Ogsaa her vurderes Konkubinernes Sønner
som ægtefødte [4]).

Fra mange norske Familiefortællinger véd vi, hvor
almindeligt Frillevæsnet var i Norge [5]), og vi have i Harald

---

ad cetera omnia pontifici rex fuit obediens et moriger. Schol.
73: clarissimus rex Danorum sola mulierum incontinentia labo-
ravit, non tamen sponte, ut arbitror, sed vitio gentis.

[1]) Adamus Bremensis IV. 21: In sola mulierum copula modum
nesciunt. Quisque secundum facultatem suarum virium duas
aut tres et amplius simul habet; divites et principes absque
numero. Nam et filios ex tali conjunctione genitos habent
legitimos.

[2]) Svjatoslav († 972) har to Hustruer, Nestor, oversat af Smith,
St 35. S. 60. Jaropolk († 980) var formælet med en Græker-
inde, men frier dog til Polotskerfyrstens Datter Rognjed.
Nestor, St. 37, 38. S. 64. Jfr. Bestushef-Rjumin., Geschichte
Ruszlands. I. 90. Ewers, das älteste Recht der Russen. —
Araberen Ibn-Foszlans Beretning skal jeg derimod ikke paa-
beraabe mig; denne Forf. er aabenbart stødt paa slavehand-
lende, russiske Kjøbmænd, hos hvem der kan have hersket
meget løsagtige Sæder. Desuden kunne flere af denne Arabers
Oplysninger kun betegnes som Nonsens, til Ex. hvad han
udtaler om Russernes Svinskhed; ikkun Afsindige kunne fore-
tage sig saadanne Ting, som her beskrives.

[3]) Nestor 67.

[4]) Bestushef-Rjumin, Geschichte. I. 100.

[5]) Keyser, Efterladte Skrifter. II. 2. 28.

Haarfager et Exempel paa en Fyrste, der havde Hu-
struer i stort Antal; han forskød, da han tog Ragnhild
den Mægtige til Ægte, 9 af sine tidligere Hustruer [1]).

Frillevæsnets Hyppighed paa Island fremgaar ikke
blot af de mange Steder, hvor et saadant Forhold ud-
førligt omtales, men tillige af de talrige Bemærkninger
i Slægtregistrene om at Vedkommende var uægte født [2]).
Der var desuden ved Graagaasens Arfaþáttr c. 4 hjemlet
enhver Mand Ret til at have to Ægtehustruer, 1 paa
Island og 1 i Norge, og de af disse Forbindelser fødte
Børn vare alle ægte, forudsat at Ægteskabet var ind-
gaaet i Overensstemmelse med vedkommende Lands
Love.

Da de Danske fik Normandiet afstaaet, blev det
bestemt, at Kristendommen snarest muligt skulde an-
tages af Vikingerne, og saaledes var den kristne Læres
Fordømmelse af Flerkoneri og Konkubinevæsen gjort til
gjældende Lov. Men Normannerne vilde nødigt adoptere
denne Part af Sædelæren, og de beholdt ved Siden af
det kristne Ægteskab den efter deres Mening lige saa
gyldige Forbindelse „more danico“. Rollo selv maatte
ægte den franske Kongedatter Gisèle paa kristen Vis,
men da hun tidligt døde, antog han paa ny Popa til
Hustru, hvem han alt for længe siden havde ægtet
„danico more“. Hans Søn Vilhelm tog ligeledes en
Hustru „danico more“ [3]). Det har utvivlsomt især været
det kristne Ægteskabs Uopløselighed, som har vakt de
Danskes Betænkelighed og ladet dem beholde deres
gamle Former for Indgaaelsen af Ægteskab. Naar det
derfor i det c. 1080 i England skrevne Vita S. Elphegi

---

[1]) Snorre, H. Haarfagers Saga c. 21.
[2]) Jfr. Kr. Kaalund, Familielivet paa Island i Aarb. f. N. Oldk.
1S70. S. 338.
[3]) Will. Gemmeticensis II. 12, 22. III. 2.

hedder, at de Danske ikke kunde bekvemme sig til at
iagttage de kirkelige Handlinger og foragtede lovlige
Ægteskaber, ja toge med Glæde endog den nærmeste
Slægtning til Hustru[1]), tør vi heri kun se udtalt de
Danskes Uvillighed til at indgaa Ægteskab paa de
Kristnes Maade med alle et saadants Retsvirkninger, og
den sidste Bemærkning er ret naturlig hos en i den
kanoniske Lære om Grænserne for Ægteskab mellem
Slægtninge oplært Munk, men beviser Intet om at de
Danske tillode usædelige Forbindelser mellem Nær-
beslægtede. Nestor siger jo saaledes ogsaa om Polot-
skerne som noget Forfærdeligt, at de — foruden at
spise Aadsler — toge deres Stifmødre og Hustruers
Søstre til Ægte[2]).

Normandiets ældre indre Historie lærer os, hvor
almindelig Konkubinevæsnet var, og med hvor milde
Øjne man saa paa saadanne Forbindelser[3]). Heraf har
atter været en Følge, at de uægte Børn i Rettigheder
ikke stode tilbage for de ægte og oftere ses at tage
Arv efter Faderen[4]). Denne fra Norden medbragte
Opfattelse har endog vakt de Franskes Opmærksomhed,
saa at Radulphus Glaber kan skrive, at hos dette Folk
har det lige fra den Tid, det ankom her til Gallien, været
Skik at vælge deres Fyrster af Konkubinernes Børn[5]). —

---

[1]) Scr. Rer. Dan. II. 440: mysteriorum sacra non solum non
accipere, sed æque ecclesiam ingredi, legitima conjugia procul
spernere, sed quæ sangvine propinquior, ea complexu gratior.

[2]) Nestor 27.

[3]) Hos de normanniske Fyrster paa Sicilien træffe vi endog et
Harem, se Travels of Ibn-Jubair, ed. by Wright, S. 328.

[4]) I øvrigt fandtes der sikkert her som ellers hos de nordiske
Folk forskjellige Klasser af uægte Børn; herpaa kan jeg paa
dette Sted ikke gaa ind.

[5]) Bouquet, Historiens. X. 51: fuit enim usui a primo adventu
ipsius gentis in Gallias . . ex hujusmodi concubinarum com-
mixtione illorum principes extitisse.

I det Foregaaende tror jeg der er anført saa mange
Exempler paa at Normannerne i Vikingetiden have
kjendt dels Flerkoneri, dels Frillevæsen, at man ikke
kan nægte disse Forholds Existens. En Betragtning af
de faktiske Tilstande vil ogsaa gjøre det klart, at naar
der først var hos de nordiske Folk en Tendens tilstede
til at taale dobbelte Forbindelser, en saadan omtrent
maatte blive legaliseret paa Vikingetiden. Normanner-
hæren flyttede som bekjendt fra Egn til Egn, fra Land
til Land; ved Vintertid slog man Lejr og dvælede den
strænge Tid over, for med næste Vaar at indlade sig i
nye Kampe. Man kom sjældent mange Aar i Træk
tilbage til samme Lejrplads. Ofte drog Hæren sig helt
tilbage til Hjemlandet. Vikingen var naturligt derved
fristet til at indgaa temporære Forbindelser. Ingen af
de foran anførte Paralleler er vel derfor saa slaaende
som Graagaasens Regel om Retten til at have en Ægte-
hustru baade i Norge og paa Island. Bestemmelsen,
der minder om de i Nutiden ikke sjældne Skipper-
bigamier [1]), hænger sammen med Islændernes sædvanlige
fleraarige Besøg i Norge og de Norskes paa Island og
med den i Bebyggelsestiden hyppige Forandring af Do-
micil [2]). Det er højst rimeligt, at en lignende Lov har
gjældt i andre Lande, i hvilke Vikingerne vexelvis havde
Sæde. Men naar Hæren endelig tog fast Bopæl, maatte
Lovgiveren naturligvis sørge for, at disse Forhold blive
ordnede, og at det i hvert Fald erkjendtes, hvilken af
de indgaaede Forbindelser der var den fortrinsberettigede.
I Kong Frodes Love have vi — som det senere skal
bevises — en Samling af Lovbestemmelser for den i
Udlandet staaende, koloniserende Vikingehær, og naar

[1]) Gans, das Erbrecht in weltgeschichtlicher Entwickelung.
IV. 513.
[2]) Jfr. Finsen i Ann. f. N. Oldk. 1849. 205.

det i disse hedder, at Enhver skal ægte den Kvinde, han først har staaet i Forhold til, er dette aabenbart en Lovbestemmelse, truffet for at regulere de paa Vikingetiden almindelige flerdobbelte Forbindelser [1]).

Jeg kunde tænke mig den Indvending fremsat mod den foregaaende Udvikling, at jeg ved denne vel har bevist, at dobbelte Forbindelser vare almindelige paa Vikingetiden og i de nærmest følgende Aarhundreder. men at dermed dog ikke er godtgjort, at selve den Overbefolkning, som fandtes i Normannernes Hjemland ved Aar 800 skyldtes et tilladt Flerkoneri. Hertil kan jeg imidlertid kun svare, at Sandsynligheden dog taler for, at denne Normannernes Skik er ældre end Vikingetiden. hvad jo mange gamle Sagn lære os. Flerkoneriet findes desuden som paavist hos alle de nordiske Folk, og ikke blot hos Kolonisterne i Udlandet, men hos de Hjemmeblevne. Dernæst har Flerkoneriet, om det end ikke har givet Anledning til det første Vikingetog, aabenbart foranlediget eller bidraget til at foranledige de følgende. I Flerkoneriet og Folkets derved begunstigede Frugtbarhed have vi en af Grundene til, at Normannerne kunde vedblive at virke med disse uudtømmelige Stridskræfter, samt Grunden til at de maatte fortsætte deres Hjemsøgelse af de fremmede Nationer, i det deres Moderland vedblev at være dem for lille. —

I Dudos Beretning stod end videre fortalt, at naar Sønnerne bleve voxne, kivedes de med deres Slægtninge om Arven. Dette lader sig vel næppe godtgjøre med Beviser hentede andetsteds fra [2]), men i hvert Fald finder hans Sætning tilstrækkelig Forklaring i hvad der fandt Sted i Kongefamilien. Vi have ofte nok omtalt

---

[1]) Saxo 227.
[2]) I øvrigt vare Familiestridigheder meget hyppige i Normandiet i den ældste Tid.

(særligt i 5te Kap.) de langvarige og fortærende Kampe
mellem Medlemmer af den kongelige Familie om Retten
til at arve Tronen eller en Del af Riget. Den fort-
sattes gjennem Størsteparten af et Aarhundrede og
voldte usigelig mange Kampe og megen Blodbad. Alene
dette Forhold vil kunne have givet Sagnet Anledning
til Fortællingen om disse Familiekampe. —

Vi gaa nu over til at undersøge de mulige Virk-
ninger af dette Flerkoneri. Jeg sagde foran, at Sand-
synligheden talte for, at et taalt Flerkoneri hos et i
legemlig og aandelig Henseende vel udrustet Folk vilde
medføre en hurtig og stærk Tilvæxt af Befolkningen.
Kaster man nu et Blik paa, over hvor store Landstræk-
ninger og med hvor store Menneskemængder Nordboerne
i ganske kort Tid have spredt sig over Jorden, faar
man Indtrykket af, at vore nordiske Forfædre paa
dette Tidspunkt maa have udrettet saa meget
i Retning af Folkeformerelse, som det vel
staar i Menneskets Magt. Ved Aar 800 beboede
Danske og Norske, Göter og Svear omtrent alle de
Landskaber, der nu høre til Danmark, Norge og Sverrig.
De besade ved Aar 900 de samme nordiske Lande, men
da vare af Norske Tusinder gaaede til Island; Fær-
øerne, Syderøerne og overhovedet alle Øer Nord
for Skotland vare beherskede af Nordmænd, som end
videre sammen med Danske havde betvunget store Land-
strækninger af Irland med Centra i Dublin, Limerick
og andre Byer. Northumberland og Østangel
vare i de Danskes Vold og koloniserede af dem. En stor
dansk Hær stod i Nordfrankrig og fik Neustrien af-
staaet 912. Svenskerne havde erobret uhyre Landskaber
i Rusland. Saaledes havde da Nordboerne i Løbet
af et Aarhundrede opkastet sig til Herre over et Om-
raade, der i geografisk Udstrækning var mindst lige saa
stort som det, de alt besad ved Tiden 800. Tænker man

end videre paa, hvilke Strømme af Vikingeblod der var
flydt i Havet og paa Landjorden i Løbet af Aarhundre-
det, i hvor mange andre Lande vidt omkring Norman-
nerne i samme Tidsrum havde øvet deres Færd, og hvor
mange mindre Erobringer de senere havde maattet
opgive — forekommer det mig, at her maa være fore-
gaaet en Folkeformerelse i videste Udstrækning, at
Generationer maa have fulgt Slag i Slag — og at da.
om nogensinde, Menneskeslægtens Evne til at opfylde
Jorden er kommet for Dagen.

Jeg skal fremsætte nogle særlige Kjendsgjerninger.
der have vakt min Opmærksomhed i den her omhand-
lede Henseende og som vise Normannernes Evne til
hurtigt at fylde hver Krog af et betvunget Land.

Da de Danske 912 toge Normandiet i Be-
siddelse, var det øde og forladt. Dette frem-
gaar for det Første af alle de Kildesteder, der beskrive
det som blottet lige saa meget for Befolkning som for
Gods og Fæ [1]). Det Samme ligger udtalt i den Kjends-
gjerning; at Rollo, efter at have faaet Normandiet
afstaaet, betingede sig af Kong Karl, at der gaves ham
et Land, hvoraf han kunde faa de nødvendige Levnets-
midler; thi Normandiet var i sin øde Tilstand ikke til-

---

[1]) Dudo 166 (82): terra hæc penitus desolata, militibus privata,
aratro non exercita. Will. Gemmet. II. c. 17: a cultore et
vomere torpebat inculta. c. 19: terram universam diu deser-
tam reædificavit atque de suis militibus advenisque gentibus
refertam restruxit. d'Achéry, Spicilegium. II. 284: nec multo
post truculentus barbarorum exercitus aquis egressus hunc
ad locum accessit, vacuumque hominibus et omnibus nudatum
rebus deprehendens etc. — App. ad Chron. Fontan. (Bouquet,
Historiens. IX. 3): Sequanæ appulit, singula loca et civitates,
quas solitudo tenebat, invasit, paucisque, quos invenerat, inde
fugatis aut jugo potentiæ suæ subactis etc. Richardus Picta-
vensis (ib. !X. 23): terram vacnam reperientes sedem in Roto-
mago constituunt.

strækkeligt for hans Folk, og hvis hans Begjæring ikke opfyldtes, vilde han være nødt til at slaa ind paa sin gamle Røverhaandtering. Derfor gav Kongen ham ogsaa Bretagne til at leve af („unde posset vivere")[1]. Normandiet har altsaa da været om ikke fuldkomment folketomt, saa dog i høj Grad forladt, og Bebyggelsen skete først og fremmest af de Danske, det vil sige den danske Hær med alle dens Bestanddele af Krigere, deres Hustruer, Børn, Tjenerskab osv., dernæst af de tidligere Beboere, som vendte tilbage til deres Arner, og endelig af Indvandrere fra andre Folkeslag, som den nordiske Høvding med sædvanlig normannisk Liberalitet og Forstand paa Kolonisation, gav Tilladelse til at nedsætte sig i Landet[2]. Tallet af de fra andre Nationer indvandrede Kolonister tør man nu ikke anslaa til ret stort[3]. Hovedbestanddelen af den normanniske Nation i det 10de Aarh. har været den danske Armee og dernæst Levninger af Provinsens tidligere Befolkning. —

Dette synes at staa fast efter Kilderne. Her nødes jeg imidlertid til en kort Excurs, thi man har hidtil-ingenlunde villet erkjende, at Normandiet modtog en dansk Befolkning af større Omfang, og Lappenberg

[1] Dudo 168 (83): Rollo non potest tecum pacificari, quia terra, quam illi vis dare, inculta est vomere, pecudum et pecorum grege omnino privata hominumque præsentia frustrata. Non habetur in ea unde possit vivere nisi rapina et prædatione. Da illi aliquod regnum, unde conducat sibi cibum et vestitum, donec impleatur terra, quam illi das, opulentiarum congerie etc.

[2] Flere gamle Kilder nævne dette Element, se Dudo 171 (85): de suis militibus advenisque gentibus refertam restruxit. Will. Gemmeticensis II. 19: Securitatem omnibus gentibus in sua terra manere cupientibus fecit. Bouquet, Historiens. IX. 3: unum ex diversis gentibus populum effecit.

[3] Man ser ikke ret ofte saadanne omtalte, se Orderic Vitals Kirkehistorie.

antager til Ex., at der endnu efter Oprettelsen af Rolľos Hertugdømme har bevaret sig fra ældre Tider mange tydske Elementer i Normandiet. Han udtaler i Allg. Literatur-Zeitung (Halle 1832, S. 168) Følgende i en Anmeldelse af Deppings Bog om Normannertogene. navnlig i Anledning af Antagelsen om det store Antal nordiske Stednavne i Normandiet: „Es scheint uns sehr zweifelhaft, dass jene Ortsnamen, welche sich aus deutschen Stammsylben herleiten lassen, sämmtlich von Normannen stammen sollten. Wie bebaut dieses Land war. als sie sich desselben bemächtigten, wie viele selbständige freye Landleute in demselben weilten, ergiebt sich besonders aus dem Aufstande der Communen (worunter hier Landleute zu verstehen sind) unter Herzog Richard II, welchen der Roman de Rou mit kräftigen Farben schildert. Einem solchen Lande konnte es nicht an Ortsbezeichnungen fehlen. Dass diese aber schon häufig deutsch lauteten, erklärt sich genügend aus der grossen Zahl der deutschen Stämme, welche dieses Land durchzogen und einzelner Distrikte sich bemächtigten. Namentlich zu Bayeux, in welcher Gegend die Normannische Sprache besonders Wurzeln fasste, gedenkt schon Gregor von Tours der dortigen Sprachen . . . 'Noch im eilften Jahrhunderte wurde von den Grafen von Guisnes (Departement Pas de Calais) das Verhältniss der Colwenkerle, Bauern, welche statt anderer Waffen Kolben trugen. begründet, ein Name, welcher also damals dort allgemein verständlich seyn musste."

Disse Lappenbergs Argumenter forekomme mig ikke meget bevisende. At tydske Stammer have beboet Neustrien, før Normannerne kom did, er vist nok; paa Provinsens vestlige Kyster fandtes jo endog „Otlingua Saxonica", et saksisk Distrikt med en Kystvogter. Men hele denne Befolkning var efter al Rimelighed uddød, da Normannertogene fandt Sted, og i alt Fald, da Hertugdømmet Normandiet stiftedes.   Lappenberg henleder Opmærksomheden paa de mange selvstændige Bønder, Provinsen maa have besiddet, siden disse kunde tænke paa Opstand under Richard II.   Dette Oprør vil blive nærmere omtalt i det Følgende; men hvorledes tør man paastaa, at disse Bønder ikke vare af dansk Herkomst? Jeg tror, at Oprøret netop var præget af Vikingeaanden. Lappenberg gaar aabenbart ud fra den almindelige Antagelse, at de erobrende Normanner vare faa i Tal, medens det dog er sikkert, at det var en betydelig Vikingehær med hele sit Tilbehør af Krigernes Hustruer, Børn og Tyende (om Vikingehærens Sammensætning se det Følgende), ligesom der er største Sandsynlighed for at Nordboer fra Danmark, England og Irland efter Hertugdømmets Grundlæggelse ere indvandrede i stort Tal.   Dernæst lade de af mig fremdragne Kjendsgjerninger og Kildesteder vist ikke Tvivl om at Normandiet var tomt ved Aar 912.   Lappenberg angiver Egnen om Bayeux som et Hovedsæde for tydsk Befolkning, men dette have de Danske sikkert nok ryddet helt op med Rode; thi Landskabet om Bayeux var netop allertættest befolket af Danske, og her holdt det danske Sprog sig længst.   Naar Lappenberg antager mange af de ikke-franske Stednavne, som findes i Normandiet, hidrørende fra hin tydske Befolkning, maa man spørge, hvorfor findes disse Navne netop i Normandiet og ikke paa andre nordfranske Strækninger, hvor de Tydske have færdedes?

Lappenbergs til Betegnelsen Colwenkerle støttede Vidnesbyrd for, at det tydske Sprog endnu i det 11te Aarh. var benyttet eller forstaaet i Picardiet, lader sig angribe fra mange Sider.   Colvokerlia har ved sin Form Intet, som særligt tyder paa tydsk Herkomst, og da det efter Kilderne betegner den Servitus, at ingen Popularis (Kerl) maa bære andet Vaaben end Kølle,

og Kerl altsaa er en Standsbetegnelse, knytter **Ordets
Indhold** sig heller ikke til Forhold i Tydskland, hvor,
saa vidt ses [1]), Kerl ikke var et Standsbegreb. Derimod
var Ceorl den almindelige **angelsaksiske** Betegnelse
paa Bonden (rusticus) [2]), og Ordet kunde altsaa være
kommet den korte Vej over Kanalen. Det kunde frem-
deles være **dansk**, thi vi véd, at Køllen i Danmark
var den simple Mands Vaaben (jfr. det Følgende om
Kong Frodes Love), hvorfor den bekjendte gamle Op-
tegnelse lyder: **kotkærle ware alle galne met there
kylwer** [3]). Der er endog Sandsynlighed for at hin
Institution i Guines netop er **af dansk Oprindelse**, thi
Greverne af Guines stode i nøje Forbindelse med de
Danske. Den første bekjendte Greve af Guines kaldes
Sifridus Dacus; flere Krøniker angive ham som
danskfødt og de danske Kongers Nærbeslægtede. **Sifrid**
bemægtigede sig i første Halvdel af 10de Aarh. dette
Landskab og opnaaede, især — som det synes — **ved
den danske Prins Knud Danaasts Mellem-
komst**, at maatte beholde Landet som Len af de
flanderske Grever [4]). Det var hans Sønnesøn **Radulf,**

---

[1]) Jeg henviser til Grimms Rechtsalterthümer, Eichhorns Rechts-
geschichte, Richthofens Altfriesisches Wörterbuch.

[2]) Schmid, Gesetze der Angelsachsen, Glossar.

[3]) Scr. Rer. Dan. III. 312. Jfr. Joh Steenstrup, Studier over
Kong Valdemars Jordebog. 186.

[4]) Lamberti Ardensis historia comitum Ardensium et Guisnen-
sium (Ludewig, reliqviæ manuscriptorum VIII.) l. IV. c. 7:
Sifridus, qui eo quod regi Dachorum plurimis servivit annis
agnominatus est Dachus, uir quidem in bellicis apparatibus
admodum strenuus et per totam Dachiam utpote nepos et
cognatus germanus regis et colateralis et a rege secundus
famosissimus extitit et nominatissimus . . . relicta Dachia et
regalis honore curiæ congregatis militibus et satellitibus tam
sui generis quam alieni terram Ghisnensem utpote suam . . .
occupavit. c. 9: Quippe Dachorum regis frater quidam Cnutus
nomine Sifridi nepos et cognatus germanus et amicus proximus,

der i Begyndelsen af det 11te Aarh. (han nævnes som comes efter 996 og før 1036) indførte i sit Grevskab den ovennævnte Servitus, der i Krønikerne betegnes som et nyt, ligesom et forhadt Bud[1]). Da vi nu tilmed vide, at Giveren af dette Lovbud besøgte Kong Knud den Store i England og knyttede nøje Forbindelser med denne Konge[2]), er det næppe for dristigt at antage denne Bestemmelse opstaaet under Paavirkning af dansk Ret. —

Uagtet Kilderne altsaa forsikre os om at Normandiet ved de Danskes Ankomst var øde, finde vi Provinsen ikke et Hundrede Aar derefter meget tæt befolket. Fontanellemunken beretter, at den normanniske Nations forskjellige Bestanddele i kort Tid voxede sammen til en saadan Helhed, at Folket var stærkere og talrigere end andre[3]). Hos Aimé læses,

---

cui Sifridus, dum adhuc in Dachia maneret, sedulum sæpius exhibuerat obsequium, coram principe (Arnoldo) cum aliis astans militibus, cum eis opitulationem pro eo fudit ad principem adeo ut . . apprehensa eius dextera uicem salutationis ei rependit et suis. Jfr. Meyeri Annales R. Flandr. 16.

[1]) Iperii Chron. S. Bertini ap. Martène, Anecd. III. 564: qui (Radulfus Guinarum) in terra sua servitutem induxit, quæ colvokerlia vocabatur, per quam populares adstrixit, ut arma nullus nisi clavas deferret, et inde colvokerli dicti sunt, quasi rustici cum clava. Nam eorum vulgare colve clavam et kerel rusticum sonat. Lamberti historia l. 4 c. 36: In diebus illis fuerunt homines quidam clavati sive clavigeri quos vulgo coluelrerlos (ɔ: coluekerlos) nominatos audivimus in terra Ghisnensium habitantes: qui clavati sive clavigeri a clava dicebantur agnominati eo quod non licebat eis aliquod genus armorum nisi clauas tantum baiulare . . (antiquus Ghisnensis comes Radulphus) hæc et his similia suis subditis ingerebat mala et opprobria.

[2]) Malbrancq, de Morinis et Morinorum rebus. II. l. 8. c. 19. S. 659.

[3]) Bouquet, Historiens. IX. 3: optima denique jura leges æquissimas domi militiæque prudenter instituit, quibus omnis generis

at en stor Mængde af stærke og kraftige Folk boede
paa dette snævre Rum[1]). Richard II kan derfor i Aaret
1003 falde ind i Burgund for at hjælpe Kong Robert
til Inddragelse af dette Len med ikke mindre end 30,000
Normanner[2]).

Udvandringen i det 11te Aarh.'s Begyndelse sker
derfor ogsaa for at mindske Folketallet. Folke-
mængden var voxet i en saadan Grad — siger Aimé —
at hverken Markens eller Træernes Frugter forsloge til
at føde alle disse Mennesker[3]). Sigebert, der skrev ved
Aar·1100, fortæller, at Robert Guiscard og Richard de
Quadrellis drog · hjemmefra for at mindske Folke-
mængden[4]), og denne Beretning gjenfindes i flere andre
Krøniker[5]).

Det Paaviste giver et klart Vidnesbyrd om Nor-
mannernes Evne til at fylde et Land i saare kort Tid.
Men netop paa samme Maade gik det til i et andet
nordisk Koloniland, nemlig paa Island. De
islandske Sagaer fortælle os, at Landet 60 Aar efter

---

diversarumque artium homines brevi tempore sibi conciliavit,
atque unum ex diversis gentibus populum effecit, qui ita
confestim coaluit, ut numerosior fortiorque vicinis fieret na-
tionibus et regnis.

[1]) Ystoire de li Normant. I. 1: en celui estroit lieu habitoit
grant multitude de gent moult robuste et forte.

[2]) Lappenberg, Geschichte. II. 35—36. Bouquet, Historiens. X.
20, 206.

[3]) Aimé, l. c.: en tant estoit cressute la multitude de lo peuple
que li champ, ne li arbre non souffisoit à tant de gent de
porter lor nécessaires dont peussent vivre.

[4]) Pertz VI. 357: Rotbertus et Richardus minuendæ domo
multitudinis causa hoc tempore a Nortmannia Francorum
digressi Apuliam expetunt et Italis inter se dissentientibus
. . . nomen suum dilatant et futuræ prosperitatis sibi viam
parant.

[5]) Otto Frisingensis, de gestis Friderici I l. 1. c. 3. Nor-
manniæ nova chron. (Mémoires de la Société des Antiquaires
de Norm. XVIII.) a. 1035.

de første Landnamsmænds Ankomst var saa
tæt bebygget som det nogensinde har været,
det vil altsaa sige indtil det 13de Aarh.[1]). Vi besidde
endvidere en Opregning fra Tiden 1100 over Antallet
af de Bønder, der havde at betale Þíngfararkaup, og
man kan deraf beregne, at Islands samtlige Befolkning
da udgjorde med et rundt Tal 50,000 Mennesker, det
vil sige saa mange, som dette Land besad for 50 Aar
siden[2]) (nu er Indbyggerantallet steget med 20,000).

Saaledes er det altsaa gaaet i to af de nordiske
Kolonier, og mon der ikke er stor Sandsynlighed for at
det Samme har gjentaget sig i flere andre? I hvert
Fald forekommer det mig, at vi her have Exempler paa
den Expansionsevne, som umuligt kan fraskrives Nor-
mannerne. Jeg tilstaar, at jeg tror, at der er noget
sandt i den gamle Beretning om at Normannerne bleve
Fædre til mange og efter Omstændighederne altfor
mange Børn.

At Normannerne have sat en Hæder i et talrigt
Afkom, ligesom at Barnløshed har været en Skam,
er nu sikkert nok. Barnløshed var her i Norden en
gyldig Skilsmissegrund[3]), og Frygten for at være bundet
for Livstid til en ufrugtbar Kvinde har sikkert gjort sit
til Normannernes Modstand mod de kristelige Ægte-
skaber. „O, I mægtige normanniske Kæmper — synger

---

[1]) Islendíngabók c. 3: Svâ hafa oc spakir menn sagt, at á LX
   vetra yrþi Island albygt, svâ at eigi væri meirr síþan. (Isl.
   Sögur. I. 6.) Landnámabók V. 15: Svâ segja fróðir menn, at
   landit yrði albygt á LX vetra, svâ at eigi hefir siðan orðit
   fjölbygðra. (Isl. Sögur. I. 321.)

[2]) Se Konrad Maurer, die Entstehung des Isländischen Staats
   und seiner Verfaszung, S. 43.

[3]) N. M. Petersen, Danmarks Historie i Hedenold. (2det Opl.)
   III. 348.

Dudo — som altid attraa og elske et Afkom!"[1]).
Orderic Vital fortæller os, at i den første Tid efter
Hertugdømmets Oprettelse Præsterne, ja endog Bisperne
offentligt pralede af deres talrige Afkom af Sønner og
Døtre; heri er vist udtalt en for Læg og Klerk fælles
Følelse[2]).

Det lader sig heller ikke nægte, at genealogiske
Oplysninger om de normanniske Familier bære Vidnes-
byrd om den normanniske Frugtbarhed, selv om vi kun
tage Hensyn til de legitime Forbindelser. Allerede den
første Gang, jeg læste Orderic Vitals Kirkehistorie (og
uden at jeg havde Tanken henvendt paa det her be-
handlede Spørgsmaal om Grunden til Normannertogene).
blev jeg slaaet af hvor ofte de normanniske Familie-
fædre kunde rose sig af Flokke af Børn. Jeg skal her.
uden at opstille en egentlig Statistik — hvad der vel
næppe er muligt — give en Del af Orderics Oplysninger.
i det jeg gjør opmærksom paa, at disse næsten alle
angaa det 11te Aarh., og at Orderic naturligvis ikke
altid hverken kunde eller vilde opregne samtlige Børn.

Allerede Hertugernes Slægt er frugtbar. Hertug
Richard I havde mindst 12 Børn, hvoraf 4 vare Frille-
børn; hans første Ægteskab med Emma, Grev Hugos
Datter, havde været barnløst, men med den danske
Gunnor havde han 5 Sønner og 3 Døtre. Richard II
havde med 2 Hustruer 8 Børn, Vilhelm Erobreren med
1 Hustru 10 Børn, og hans Søn, den for sit Maadehold

---

[1]) Dudo 264 (137): Prolis optatæ posteritatis O semper cupidi,
   indiguique Northmanni proceres belligerique Vivacis mentis
   igne calentes.
[2]) Orderic Vitalis II. 397 (574): Tunc quippe in Neustria post
   adventum Normannorum in tantum dissoluta erat castitas
   clericorum, ut non solum presbyteri, sed etiam præsules
   libere uterentur thoris concubinarum, et palam superbirent
   multiplici propagine filiorum ac filiarum.

priste Henrik I af ægte og uægte Børn i Alt 17[1]). —
Om de normanniske Lensmænd fortælles der os Følgende:
Giroie fra Courcerault havde med sin Hustru Gisèle 7
Sønner og 4 Døtre, hans Søster Hildiarde 3 Sønner og
11 Døtre, „hvilke som ansete Mænds Hustruer fødte
mange Sønner"[2]). Tancred af Hauteville med 2 Ægte-
hustruer 12 Sønner og 3 Døtre[3]). Arnauld af Echau-
four med sin Hustru Emma mindst 8 Børn. Hans Søn
Vilhelm havde i Italien „med en frugtbar longobardisk
Dame et talrigt Afkom af begge Kjøn"[4]). Herbert af
Serans med Roulande 4 Sønner og „flere Døtre, af
hvilke der fødtes en rig Skare af Børnebørn". Foucher
af Chaudri med Ite 6 Sønner og 4 Døtre. Foulque af
Guernanville med Orieut 8 Sønner, 2 Døtre. Roger af
Montgommeri med 2 Hustruer 6 Sønner og 4 Døtre[5]).
Peter af Maule med Guindesmoth 4 Sønner og 4 Døtre;
„af dem fødtes der en Skare af Børnebørn, som under
de vexlende Tider efter Guds Villie naade forskjellige
Skæbner i denne Verden"[6]). Ansoud, hans Søn, havde
med én Hustru 7 Sønner og 2 Døtre. Ascelin Goel med
én Hustru 7 Sønner. Richard af Coulonces med én
Hustru 11 Sønner og 4 Døtre. Gautier af Heugleville
med Avice 12 Børn. Richer af Laigle med sin Hustru
mindst 8 Børn. Hugo af Grentemesnil 5 Sønner og 5
Døtre. Richard Fresnel med Emma 8 Sønner[7]).

---

[1]) Se Orderic Vital, Registret, og Tabellerne til Lappenbergs
   Geschichte II.
[2]) Orderic Vital II. 22, 23.
[3]) Ord. Vit. II. 54, 88; jfr. Muratori, Scriptores. V. 550.
[4]) Ord. Vit. II. 108, 109.
[5]) Ord. Vit. II. 131, 133, 397, 412.
[6]) Ord. Vit. II. 445: ex his nimirum copia pullulavit nepotum,
   qui . . . varium subierunt eventum.
[7]) Ord. Vit. II. 448, 469. III. 18, 45, 198, 336, 359. IV. 342. —
   Jfr. endelig følgende Udtalelse hos Orderic, II. 105: deinde

Af de anførte Kjendsgjerninger fremgaar, at et talrigt Afkom ofte prydede de normanniske Helte, og vi føle os ved Læsningen om Tancred af Hauteville med sine tolv Kæmpesønner uagtet disse Heltes uangribelige historiske Tilværelse ligesom i Nærheden af den nordiske Sagntid med dens Beretning om Arngrim og hans 12 Sønner eller andre slige Kæmpeskikkelser.

Karl Weinhold skriver i „Altnordisches Leben“ S. 259 saaledes: „Den Durchschnitt der altnordischen Fruchtbarkeit kann ich nicht angeben, aber Beispiele grossen Ehesegens von Island anführen. Thorstein Egilsson hatte ausser zwei unehelichen Söhnen mit seiner Frau Jofrid zehn Knaben; Thord und Oddny hatten fünf Söhne und drei Töchter; Brynjolf zeugte mit seiner ersten Frau zehn Kinder und mit der zweiten drei; Hrut Herjolfson hat mit zwei Frauen sechzehn Buben und zehn Mädchen; als er in seinem Alter auf dem Sommerding erschien, stunden vierzehn kräftige Söhne um ihn und alle priesen ihn darob. Höfdathord Biarnarson zeugte mit Thorgerd neunzehn Kinder: elf Söhne und acht Töchter[1]). Das sind Beweise genug für die Fruchtbarkeit der altnordischen Ehen, und nur so erklärt sich, dass Island in kurzer Zeit stark bevölkert war; die Einwanderung allein hätte das nicht bewirkt. Wie es scheint wurden mehr Knaben als Mädchen geboren.“ Som bekjendt har Island bevaret de gunstige Fødselsforhold lige til vore Dage, idet denne Ø med Hensyn til Ægteskabernes Frugtbarhed rangerer højst af alle evropæiske Lande. Jfr. Schleisner, Island undersøgt fra et lægevidenskabeligt Standpunkt, S. 91: „Ligesom man maa forbavses over de udsædvanlig slette Dødelighedsforhold paa Island, saaledes har man derimod Grund til at undres over

---

quia idem miles (Rodbertus de Witot) fere 40 nepotes militiæ titulis feroces habuit ipsis inter se sævientibus vix unquam usque in præsentem diem hæreditas ejus in pace permanere potuit.

[1]) Egils Saga c. 82.   Biarnar S. Hitdælak. S. 12.   Landnámabók III. 10, IV. 3.   Laxdæla S. c. 19.

de meget gunstige Fødselsforhold sammesteds, hvilket forresten
ofte plejer at coincidere. Næsten alle Rejsebeskrivere ere blevne
opmærksomme herpaa. Man omtaler, at Ægteskaber paa
20 Børn og derover ikke ere sjældne, eller at Folk under-
tiden ere døde, som igjennem flere Led have efterladt sig
130 Efterkommere og derover." Wappäus Allgem. Bevöl-
kerungsstatistik I. 303: „Nach statistischen Untersuchungen
kommen in Island durchschnittlich auf 100 verheirathete Frauen
im Alter von 20—50 Jahren 28,2 eheliche Geburten, was das
Mittelverhältniss in den europäischen Staaten bedeutend über-
trifft." —

IV. ·

Den normanniske Tradition indeholdt end videre,
at Kongerne eller Regeringsmagten i Vikingernes Hjem-
land ofte lod udgaa **Paabud om Udvandring af
det unge Mandskab.** Om Sagnet i dette Punkt er
rigtigt underrettet, er dog tvivlsomt. Man kan ganske
vist antage, at i enkelte Uaar Skarer af Mandskab ere
blevne udjagede af Landet; i alt Fald taler herfor
Sniosagnet og Gutasaga, og flere Beretninger vise, at
Nordboerne i Nødsfald grebe til Anvendelse af radikale
Midler. I Følge Sniosagnet var det saaledes bestemt,
at man skulde slaa gamle Folk og Børn ihjel. Af Viga
Skutus Saga lære vi, at da en Gang Vinteren var haard
paa Island, og Reikdælerne og Folk fra Tveraa for-
samledes for at raadslaa om Midlerne til at erholde
bedre Kaar, bragtes det i Forslag at udsætte Børn og
dræbe Oldinge, uden at Propositionen dog fandt Bifald.
En anden Gang blev det under en Hungersnød foreslaaet
at dræbe Fattige og Krøblinge, hvad dog heller ikke
udførtes [1]). — Jeg tvivler imidlertid paa, at Paabud om

---

[1]) P. E. Müller i K. D. Vidensk. Selsk. phil. og hist. Afhand-
linger. II. 134.

Udvandring af de Unge ofte ere udgaaede. Vikinge-
togene synes i Almindelighed ikke foranledigede af den
danske Regering eller de danske Konger; Annalerne
angive sjældent regerende danske Konger som Vikin-
gernes Anførere, og Kong Horic protesterer 836 bestemt
imod, at han skulde have givet sit Samtykke til de nor-
manniske Plyndringer[1]). Derimod er det højst sand-
synligt, at Vikingerne i Udlandet have paaberaabt som
Undskyldning for deres Færd, at de vare udjagede fra
Hjemlandet.

Om end saaledes Befalinger om almindelige Ud-
vandringer ikke kunne antages hyppigt udgaaede i selve
de nordiske Hovedlande, er det muligt, at denne Ord-
ning har været gjældende paa andre Steder — nemlig
i de midlertidige normanniske Kolonier i Udlandet. Vi
maa jo erindre, at Vikingerne i Løbet af Aarhundredet
havde stiftet Kolonier og Centrer for Vikingevirksom-
heden paa mange af Vesteuropas Kyster, i Frisland,
England, Irland, ved Loiremundingen og mange andre
Steder. En By, en Ø eller en Kyststrækning var her
Alt hvad Normannerne havde at raade over; Jordbunden
selv kunde saaledes kun skaffe faa af Kolonisterne
Underhold, de øvrige maatte søge det paa Havet. I
disse smaa Krigerrepublikker kan det meget vel have
været en almindelig Ordning, at alt ungt Mandskab
skulde udvandre, naar det havde naaet en vis Alder.

Saxo lader Regner Lodbrog give den Befaling, at
enhver Familiefader skal sende i Leding den blandt
Sønnerne, som han satte mindst Værd paa, og af Træl-
lene de dovne og utro; en anden Gang bød han, at
Faderen skulde udsende den dygtigste Søn og den troeste
blandt Trællene[2]). Et Bud af denne Form er vel næppe

---

[1]) Pertz, Scriptores. I. 450.
[2]) Saxo 447, 452.

nogensinde udgaaet, og dog er Saxos Fortælling maaske ikke helt blottet for Sandhed. Det er muligt, som alt sagt, at i de normanniske Kolonier Høvdingen har havt en større Myndighed til at bestemme, hvor mange der turde bo paa det begrænsede Rum, og at man paa enkelte Krigstogter har gjort strængere Fordringer med Hensyn til det stillede Mandskabs Dygtighed. Det er endelig karakteristisk, at det overlodes Faderen at bestemme, hvilken af Sønnerne der skal blive hjemme og hvilke der skulle udjages, thi dette stemmer med, hvad der vides om de ældre normanniske Arveregler, — til hvilke jeg nu gaar over.

V.

I Følge de normanniske Kilders Udsagn var det her i Norden gjældende Regel, at kun én Søn arvede Fædrenejorden, og at Faderen jog de andre ud for at erhverve sig Land og Formue i fremmede Riger. Vi skulle nu undersøge om denne Sætning finder Bekræftelse i hvad der var Regel i de ældre Tider i det normanniske Hertugdømme, og dernæst om nordiske Kilder stadfæste, at en saadan Arveret har været gjældende her i Norden.

Vort første Spørgsmaal bliver da dette: hvilke vare de i Normandiet gjældende Arveregler?

De normanniske Kilder give os kun faa Exempler paa Arvedelinger fra den ældste Tid, men de, som findes, synes antyde, at man kun nødigt delte Ejendommene eller dog i hvert Fald ikke i større Grad end Gaarden og Bruget kunde taale. Baldricus Theutonicus, der levede paa Richard II's Tid, siges at have havt 6 Sønner, Nicolaus af Baqueville, Fulco af Aunou, Robert af Courci, Richard af Neuville, Baldricus af Bocquencé og Wigerius Apuliensis. Faderen havde ejet

Bocquencé, og dette Gods gik i Arv til Baldricus og
Wigerius, der deltog i Apuliens Erobring; det synes
ikke, at Faderen har havt andre Ejendomme, og de
Godser, hvorefter de andre Sønner kaldtes, høre saa-
ledes til dem, hvormed Hertug Vilhelm i Følge Kilderne
forlenede dem[1]). Robert af Grentemesnil (der døde i
Vilhelm II's første Regeringsaar) delte før sin Død sine
Ejendomme ligelig mellem sine to Sønner og betroede
dem den tredie til han blev voxen[2]). Efter den Tid
synes det at have været den almindelige Regel, at kun
den ældste Søn arvede og at Ingen kunde tage Arv
baade i England og i Normandiet, men at Lenene i det
sidste Land betragtedes som det egentlige Arvegods,
der tilfaldt den ældste Søn, Lenene i England som en
Art Acquisita, der tilfaldt den Næstældste, selv om de
maatte være større end de normanniske Len. Grev
Roger af Montgommeri († 1095) havde 6 Sønner, af
hvilke den ældste, Robert af Bellême, faar „totum ho-
norem" i Normandiet, den næstældste, Hugo, faar Grev-
skabet Shrewsbury i England, og de øvrige fire Sønner
faa Intet[3]). Af Vilhelm Pantouls fire Sønner faar Filip
Ejendommene i Normandiet og Robert i England; de

---

[1]) Orderic Vital II. 76 (479): hi (filii) nimirum sub duce Wil-
lermo magna strenuitate viguerunt, multisque divitiis et hono-
ribus ab eo ditati fuerunt, et hæredibus suis amplas posses-
siones in Normannia dimiserunt. Baldricus, qui honorem de
Balgenzaio cum Wigerio fratre suo possedit etc.

[2]) Will. Gemmeticensis l. 7. c. 3: Porrò, ante mortem suam
duobus filiis suis Hugoni & Roberto terram suam æqualiter
distribuit, eisque Ernaldum minimum filium suum, vt ipsum,
dum ad ætatem veniret, sicut fratrem benè tractarent, com-
mendauit. Jfr. Ord. Vital I. 181. II. 41.

[3]) Orderic Vital III. 425: Porro Rogerius Pictavinus et Arnulfus,
Philippus et Ebrardus de paterna hereditate nihil habuerunt;
quia duo priores, ut dictum est, Rodbertus et Hugo, citra
mare et ultra, totum patris jus obtinuerunt.

andre synes ikke at have arvet [1]). Efter den første Jarl af Leicesters Død, som ogsaa var Greve af Meulan, deltes Besiddelserne i Nord og Syd mellem hans Tvilling-sønner [2]). Efter Vilhelm Osberns Søns Død giver Vilhelm Erobreren den ældste Søn Vilhelm alle Faderens Besiddelser i Normandiet og Roger derimod Jarledømmet Hereford og de øvrige engelske Besiddelser [3]). Var der Tvivl om et Jordegods burde gaa i Arv helt eller deles mellem Sønnerne, har naturligvis efter at Lensvæsenet havde vundet fastere Form Fyrsten eller Lensherren havt en afgjørende Stemme, men vi se tillige, at Faderen eller Arveladeren meget ofte før sin Død giver Bestemmelser om Arvedelingen [4]). Roger af Gren-temesnil delte saaledes — som foran sagt — før sin Død sin Jord mellem Sønnerne. Vilhelm af Bréteuil indsætter paa sit Yderste en Søstersøn (med Udelukkelse af en uægte Søn) til sin Arving [5]), og denne Arve-laderens Designation af Arvetageren findes saa ofte omtalt, at den ikke kan have været betydningsløs [6]). Mangen Gang lader Faderen i

---

[1]) Ord. Vital II. 434.

[2]) Orderic Vital IV. 438. Jfr. Stubbs, constitutional history of England. I. 365.

[3]) Ord. Vital II. 236, jfr. 405.

[4]) Naar den ældste Søn var lidet skikket til at overtage Arven eller forsørget ved et rigt Giftermaal, var det ogsaa rimeligt, at en anden Søn tog Arven. Saaledes var den ældre Stephan af Blois's førstefødte Søn „gener Geronis de Solleio et heres" den Næstældste „heres hereditatis paternæ". Orderic Vital II. 394 (574).

[5]) Will. Gemmet. VIII. 15

[6]) Den staar desuden i Forbindelse med den Faderen tilkom-mende betydelige Patria potestas, hvoraf ligeledes er ud-sprunget hans Ret til ved Forisfamiliatio at disponere over Jord til Fordel for Sønnerne; om dette og andre Punkter i det Ovenstaanende maa jeg henvise til mine Undersøgelser over normannisk Familieret.

levende Live Vasallerne sværge Sønnen Huldskab. —
Ved Fyrsternes Arvefølge gjentager det Samme sig.
Rollo og Vilhelm bestemme begge i levende Live, hvo
der skal være deres Arving. Ved Richard I's Dødsleje
spørge Landets Mægtige ham: „hvem af dine Sønner
skal være din Arving?" og han svarer „Richard". „Hvad
skal der blive af de Andre?", spørge de igjen, og han
svarer: „der skal gives dem Land tilstrækkeligt til at
leve hæderligt af, hvilket jeg skal nærmere anvise Eder".
Richard II indsætter, da hans Død nærmede sig, sin
ældste Søn Richard til sin Efterfølger. Ligesaa udtaler
Vilhelm Erobreren sig paa sit Dødsleje om Arvefølgen
i hans to Lande; Normandiet skulde tilfalde den ældste
Søn Robert, der alt længe havde været udvalgt til Hertug,
men han vilde ikke indsætte Nogen til Arving af Eng-
land, som han snarere havde havt som en Guds Gave
end som et Land, der gaar i Arv [1]). —

Af det Udviklede synes fremgaa, at man i Norman-
diet fra de ældste Tider har næret Uvillie mod at
udstykke Ejendommene, og at efterhaanden Primogenitur-
følgen har faaet Overhaand. Dog var det endnu i 12te
Aarh. Regel, at hvor flere selvstændige Len faldt i Arv,
den ældste Søn kun havde Ret til at vælge det bedste
Len, medens de øvrige tilfaldt de andre Sønner, saa
vidt tilstrække kunde [2]).

Kvinden havde i Normandiet ingen Arveret sammen
med Mand, derimod en Ret til Medgift, som fra det
13de Aarh.s Begyndelse findes bestemt til en Broderlods

---

[1]) Dudo 173, 222, 297. Will. Gemmet. V. 17. Orderic Vital
III. 242.

[2]) Samtidigt havde der uddannet sig fastere Regel om, hvad der
var delelige, hvad udelelige Ejendomme. Jfr. Brunner, das
anglonormanniske Erbfolgesystem, 42. Warnkönig, franzøs.
Rechtsgeschichte. II. Urkb. 8.

Størrelse, dog saaledes at samtlige medgiftsberettigede
Arvinger tilsammen ikke turde fordre mere end en Tredie-
del af Boet.

I England synes man strax efter Erobringen at
have paabudt, at kun én Søn arver Faderens samtlige
Len. Brunner[2]) helder til den Formodning, at Pri-
mogeniturfølgen i England kun efterhaanden har grebet
om sig, og at den endelige Fastsættelse skyldes en tabt
Forordning af Henrik II. Jeg kjender imidlertid for
Englands Vedkommende slet intet Exempel paa at nogen
anden end ældste Søn har arvet. Glanvilla antyder
ikke (7—3—2), at den Sætning, at en Ridders ældste
Søn arvede Alt, skulde være noget nys indført, og de
saakaldte Henrik den Førstes Love (LXX. 21) have
ogsaa Reglerne om Primogenitur. I Processer, hvor
gamle Arveforhold oprippes, paaberaabes ogsaa stadigt,
at Vedkommendes Aner vare primogeniti[1]).

Vi kaste nu et Blik tilbage paa vort Udgangspunkt.
Vi ønskede at vide, om den ældste Arveret i Normandiet
fremviste Noget svarende til den gamle nordiske Rets-
regel, at Jorden kun burde tilfalde én af Sønnerne og
at Faderen kunde jage de andre Sønner bort for at
indsætte én til sin Arving. Vi have, saa vidt gjørligt,
forfulgt den normanniske Arverets Udvikling til den Tid,
da Lensvæsenet havde gjennemsyret alle Retsforhold,
og vi have fundet, at man fra de ældste Tider har
næret Uvillie mod Udstykning af Jordegods,
hvorfor som oftest kun én af Sønnerne har arvet; hvor
Boet indbefattede flere selvstændige Ejendomme, har
stundom hver Søn kunnet tage sin, dog havde den ældste
Søn Ret til at udtage det bedste Len af Boet. Faderen ses
end videre at have havt Indflydelse paa, hvem af Sønnerne

---

[1]) Erbfolgesystem 31.
[2]) Se til Ex: Palgrave, Rotuli curiæ Regis I. 358-59, 360; II. 189.

der skulde overtage Arven, og hvorledes den skulde
deles.

Naar det nu i Beretningen om den danske Familie.
der kom til at spille Hovedrollen i et af de sidste Afsnit
af Normannernes Historie og som skulde forny Mindet
om de fortidige Bedrifter ved nye, der næsten over-
straalede hine, — naar det om Tancred af Hauteville
hedder, at han jog elleve af sine Sønner bort fra
sig for at de kunde søge sig Lande i Syden.
og beholdt kun én tilbage, som skulde arve
Fædrenejorden[1]), saa forekommer det mig, at vi her
have et Kildested, der slaaende viser hen paa hvorledes
det gik til herhjemme i vort Norden for et Aartusinde
siden. Naar man hidtil intet Hensyn har taget til dette
Faktum, skyldes det den sædvanlige Misforstaaelse, at
Normannertiden skulde være endt med Aar 912, —
medens Sandheden er, at der endnu længe efter den
Tid fandtes Nordboer af de gamle Sæder i Normandiet.

Man har hidtil, saavidt mig bekjendt, kun henvist
til ét Faktum som Støtte for at de Danske i Norman-
diet ikke tillode Udstykning af Jord og Arv, og det er
den i Distriktet Caux lige til Revolutionen gjældende
Arveorden, hvorefter kun den ældste Søn arver Faderens
Gaard. [2]) Jeg har med Villie ikke lagt videre Vægt paa
denne Bestemmelse, fordi den, selv om den er saa
gammel som den danske Erobring, kun gjaldt for en

---

[1]) Orderic Vital II. 88 (483): Hujus pater Tancredus de Alta-
    Villa de pago Constantino extitit, qui de duabus legitimis
    uxoribus, quas desponsaverat, 12 filios, pluresque filias habuit:
    quorum uni nomine Goisfredo paternæ hæreditatis agros con-
    cessit, aliosque omnes ut extra solum ea quibus in-
    digerent. viribus et sensu sibi vendicarent. admo-
    nuit. — Jfr. Gaufred Malaterra l. I. c. 5. Champollion-
    Figeac, L'ystoire de li Normant. Appendix 342.
[2]) Depping, Søtoge 70.

lille Egn af Normandiet, hvor imod det maatte være vort Maal at finde en almindelig Regel. I øvrigt synes jo ogsaa den lokale paa Bornholm, det gamle Vikinge- land, gjældende Ret, at kun den yngste Søn arver Gaarden, at minde om gamle Tider. Det er desuden højst rimeligt, at den Søn, til hvem Faderen overlod Jorden, ofte har været den Yngste, der ved Faderens Død havde havt ringest Lejlighed til at erhverve sig nogen anden Besiddelse[1]); han var jo desuden Faderen kjærest, saaledes som det siges i flere Kildesteder[2]).

De danske Kilder give os som bekjendt næsten ingen Oplysninger om Arveretten før Provins- lovene. De faa Vink, som hist og her findes, ere blevne fortolkede forskjelligt af Forskerne. Vi skulle underkaste dem en Undersøgelse.

Svend Aagesen og Saxo fortælle, som bekjendt, tem- meligt overensstemmende, at den danske Konge Svend Tveskjæg gav Kvinderne Arveret til Tak for at de havde løskjøbt ham af Fangenskab. Denne Beretning har fundet Tiltro hos ikke faa Historikere[3]), medens Rets- historikerne i Almindelighed have forkastet den[4]). De

---

[1]) Jfr. Roman de Rou I. 38:

Li peres lor diseient ke de la terre ississent,
En altres régionz remanance quercissent . .
A lor freres petiz lor eritez guerpissent.
Li filz distrent as peres ke noient n'en ireient . .
Ne voldrent mie aler à essil par li mont,
O lor freres petiz li terres partiront.

[2]) Jfr. Glanvilla 7—1—5: pater . . non poterit . . filio postnato de hereditate sua partem donare, quia si hoc esset permissum accideret inde frequens prius natorum filiorum exheredatio propter majorem patrum affectionem quam sepe erga post natos filios suos habere solent.

[3]) Saaledes Langebek og Suhm, se Suhms Danmarkshistorie III. 258. Derimod Müller, Notæ uberiores 301.

[4]) Kofod Ancher, Saml. Skr. I. 16; Paulsen, Saml. Skrifter III. 722; Rosenvinge, Retshistorie § 13 (S. 19); Larsen, Saml. Skr. I. 1. 259.

rejste Indvendinger have været af forskjellig Art. Man
siger saaledes, at Lovgivningsmagten, fremfor Alt
i privaretlige Forhold, ikke var hos Kongen, men hos
Folket. Herved lægger man aabenbart altfor megen
Vægt paa hin Fortællings Ordlyd. Love knytte sig
nominelt næsten altid til en Person og som oftest til
Kongen[1]), selv i konstitutionelle Stater udgaa Lovene i
Kongens Navn. Der ligger i Beretningen næppe mere
end dette, at Svend Tveskjæg har været virksom for at
Kvinderne fik Arveret. Man gjør fremdeles gjældende,
at det synes urimeligt, at de danske Kvinder skulde
have en Belønning paa Mændenes Bekostning; men det
bør erindres, at hin Beretning fortæller os, hvorledes en
Landet paalagt Afgift ikke kunde udredes af Mændene
alene, saa at Kvinderne maatte give deres Bidrag af de
Ejendele, som i alle Lande anses for deres Særeje,
nemlig Pretiosa og Smykker, og da Kvinderne saaledes
hjalp Mændene at udrede en Skat, som egentlig paa-
hvilede dem, er det jo ikke urimeligt, at der gaves dem
Andel i nogle af Mændenes Rettigheder.

Imod Beretningens Sandhed lader sig saaledes næppe
hente nogen Indvending fra de Forhold, under hvilke
denne Lovregel udgik. Det er desuden af andre Grunde
rimeligt, at en Forandring af Kvindens Arveret er fore-
gaaet paa hin Tid; thi for det Første er det vist, at vi
her i Danmark én Gang maa have havt en Regel om
Kvindernes Udelukkelse fra Arv, en Lovsætning, som i
de to nordiske Nabolande først ændredes i det 13de
Aarhundredes Midte. I Sverrig var lige til Birger Jarls
Tid Kvinden vel ikke uberettiget til at tage Arv, men
udelukket, naar lige saa nær beslægtede Mænd fandtes,

---

[1]) Ingen tager vel saaledes Forargelse af Anders Snnesens Ord
    III. 7: diversis temporibus a diversis regibus diversa sunt
    jura prodita super concubinarum filiis.

og i Norge udelukkedes ligeledes indtil Magnus Laga-
bæters Lovgivning Kvinde ved Mand; først i disse Herskeres
Tid fik hun Ret til at tage Arvelod sammen med Manden.
— Paa den anden Side maa Forandringen i den danske
Arveret være indtraadt en god Stund før vore Provins-
loves Tilblivelse; thi ingen af dem har endog en Remini-
scents af de tidligere Tilstande. Det forekommer mig
da, at det 10de Aarhundredes Slutning er et passende
Tidspunkt for Tilblivelsen af denne nyere Ret.

Spørgsmaalet bliver derefter om Omfanget af den
Kvinden tilstaaede Arveret. Loven har vist kun angaaet
Jordegods; dels er det rimeligt, at Kvinderne alt
tidligere arvede Løsøre, dels taler Svend Aagesen om
„paterna hereditas" og Saxo om „hereditates",
hvorved i Middelalderen sædvanligvis, ja flere Forfattere
og Love udelukkende forstaa Jordegods. Dernæst synes
baade Saxos og Svend Aagesens Ord at antyde, at det
var Retten til at tage Lod sammen med Mand, der
blev givet Kvinden; Loven fratog Manden det Privilegium
at udelukke lige saa nær beslægtet Kvinde; naar Kvinden
var nærmest beslægtet, har hun taget Arv ogsaa efter
den tidligere Ret [1].

Jeg tror altsaa, at man ikke bør forkaste den
Tradition, at Kvinderne under Svend Tveskjæg fik Ret
til at tage Arv sammen med Mænd, hvorfra den tidligere
Sædvane har udelukket dem. Men heraf kan man atter

---

[1] Svend Aagesen har nærmest det Tilfælde for Øje, at Arven
deles mellem Søster og Broder. Se Scr. R. D. I. 54: Mu-
lieribus qvoqve, eo qvod prius paternæ hæreditatis prorsus
essent exsortes, ob præstitum sibi a matronis favorem, & be-
neficiorum collationem, in posterum primus tribuit, qvatenus
soror fratri, de cetero, in dimidia familiæ herciscundæ
portione communicaret. Jfr. Saxo 494: Nam feminis deinceps
participandarum hæreditatum jus, a quibus ante lege
repellebantur, indulsit.

drage den Slutning, at Boet paa den Tid deltes mellem de mandlige Arvinger; dette Trin i Arverettens Udvikling maa nødvendigvis være gaaet forud for eller i alt Fald være samtidigt med Bestemmelsen om Kvindens Arveret. Man kan umuligt have givet Kvinden en Arveret sammen med Mand, naar der overhovedet intet Bo var at dele, men Alt gik over paa en enkelt Arving.

Den Sædvane at dele Boet mellem de mandlige Arvinger er imidlertid næppe ældre end Harald Blaatands Dage. Det vil næppe kunne nægtes, at Saxos foran omtalte Beretning om, at Regner Lodbrog lod Faderen bestemme, hvilken af Sønnerne der skulde følge med paa hans Vikingetog, minder om de vestevropæiske Kilders Oplysninger om den gamle danske Arveret, og Ligheden bliver end mere paafaldende, naar det senere i Saxos Fortælling hedder, at Regner gav de Sønner, som vare med ham, den Jord, som deres Fædre havde forbrudt ved at gjøre Oprør i hans Fraværelse; Regner ansaa denne Straf for saa langt haardere som de Sønner derved bleve berettigede til Jorden, hvem deres Fader havde forskudt[1], — hvoraf man synes at kunne slutte, at den Omstændighed, at de vare jagede paa Vikingetog, havde Betydning med Hensyn til Arveretten. — I Følge det foran Paaviste[2], at den danske Nations Hovednæringsveje vare her hjemme i Landet Jagt, Fiskeri og Kvægavl og udenfor Landet Plyndringer, er det højst rimeligt, at Jordbrugene i Reglen vare store Gaarde; her var ingen Grund til at dele Jorden og ingen Opfordring til at forsøge en intensivere Dyrkning af en mindre Lod. Det kunde være lige saa vigtigt at arve Faderens Skibe med

[1] Saxo 448: eo patres punitiores judicans. quod ad liberos, quos suo judicio repulissent, carioribus patrimonio spoliatis, honorem hæreditatis suæ translatum viderent.

[2] Se foran S. 219.

de mange Krigere, som fyldte dem; det gik vist derfor
hos Privatmanden som hos Kongerne, at en af Sønnerne
sagdes at arve Landet, en anden Havet[1]). Derimod
kan man vel antage, at naar Faderen ejede flere selv-
stændige Ejendomme, disse gik i Arv til forskjellige af
Sønnerne. Da Nationen begyndte med større Flid at
kaste sig over Fredens Sysler, maatte der indtræde en
Forandring heri. Der er saaledes utvivlsomt noget Sandt
i Johannes Wallingfords Udsagn, at den Skik, at
kun en af Sønnerne arvede Jorden, gik af Brug i Danmark,
da Kristendommen fik fast Fod i Landet[2]). — Jeg tror
altsaa, at Velschow[3]) har Ret i sin Formodning, at den
Lovregel eller Sædvane, at Boets faste Ejendomme deltes,
er opkommet paa Harald Blaatands Tid[4]).

---

[1]) Saxo 320.

[2]) Se foran S. 208 Anm. 2.

[3]) Velschow, de Danorum institutis militaribus S. 152.

[4]) Jomsvikingesaga c. 14 synes endog at give os et Exempel
paa et Skifte, hvor det nægtes, at Jordejendommene burde
deles mellem mere end to af Arveladerens Sønner. Toke
Fynbo, Bedstefader til Palnetoke, siges at have havt 3 Sønner
Aage, Palne og Fjølner, som var yngst. Da Toke og hans
Kone Torvor døde omtrent paa samme Tid (vist noget før
950), overtoge de to ældste Sønner Arven. Fjølner spurgte
dem, hvad de tænkte at give ham af Godset. De svarede, at
han skulde faa en Trediedel af Løsøret, men ikke af Jorderne;
og tyktes det dem, at de gave ham god Lod. Men han vilde
have en Trediepart af alt Godset, og da de nægtede at give
ham mere, skiltes han fra dem i Misfornøjelse. De to ældste
Sønner have altsaa ment, at Arven alene burde tilfalde dem,
og at den Yngste var uberettiget til nogen Lod. — Jeg er
imidlertid ingenlunde ubekjendt med at de fleste Afskrifter af
Jomsvikingesaga kalde Fjølner en Frillesøn; men jeg anser
det for højst tvivlsomt, om de have Ret. Det ældste og for-
træffelige Haandskrift af Sagaen (hvorefter den er udgivet i
Fornmanna Søgur XI) omtaler alle Sønnerne som ægte, og

Jeg har nu gjennemgaaet samtlige de Punkter, der vare fremkomne i den normanniske Tradition, og Undersøgelsen har i det Hele bekræftet Sandheden af dens Udsagn. Vi have fundet, at Danmark besad en talrig Folkemængde, som det i ringe Grad opdyrkede Land ikkun slet kunde forsyne med Føde. Indbyggerne havde i Krig og Handel deres kjæreste Beskjæftigelse; de lode sig i Reglen nøje med de Fødemidler, som Jagt og Fiskefangst indbragte dem, eller som de kunde faa ved den mindre Anstrængelse krævende Kvægavl. Ploven har næppe furet store Strækninger af Landet, og Markarbejdet overlodes Trællene. De enkelte Landbrug have været større Gaarde, egentlige Sædegaarde for Familien med dens Bigrene; en Udstykning, der kunde fremme en større Opdyrkning, blev ikke forsøgt, og én Arving overtog i Reglen alt det urørlige Gods.

Efter at Folket havde henlevet nogen Tid i denne Tilstand, trykket af sit eget Overtal af Indbyggere, har maaske en Hungersnød, maaske en tilfældig Begivenhed aabnet Vejen for Vikingetogene. Man kan f. Ex. tænke sig, at et Uaar har nødsaget Beboerne af en enkelt Landsdel til at søge over Havet for at skaffe sig den manglende Føde ved Vaaben. Indfaldet er løbet heldigt af, og strax have Skarer af unge Mænd, der Intet hellere ønskede, end at vise deres Vaabens Almagt, gjentaget

---

dernæst er det langt rimeligere, at de nyere Codices have indskudt Bemærkningen om at han var Frillesøn, end at hint Haandskrift paa to Steder skulde have oversprunget det. Disse yngre Codices tilføje nemlig i Begyndelsen af Kapitlet „hann var frilluson" og senere: (Fjølner mælti til þriðjúngs alls fjár) svâ sem væri hann arfgengr. Da nu tilmed Grunden til at Afskriveren vilde indskyde disse Sætninger, ligger klart for Dagen, idet han ikke har kunnet forstaa, at en ægtefødt Søn kun skulde være berettiget til en Part af Løsøret, tror jeg mig berettiget til at holde mig til det ældste Haandskrifts Læsning.

Forsøget, som atter er lykkedes — hvormed denne Leve-
vis har været erkjendt som den letteste Vej til Under-
hold. Med et Hyrdefolks ringe Fastbundethed til Jorden
have Tusinder efter Tusinder været rede til Bortflytning.

Derimod tror jeg ikke man kan sætte Normanner-
togene i deres Begyndelse i Forbindelse med bestemte
historiske Uaar. Ganske vist finde vi i de frankiske
Annaler for Slutningen af 8de og Begyndelsen af 9de
Aarh. Efterretninger om ikke faa Uaar [1]), ja Tanken
tvinges en enkelt Gang uvilkaarligt til at forbinde
Vikingetoget med Uaaret. Saaledes berette Einhards
Annaler ved 820, hvorledes vedholdende fugtigt Vejr
med stærke Regnskyl havde bragt store Ulykker over
Frankerne. Korn og Urter raadnede bort, og det viste
sig umuligt at indsamle Frugterne; Vinhøsten mislykkedes,
og samtidigt hærgedes Riget af en Menneske- og Kvæg-
pest. 13 normanniske Skibe gjorde da et af disse dum-
dristige og ilfærdige Anfald, der betegne den første
Periode af Vikingetiden; de flanderske Kyster maatte
først undgjælde, men her sloges Krigerne tilbage af Kyst-
vogterne; nogle Hytters Brand og Ranet af nogle Kvæg-
stykker var det hele Udbytte; i Seinemundingen gjorde
de det andet Forsøg, men uden Held og med Tab af 5
af deres Krigere; først i Aquitanien var Lykken dem
gunstig; en Flække blev plyndret og stort Bytte ført
bort. Den Haardnakkethed, hvormed Vikingerne fort-
satte Indfaldet, bringer Tanken hen paa et tilsvarende
Maal af Trang til Bytte hos Krigerne. Imidlertid er og
bliver det altid usikkert, at udpege en Forbindelse med
bestemte Uaar, da man ikke véd, om Misvæxten har
strakt sig til Danmark.

---

[1]) Se til Ex. de frankiske Annaler for 763, 808, 810, 811, 820,
821, 823.

17

Som Vikingetogenes egentlige Basis anser jeg altsaa
Landets Overbefolkning. Dette Forhold maatte
med Nødvendighed, naar Nordboerne ikke vilde opgive
deres tidligere Levevis, føre til Udvandringer. Om et
enkelt Uaar eller blot en Lyst til at prøve nye Vilkaar
har givet den tilfældige Anledning til de første Togter,
er i og for sig ligegyldigt. Et Forsøg er bleven gjort,
og da det lykkedes, er hele Nationen blevet smittet af
Tillokkelsen ved denne Levevej; alle de Egenskaber og
Evner hos Folket, som gjorde det egnet til sin erobrende
og landestyrende Virksomhed, ere komne til fuld Ud-
vikling, og alle de tilfældige Omstændigheder, som paa
samme Tid gjorde det let for Folket at opgive de gamle
Boliger, have rakt Haand til at forøge Togternes Formaal
og Omfang. Som saadanne Omstændigheder kunne vi
nævne Nordboernes Lyst til at prøve nye Forhold, en
Længsel efter et mildere Klima, de hyppige Borgerkrige
i Danmark, der søndersplittedes mellem skinsyge Tron-
fordrere, de indre hinanden modstridende Bevægelser i
Landet, som Kristendommens Forkyndelse lod opstaa,
en forandret statsretlig Opfattelse, der især traadte for
Dagen, da Norge samledes til Enhed under Harald
Haarfager, — og stundom endelig Pres af en udenlandsk
Fjende.

Nordevropa synes paa Normannertogenes Tid ikke at
have været overbefolket for første Gang; de uhyre
Folkevandringer, som gjennem mange hundrede Aar havde
de store og vældige Angreb paa Romerriget til Følge,
ere aabenbart udgaaede fra lignende Tilstande. Allerede
Machiavel udtalte derfor i „Istorie Fiorentine" (l. I.
init.), at Nordevropas Folkeslag, levende i et sundt og
frugtbart Jordstrøg ofte voxe i en saadan Grad, at umaade-
lige Skarer nødes til at forlade Landet og drage bort
for at vinde sig nye Boliger. Malthus gjentog i sin
„Principle of Population" denne Tanke og søgte at

udfinde Grunden til disse Tid efter anden tilbagevendende Folkebevægelser. I Følge hans Antagelse kan et Folk med en slig Levevis som Nordevropas ældre Beboere, især bestaaende af Krigere og Hyrder, mindre let end et agerdyrkende Folk beregne, hvor mange Indbyggere Landet kan rumme. Ved ideligt at skifte Bopæl synes nye Indtægtskilder altid at maatte kunne erhverves; Nationens og Enkeltmands stadige Haab om at kunne berige sig ved Plyndringer og at kunne forbedre sin Stilling ved Flytning, vil bevirke, at Familierne sætte et større Afkom i Verden end deres Indtægter tillade. Folket vil derfor let mangfoldiggjøre sig ud over sin egen Husholdnings Rækkeevne. Og selv om der maaske ofte tilfalder en saadan Nation ringe eller knap Føde, affødes derved paa Grund af det milde og tempererede Klima dog ikke disse ødelæggende Sygdomme, Pest og Landfarsot, der i Syden opstaa ved den ringeste Lejlighed og som ved deres Rasen kunne standse Udviklingen for lange Tider. — Naar nu fremdeles et saadant Folk, trykket af sit eget Mangetal gjør en voldsom Anstrængelse for at erhverve sig Plads for sine Skarer og Forsøget rigeligt lønnes, saa at nye og hidtil ukjendte Veje aabnes for Erhverv, da udvider Folket sig med alle de Evner, der staa i dets Magt. I den Sætning, som Malthus paaviste og hvis Sandhed vel nu er erkjendt, at en given Folkemængde i Følge sin egen organiske Natur, naar den ikke føler sig standset af nogen ydre Hindring, vil fordoble sig i Løbet af 25 Aar, have vi da en Maalestok for, i hvilken Grad et Folk vil kunne udvide sig. I hin Naturlov finder Malthus den eneste Nøgle til Forstaaelsen af at de nordiske Folk kunde udgyde disse uudtømmelige Skarer over Evropa, stadigt udvide Omfanget af deres Landvindinger og stadigt sætte friske Hære i de Faldnes Sted.

Jeg værger mig mod at ville tilsigte ved denne histo-

riske Undersøgelse et Forsvar for Malthus' Populations-
theori, men det forekommer mig, at den berømte Forsker,
der var en af de Første, der underkastede Grundene til
Udvandringen en dybere Undersøgelse, har Ret i sin
Opfattelse. De Forhold, hvorunder Normannertogene
fandt Sted, vare saa ensartede med Forholdene ved de
store Folkevandringer, Aarhundreder længere tilbage i
Tiden, at man med Grund søger Anledningen til Togene
i de samme Omstændigheder. Det er jo desuden en
paafaldende Kjendsgjerning, at de store Folkevandringer
altid udgaa fra de tempererede Landskaber. Allerede
tidligt i Middelalderen lød det derfor ogsaa, at Skandi-
navien var Folkeslagenes Moderskjød og Na-
tionernes Tilblivelsessted[1]). — Naar Malthus i
Normannertogene og Folkevandringerne ser et Bevis paa
Rigtigheden af sin Populationstheori, kunne vi vist i hvert
Fald indrømme ham, at det er i fælles fysiologiske Aar-
sager og i Spørgsmaalene om Forholdet mellem et Folks
Levevis og dets Evne og Tilbøjelighed til at mangfoldig-
gjøre sig, vi skulle søge Hovedgrunden til Normanner-
togene.

Saa meget er vist, at blandt Meget, som vækker

---

[1]) Ernst Sars erkjender i sin Udsigt over den norske Historie
(I. 80), at man ved Læsningen af Middelalderens Annaler skulde
„fristes til at tro‚ at de skandinaviske Lande virkelig vare
blevne, hvad den gotiske Historieskriver Jordanis kaldte dem
i det sjette Aarhundrede, en „vagina gentium“,“ men han op-
fatter dette som et Synsbedrag: „Vikingerne ligesom mang-
foldiggjorde sig gjennem sin Hurtighed og sin Activitet,“ i
Virkeligheden talte Flaaderne kun faa Skibe og til Ex. bestod
Regners Hær foran Paris 845 kun af „nogle Tusinder, og den
var endda vistnok en af de største, i alfald paa Viking-
togenes ældre Stadier.“ Ved min Paavisning af hvilke Mængder
Vikingehæren i Virkeligheden ofte, og i Slutningen af 9de
Aarhundrede næsten altid talte, tror jeg at have imødegaaet
denne Opfattelse.

vor Forbavselse under Læsningen af Normannerfærden, er selve Populationsspørgsmaalet et af de mest fremtrædende. Med en sand Horror vacui synes det Normannerne muligt at fylde alle Lakuner, som Fjendens Sværd bibringe deres Flokke, og at sætte Folk paa hver en Plet af det erobrede Land. Først da de vestevropæiske Riger begyndte at samle Kræfter og med Enhed sætte Skranker for Normannernes Fremtrængen, standsede deres Udbredelse udadtil og deres Tiltagen indadtil, men selv paa de begrænsede Rum, der anvises dem til Bolig, virke endnu længe de gamle Forhold; det bryder en enkelt Gang løs paa ny, og de sidste Strømme vælde ud over Verden.

De Diger, som byggedes mod Normannerne, vare af forskjellig Art. Først og fremmest var det de vestevropæiske Rigers fastere Holdning, der knækkede deres Magt. Samtidigt bortfaldt mange af de mindre Aarsager og Anledninger, som havde ydet deres Bidrag til at bevirke Normannertogene. Nordboerne lærte en ny Levevis med andre Redskaber end Sværdet som Kilde til Velstand, mildere Sæder borttog det Utæmmelige af deres Sind, Læren om Forsagelsen opdrog dem til at lægge Baand paa deres overstrømmende Selvstændighedsfølelse, og endelig kaldte en større Enighed og Orden i de nordiske Stater dem til Virksomhed for Landenes indre Vel.

Fjerde Afsnit.

Normannerhæren.

Ellevte Kapitel.

Hærens Forfatningsform.

Æqualis potestatis sumus.
Dudo, de actis Normanniæ ducum 154.

Ved Betragtningen af den Rolle, som Normannerne have spillet i Verdenshistorien, kan man ikke nok som fremhæve Betydningen af den af Vikingetiden skabte midlertidige Statsdannelse, Normannerhæren. Det er Hæren, vi skylde de store Erobringer, og den har afgivet Grundlaget for Dannelsen af de Stater, som Normannerne stiftede. For at denne Normannerhærens Betydning kan blive tilstrækkeligt forstaaet, er det nødvendigt at gaa ind paa en Betragtning af Normannerfærdens Udviklingsgang og paa en Undersøgelse af de Midler, hvormed Vikingerne bragte deres Maal til Virkelighed.

I Normannernes Bevægelse ud over Evropa kan man med stor Lethed udskille flere Perioder eller Stadier. I de første 30—40 Aar af Vikingetiden befinde Normannerne sig ikkun paa Strejftog paa de fremmede

Kyster; de plyndre, redde deres Bytte til Skibene, og
sejle strax videre til nye Kyster for at øve samme Færd,
eller Vikingerne vende tilbage til Hjemlandet. Deres
Flaader tælle i Reglen kun faa Skibe, og Vikingerne
opnaa deres Sejre især ved at komme pludseligt over
de lidet anende Indbyggere; de trænge i Reglen ikke
langt ind i Landene, hvis Geografi endnu ikke er dem
bekjendt. Ej heller falder det Vikingen ind om Vinteren
at slaa sig til Ro i det fremmede Land. Kulden og det
aftagende Dagslys kalder om Efteraaret Normannen til-
bage til Hjemmet.

Normannerne vilde i en senere Tid, da de saa
Resultatet af deres ihærdige Virksomhed, have kunnet
betragte disse Togter som forberedende Studier og
Øvelser, der vare nødvendige for den Nation, der
vilde uddanne sig til Folkenes Mester i Krigskunst. De
oplærte sig selv i Verdenshavenes og Kysternes Bestik;
de udspejdede Landenes Geografi. Som dristige Blæn-
kere løb deres Skibe Fjenden tæt paa Livet for at
opdage hans svage Sider og finde Gjemmestederne for
hans Rigdomme. Man kan spore denne stadige Tilvæxt
i Kundskaber og Erfaring. „Det er klart — skriver en
omhyggelig Forsker af Normannernes Historie i Irland
— at Vikingerne ved Tiden 830 have fundet Vejen til
de kirkelige Stiftelser, der laa i Landets Indre i lange
Afstande fra Havet. Klostre og Kirker vare de berømte
Gjemmesteder for Rigdomme og Centra for Civilisa-
tionen og Modstanden; de vare derfor det Hovedmaal,
hvorimod Plyndrerne rettede deres Vaaben [1).“

Denne Vikingetidens nye Periode er karakteriseret
ved en Række forskjellige Forhold. For det Første
voxe Flaaderne i Størrelse; det er med en copia
infinita eller innumerabilis, som det saa ofte hedder i

[1) Dr. Todd, the war of the Gaedhil. XLI.

Annalerne, at Folkeslagene skulle optage Kampen. **Vikingerne slaa sig dernæst til Ro i de bekrigede Lande;** trindt om paa Kyster og Øer stiftes der Kolonier for Vinteren. Noirmoutiers i Loiremundingen var maaske et af de første Steder, hvor Normannerne opsloge deres Stade. Allerede 834 droge Munkene bort fra Klostret paa denne Ø paa Grund af Normannernes hyppige og uforudsigelige Indfald, og ved Tiden 843 finde vi Normannerne dér i fast Lejr[1]). Paa samme Tid slaa Vikingerne sig ned i Irland. Turgesius' Flaade er maaske den første, som dvælede Vinteren over. I England finder den første Overvintring Sted 851, da Anglo-Saxon Chronicle optegner: „hæþene menn ærest on Tenet ofer wintær sæton," og derefter ved 855, da „her hæþene menn ærest on Sceapige ofer wintær sæton."

Fra samme Tid retter Vikingernes Maal sig desuden mod bestemte Landvindinger, og de begynde at opdyrke det Land, som de betvinge. Healfdene „delte" saaledes 875 Northumberland mellem sine Krigere, opdyrkede det og slog sig til Ro dér i nogle Aar. 880 gaar en Del af Hæren til Østangel og „delte" Landet. I det 10de Aarh. finder Tilførslen af Tropper fra Hjemlandet Sted i langt ringere Omfang; Armeernes Hovedbeskæftigelse er nu Kolonisation af det vundne Land[2]).

Heraf fremgaar da, at det Tidspunkt paa hvilket Normannernes verdenshistoriske Betydning begynder, er dengang de bestemte sig til at slaa sig ned i fremmede Lande og erobre nye Hjem, og dette kunde først ske, da Vikingerne optraadte i større Mængde, som H æ r e.

---

[1]) Dümmler, Ostfränk. Reich. I. 188, 191.

[2]) Om Inddelingen af Normannertiden se Freeman, the History of the Norman Conquest of England I. 44—46. Sars, Udsigt over den norske Historie I. 77.

— Jeg skal nu anføre en Række forskjellige Forhold, der give Hæren dens Karakteristik.

Det er for det Første af yderste Vigtighed at erindre, at **Vikingerne ikke vare Søkrigere i egentlig Forstand.** Dette kunde synes barok Tale, navnlig hvis man har for Tanken de fra den islandske Saga-litteratur bekjendte Billeder af Vikingerne, der søge deres Fjender paa Havfladen, borde Skibene og bestaa frygtelige Kampe paa Dækket. Men dette Billede, der maaske passer paa det 10de Aarhundredes Vikinger, er ikke anvendelig paa Krigerne i det første Aarhundrede af Normannertiden. Den normanniske Flaade var da udelukkende **et Befordringsmiddel, en Transport-flaade.** Dette er en uomtvistelig Sandhed og desuden af afgjørende Betydning til Forstaaelse af Vikingetiden. — Jeg skal til Belysning af dette Punkt meddele en Del Kjendsgjerninger.

Ranke udtaler i sin „französische Geschichte" dette, at hvor vældigt det frankiske Rige end maatte være paa Karl den Stores Tid, var det dog ikke mægtigt nok, det manglede det Halve af al Magt, Sømagten[1]. I disse Ord gives os en gylden Sandhed. Karl den Store og hans Efterfølgere havde ved talrige Befalinger og Forholdsregler sørget for, at der langs Kysterne byggedes Skanser, at der fra Varder og Vagthold havdes Udkig med Skibene paa Søen, og at Kystvogtere med Mandskab vare parate til Forsvar mod Indfald. Derimod erhvervede Franker-rigerne sig aldrig en Flaade; thi skjønt Kejser Karl havde ladet udgaa Befaling om at Skibe skulde bygges, var dette Bud ikke blevet efterkommet, og senere fornyedes Befalingen ikke[2]. Uforstand paa at møde

---

[1] Ranke, französische Geschichte I. 15.
[2] Waitz, Deutsche Verfassungsgeschichte IV. 520, 533. Jfr. Dümmler l. c. I. 191.

Vikingerne paa deres eget Element har imidlertid været en af de virksomste indirekte Aarsager til at Togterne kunde fortsættes saa længe. Vagtholdene ved Kysterne kunde vel advare de Omboende om en Vikingeflaades Nærhed og muligt sammenkalde en Troppestyrke; men denne var udelukket fra at sejle efter Fjenden, naar han af Frygt drog sig hen til en anden Kyst, ej heller stod det i dens Magt at benytte en vunden Sejr til det Yderste ved at følge den slagne og vigende Fjende. Intet Skib krydsede paa Vagt foran Kysterne, og ingen Flotille var rede til at følge Vikingerne op gjennem Floderne og afskære dem Tilbagetoget. Derfor vovede Vikingerne ogsaa med en mærkværdig Dristighed, stundom kun med 3 eller 5 Skibe, at løbe ud fra Hovedflaaden og sejle langt op ad Floderne til Landenes Indre. — Jeg skal her fremdrage nogle, som det forekommer mig, slaaende Beviser paa hvad en fjendtlig Flaade vilde have kunnet udrette mod Normannerne, om den havde været tilstede, hvorfor det maa betragtes som en Kapitalfejl, at Frankerne ikke skred til Udrustning af en saadan.

Normannerne vare, som bekjendt, næsten alle kristne Stater overlegne i Krigskunst. Den eneste vestevropæiske Magt, som bød Normannerne alvorlig Modstand og satte sig i Respekt hos Vikingerne, var det muhammedanske Rige i Spanien. Vikingerne vovede derfor egentlig kun to Gange i det 9de Aarh. at hjemsøge dette Lands Kyster. Men Muselmændene vare ogsaa bekjendte som dygtige og uforfærdede Søfarere. Normannerne opnaaede derfor sjældent at komme uforvarende til Kysterne, thi Krydsere løb langs Stranden og bragte Underretning om fjendtlige Flaader i Opsejling. Det var Araberne muligt hurtigt at samle en Hær til Modstand, thi Skibene hjalp Tropperne paa Vej, og endelig maatte Normannerne drage

frem med langt større Forsigtighed, thi enkeltgaaende
Skibe kunde nemt blive afskaarne og fangne. Ibn-Adhârî
(II. 99) skriver om Indfaldet 859 saaledes: „Hedningerne
fandt Kysterne vel bevogtede, thi muselmanske Skibe
krydsede i Søen fra Halvøens østlige Grænser mod
Frankrig til Galiziens Kyst i det yderste Vest. To af
deres Skibe løb da foran de andre; men forfulgte af
de Skibe, som bevogtede Kysten, fangedes de i en Havn
i Provinsen Béja." Aaret efter kæmpede Emiren
Muhammeds Flaade paa Kysten af Sidona med deres
Flaade, og Vikingerne mistede fire Skibe, hvoraf to
bleve brændte og to, der vare belæssede med store
Rigdomme, faldt i Arabernes Vold. I det Hele var
Normannernes Tab af Skibe næppe nogetsteds større
end paa Spaniens Kyster.

I Midten af Aarhundredet besluttede de angel-
saksiske Konger at optage Kampen mod Normannerne
paa Søen, og dette havde det allergunstigste Resultat.
I Aaret 851 „kæmpede Kong Æthelstan og Aldorman
Ealchere i Skibe og slog en stor Styrke ved Sandwich
i Kent og erobrede 9 Skibe og jog de andre paa Flugt."
„I Sommeren 875 gik Kong Alfred ud paa Havet med
en Flaade og kæmpede med Mandskabet paa 7 Skibe
og gjorde et af Skibene til Bytte og slog de andre paa
Flugt." „I Aaret 882 løb Kong Alfred ud paa Havet
med Skibe og kæmpede med Mandskabet paa fire danske
Skibe, og tog to af Skibene, og de Mænd, der vare
ombord, bleve dræbte, og de to andre Skibe overgave
sig, og Mandskabet var saare udmattet og mishandlet,
før det overgav sig." „885 sendte Kong Alfred en Sø-
styrke fra Kent til Østangel. Saa snart Flaaden kom i
Mundingen af Stour, mødte den 16 Vikingeskibe, som
den kæmpede med, og den vandt Sejr og tog alle
Skibene og dræbte Krigerne. Da de vendte hjem med
Byttet, mødte de en stor Vikingeflaade og kæmpede med

den den samme Dag, og de Danske vandt Sejr." Dette
er, saa vidt jeg kan se, den eneste Gang danske
Skibe vare sejrrige mod Angelsakserne paa
Havet. — Men det var netop en af Kong Alfreds vise
Forholdsregler, at han lod bygge Flaader mod Viking-
erne, og navnlig Langskibe, der vare af langt bedre
Bygning end de Danskes. Endnu en Gang, nemlig i
897, kunne vi' derfor læse om en for Angelsakserne
heldig Kamp mod Vikingerne. Da det rygtedes, at 6
danske Skibe plyndrede i Syd-England ved Wight, sej-
lede 9 af Alfreds nybyggede Skibe ud mod dem, og traf
dem i en Fjord, hvis Munding de angelsaksiske Skibe
spærrede. Tre af de danske Skibe løb ud mod Fjenden,
og ét slap igjennem, medens de to bleve tagne og
Mandskabet dræbt. De tre andre danske Fartøjer laa
paa Grund inde i Fjorden, og ved den indtrædende
Ebbe kastedes ligeledes tre af Alfreds Skibe paa Land
paa den ene Side af Fjorden og fire paa den anden.
Mandskaberne paa de Skibe, der laa strandede paa
samme Side af Fjorden, gik nu løs paa hinanden,
og 62 engelske og 120 danske Mænd faldt. Da Flod-
tiden begyndte, vidste de Danske at slippe hurtigere
bort end Fjenden, men saa ødelagt og mindsket var
Mandskabet paa disse Skibe, at kun et af dem kunde
naa at ro rundt om Øst-England; de to andre strandede
paa Kysten og alt Mandskabet blev hængt.

Ja, selv for de frankiske Rigers Vedkommende
kan der anføres Exempler paa, hvad en Flaade vilde
have kunnet udrette. Som bekjendt vare af de frankiske
Kongers Undersaatter Friserne saa godt som de eneste
egentlige Søfarende. I Aaret 885 var en dansk Flaade
løbet ned i Saksen, og Krigerne havde ladet sig lokke
temmelig langt fra Skibene i Forfølgelse af den lille
Skare, som bød dem Modstand. Da viste sig pludselig
en Flaade fra Seeland bestaaende af en Mængde af de

smaa og letløbende frisiske Fartøjer; den faldt Dan-
skerne i Ryggen . og samtidigt angrebe Sakserne fra
Fronten. Vikingerne bleve nedhuggede omtrent hver
og én, og den med Bytte rigt ladede danske Flaade
faldt i Frisernes Vold[1]).

Det foran Fremdragne paaviser vistnok tilstrækkeligt
tydeligt, at det ikke var i den egentlige Søkrig, at Nor-
mannerne tilkæmpede sig deres Sejrvindinger, og derfor
synes den Udtalelse hos Guillelmus Appulus, at Nor-
mannerne vare ukjendte med Søkrigen (gens
Normannorum navalis nescia belli[2])) meget forstaaelig.
Grunden hertil er imidlertid let at finde. . Da Norman-.
nerne gød sig ud over Evropa, forefandt de ikke hos
noget af de fjendtlige Folk en Flaade, som kunde op-
tage en Kamp paa Søen. Vikingerne anløb Kyster og
Bredder ved Hav og Fjord, sprang i Land, hærjede og
rasede til Fods og senere til Hest ned gjennem Landene.
Da de nu saa, at der næsten aldrig vilde blive givet
dem Lejlighed til Kamp fra Skibsdækket, indrettede
de ikke Skibene til Søkrigen, men som Transport-
flaader. Skibene vare paaviseligt ofte overfyldte af
Mandskab, og de manglede utvivlsomt alle de Midler
og Redskaber, hvormed der ellers i Søkrigen tilføjes
Modstanderen alvorlig Skade. Normannerne vare natur-
ligvis langt kyndigere i Navigation og Sejlads end nogen
anden Nation paa hin Tid, og Grunden til deres Uheld
paa Søen, kan saaledes kun tilskrives den Omstændighed,
at de overraskedes, naar det stundom kom til Kamp paa
Skibsdækket; thi deres Skibe vare ikke indrettede paa
Søkamp og Folkene ikke øvede i denne.

Men saaledes bliver det ikke saa meget Marinen,

---

[1]) Pertz, Scriptores I. 402; A. Saxon Chron. 885; Dümmler
II. 241.
[2]) Muratori, Scriptores V. 265.

som Armeen, der udretter de store normanniske Bedrifter ;
det er paa Hæren og dens Krigskunst vi maa have Op-
mærksomheden henvendt. —

Det andet Punkt, som viser os Vikingehæren som
en ny Udvikling af Normannertiden, er det, at Kvin-
derne nu deltage i Vikingetogene og ledsage
Hæren. Mærkeligt nok har man' hidtil fæstet liden
Opmærksomhed paa dette Element, som dog er saa
afgjørende til Bestemmelse af Hærenes Karakter.

Der findes Kildesteder i stor Mængde, som vise
os Kvinder i Vikingehæren. Paa Irland træffe vi
·alt fra de ældste Tider, nordiske Kvinder. Saaledes
siges Turgesius' Hustru Ota eller Otta at have indrettet
sin Audienssal paa en Klosterkirkes Højalter [1]). I
Kampen mellem forskjellige nordiske Stammer paa Erin
c. 851 nævnes udtrykkeligt, at alt Lochlanns Eje af Guld,
Sølv og Skibe og ogsaa Kvinder faldt i Fjendens Vold [2]).
Den Forfatter, der beskriver det engelske Kloster
Medeshamsteds Ødelæggelse 870 lader den danske Hær
under Gudrum, Ivar, Ubbe og mange flere Anførere
tælle „en uhyre Mængde Kvinder og Børn“ [3]), og vi'véd,
at da Kong Alfred 894 erobrede en af Hasting bygget
Skanse, faldt alt hvad der var bag dennes Volde, nemlig
rørligt Gods, Kvinder og Børn, i hans Vold, og han
førte det til London. Selv Hastings egen Hustru og
to Sønner vare mellem Byttet og bragtes til Kongen.
Senere samme Aar samler sig en stor Hær, og den
betroede sine Kvinder, sine Skibe og sit Gods til Øst-

---

[1]) War of the Gaedhil. 13.

[2]) O'Donovan, Three fragments. 123.

[3]) Scr. Rer. Dan. II. 53: venerunt in ipsa nocte in castra paga-
norum cæteri Reges de patria . . . cum suis exercitibus et
præda magna nimis, mulierumque ac parvulorum multitudine
infinita.

anglerne og drog til Chester [1]). Ligesaa siges det i
Annalerne for 896, at de Danske, før de forlode deres
Skanse, betroede deres Kvinder til Østanglernes Be-
skyttelse [2]).

En stor Skare Normanner var i Sommeren 873
rykket fra Loiren frem mod Byen Angers, som de med
Lethed indtog, og da de fandt Stedet af Naturen vel-
befæstet og næsten uindtageligt, besluttede de at for-
lægge deres Sæde fra Loireøerne herhen, og flyttede
med Hustruer og Børn [3]). Heraf fremgaar klart, at
Loirehæren talte netop de samme Bestanddele som den
i England staaende Hær. I Hæren for Paris 885 vare
Tusinder af Kvinder. Abbo giver en Beskrivelse af
hvorledes i Begyndelsen af Belejringen en Flok Nor-
manner umiddelbart efter et Maaltid vare redne hen
mod Byens Mure for at slynge Stene med Forsvarerne,
men her bleve de modtagne af en saa voldsom Regn af
brændende Stoffer, at de skyndsomst flygtede til Floden,
hvor deres Kvinder modtog dem med drillende og haa-
nende Tale [4]).

---

[1]) Anglo-Saxon·Chron. 894: they took all that there was within
as well money, as women and children . . . they committed
their wives and their ships and their chattels to the East
Angles.
[2]) The Danish had intrusted their wives to the East Angles.
[3]) Pertz, Scriptores. I. 585: Andegavis civitatem civibus fuga
dilapsis vacuam reperientes ingrediuntur; quam cum muni-
tissimam et pro situ loci inexpugnabilem esse vidissent, in
lætitiam effusi, hanc suis suorumque copiis tutissimum recepta-
culum adversus lacessitas bello gentes fore decernunt. Pro-
tinus navibus per Medanam fluvium deductis muroque appli-
catis cum mulieribus et parvulis veluti in ea habitaturi
intrant, diruta reparant fossas vallosque renovant et ex ea
prosilientes repentinis incursionibus circumjacentes regiones
devastant.
[4]) Abbo, de bello Parisiaco. I. v. 121 ff. Pertz, Scriptores.
II. 781.

Det vilde da ogsaa daarligt have lignet vore nordiske
Kvinders berømte Behjertethed, Mod og Selvstændighed.
om de vare blevne siddende hjemme uden at deltage i
deres Mænds og Brødres vovelige Bedrifter og uden at
faa Andel i den vundne Rigdom. Beretningerne om
Normandiets Kvinder i den følgende Tid give os da ogsaa
Exempler paa Hustruer, der Intet bedre vide end at
dele deres Ægtefællers om end farefulde Skjæbne. Jutta
af Grentemesnil rejste som ganske ung Pige sammen
med sin Broder til Italien for at blive Roger, Tancreds
Søns, Hustru; hun var vel i Begyndelsen angst for at
deltage i sin Mands krigerske Færd, men efterhaanden
vænnet til Kamptumlen, ja stundom nødsaget til Sult og
Nattevaagen, blev hun saa fortrolig med Krigerlivet, at
hun — som det fortælles — under sin Mands Fraværelse
overtog Befaling over Borgen (Traina) og var en om-
hyggelig og omsigtig Kommandant [1]. Normannen Robert
Burdet fik i Begyndelsen af 12te Aarh. af Erkebispen
af Tarragona i Spanien overdraget Forsvaret for denne
By. Medens han var bortrejst til sit Hjemland for at
samle Krigere, overtog hans normanniske Hustru Sibylla
Kommandoen. „Mod og Mandshjerte prydede hende i
lige saa høj Grad som Skjønhed. Thi i sin Mands Fra-
værelse vaagede hun med Vagterne, iklædte sig hver
Nat Rustning som en Ridder, besteg med Stav i Haanden
Byens Mure, inspicerede og opmuntrede Bevogterne, som
hun varede om snildt at passe paa Fjendens Baghold.“ [2]

---

[1] Muratori, Script. V. 567: uxore et militibus suis apud Trainam
    dimissis, quæ quamvis juvencula tanta strenuitate cæpit esse
    sollicita circa castrum tuendum ut diatim circuens, ubi me-
    liorandum videbat, studeret, ut fierent vigiliæ etc.

[2] Orderic Vitalis V. 12: Absente marito, pervigil excubabat.
    singulis noctibus loricam ut miles induebat, virgam manu
    gestans, murum ascendebat, urbem circumibat, vigiles ex-
    citabat, cunctos ut hostium insidias caute præcaverent pru-
    denter admonebat. Laudabilis est juvenis hera etc.

Da Æthelreds Flaade i Aaret 1000 løb til Cotentin med Befaling om Ingen at skaane (se foran S. 170), greb hver Mand i dette Landskab til Vaaben, ja selv Kvinder deltog i Kampen og knuste med de Aag, hvormed de ellers bare deres Vandkrukker, Hovedet paa mangen engelsk Kriger[1]).

Det 'er derfor ikke usandsynligt, at Kvinderne i ældre og vildere Tid endog have deltaget aktivt i Kampen som Skjoldmøer. Herom have vi desuden et udtrykkeligt Vidnesbyrd i følgende Beretning fra Rusland. Kedren, en græsk Forfatter fra Midten af 11te Aarh., skriver i Anledning af en af Grækernes Kampe med Russerfyrsten Svjatoslav († 972): Da Grækerne udplyndrede de faldne Barbarer, fandt de mellem de Dræbte Kvinder i Mands-klæder, som med deres Mænd havde kæmpet mod Grækerne[2]).

En Følge af at Vikingerne sloge sig til Ro i Ud-landet med Hustruer og Børn, var da atter dette, at Normannerne nu vare virkelige Udvandrere og at en egentlig fra Norden udgaaet Folkevandring fandt Sted[3]). Vikingerne havde nu deres Vinterhjem i Udlandet. Bag en Skanse, som de havde ladet opkaste, eller i en By, som de havde befæstet, eller paa deres sikre Tilflugts-

---

[1]) Willelmus Gemmet. V. 4: ubi non modo sunt viri fortissimi bellatores sed et feminæ pugnatrices, robustissimos quosque hostium vectibus hydriarum suarum excerebrantes.

[2]) Georgii Cedreni Historiarum compendium. II. 406: Et Ro-mani, cum barbaris occisis spolia detraherent, inter cadavera etiam mulieres invenerunt virili habito tectas, quæ inter maritos in Romanos pugnaverant.

[3]) Sars, Udsigt over den norske Historie, I. 79 er ikke enig heri: „De tydske Krigs- og Erobringstog, der foretoges til-lands, kunde af denne Grund ogsaa blive virkelige Folke-vandringer. Det var hele Stammer, der flyttede med Kvinder og Børn, eller ialfald Folkehære, ikke blot Kriger-følger. Tilsøs kunde slige Udflytninger en masse ikke foretages. Ved de nordiske Vikingtog var det i Reglen kun

18

sted paa en eller anden Ø tilbragte de Tiden hos deres Hustruer og Børn[1]). Saaledes beskrives ogsaa de normanniske Russers Færd; om Vinteren trække de sig tilbage i Landskaberne, men i Aprilmaaned drage de atter paa Krig og Handel[2]). — Herved faa de normanniske Skarer ofte et forskjelligt Udseende om Vinteren og om Sommeren. Naar Hæren om Foraaret rykker ud fra sit Stade, lader den Kvinder og Trælle, Gods og Guld blive tilbage i Lejren. Anglo-Saxon Chron. bruger ved 871 det Udtryk: æfter ðyssum gefeohte cóm mycel sumerlida to Readingum, hvorved aabenbart er ment denne lettere, kun af et lille Train ledsagede Sommerhær.

Det er fremdeles med Hensyn til Kolonisationen af Vigtighed at erindre, at nordiske Kvinder fulgte med Hærene. Ingen tør paastaa — hvad der dog er sagt de hundrede Gange — at de normanniske Krigere giftede sig med det betvungne Lands Kvinder, og at derfor med Nødvendighed en Forandring af alle Nationalitetsmærker hurtigt maatte foregaa. Den Hær, som tog Bolig i England, i Normandiet, paa Irland osv., har bevisligt

---

enkelte Krigere, der sluttede sig sammen om en Høvding, faatallige Flokke, der drog ud paa egen Haand, hver fra sin Fjord eller Bygd, medens det hele Folk, den hele Stamme blev siddende i Fred i sine gamle Boliger, hvorhen de uddragne Vikinger ofte vendte tilbage, saa snart de syntes at have vundet tilstrækkeligt Bytte." I disse Ord er udtalt den ældre, navnlig paa de islandske Sagaer byggede Opfattelse af Vikingetogene, men det vil ses, at Beskrivelsen ikke passer paa den Tid, da Hærene optraadte.

[1]) Exempelvis nævner jeg: Prudentius 856: piratæ Danorum . . . locum, qui dicitur Fossa Giwaldi Sequanæ contiguum stationique munitissimum deligunt, ubi hiemem quieti transigunt; Annales Fuldenses 880: Noviomagum vallo firmissimo et muris circumdantes hiemandi sibi locum in palatio regis paraverunt; Regino 884: munitionem in eodem loco (Dinsburch) more solito construunt et in eo tota hieme resident.

[2]) Se foran S. 220.

medført mange Kvinder, og der er den største Sand-
synlighed for at efter Landenes Erobring mange nye
Kvinder ere ankomne fra Norden [1]). Vi kunne jo drage
Slutninger fra hvad der foregik i det 11te Aarh., da
Normannerne havde grundlagt de nye Riger i Italien.
Talrige Skarer af Familiefædre droge bort fra Normandiet
med Hustruer og Børn, Søstre opsøgte deres Brødre, og
Slægtning Slægtning blandt Erobrerne [2]). Man kan ikke
indvende, at denne Slutning er uberettiget, fordi Forhol-
dene vare saa vidt forskjellige i det 9de og 11te Aarh., thi
det var mindst lige saa let en Sag at sejle over Vesterhavet
til de normanniske Kolonier, som at rejse den besværlige
og tillige yderst usikre Vej over Land [3]) ned til Italien,
og desuden var Opholdet i de bekrigede eller erobrede
Provinser ved Middelhavet mindst lige saa farligt som
Bosættelsen i de nordlige Kolonier. —

Det er altsaa de store Hære, der dannede sig og
som slog ned paa forskjellige Kyster, vi skylde de store
Landvindinger og dermed den afgjørende Indflydelse
paa de vestevropæiske Riger. I dem have vi de egentlige
Forløbere for de normanniske Statsdannelser; de give
os de normanniske Kolonisationer i deres Begyndelse,
da Krigerne endnu til Dels førte et Beduin- og Nomadeliv

---

[1]) Det er naturligvis urigtigt at drage Slutning fra Hertugernes
Ægteskaber, thi Fyrster gifte sig jo i Reglen med Udlændinge.
I øvrigt var Richard I's Hustru Gunnor: ex nobilissima Da-
norum prosapia orta (Will. Gemmet. IV. 18), hvilket Udtryk
synes at betegne, at begge hendes Forældre vare danske.
[2]) Rodulfus Glaber (Pertz, Scriptores. VII. 63): innumerabilis
multitudo etiam cum uxoribus et liberis prosecuta est a patria,
de qua egressus fuerat, Rodulfum, non solum permittente sed
etiam compellente, ut irent, Richardo illorum Comite. Jfr.
Orderic Vital paa mange Steder.
[3]) Dette var den sædvanlige Vej, se Schiern i Ann. f. N. Oldk.
1844. 227 ff.

18*

og endnu bevarede saa godt som alle Hjemlandets Sæd-
vaner.

At der nu i Virkeligheden fandtes et saadant mægtigt
og betydningsfuldt Legeme, der bar Navnet Hæren,
fremgaaer af Annalernes udtykkelige Omtale deraf og
Krønikeforfatternes Opmærksomhed derpaa. Saaledes
hedder det i Anglo-Saxon Chron. ved 845: Osric al-
dorman mid Dorsætum gefuhton wid deniscne here;
865: her sæt hæþen here on Tenet; 866: com mycel
hæþen here on Angelcynnes land; 867: her for se here
of Eastenglum ofer Humbre muþan; 868: her for se ilca
here innan Myrce to Snotingahám; 869: her for se here
oft to Eoferwicceastre; 870; 871 — 874 osv. osv. Vi-
kingerne i Frankrig betegnes af A.-S. Chronicle paa
samme Maade, 881: her for se here ufur on Francland;·
882: her for se here upp andlang Mæse ufor on Franc-
land osv.

I Fastlandets Kilder træffe vi vel Betegnelsen sjæld-
nere [1]), dog hedder det i de gamle frisiske Love, „die
17 Küren“, at Friserne ikke skulde fare i Hærfærd mod
Syden fjærnere end at de kunde beskytte deres Land
mod Havet og mod „thene hethena here“[2]).

Endnu aabenbarere end i Annalerne træder dog
Begrebet Hæren for Dagen i de mellem de Danske og
Angelsakserne sluttede Overenskomster og i de sidstes
Love. Saaledes hedder det i den saakaldte Ælfrêdes
and Gûdrûmes friÞ, at „ingen Fri eller Vorned uden
Tilladelse skal gaa til „Hæren“, ej heller nogen af
den til os“[3]), i Edgars Love IV. 15: „Jarl Oslac og den

---

[1]) Se dog til Ex. Bouquet, Historiens. IX. 118: sacrilegæ Da-
norum gentis oppressione crudeliter, licet juste invadebatur
ab illa classe plurimaque pro sui numerositate (veluti epi-
theticós loquamur) magnus exercitus ab omnibus dicebatur.

[2]) Richthofen, Friesische Rechtsquellen. 18.

[3]) § 5: þæt ne þeôwe ne freô ne môton in þone here faran butan
leâfe, ne heora nân þe mâ tô ûs.

hele Hær, som bor i dette Ealdordom", i Æthelreds
Love II. c. 1 „verdslig Fred skal bestaa mellem Kong
Æthelred og hans hele Folk og hele Hæren, . . . hvert
Land, som giver de Danske, som hærge England, Fred,
skal være retløs hos os og ved hele Hæren"[1]).

Vi gaa over til at undersøge, hvorledes de for-
skjellige Bestanddele, hvoraf Hæren bestod, knyttedes
sammen til at danne denne store Helhed, og hvem
Kommandoen tilkom.

Dudo giver os følgende lille klassiske Fortælling
om et Møde mellem Franker og Normanner, efter at
Rollo nyligt var ankommen til Seinen (S. 154). „Rygtet,
som véd Besked om Alt hvad der tildrager sig, var
imidlertid strax trængt ind over Frankrigs Grænser med
Melding om at Normannerne vare landede i Seinen i
utallige Mængder. · Frankerne forfærdedes over deres
Ankomst som over et Lyn fra en klar Himmel og til-
kaldte Hasting, Frankrigs gamle Plyndrer[2]), til Raad,
medens deres Hær trak sig sammen med et uhyre
Antal Krigere ved Eurefloden. Da sagde Ragnold, en
mægtig fransk Fyrste, til Hasting, denne al Ondskabs
Ophav: „Du, som er født i hint Folk, giv os Raad i
disse Sager!" Hasting gav Grev Ragnold det Svar:
„Hvis Du havde raadspurgt mig for tre Dage siden,
vilde jeg have overvejet Sagen. Nu véd jeg ikke bedre
Raad end at Du sender Gesandter til dem for at fritte,
hvad de have i Sinde." Ragnold sagde: „Det er vor

---

[1]) Schmid, Gesetze der Angelsachsen 108, 198, 204.
[2]) Dudo har i Forvejen fortalt, at Hasting efter en med Franker-
kongen sluttet Fred tog Bolig i dennes Land.

Bøn, at Du selv skyndsomst rejser derhen og faar at vide hvad de attraa." „Alene vil jeg ikke gaa," svarede Hasting. De sendte da med ham to Riddere, som vare kyndige i Dansk. Da de vare naaede til Flodbredden, stode de stille og raabte: „Vi Riddere, der ere udsendte af Frankernes Konge fordre af Eder, at I sige os, hvo I ere, hvorfra I komme og hvad I søge!" Men de svarede: „Vi ere Danske, vi ere hidkomne fra Danmark, og vi ville erobre Frankrig." Atter spurgte hine: „Hvad Navn har Eders Herre?" Svaret lød: „Intet, fordi vi ere Alle lige." Hasting, som vilde vide, hvad de sagde om ham, spurgte dem: „Har Rygtet om nogen Enkelt-mands Skæbne lokket Eder hid? Har I nogensinde hørt om en vis Hasting, der var Eders Landsmand og sejlede herned med mange Krigere?" Svaret lød: „Ja! Den Mand spaaede godt og begyndte vel; men han endte ilde." Hasting spurgte igjen: „Vil I underkaste Eder Karl, Frankrigs Konge, og gaa i hans Tjeneste og faa rigelig Løn af ham?" De svarede: „Vi ville aldrig underkaste os nogen Herre, og ikke tjene og tage Løn af Nogen. Den Løn behager os bedst, som vi erhverve ved Vaaben og Daad." „Hvad ville I da foretage?" raabte de Franske. De Danske svarede: „Skynder Jer hurtigst muligt bort og tøver ikke længere! Vi skjøtte lidet om Eders lange Snak; ej heller ville vi fortælle Eder hvad vi have i Sinde."

Denne Fortælling har i Form og Indhold et mærke-ligt nordisk Præg. En Scene som denne med de over Seinen krydsende, skarpe og træffende og saa koncise Repliker kan aabenbart ikke være flydt fra Dudos Pen, der vilde have tildelt de Talende længere Haranger i mere klassisk Toneart. Her have vi netop et Exempel paa, hvorledes Dudo har optaget Brudstykker af den fælles normanniske Tradition.

En af de Repliker, som faldt ved hin Lejlighed,

lød saaledes „vi have ingen Herre; vi ere Alle lige!", og i denne kan en hel Tidsalders Statsopfattelse siges udtalt. Man er ofte med Urette saa stræng mod disse „mots historiques", der dog tidt give ligesom Overskriften paa et helt Kapitel af Verdenshistorien eller Mottoet for en Tidsalder. Det er muligt, at der i Dudos foran gjengivne Fortælling er begaaet Fejl i Enkeltheder, men den historiske Tone er sikkert fuldkommen sand, og det er vist, at et Svar som hint maa have været givet ikke én, men mange Gange [1]).

At den frivillige Sammenslutning mellem lige mægtige Førere, af hvilke maaske en Enkelt var valgt til Øverstbefalende, var Grundlaget for Hærenes Forfatning, fremgaar jo ogsaa af Abbos (I v. 38) Beskrivelse af en Vikingehøvding, at hans Kongetitel kun er et Navn, men at han dog byder over sine Kammerater:

Solo rex verbo; sociis tamen imperitabat.

---

[1]) Sars har i sit aandfulde Arbejde ogsaa berørt denne Ytring og dens Betydning. Naar Sars (I. 84) siger: „om dette Svar nogensinde har været givet, kan der tvivles, men ikke om, at det stemmer med Forholdene, saadanne som de faktisk vare," vil jeg dog bemærke, at der ikke vel kan være Tvivl om at dette Svar er blevet givet endog mange Gange. hvorimod der ganske vist kan rejses Tvivl om Enkeltheder af Dudos Beretning. Man har saaledes benægtet, at Hasting kunde tage Del i Samtalen fra fransk Side, idet hans Stilling som fransk Lensmand betvivles. Imidlertid have Ann. Vedastini ved 882: Hludowicus vero rex Ligerem petiit, Nortmannos volens e regno suo eicere atque Alstingum in amicitiam recipere, quod et fecit, og Will. Gemmet. I. 11 lader Hasting blive forlenet med Chartres. I Følge Ann. Ved. for 883 og 884 er det dernæst vist, at en Dansk (Sigefred) som Fredsmægler blev sendt imod Normannerne: ut cum principibus suæ gentis tractaret. Jfr. samme Ann. for 885: Francos, qui venerant ex regno Karlomanni, irrisere Dani: „ut quid ad nos venistis? non fuit necesse; nos scimus, qui estis, et vultis, ut ad vos redeamus, quod faciemus." Saaledes gjengive en Række af Kilder den egentlige Kjærne i Dudos Fortælling, og sandsynliggjøre endog Enkeltheder af den.

Derimod er det vanskeligt at faa nøjere Oplysning
om af hvilke forskjellige Rangklasser og Lag Hæren
bestod, hvor mange de Ligestillede vare, der udgjorde
Hærens Kommando, og om man derfor kan betegne
denne som et republikansk eller som et aristokratisk
styret Samfund. —

Hæren maa aabenbart have talt meget forskjellige
Bestanddele. Den er opstaaet ved en Sammenvoxen af
de mange smaa Flaader, der i Aarhundredets Begyndelse
havde sværmet om paa egen Haand. Flere af disse
vare, som Annalerne vise os, kommanderede af Med-
lemmer af Kongeslægten, hvem „Havet" og dermed
Skibe og Mandskab var bleven til Del. Andre Flaader
bestode af Udvandrere fra et eller andet Landskab,
anførte af Egnens mægtigste Mand, maaske Goden.
En irsk Annal indeholder saaledes den meget karakte-
ristiske Oplysning, at en Flaade, der kom til Erin ved
Tiden 860, var anført af to Mænd af den højeste Stand
hos Lochlanns, og den ældste af dem var Druide, hvad
der jo aabenbart betyder Gode[1]). Til Vikingehæren
ankom endelig store Bidrag af Flaader fra de mange i
Udlandet stiftede Kolonier. — Skibe, der enkeltvis udløb
fra Hjemlandet, have derimod sikkert alle maattet slutte
sig til en mægtigere Mands Flaade, og et enligt Skib
har ikke kunnet staa i direkte Forhold til Overkom-
mandoen. Ligesom i Nordboernes Hjemland den, der
vilde indtage en Stilling som Andres Ligemand, nød-
vendigvis maatte raade over en nogenlunde lige saa stor

---

[1]) Three fragments 145: At this time came Hona and Tomrir
Torru, two noble chiefs (and Hona was a Druid); and these
were hardy men of great fame among their own people, and
fully noble, of the best race of the Lochlanns . . . The Druid
i. e. Hona, the elder of them, went up on the wall, and
his mouth opened, praying to his gods and exercising his
magic, and ordering his people to worship the gods etc.

Vaabenmagt, saaledes har man sikkert fordret, at den, som i Hæren vilde indtage en Høvdingestilling, ejede en passende Styrke. Den normanniske Krigskunst krævede desuden ubetinget denne Indordnen i bestemte og ligelig store Afdelinger.

Men det har fordret Tid og Forberedelse, før en saadan Hær blev ordnet, Mandskabet inddelt, og alle de nødvendige Anstalter til Forplejning og Proviantering trufne. Vi véd jo saaledes fra Dudos Fortælling om Rollos Historie, at denne tilbragte en Vinter i England beskæftiget med at udruste Flaaden og berede Hæren, førend han drog til Fastlandet, hvilket Anglo-Saxon Chronicle bekræfter ved sin Beretning ved Aaret 879, at en Skare af Vikinger samlede sig og slog sig ned ved Fulham ved Themsen[1]), og ved 880, at den Hær, som havde staaet ved Fulham, nu drog til Ghent i Frankland.

Vi skulle nu søge at finde, hvilke forskjellige Trin i Stand og Stilling Normannerhærens Krigere have indtaget.

I Udlandets Kilder omtales vel, at Normannerhæren talte forskjellige Stænder[2]), men de gaa sjældent nærmere ind paa Sagen. Anglo-Saxon Chronicle er vel omtrent den eneste Kilde, der giver os Oplysninger til dette Punkt, og af denne lære vi da kun tre Arter af Mægtige indenfor Hæren at kjende, nemlig Kongerne, Jarlerne og Holderne. Grænsen mellem de to

---

[1]) In that year a body of Vikings assembled and sat down at Fulham on the Thames. Florentius Wigornensis og Simeon Dunelmensis tilføje udtrykkeligt, at Vikingerne kom „de ultramarinis partibus". Monum. Britt. I. 560, 682.

[2]) Pertz, Scriptores I. 518: Multi quoque nobiles illius gentis ibi corruerunt. Three fragments 123: there were slain of the Lochlanns 5000 goodly-born men; also many soldiers and people of every grade were slain in addition to this number.

første Klasser synes vaklende, saaledes at den samme Person stundom kaldes Jarl, stundom Konge. Kongerne og Jarlerne nævnes som Hærførere; Hold forekommer som Navn paa faldne Krigere, der vel altsaa have hørt til de mest ansete blandt disse. Imidlertid ·nævnes ogsaa andre Personer som faldne, uden at der gives dem nogen Titel. Hold er, som bekjendt, i Norge Betegnelsen for den Odel besiddende Bonde. Ordet er, saa vidt vides, hidtil ikke fundet i Danmark, saa at der mangler os den tilsvarende danske Benævnelse. Chroniclen giver kun disse 3 Betegnelser, og i Klassen under dem findes vel saaledes Hærens almindelige Krigere og endelig Bønder og Trælle.

Et Komplement hertil kunde maaske hentes fra Saxos Sagnhistorie. Denne angaar imidlertid en lang Tidsperiode, og da nu Intet er omskifteligere end Standsbetegnelser, er det tvivlsomt, om vi kunne have Nytte af hans Bog. Da jeg imidlertid ved en Undersøgelse, som findes i næste Kapitel, mener at kunne godtgjøre, at de saakaldte Kong Frodes Love skrive sig omtrent fra Tiden 900 og ere givne for den i Udlandet staaende Vikingehær, er det rimeligt, at vi spørge denne Lovsamling til Raads[1]).

I Følge disse Lovbestemmelsers § 1 skal ved Byttets Deling duces, foran hvilke Fanerne føres i Kampen. have Guldet, gregarius miles Sølvet, pugiles Vaabnene og populares Skibene. Primipilus skal have større Lod end de Menige. Her er altsaa Krigsbyttets Art lagt til Grund for Delingen; ved Fordelingen af ensartede Gjen-

---

[1]) A. D. Jørgensen har i en Afhandling i Aarb. f. N. Oldk. 1876 S. 56 ff., uden at undergive disse Love en Prøvelse med Hensyn til fra hvilken Tid de skrive sig, sammenstillet dem med Kilderne om Hirden i det 11te og 12te Aarh. og fortolket dem ved Hjælp af disse. Det forekommer mig, at denne Fremgangsmaade ikke kan føre til rigtige Resultater.

stande tage alle de Berettigede lige Lod, kun primipilus faar en større Part end Resten.

Øverst staa altsaa Duces, hvorved Saxo aabenbart forstaar alle Hærførere, være sig Vikingekonger, Jarler eller Lendermænd, naar de betegnedes som Hærførere ved at Hærfanen førtes foran dem. I Følge en anden af Kong Frodes Regler tilkom den ærefuldeste Ligfærd (nemlig Brænding paa sit eget Skib paa Bølgerne) dux aut rex[1]), hvor jo aabenbart atter hentydes til Høvdingerne, ligegyldigt om de havde Titel af Vikingekonge eller Jarl. Vi véd jo desuden, at det var gammel Skik, at Mænd af fyrstelig Æt, som befalede over en Flaade, kaldte sig Konger, skjøndt de ikke havde noget Land at regere over[2]). Derved at Fanen føres foran dem, ere de kaarede til Hærens Øverster; thi som Snorres Edda siger, bliver, naar Kongen eller Jarlen ikke er tilstede, Fanen baaren foran Hersen eller Lendermanden, og da ere disse lige saa gode Hærstyrere som Konger eller Jarler[3]).

Under Reges eller Duces staa i Kommandorækken først Satrapen eller Centurionen, hvem Gravfærd af anden Rang tilkommer, nemlig at brændes paa Skib, men ikke paa Søen. Satrapa betyder i Saxos Sprogbrug den, hvem Land er givet i Bestyrelse, Statholder, Lendermand, Hertug og Jarl[1]); her oversættes det vel bedst ved Jarl.

Ved Centurio forstaas vist Anføreren for en Division af Armeen. Kong Frode giver sin Svoger Erik

---

[1]) Saxo 235.

[2]) Olafs Saga Tryggvasonar c. 58. Snorre, Olaf den Helliges Saga c. 4.

[3]) Snorres Edda I. 456: hersar eða lendir menn . . . . ef eigi er konúngr nær, þá skal fyrir þeim merki bera í orostum, ok eru þeir þá jafnrètter herstjórar sem konúngar eða jarlar.

med sin Søster et Centurionatus; under Frodes Felttog
mod Hunnerne faldt i disses Hær paa Grund af Hungers-
nød først Kohorter²), senere Centurier fra, og i Bravalla-
kampen, hvor Hæren kommer tilstede centuriatim, talte
Hethes centuria endog 7 Konger³). Gubernatorernes
eller Styrismændenes Ligfærd skete paa samme Maade
som Centurionernes, dog at 10 brændes paa samme
Skib. Da 10 Styrismænd saaledes opveje en Centurio,
og da et Skib vel gjærne talte 40 Mand, har Centurionen
vel anført mindst 400 Mand.

Primipilus betyder hos Saxo Mærkesmanden, den,
der bærer Kompagnifanen⁴). Som Krigernes Officer var
han berettiget til en større Lod af Byttet end sine Sol-
dater (cæterus miles). Han gik forrest i Slagordenen.
og den af Soldaterne, som trængte frem foran ham, blev
belønnet paa forskjellig Maade. Fanebærerens Post be-
klædtes vist altid af en af de mest ansete Mænd⁵).

---

¹) Se Saxo S· 120, 131, 352, 379, 522, 757, 773, 795, 881, 962, 967.

²) Cohors er i øvrigt hos Saxo snart en større, snart en mindre
    Afdeling se S. 705, 711, 732, 733, 749, 761, 898, 983.

³) Saxo S. 216, 238, 379. S. 52 og S. 655 bruges centuriare om
    at bestemme Slagordenen.

⁴) Dette udleder jeg af Følgende. Saxo (S. 510) fortæller om
    Tymmo, at han, da han saa Hærens Faner vige, med en
    Gren paa sin Lansespids vexilli loco gik foran i Slaget og
    bragte atter Rækkerne i Orden. Denne „felix antesignanus"
    blev da af Knud gjort til „primipilus", hvad der jo rimeligst
    forstaas om at han for Fremtiden telv blev Fanebærer. —
    S. 733 læses: Primipilus . . . circumspectis nusquam auxiliis
    signum humi defixum sinistra complexus, dextra propius
    accedentes obtruncat. S. 804: primipilo signa attollere jusso.
    984: Alexandro (Absalonis hic sorore editus erat) primipilo
    . . . Alexander, illato portis signo. Jfr. S. 881.

⁵) Saxo 510: (om Tymmo Sjællandsfar) nec puduit Danorum
    partes splendidissimo aquilifero defectas, plebeii hominis
    ductum, ut obscurum specie ita præclarum eventu, recreatis
    animis, salutis præuium consectari. Jfr. Anm. 4. — Embedet
    som „totius Normanniæ signifer" var i Normandiet et af de
    mest ansete se Will. Gemmet. III. 3, Orderic Vital II. 401.

De menige Soldater vare endelig to Slags, Kæm-
perne (pugiles), de frie og derhos „hethwarthe" Mænd,
der havde lagt sig efter den egentlige Krigskunst og
Vaabenbrug[1]), og den simple Mand, Bonden (agrestes).
Under Begge stode Trællene, hvem de ringeste Gjerninger
vare overdragne.

Modsætningen mellem Kæmper og Bønder belyses
for det Første ved at de til Bytte tagne Vaaben tilfaldt
Kæmperne alene, men ikke Bønderne, der jo ikke havde
Brug for dem; deres Hverv var at udruste Skibene og
skaffe dem frem ved Sejl og Aare; derfor tilfaldt Skibene
alene populares. Forskjellen mellem disse Stænder er
fremdeles betegnet ved det forskjellige Avancement.
Trællen, som udmærkede sig i Krigen, blev fri; Bonden
blev hædret Mand (illustris), og den hædrede Mand eller
Kæmpen blev satrapa[2]).

Man maa nemlig erindre, at der i Følge Saxo kun
fandtes 3 Stænder i Danmark, Trællene, med hvilke
i enkelte Retninger de Frigivne (liberti) sammenstilles,
Bonden eller den jævne Mand (popularis, agrestis) og
endelig de fornemme, ansete og ætstore Mænd

---

[1]) Ogsaa Jomsforbundets Krigere hed Kæmper se Eyrbyggjasaga
c. 29: Bjørn gékk þar í løg þeirra ok var þar kappi kallaðr.
[2]) Saxo 229: Qui vero ex popularibus primipilum in acie anteiret,
ex servo liber, ex agresti illustris evaderet. At si ingenuus
foret, satrapa crearetur. A. D. Jørgensen (l. c. S. 67) lader
Bestemmelsen omhandle de tre Standsklasser: 1. Trælle,
2. Fri, som atter vare a. agrestes b. ingenui og 3. hedvarde
Mænd, som atter vare a. illustres og b. satrapæ. Belønningen
er for 1. Friheden; 2 a. avancerer til 3 a.; 2 b til 3 b.
Jørgensen beskriver 2 a. og b. saaledes, „de ere begge frie
Mænd uden videre Udmærkelse," men agrestis er Innebonden
og ingenuus Hærmanden „den af Ledingsbaand udløste og
skattefrie." Ved at fortolke Lovreglen saaledes, vilde man
komme til den Urimelighed, at 2 a. ikke kunde avancere til
2 b., det vil sige, at Kongen ikke kunde belønne den simple,
fri Mand ved at gjøre ham skattefri, og at den adelige Mand

(nobiles, ingenui, optimates, illustres), i hvilken Klasse
der naturligvis atter var mange Grader efter Ættens
Fornemhed og Berømmelse og efter de Embeder, som
Enhver havde modtaget [1]).

I Hæren træffe vi Medlemmerne af den ædle Stand
(ingenui) som Kæmper og som Mærkesmænd og Høv-
dinger. Men et Skib talte mange pugiles, der anførtes
af en Styrismand, og Skibene sluttede sig atter sammen
under en Centurio eller Satrapa. Først i denne Mand
synes vi at træffe en af de Høvdinger, hvem Komman-
doen sammen med Flere tilkom, og Titlerne Centurio og

(3 a.) ikke kunde blive belønnet med Landets højeste Embeder
(3 b.). Jørgensen maa antage, at Saxo gjør Forskjel mellem
ingenuus og illustris, fordi han bruger to Udtryk, men dette
holder ikke Stik hverken i Følge hans Stil i Almindelighed.
ej heller efter hans Brug af disse to Ord (se næste Anm.) At
ingenuus hos andre Folk i Middelalderen betyder den frie
Mand eller Hærmanden, har aabenbart Intet at sige lige over
for Saxos almindelige Sprogbrug og lige over for den Kjends-
gjerning, at Saxos sproglige Forbillede Valerius Maximus
derved forstaar nobiles (se Saxo 229 Anm. 4).

[1]) Sars I. 135, siger rigtignok, at „Saxo Grammaticus nævner
paa flere Steder „nobiles“ eller „illustres“ ved Siden af de
simple „ingenui““; men saadanne Steder har jeg ikke kunnet
finde. Ingenuus betyder hos Saxo som Egenskab ædel se S. 550,
585, 600, 685, 696. Det anvendes som Standsbetegnelse netop
som Tillægsord til fyrstelige Personer, saaledes S. 58 og
S. 789 ingenuitas om Kongebørns Herkomst, S. 622 ingenua
stirps om Slægtskab med Kongen, S. 811 ingenuus princeps
Conradus. Naar Stærkodder S. 396 kun vil dræbes af en
ingenuus og vælger S. 405 Hader juvenis splendido loco natus,
har det her dog vist Betydningen af illustris. S. 597 siger
Saxo endog, at under Olaf Hunger Adelen af Trang maatte
sælge Kjendetegnet paa sin ingenuitas: nobilibus in eundem
usum ingenuitatis insignia erogare rubori non fuit. Af Ordets
Brug paa S. 288 om den elendige Haarskærer, der bilder sig
ind at være ingenui's Ligemand og S. 81 „apud Saxoniam
ingenui ac liberti necem pari summa rependendam constituit“
kan vel næppe Noget udledes. — En Modsætning til illustris
kan jeg saaledes ikke finde udtalt noget Sted.

Satrapa svare vel saaledes til Betegnelsen Earl fra A.—S. Chronicle.

Saxo indeholder tillige en anden Regel fra Kong Frodes Tid, som maaske giver os Oplysning om paa hvilken forskjellig Maade man kunde slutte sig til disse Høvdinger. Kong Frode skal have givet følgende Regel om hvor meget „de Konger, som vare under hans Magt," skulde give Tropperne i Løn. Patrius domesticusque miles skulde om Vinteren have 3 ℔ Sølv, gregarius aut conductitius 2 ℔ og privatus ac militiæ laboribus defunctus 1 ℔. Det kan vel antages, at ogsaa denne Lov-regel skriver sig fra Vikingetiden, og da Bestemmelsen udtrykkeligt gjælder Lønnen for Vintertiden, er det højst rimeligt, at vi have en Regel for Høvdingens Be-taling til sine Folk, naar de gik i Vinterkvarter. Kongerne gave da de Krigere, som vare deres egne Mænd og aldeles trak sig tilbage fra personlig Tjeneste, 1 ℔, de, som vare hans daglige Tjener, 3 ℔, og de, som bleve under Vaaben som Krigere, men uden at gjøre daglig Tjeneste, 2 ℔. [1] —

Udlandets Annaler tildele, som alt foran sagt, stadigt flere Høvdinger Overanførslen. 871 var saaledes den danske Hær i England delt i to Divisioner; den ene anførtes af de to hedenske Konger Bagsæc og Halfdene, den anden af flere Jarler; i Kampen faldt Kong Bagsæc

---

[1] Saxo 236: Aliam quoque super militum stipendiis consvetudi-nem a subjectis sibi regibus observandam edixit. Patrium domesticumque militem hyberno tempore ternis argenti talentis donari jussit, gregarium aut conductitium binis, privatum ac militiæ laboribus defunctum duntaxat uno. Defunctus maa aabenbart forklares ved Hjælp af Ordene hyberno tempore om den Kriger, som om Vintertid trækker sig tilbage fra militær Tjeneste, men hvem Kongen dog ved en Gave betegner som den, der vedbliver at være hans Mand. A. D. Jørgensen har i sin Fortolkning (l. c. 65) helt oversét Ordene hyberno tempore.

og Jarlerne Sidroc, Asbjørn, Fræne og Harald foruden mange Tusinde andre. 875 nævnes 3 Konger som Anførere, Gudrum, Oskytel og Anwind, og saaledes angives ogsaa i andre Lande Magten over Vikingerne som delt mellem flere Høvdinger; til Ex. vare Zain og Jargna Anførere for Lochlanns Flaade i Irland, og den irske Annal kalder derfor Zain „Halvkonge over Lochlanns"[1]). Høvdingens Stilling til Hæren synes ogsaa klart betegnet ved de Ord i Æthelreds Forlig med de Danske: det er de Beslutninger og Overenskomster, som Kong Æthelred og alle hans Witan sluttede med den Hær, ved hvilken Anlaf, Justin og Gudmund, Stegitans Søn, vare[2]). Dette Forhold har foranlediget den Ytring hos Henrik af Huntingdon, at de Danske i Northumberland regerede „confuse", idet der snart var en, snart to og snart mange Konger[3]).

Hærens Hovedregering synes ikke at have været kontrolleret ned ad til ved raadgivende Forsamlinger af samtlige frie Mænd eller samtlige ingenui. Krønikerne nævne os kun Høvdingerne som kaldte til Raadsforsamlingen, og det vilde jo ogsaa have været saare upraktisk. om Krigerhæren skulde spørges i sin Helhed, hvorved Kommandoen vilde blive lammet og netop tabe den Karakter af Enhed, Resoluthed og Aandsnærværelse. som udmærker Krigsførelsen. Det Højeste, der kunde være Tale om, var at Hæren, naar den gik i Vinterlejr (blev Vinterlid) og ikke længere levede paa Feltfod, gav enhver af de fri Mænd Stemmeret, og dette har jo muligt været Tilfældet, men vi véd Intet derom. —

Hvad der holdt hele dette store Legeme sammen

---

[1]) Three fragments 123: Zain, half king of the Lochlanns.
[2]) Se Schmid, Gesetze der Angelsachsen S. 204.
[3]) Monumenta Britt. I. 751: regnaverunt Daci multo tempore in Nordhumbre . . . confuse autem regnaverunt Daci; ita quod modo ibi unus rex erat, modo duo, modo reguli multi.

var ubetinget Lydighed mod den Overordnede og ubetinget Sammenhold mellem de Sideordnede, thi som Wace (v. 1179) siger:

Tuit furent d'un acort è d'une volenté.

Normannen havde et saa stridigt Sind som Nogen, men ligeoverfor et fælles Formaal maatte al Splid vige. Ligesom efter den nordiske Tro al Tvedragt maatte være banlyst fra et Fartøj, om Fiskefangsten skulde lykkes, og lige som det i det Hele sjældent gik det Skib vel, hvor Mandskabet var uenigt[1]), saaledes var under Krigsførelsen den Opfattelse eneraadende hos Normannerne, at kun under Betingelse af Krigernes Enighed Foretagendet vilde kunne lykkes. Adam af Bremen beskriver derfor Svenskernes Statsforfatning saaledes: De have Konger af gammel Æt, hvis Magt dog afhænger af Folkets Dom; hvad Alle ere enige om at vedtage, bekræfter Kongen, men stundom følge de dog mod deres Villie den Befaling, han udsteder. Derfor synes de hjemme Alle lige i Magt. Men naar de gaa i Kamp, lystre de Alle Kongen eller den Mand, som af ham sættes i Spidsen for Hæren[2]). Lige overfor de endeløse indre Uroligheder og den af Skinsyge oprundne Splid, der ødelagde de vestevropæiske Riger, staar den normanniske Hærs Enighed og Sammenhold som et mærkeligt Fænomen, der aabenbarer en aandelig Modenhed og Evne til at styre og regere hos disse „Barbarer", som langt overgaar det, de kristne og klassisk dannede Samfund paa hint Tidspunkt kunde udvise[3]).

---

[1]) Laxdælasaga c. 14. Fóstrbræðrasaga B. c. 6. Jfr. Weinhold, Altnordisches Leben 72.

[2]) IV. 22; Itaque domi pares esse gaudent. In proelium euntes omnem præbent obedientiam regi vel ei qui doctior ceteris a rege præfertur. Jfr. Saxo 190: Nam etsi nunc Dani dividuis esse sententiis videantur, unanimes tamen mox excipient hostem.

[3]) Jfr. Sars l. c. I. 84.

19

Det har ikke været let at forhandle med Hæren som Helhed, og Fjenden har i den Henseende været vanskelig stillet. Gjaldt det saaledes Forhandlinger om Fred, maatte Overenskomst sluttes med samtlige de Høvdinger, der udgjorde Overkommandoen. Saaledes blev ved Freden 882 Godfred forlenet med Landstrækninger i Frisland, medens de andre Førere Sigfred og Vurm fik en uhyre Sum Penge. Flere af de Brud paa Overenskomster, som Normannerne siges at have gjort sig skyldige i, ere vist hidførte af en Mangel ved Afslutningsmaaden i den berørte Henseende[1]). — En enkelt Gang ses Fjenden med Held at benytte den Vej at forhandle særligt med en enkelt Anfører og bevæge hans Tropper til at drage bort eller slutte Fred. Saaledes vidste Biskop Gauzlin af Paris 886 ved at forhandle særligt med Kong Sigfred, en af Anførerne for Belejringshæren. at bringe ham til at drage bort med sine Mænd. Sigfred opfordrede sine Kammerater til at følge sig, men de kunde ikke bekvemme sig dertil, og han sejlede da alene bort. Dette havde imidlertid til Følge, at da senere paa Aaret Normannerhæren sluttede Forlig med Karl, hvorved der tilstodes den Vinterkvarter i Burgund og Løsepenge for Paris's Befrielse, Sigfred ikke betragtede Forliget som angaaende sig, men løb med sin Flaade gjennem Seinen ind i Oisen hærgende og ødelæggende.

Det er saaledes ikke ret Meget, der lader sig oplyse om Normannerhærens Forfatning. Jeg har imidlertid hidtil skudt en Kilde til Side, hvoraf en Belysning af hint Spørgsmaal muligt vil kunne hentes, nemlig Studiet

---

[1]) Der er saa meget mere Grund til denne Antagelse, som Normannerne i den følgende Tid roses for deres Ordholdenhed.

af de Stats- og Samfundsdannelser, der udgik fra Nor-
mannerhæren.

Hæren blev nemlig i den følgende Tid dels For-
billede for en Række af Krigersamfund, dels det Grund-
lag, paa hvilket de Normannerstater fremstode, der
dannede sig paa de af Hæren betvungne Territorier.
— Hæren var for det Første et Forbillede for flere
Krigersamfund, der optoge en stor Del af dennes Brug
og Sædvaner, men modificerede dem efter de forandrede
Tiders Forhold og efter de forskjellige Formaal, der
vare satte for disse Samfunds Virksomhed. Saaledes
er Jomsvikingesamfundet aabenbart dannet med
Vikingehæren og de i den gamle Vikingetid stiftede Kriger-
kolonier som Forbillede. Jomsforbundet var imidlertid
et udelukkende for Kampglæden og Tilfredsstillelsen ved
Byttetagelsen stiftet Samfund. Alt Familieliv var forvist
fra Borgen, hvor ingen Kvinde, ej heller noget Barn
taaltes. Vikingerne tilstræbte dernæst ingen Land-
vindinger for sig selv, thi de agtede ikke efter et
tilstrækkeligt Maal af Idrætter at forvandle deres Leve-
vis og blive fredelige Jordbesiddere; derimod vare de
villige til at gaa i Tjeneste hos Fyrsterne, dog uden at
løsrive sig fra det gamle Samfund og uden at paatage
sig den lidet yndede Tjeneste i Fredstid.

Hæren og Jomsvikingesamfundet vare atter et For-
billede for Tinglid eller Tingmannalid, hvis For-
fatning blev ordnet af Knud den Store, men som dog
har en ældre Oprindelse. Det var et Samfund af
Krigere under en fælles Lov, af hvis Regler nogle
bevisligt ere laante fra eller dog overensstemmende med
Jomsvikingelovene[1]).

---

[1]) Munch har i N. F. Historie I. 2. 109 paavist Forbindelsen
mellem Tinglid og Jomsvikingeforbundet, medens det fælles
Forbillede for begge hidtil ikke har været paaagtet.

Lignende Samfund vedblev at danne sig i Tidernes Løb. Saaledes er Væringesamfundet i Konstantinopel og de i Begyndelsen af den normanniske Erobring af Italien stiftede Fristater (der strax skulle omtales) udgaaede af denne Udvikling.

De her paaviste Samfund, der dannede sig med Hæren som et Forbillede, kunne give os Vejledning med Hensyn til Belysning af Enkeltheder i Hærens Forfatning. Saaledes er det karakteristisk, at baade i Tingmannalid og Jomsforbundet Grundlaget for det hele Samfund var den frivillige Sammenslutning under en fælles Lov, ved hvilken Samfundets Konstitution var givet. Der er ikke Tvivl om, at Normannerhæren har havt lignende Love, der ubrødeligt maatte holdes. Et Samfund som Hæren, hvis Handlinger bære Præg af at være foretagne uno tenore og paa Grundlag af Regler, hvis Anvendelse kan gjenfindes i forskjellige Lande med lange Tiders Mellemrum, maa have havt en Konstitution, udtalt i en Lov; denne er mulig tabt, men den maa have existeret. — De her nævnte Krigersamfund vare imidlertid ikke ligefremme Udviklinger af Hæren, men kun dannede med denne som Forbillede. De vare sammensatte af mere ensartede Bestanddele, — hvorfor deres Forfatning ogsaa havde en langt mere republikansk Karakter, — og deres Formaal var ogsaa langt mere begrænset.

Vi skulle derefter betragte nogle af de normanniske Statsdannelser, der opstode i de erobrede Lande. — Vi træffe da først paa det nystiftede russiske Rige. Her finde vi en Hersker med et mægtigt Krigerfølge omkring sig, som stadigt bliver raadspurgt i vigtige Anliggender. Igor forhandler saaledes med Følget, da den græske Kejsers Afsendinge ankom med Tilbud om at betale en Afgift, dersom Russerne vilde opgive deres paatænkte Felttog mod ham,

og Bojarerne raade Fyrsten til at modtage Tilbudet[1]).
Disse Mægtiges Stilling belyses af den Replik, som
Nestor lægger Svjatoslav i Munden, da hans Moder Olga
opfordrede ham til at antage Kristendommen: „hvor-
ledes kan jeg alene antage en anden Religion? Mine
Mænd vilde jo le mig ud[2])?" Det er da ogsaa mærke-
ligt at se, hvorledes i de mellem Russer og Grækere
sluttede Overenskomster de russiske Bojarer stilles om-
trent i lige Linie med Fyrsterne. Olegs Traktat begynder
saaledes: „Vi af russisk Æt, Karl, Ingeld, Farlof osv.
osv. ere sendte af Oleg, den russiske Fyrste og af alle
de velbyrdige Bojarer, som ere under hans Haand, . . .
for at opretholde og kundgjøre det i mange Aar mellem
Kristne og Russere bestaaende Venskab, efter vore Fyr-
sters Villie og Befaling, og fra alle Russere, som ere
under vor Fyrstes Haand[3])." Og paa lignende Maade
hedder det i Igors Traktat: „Vi . . . . ere sendte fra
Igor, den russiske Storfyrste og fra alle det russiske
Lands Fyrster og Folk", og der nævnes nu særligt, fra
hvilken af de russiske Mægtige ethvert af Sendebudene
er udskikket[4]).

Den ældste russiske Forfatning fremviser os altsaa
en Styrelsesform, i det Hele svarende til Normanner-
hærens. Fyrsten er begrænset i sin Magt af alle de
andre mægtige Mænd, der med deres Krigerfølger havde
hjulpet ham til at erobre Landet og som endnu hjalp
ham til at bevare det. De ere ham lydige, fordi de
engang have overdraget ham den højeste Magt, og de
tillade, at hans Magt arves af hans Søn, men hans
Regeringsmaade maa stemme overens med deres Ønsker
og Planer, thi i Virkeligheden er han dog ikke mere

---

[1]) Nestor S. 44.
[2]) Nestor S. 56.
[3]) Nestor S. 36.
[4]) Nestor S. 45. Jfr. Bestushew Rjumin, Geschichte I. 84.

end deres Ligemand, og hvis de bleve misfornøjede, vilde de vælge en Anden til Hersker. Forfatningen er saaledes ingenlunde republikansk, men aristokratisk; det er ikke hele Folket, men Bojarerne, Anførerne for de enkelte Krigerskarer, der udtale deres Villie.

Den samtidige Statsdannelse paa Island fandt Sted under Forhold, der i saa høj Grad afvege fra Grundlæggelsen af andre normanniske Kolonier, at den her egentligt ikke kan komme i Betragtning. Øen var jo ikke et betvunget, men et hidtil ubeboet Land, og Kolonisterne havde ikke forinden dannet en Hær og været Hærlovene underkastede. Det er derfor rimeligt, at langt mere af Hjemlandets Forfatning er bevaret i dette Land end i alle de Kolonier, der vare erobrede af Krigerfølgerne og Hærene. Imidlertid fortjener det jo dog at erindres, at den islandske Stat ogsaa viser os et Samfund med udpræget aristokratisk Forfatning.

Vi komme da til Normannernes Statsstiftelser i det vestlige Evropa, hvor de gjøre Bekjendtskab med Lensretten, et Sammenstød, der har været af indgribende Betydning i Verdenshistorien.

Det er bekjendt nok og uomtvistelig sandt, at Normannerne have overordentlige Fortjenester af at have uddannet Lensretten til en stor og fast Bygning, som har holdt Stand næsten gjennem et Aartusinde, at de paa en original Maade have omdannet de lensretlige Grundsætninger, som de forefandt paa vestevropæisk Grund til et langt righoldigere, og dog mere ensartet gjennemført System. Det er fremdeles vist, at Normannerne have været de ivrigste Udbredere af Lensprinciperne, og at de, hvor de kom hen, i England, Italien og Orienten have medbragt og indført Lensforfatningen.

Man føjer imidlertid gjærne hertil en anden Sætning. nemlig den, at Nordboerne i deres Kolonier med

en forbavsende Hurtighed vidste at adoptere
Lensretten og dens forskjellige Sætninger, saa at
Normannerne efter næppe mere end en eller to Slægt-
følger fra de selvstændige frihedselskende Vikinger vare
blevne omskabte til villige Statstjenere, indordnede under
det lensretlige, monarkiske Fyrstendømme og lydigt.
føjende sig efter dets Love. Denne Opfattelse vil findes
saa godt som hos alle Forfattere af Normannernes
Historie, — men dens Rigtighed maa efter min Op-
fattelse bestemt benægtes.   Man kan og maa skjelne
mellem en Tid, da Normannerne kun hyldede den nor-
diske, oligarkisk-aristokratiske Sætning „Vi ere Alle lige"
og modsatte sig et Kongedømme, selv om Kongens
Magt holdtes i Skak af et mægtigt Raad — og en
anden Tid, da Normannerne adopterede Lensstaten efter
fransk Mønster, men dog ejendommelig modificeret,
idet de erkjendte denne Samfundsform for den bedste
for et Folk, der nu var bleven jordbesiddende, men
som dog bevarede sit Ideal af Manden som Kriger.

Vi skulle til dette Øjemed gjennemgaa Hertug-
dømmet Normandiets ældste Forfatningshistorie.

Da den normanniske Hær 912 endelig overtog til
Eje Landskabet Neustrien, af hvilket den alt i længere
Tid faktisk havde besiddet større Landstrækninger,
maatte naturligvis det Spørgsmaal opstaa, om den gamle
Forfatningsform fremdeles skulde bevares, om det endnu
stadigt var Hæren der besad Landet eller om Meningen
var at oprette et Fyrstendømme efter fransk Mønster.
Thi saa meget synes sikkert, at Rollo før Neustriens
Afstaaelse ikkun var en af Hærens mange ligestillede
Anførere.   Allerede i Dudos Beretning ligger, som paa-
vist i 7de Kapitel, indirekte udtalt, at han havde mange
lige saa mægtige Høvdinger ved sin Side.   De franske
Annaler tillægge ham heller ikke anden Stilling.   Fro-

doard siger blot, at Landet afstodes til Normannerne[1]).
og i et af Karl den Enfoldige efter Afstaaelsen af
Hertugdømmet udfærdiget Diplom nævnes som Neu-
striens Besiddere „Seine-Normannerne, nemlig Rollo og
hans Ledsagere"[2]). Først ved Aarene 926 og 928 om-
taler Frodoard Rollo som „princeps eorum".

Det er rimeligt nok, at Normannerne og Frankerne
hver have forstaaet Sit ved hin Overdragelse af det
nordfranske Landskab. „Frankerkongen har vist ment,
at Normannerne skulde besidde Landet som en under
Krønen hørende Provins efter de ·sædvanlige Lensregler.
Dette synes blandt Andet at fremgaa af den bekjendte
Anekdote om hvorledes Kong Karl fordrede af Rollo,
at han som hans Lensmand skulde kysse hans Fod,
hvortil denne imidlertid ikke kunde bekvemme sig; en
af hans Mænd foretog paa hans Vink denne Akt for
ham, men hævede Fyrstens Fod saa højt, at han tumlede
bag over.   Der synes imidlertid ikke at være bleven
betinget nogen særlig Tjeneste af Normannerne[3]), og
et bestemt Prædikat fik Fyrstendømmet i hvert Fald
ikke; thi i hele det første Aarh. efter Afstaaelsen vak-
lede man i sin Betegnelse af Fyrsten, der snart blev
kaldt dux, protector, patritius, comes, rector, snart prin-
ceps og marchio, dog synes comes at være den officielle
og hyppigst anvendte Titel[4]). Senere blev „Hertug" aner-
kjendt som den rette Betegnelse.   Den Rolle, som i

---

[1]) Remens. Hist. IV.   Bouquet Historiens VIII. 163. Chron. 923.
[2]) Bouquet IX. 536: quam annuimus Nortmannis Sequanensibus
    videl. Rolloni suisque comitibus pro tutela regni. Jfr. Waitz
    i Nachrichten von der K. Gesellschaft d. Wiss. in Göttingen 1866.
    S. 85.
[3]) Hugo af Fleury (Pertz IX. 344): dans illi jure beneficii. Dudo
    168: quasi fundum et alodum in sempiternum; 169: in alodo
    et in fundo.   Histoire des ducs de Norm. ed Michel S. 13:
    en franc-fief et en franc-alués sans service faire. Jfr. Waitz l. c.
[4]) Jfr. Lappenberg, Geschichte II. 18.

Følge Dudos Fremstilling Medanførerne havde spillet
som stadige Raadgivere ved den Øverstbefalendes Side,
vedbleve de at indehave under de første Hertuger.
Disse maa meddele deres Følge alle Statsanliggender[1])
og raadspørge dem om vigtige Sager[2]). Den Titel
s e n i o r, hvormed Dudo ofte betegner Hertugerne, synes
derfor meget passende.

Rollo uddelte strax efter sin Daab Landet til sine
mægtige Kammerater, og der er næppe Tvivl' om, at
disse modtoge deres Lodder til Arv og Eje uden anden
Forpligtelse end den at hjælpe Rollo til Forsvar af
Landet. Hvad der skete var kun en Gjentagelse af
hvad der havde fundet Sted 876 i Northumberland, da
Halfdan „delte" Landet, og Hæren derefter pløjede og
saaede det, og 877 i Mercia, da Hæren „delte" en Part
af Landet og overdrog en anden Part til Ceolwulf, og
880, da Hæren fór til Østangel og „gedælde" det. De
Stormænd, hvem Jorden saaledes tildeltes, have sikkert
derefter atter udloddet den til deres Følge. —

Fontanellemunken fortæller end videre, at For-
delingen skete v e d L o d t r æ k n i n g, hvad der passer
med de Herskendes Ligestillethed. Dudo bruger her
følgende Udtryk: I l l a m t e r r a m s u i s f i d e l i b u s
f u n i c u l o d i v i s i t. Alle de Forskere, som have be-
handlet dette Punkt — saaledes S u h m, D e p p i n g,

---

[1]) Dudo 173: Robertidæ comites . . dixerunt . . ‘cur nobis, quod
Karolidæ tibi dixerunt, non innotuisti? 182: Tunc Rollo prin-
cipibus convocatis secretius dixit etc.

[2]) Dudo 183: Audiens autem, Willelmus dux Dacorum, hujus
Britannicæ legationis mandatum, convocat principes North-
mannorum istius rei causa ad consulendum. 185: consultis
Dacorum principibus super his rebus; 187: accersitis princi-
pibus suis consulturus super talibus mandatis; 188: mandat
vobis, ut honorem totius patriæ secum communicetis suoque
in concilio primi et præmaximi cunctis præcellatis; 189: con-
vocatis principibus.

Augustin Thierry, Licquet, Munch, Worsaae, Waitz — forstaa Ordene saaledes, at Rollo paa gammeldansk Vis lod Jorderne rebe. Denne Opfattelse er ganske sikkert urigtig, og da Stedet har maattet tjene som Bevis i saa mange Henseender, finder jeg det nødvendigt at indgaa paa en nøjere Undersøgelse.

Dudos egne Ord maa for det Første vække Betænkelighed mod at forstaa dem om hin danske Maalingsmethode, thi Dudo knytter ikke „funiculo“ til Maalingen (metiri), men derimod til Delingen (dividere)[1]. Jeg kan end videre ikke forstaa, hvorledes Rebning kan være kommet til Anvendelse; thi denne Proces angaar jo her i Danmark altid en enkelt Landsbys indre Forhold og Anvisningen af smaa Grænser; den er fremdeles en Deling efter Bonitering med et vist Fællesskab — kort sagt et helt bestemt teknisk System, som man jo dog umuligt kan tænke sig anvendt ved Rollos Anvisning af Landeparter til sine store Mænd. Det maatte jo dernæst være omtrent umuligt at anvende en Bonitering af Neustriens Jorder, som i lang Tid havde ligget øde. Det Højeste, der kunde være Tale om, var altsaa, at et Reb havde været benyttet ved Delingen, og at Dudo havde optaget en Bemærkning derom, fordi en dansk Skik, der afveg fra frankisk Brug, var faldet ham i Øjnene.

Det har da ogsaa været sagt, at Rebet er karakteristisk som Maalemiddel for de Danske. Olufsen har

---

[1]) Dudo, 170: antequam dividatur terra meis principibus; 171: octavo die expiationis ejus, vestimentis chrismalibus vel baptismalibus exutus, coepit metiri terram verbis suis comitibus, atque largiri fidelibus . . . Securitatem omnibus gentibus in sua terra manere cupientibus fecit. Illam terram suis fidelibus funiculo divisit, universamque diu desertam reædificavit. — I øvrigt er Betydningen af „verbis“ mig uklar, og Ordet maa vist korrigeres.

saaledes (i en anden Sammenhæng) paaberaabt sig føl-
gende gamle Udsagn af Abbed Suger: castrum Gisor-
tium . . . . antiquo fune geometricali Francorum & Da-
norum concorditer metito collimitat. „I mine Tanker
er det den Omstændighed, at de brugte et Reb, som
har været paafaldende for Abbed Suger, eller de Franske;
thi uden Tvivl er Brug af et Reb til Agermaaling en
særegen ældgammel dansk Skik, da Romerne, og efter
dem, de sydlige europæiske Nationer ganske vist brugte
hertil en Maalestang; hvilket jeg slutter af de mange
Agermaal, der findes hos dem og som tyde paa en
Stang, saasom pertica, og deraf pertiché, perche, perch;
rod (engelsk), pol; virga, virge, verge; Ruthe, Rod o. fl.[1])".

Det forekommer mig imidlertid, at der hos Abbed
Suger er udtalt, at baade Franker og Danske maalte
med Reb, og det er vist, at ogsaa andre Nationer
benyttede Rebet som Maal[2]), medens omvendt de Danske
i Normandiet ikke synes at have anvendt Reb, men
Stang (pertica)[3]).

Forstaaelsen af Dudos Ord volder saaledes Vanskelig-
heder, og ingen af de andre ældre Forfattere kan hjælpe
os paa Vej. Willelmus Gemmet. optager ordret Dudos
Sætning, og Waces og Benoîts Fremstilling er saa paa-
virket af senere Tiders Forhold, at man skulde antage,
at Rollo havde været en Fyrste fra det 12te Aarh., der
uddelte Len til sine Mægtige.

I Følge min Opfattelse har funiculo divisit kun
samme Betydning som det angelsaksiske „gedælde":
Rollo lod Landet dele i ligestore Parter, og efter Lod-

---

[1]) K. D. Vidensk. Selskabs phil. og hist. Afhandlinger I. 296.

[2]) Se til Ex. Helmold I. 83: comes fecit mensurari terram funi-
culo brevi et nostratibus incognito.

[3]) Se L. Delisle, condition de la classe agricole. S. 530: Dog
findes funiculus og funis anvendte som Maal hos Will. Gemmet.
VIII. 15. Duchesne 300. C.

trækning fordeltes disse mellem de Mægtige i hans Følge. Dudo lader nemlig Rollo paa et andet Sted (S. 182) sige til sine Høvdinge: „terra, quam sorte dedi vobis," hvorved sikkert menes det Samme som Fontanellekrønikens auspicio sortium (ved Lodtrækning); og da Dudo nu ikke tidligere har omtalt, at Lodtrækning fandt Sted, tør man slutte, at dette ligger i de nævnte to Ord. At disse ikke behøve at betyde andet end den simple Fordeling ved Lodtrækning uden Hensyn til noget Reb, vil fremgaa af følgende Parallelsteder. Will. Gemmet. VIII. 15: ex qua genuit duos filios, Willelmum de Britolio, qui post decessum eius terram, quam habebat in Normannia, habuit; & Rogerium, cui Comitatus Herefordi funiculo distributionis euenit. Da den ene Søn faar de normanniske, den Anden de engelske Besiddelser, kan der ikke have været Tale om en Rebning eller Maaling. Helmoldi chron. sclav. I. 91: Heinricus comes de Racesburg . . adduxit multitudinem populorum de Westfalia, ut incolerent terram Polaborum et divisit eis terram in funiculo distributionis.

Sagen er nemlig den, at funiculus er et i Vulgata og især i det gamle Testament meget hyppigt forekommende Ord, som navnlig har maattet overtage de forskjellige Betydninger af det hebraiske Ord ‚chebel‘, dels Reb, dels den ved Rebet udmaalte Lod eller Part; jfr. saaledes Psalme 77: ejecit a facie eorum gentes et sorte divisit eis terram in funiculo distributionis; 104: tibi dabo terram Chanaan funiculum hereditatis vestræ. Middelalderens Forfattere have adopteret funiculus som gængs Udtryk i disse forskjellige Betydninger, jfr. f. Ex. om den udloddede Del Pertz I. 588: funiculo hæreditatis divinitus sibi collato pacifice frui; XXI. 99: contentus funiculo portionis sibi permisse. — Heraf fremgaar, at Dudo ved sit funiculo divisit slet ikke særligt har tænkt paa et Reb som Maalemiddel. Hans Beretning er holdt i gammeltestamentlig Tone, og han har beskrevet, hvorledes Rollo paa hver af de syv Dage, Daaben varer, tildeler en gejstlig Stiftelse Jordegods; han benytter da til Beskrivelsen af den 8de Dags Gjerning denne bibelske Vending[1]). —

Dudo nævner Intet om at Rollo fik sin Part af Landet ved den stedfundne Deling, men han kan jo aabenbart ikke have været stillet værre end sine Ligemænd, og Gaufred Malaterra omtaler udtrykkeligt, at Rollo før Fordelingen beholdt nogle større Besiddelser for sig[2]). —

Den normanniske Forfatning ved Rollos Død kan vist derfor beskrives saaledes, at Hertugen styrede Landet som en fra frankisk Side uafhængig Fyrste, medens han med Hensyn til den indre Styrelse havde et Raad ved sin Side, hvis enkelte Medlemmer følte sig omtrent lige saa mægtige som selve Fyrsten. Dette Sidste fremgaar da ogsaa klart af det Oprør, der udbrød under Rollos Søn Vilhelm.

Tilvæxt i ydre Vælde giver, som bekjendt, let Fyrsten Tilvæxt i Herskermagt. De normanniske Stormænd, der opfattede sig som Fyrstens pares, maatte naturligvis nære stor Frygt for at han ved lykkelige Krige eller Forbindelser med Fremmede skulde voxe dem over Hovedet. Strax efter Rollos Død havde Bretagnerne gjort Oprør og vare blevne undertvungne. Vilhelm havde end videre af Kong Rudolf 933 faaet skjænket eller konfirmeret Besiddelsen af terra Britonum, et

---

[1]) Det er af Vigtighed, at denne forskjellige Brug af funiculus bliver Forskerne klar, da Ordet forekommer saa ofte i Middelalderens Sprogbrug. Det vil saaledes ses, at danske Aktstykkers „secundum funiculum distributionis" ingenlunde med Nødvendighed behøver at hentyde paa den tekniske Rebning.

[2]) Liber I. c. 2: inter suos, prout convenire cognoscebat, distribuit pretiosiora quæque pro suis usibus reservans.

Kystland i Bretagne; om han end maaske ikke herved
fik sin Magt udstrakt over nye Landstrækninger, synes
han i hvert Fald at have faaet større Raadighed over
disse; de vare blevne mere end Skatlande. Vilhelm havde
desuden sluttet nøje Forbindelse med Frankerne og deres
Fyrster. Det begynder at gjære i de nordiske, frihedsel-
skende Gemytter, stærkest naturligvis i Bessin og Cotentin.
Riulf, en Nordbo, ægger en Del andre Mægtige til Oprør.
Han forestiller dem, at Vilhelm, deres „senior“, vilde
benytte sine venskabelige Forbindelser med Frankrig til
efterhaanden at fordrive Landets mægtige Nordboer og
indkalde Fremmede, samt underkaste de Tilbageblivende
Trældomsaag. Man burde derfor sende Bud til Vilhelm
og fordre en Afstaaelse af Landet Vest for Risle, (en
Flod, der falder i Havet Vest for Seinemundingen), ved
hvilken Forlening man kunde faa Raadighed over et
betydeligt Antal Krigere. „Vi ville da blive mægtigere
end ham i Rigdom og Magt, og han kun større end
os i Navn“[1]).

　　Her støde vi altsaa paa den gamle Sætning
„vi ere Alle lige i Magt,“ og „Kongen rager kun
ved sit Navn frem over Landets andre Mægtige.“
Denne Tanke faar senere et endnu djærvere Udtryk.
Vilhelm havde i et Forsøg paa at forsone de Misfor-
nøjede lovet dem den fordrede Landstrækning, ja endog
Landet lige til Seinen. De Sammensvorne vare imidlertid
blevne saa overmodige, at de ikke blot nægtede at mod-
tage hans Tilbud, men svarede hans Udsendinge: „det
Land, som han lover os, kan han ikke give, thi Ingen
kan skjænke, hvad han ikke ejer“[2]). Heraf fremgaar

---

[1]) Dudo 187: Hincque potentiores eo erimus fortuna et virtute,
　　ille tantum nobis nomine.
[2]) Dudo 189: terra vero, quam repromittit nobis, dono ejus non
　　dabitur, quia dari non potest, quod non habetur.

klart, at de nordiske Høvdinger ansaa sig lige saa
mægtige og lige saa berettigede til at styre Landet,
som Fyrsten, og Oprøret repræsenterer derfor en Kamp
mod det begyndende Monarki[1]).

Oprørerne naaede imidlertid ikke at faa deres Planer
sat igjennem. En Del andre danske Høvdinger indsaa,
at Forfatningen maatte undergaa en Forandring nu, da
Folket ikke længer udgjorde en Krigerhær, og at Provin-
sens egen Bestaaen krævede Antagelsen af en Statsform,
der svarede til Provinsens Stilling mellem andre Dele af det
frankiske Rige. Disse Mænd opfordrede Vilhelm til at for-
søge en Kamp, ja truede ham med at ville vende tilbage til
Danmark, om han ikke greb til Vaaben. Vilhelm drog
da mod Oprørerne og slog dem. Hermed var Fyrsten-
dømmet grundlagt, og Vilhelm sad en Stund roligt i
sit Rige, indtil han med sit Liv bødede for den vundne
Sejr. Det kan i Følge Kilderne nemlig ikke betvivles,
at enkelte af Normandiets Stormænd deltoge i den
Sammensværgelse, der havde Vilhelms Død for flanderske
Mænds Sværd til Følge, og Krønikerne angive endog,
at disse Mænd hævnede den Uret eller Vold, som var
bleven dem tilføjet i det første Oprør[2]).

Da Vilhelm myrdedes, var hans Søn Richard kun
10 Aar gammel. Efter almindelige Lensregler maatte i
saadant Fald den frankiske Konge være berettiget til
at tage Lenet under sin Bestyrelse og sørge for den
umyndige Arvings Opdragelse, thi Lenet havde Ingen,
som kunde paatage sig Opfyldelsen af Vasallens militære
Pligter. Her var altsaa et Tidspunkt, da det skulde
vise sig, om Fyrstendømmet indtog en særlig Stilling i
Riget eller fulgte de almindelige Regler om Rigets Len.
Ludvig drager til Rouen og gjør sine Rettigheden gjæl-

---

[1]) Lappenberg (Geschichte II. 22) har ikke forstaaet dette Oprørs
   Betydning. Se derimod Licquet I. 108 og især Lair 79 ff.
[2]) Lair 84—85.

dende; en fransk og en normannisk Administrator blive indsatte til at styre Landet, og den unge Richard sendes til Opdragelse i Frankrig. Denne Indblanding fra fransk Side vækker imidlertid de endnu hedenske Normanners Misfornøjelse, og et Oprør udbryder, ledet af Normannen Thurmod, der var faldet tilbage til Hedenskabet. Senere vide Normannerne at frelse den unge Prins ved Flugt bort fra den franske Konge, og der udbryder aabenbar Krig. Harald Blaatand hidkaldes til Hjælp, og Kong Ludvig lider et Nederlag. — Hele denne Episode er præget af Normannernes Frihedssind og deres Modstand mod Fremmedes Indblanding; den viser os, hvor mange hedenske Elementer der endnu vare bevarede i Landet, medens dog Provinsens Befolkning allerede da maa være voxet sammen til en Enhed, thi alle Landets Egne ere lige enige i deres Modstand mod Frankerkongen og lige ivrige i deres Omsorg for den unge Fyrste.

Til Belysning af Spørgsmaalet om Lensrettens Indtrængen i Normandiet er det i Richard II's første Regeringsaar indtrufne Bondeoprør aabenbart af stor Vigtighed. Desværre ere Kilderne til Oplysning herom sparsomme eller, rettere sagt, vi have kun Vilhelm af Jumiéges's ordknappe Beretning. Roman de Rou og Benoît[1] beskrive ganske vist Oprøret, men paa en Maade, der er forskjellig fra Vilhelms, og som tillige i saa mange Punkter er paaklædt en senere Tids Stemninger og Former, at Beretningen saare godt belyser Bøndernes Tilstand i det 12te Aarh., men ikke paa hin Tid. Imidlertid er saa meget vist, at Oprøret udsprang af Bøndernes Uvillie mod forskjellige feodalistiske Paalæg. Spørgsmaalet bliver kun, om det var Modstand mod noget nyt Indført eller mod altfor stræng Haandhæven af den gjældende Ret. Vilhelm af

---

[1] Wace I. 303 ff. Benoît II. 389 ff.

Jumiéges's Ord synes mig her at være afgjørende: Bønderne besluttede at leve efter eget Forgodtbefindende, saaledes at de brugte deres egne Love (og altsaa satte sig selv Ret) angaaende Brugen af Skovene og Vandene, hvori f ø r ingen Lovregel havde lagt dem Hindringer[1]). Denne Opstand havde skjult strakt sig ud over hele Normandiet, og man skulde netop fra de enkelte Egne sende Afsendinge til et Fællesmøde i Landets Midte, da Sammensværgelsen blev opdaget, Afsendingerne bleve grebne og grusomt straffede. Vilhelm synes altsaa bestemt at sige, at B ø n d e r n e vægrede sig m o d n o g e t n y l i g t Paalagt. Nu er det vel imidlertid ikke rimeligt, at man har indført i Normandiet p a a én Gang alle de i Naboprovinserne gjældende feodalistiske Coutumer og de dér gængse Afgifter; enkelte af dem kunne vist endog efter Kilderne forfølges noget længere tilbage i Tiden end Bondeoprøret. I Provinsens mere eller mindre af danske Kolonister bebyggede Egne have sandsynligvis forskjellige Regler været gjældende, de fra Norden nyankomne Beboere have længst vægret sig ved den lensretlige Afhængighed; endelig har man søgt at indføre disse Sætninger i større Maalestok og over større Landskaber, og da er Modstanden vaagnet.

Man kan altsaa maaske antage, at i det 11te Aarhundredes Begyndelse Lensvæsnet og Lensprinciperne vare trængte ind gjennem alle Samfundets Lag og mellem alle Stænder. Imidlertid er det rimeligt, at Normannerne kun langsomt have vænnet sig til dets strænge Former og først efterhaanden have vidst at omdanne det Lensvæsen, som de saa omkring sig, til et System, der passede til deres Folkekarakter og deres Formaal.

---

[1]) Will. Gemmet. V. 2: juxta suos libitus vivere decernebant. Quatenus tam in sylvarum compendiis quam in aquarum commerciis nullo obsistente ante statuti juris obice legibus uterentur suis.

At Normannerne endnu i det 11te Aarhundredes Be-
gyndelse havde et Statsideal, der lovede de Enkelte en
langt større Uafhængighed og Selvstændighed og som
byggede mere paa Lighedsprinciperne fra den gamle
Vikingetid, fremgaar nemlig klart af Normannernes
Statsgrundlæggelser i Syditalien, som jeg der-
for kortelig skal gjennemgaa.

Henved Tiden 1016 vendte 40 normanniske Pille-
grimme hjem fra Palæstina til Italien og vilde fortsætte
videre til Normandiet.   Netop som de opholdt sig i
Salerno, var en stor saracensk Flaade løbet ind i
Bugten; Salernitanerfyrsten Gaimar var alt beredt paa
at ville betale Araberne den Tribut, de fordrede, da
Normannerne tilbød at kæmpe med dem.   Sejren fulgte
de nordiske Krigere, og Araberne toge Flugten. Gai-
mar ønskede da at beholde Normannerne i sin Tjeneste,
men disse længtes efter saa lang Tids Fraværelse til
deres Hjem.   De opfordrede ham imidlertid til at hid-
kalde Krigere fra Normandiet.   Han lod da Udsendinge
med rige Gaver og Prøver paa alle Sydens Rigdomme
rejse til Normandiet for at lokke unge Mænd til Ud-
vandring.   Forsøget lykkedes ogsaa, idet ikke blot flere
af de nys hjemvendte Normanner, men tillige andre
hjemmesiddende Ynglinge begave sig til Salerno og gik
i Gaimars Tjeneste.

En af disse Udvandrere, Asmund Drengot (jfr. Hede-
byrunestenens: tregr harþa guþr), traf sammen med den
af Grækerne landsforviste Melo fra Bari, og de beslut-
tede at forsøge paa at betvinge Grækerne i Syditalien
ved Hjælp af hidkaldte Normanner.   De udsendte en
Opfordring til Hjemlandet, og denne blev saare gunstigt
modtaget; nu da der ikke længere var Tale om Tjeneste
som lønnede Krigere hos en fremmed Hersker, men om
Stiftelsen af et nyt Rige i et herligt og frugtbart Land
— nu droge Normannerne bort i store Skarer. I Aaret

1017 ankom ikke mindre end 3000 normanniske Krigere
til Italien.   Heldet fulgte i Begyndelsen deres Vaaben,
men senere var Krigslykken paa Grækernes Side, og
Normannernes Hær svandt efter flere Nederlag ind
til en lille Hob.   Da alle andre Udsigter vare luk-
kede, nødtes disse tilsidst til at træde i salernitansk
Tjeneste.

Men Væringerlivet var ikke Normannernes højeste
Maal; de toge til Takke dermed, naar intet Bedre
kunde faas.   Aimé karakteriserer i Begyndelsen af sin
Bog træffende Normannerne saaledes: „et non firent
ceste gent secont la costumance de moult qui vont
par lo monde, liquel se metent à servir autre, mès
simillance de li antique chevalier et voilloient avoir
toute gent en lor subjettion et en lor seignorie.“
Væringerlivets Blomstring falder jo derfor først i Nor-
mannertidens 3die og sidste Periode.

Det varede ej længe før Normannerne bleve uenige
med Salernerfyrsten, opsagde ham deres Tjeneste og
droge ud i Kampanien, hvor de byggede sig en Skanse,
og valgte en af deres Midte, Rainulf, til deres An-
fører.   Da denne Kondottierestat havde hjulpet Hertug
Sergio med Tilbageerobringen af Neapel, skjænkede
han dem en Landstrækning, paa hvilken de byggede
Fæstningen Aversa la Normanna og grundede en Fristat.

Imidlertid vare nye Krigere ankomne fra Norman-
diet og deriblandt Tancred af Hautevilles Sønner Vil-
helm, Drogo og Humfred.   Da der netop da var Strid
mellem Capuas og Salernos Fyrster, traadte de i den
Sidstes Tjeneste og udrettede store Gjerninger.   Det
østromerske Hof besluttede netop paa den Tid at for-
søge paa at tilbageerobre Sicilien fra Araberne, og det
erhvervede da de salernitanske Normanner til sine
Hjælpere.   Normannerne droge til Sicilien og sloge i
Forening med Grækerne Araberne i flere mindeværdige

20*

Slag. Men Grækerne tilranede sig alt Byttet og behandlede overhovedet Normannerne med Haan, hvorfor disse fortørnede droge tilbage til Apulien. Det blev nu disse Krigeres store Maal i Forening med Normannerne i Aversa at fordrive Grækerne fra Syditalien og selv overtage Herredømmet. — En stor græsk Hær under Anførsel af Statholderen Michael Dokeanos drog ud imod Normannerne; men de nordiske Krigere vandt flere stolte og afgjørende Kampe. Snart var Erobringen fuldført[1]. og i Aaret 1043 kunde Normannerne indrette sig i Syditalien efter deres egne Ideer.

De indførte da en Forfatning for det erobrede Rige, grundet paa de normanniske Sætninger: vi ere Alle lige, og: En bør være Herre, men kun af Navn. Det erobrede Land blev ikke udstykket mellem Høvdingerne, men de tolv mægtigste Normanner, der havde været Anførere for de enkelte Krigerfølger, regerede det i Forening. Dog blev Vilhelm med Jernarmen valgt til primus inter pares; Broderen Drogo 'fulgte ham senere i denne Stilling. Hovedstaden skulde Melfi være og Byen indrettedes saaledes at den klart angav de Mægtiges Ligestilling; hver af de 12 Høvdinger fik et Kvarter af Byen for sig, og der blev bygget en Bolig for hver af de 12 Høvdinger[2].

Denne Forfatning blev imidlertid ikke længe efter omgjort saaledes, at man nu delte det erobrede Land, som man hidtil havde delt Melfi[3]. · Man udmaalte

---

[1] Jfr. nærmere Gauttier d'Arc, Histoire des conquêtes des Normands en Italie I og Amari, Storia dei Musulmani di Sicilia. III.

[2] Guill. Appulus (Muratori, Scriptores V. 256): Pro numero comitum bis sex statuere plateas Atque domus comitum totidem fabricantur in urbe.

[3] Guill. Appul. fortæller vist mindre rigtigt disse to Delinger i omvendt Orden.

Landet i 12 Landskaber med en Hovedstad i hver, og
hver Fyrste fik sin Landsdel, hvori han skulde herske
med sit Følge. De skulde Alle have Titel af Greve,
og deres Magt skulde sandsynligvis gaa i Arv til deres
Sønner; men i øvrigt synes de ikke at have havt nogen
Lenspligt eller Skattepligt mod deres primus. Melfi
skulde som Centrum være Alles Fælleseje. — Der er
ikke Tvivl om at Lodtrækning jo blev anvendt ved For-
delingen[1]), og saaledes „gedælde" endnu engang en
normannisk Hær et erobret Land!

I denne Forfatning indtraadte i Løbet af nogle
Aartier den samme Forandring, som havde
fulgt paa de tidligere normanniske Stats-
anlæg. Man indsaa efterhaanden, at en monarkisk
Stat med Lensforfatning afgav det mest praktiske Rege-
ringssystem. Tredive Aar efter den omtalte Deling var
derfor af Apuliens Grever Primus steget til Hertug og
med en saadan Fyrstes Magt. —

Det er imidlertid lige saa sikkert, at den monar-
kiske Lensstat ogsaa i Syditalien først langsomt arbej-
dede sig frem af den Forfatning, som var bleven Nor-
mannerne den kjæreste. Som et Bevis paa hvor nødigt
de normanniske Høvdinger bøjede sig under Lensvæsnets
Fordringer, skal jeg endnu anføre ét Faktum. En lom-
bardisk Fyrste bad Robert Guiscard om hans Datter til

---

[1]) Muratori V. 255-56:

. . . . Numero cum viribus aucto
Omnes conveniunt et bis sex nobiliores,
Quos genus et gravitas morum decorabat et ætas,
elegere duces: provectis ad comitatum
his alii parent; comitatus nomen honoris,
quo donantur erat. Hi totas undique terras
divisere sibi, ni sors inimica repugnet,
singula proponunt loca, quæ contingere sorte
cuique duci debent et quæque tributa locorum.
Hac ad bella simul festinant conditione.

Hustru for sin Søn (1079), og efter at Robert havde raadført sig med sine Mænd, blev Ægteskabet bestemt og Brylluppet fastsat. Nu fordrede Robert imidlertid Aides, Bryllupshjælp, af sine Høvdinger, hvilken Afgift, som bekjendt, en Lensherre er berettiget til at fordre af sin Vasal. Dette Forlangende vakte stor Harme hos Høvdingerne, som tykte sig satte i Skat, ja de lagde endog Planer om Oprør. Det kom imidlertid til sidst til Forlig, og Udgiften blev udredet[1]. Men saa længe bevarede sig dog altsaa endnu den gamle Samfundsopfattelse og de gamle Statsidealer!

---

[1] Muratori V. 267.

Tolvte Kapitel.

Kong Frodes Love.

— — —

Observandum est, in traditionibus
popularibus neque regiones, neque
populos accurate describi.
    P. E. Müller, notæ uberiores in hi-
storiam Saxonis 87.

I.

Kong Frode den Tredie, den Fredegode, er
som bekjendt en af den danske Sagntids berømmeligste
Konger, lige vældig i Krigens og i Fredens Gjerning.
Han bestod uhyre Kampe med forskjellige Folkeslag i
Øst og Vest af Evropa, og Sejren fulgte overalt hans
Vaaben, saa at han kunde indsætte Underkonger i Holm-
gaard og Kænugaard (i Rusland), i Estland og Saksland,
i Lapland, Norge og paa Orkneyøerne, — 220 Konger
stode i Alt under hans Scepter. Kong Frode var
dernæst Oldtidens berømteste Lovgiver; han indførte
danske Love i de erobrede Lande (saaledes i Norge og
Rusland), og han gav en stor Del Love for sine danske
Krigere og for Hjemlandets øvrige Borgere.

Om de sidste Love beretter Saxo saaledes (S. 225
—230): .

Rex recentis victoriæ titulis evectus, ne justitia quam
armis defectior videretur, novis exercitum legibus formare
constituit, quarum præsens quasdam ritus usurpat, quasdam

arbitraria juris novitas abolevit. [§ 1.] Edixit enim, ut primi-
pilus quisque, prædæ partitione facta, majorem cætero milite
portionem acciperet; ducibus vero, quibus in acie signa ante-
ferri solerent, dignitatis causa captivum concessit aurum. Gre-
garium vero militem argento voluit esse contentum. Arma ad
pugiles redundare, captiva navigia popularibus cedere jussit,
utpote eis debita, quibus condendi rates instruendique jus esset.
[§ 2.] Præterea sanxit, ne quis rem familiarem seris mandare
præsumeret, duplum ex fisco regis amissorum pretium recepturus.
Quam si quis arcarum claustris observandam duxisset, aureæ
libræ regi debitor fieret. [§ 3.] Statuit etiam, ut in eum, qui
furi ignosceret, furti pæna recideret. [§ 4.] Præterea, si quis
in acie primus fugam capesseret, a communi jure alienus
existeret. [§ 5.] At ubi in Daniam rediit, ut, quicquid Grep
sinistra morum usurpatione corruperat, bonis artibus expiaret,
arbitrariam fæminis nubendi potestatem indulsit, ne qua tori
coactio fieret. Itaque lege cavit, ut eis in matrimonium cede-
rent, quibus inconsulto patre nupsissent. [§ 6.] At si libera
consensisset in servum, ejus conditionem æquaret, libertatisque
beneficio spoliata servilis fortunæ statum indueret. [§ 7.] Ma-
ribus quoque, quamcunque primitus cognovissent, ducendi legem
inflixit. [§ 8.] Adulteros a veris conjugibus corporum parte
spoliandos constituit, quo minus continentia flagitiis elideretur.
[§ 9.] Edixit quoque, ut, si Danus Dano rapinam infligeret,
duplum rependeret ac violatæ pacis crimine censeretur. [§ 10.]
At si quis rem furto quæsitam ad alienam domum perferret,
hospesque post illum ædis suæ fores obcluderet, bonorum
omnium pænam incurreret atque in concione coram omnibus
vapularet, quod se eidem delicto obnoxium fecisse videretur.
[§ 11.] Præterea, quisquis exulum patriæ suæ hostis evaderet,
aut inimicum civibus scutum afferret, rerum ac vitæ periculo
pænas lueret. [§ 12.] Si quis autem ad exequendum regis
imperium ob animi contumaciam piger existeret, exilio mulc-
taretur. Solebat namque sagitta lignea ferreæ speciem habens
nuntii loco viritim per omnes mitti, quoties repentina belli
necessitas incidisset. [§ 13.] Qui vero ex popularibus primi-
pilum in acie anteiret, ex servo liber, ex agresti illustris eva-

deret. At si ingenuus foret, satrapa crearetur. Tanta olim audaces stipendia merebantur. Adeo veteres nobilitatem fortitudini tribuendam putabant. Siquidem non fortunæ virtutem, sed virtuti fortunam deferri oportere, existimatum est. [§ 14.] Præcepit quoque, ne lis ulla jurisjurandi fide aut pignerum positione contraheretur; qui vero alium pignus secum ponere jussisset, eidem aureæ libræ dimidium solveret; alioqui gravem corporis mulctam subiret. Providerat enim rex, ex pignerum positione maximas litium causas incidere posse. De qualibet vero controversia ferro decerni sanxit, speciosius viribus quam verbis confligendum existimans. Quod si alter dimicantium relato pede prænotati orbis gyrum excederet, perinde ac victus causæ detrimentum reciperet. Sin autem quavis de re pugilem popularis impeteret, ipsum armatus exciperet, cubitali duntaxat stipite pugnaturum. [§ 15.] Quin etiam cladem Dani ab alienigena oppressi duorum cæde sarciendam instituit.

Vi skulle nu først kortelig gjennemgaa disse Love for at faa Rede paa, for hvem Kong Frode egentlig har givet dem. Saxo har lige før Lovene omtalt Frodes Sejrvinding over Slavernes Konge Strunico, og Fortællingen er altsaa standset i Udlandet; fremdeles siger han udtrykkeligt, at Lovenes § 5 var givet, da Frode vendte hjem til Danmark, altsaa maa man antage de første Bestemmelser givne i Udlandet. — Saxo siger end videre, at de vare givne for Hæren (exercitus). Den første § om Byttets Deling er da ogsaa fuldkommen militarisk. § 2 forbyder at gjemme nogen Gjenstand under Laas og Lukke, og § 3 straffer den, som tilgiver Tyven, med Tyvsstraf; hvorfor disse Bestemmelser skulle være givne for Soldaterne alene og ikke for Landets samtlige Borgere, er det vanskeligt at forstaa; paa Krigsfod var der i hvert Fald næppe Lejlighed til at gjemme Noget bag Laas og Bom. § 4 er derimod atter en Krigsartikel om Flugt fra Slaget. § 5, der siges givet hjemme i Danmark, bestemmer, at Kvinden skal tage til Ægte efter eget Valg. Rosenvinge, der i Notæ

uberiores har skrevet en Kommentar til disse Love,
udtaler, at Bestemmelsen slet ikke passer med de gamle
Loves Regler om Giftningsmandens og Slægtningenes
Samtykke, og ligesaa besynderlig synes § 7 om Forplig-
telsen til at ægte den Kvinde, man har staaet i Forhold
til. I § 9 hedder det dernæst: si Danus Dano rapinam
infligeret, duplum rependeret etc. Dette er jo en ganske
forunderlig Vending! Saxo har selv antydet, at
disse Love bleve givne hjemme i Danmark; hvor kan det
da falde ham ind særligt at betone, at det er en Dansk,
som foruretter en Dansk? — § 13 foreskriver Belønning
for den Kriger, der udmærker sig i Kampen, og her
falde vi altsaa tilbage mellem Bestemmelser, der maa
være givne for Krigere. § 14 giver nogle Procesregler.
§ 15 om clades Dani ab alienigena synes paa ny at
angaa Forholdene i Udlandet og de internationale
Forbindelser!

Hvad skal man vel nu antage om denne Række
Lovbestemmelser? De frembyde aabenbart alvorlige
Vanskeligheder for Fortolkningen; man leder forgjæves
efter et Vink til Løsningen, blot en Stump af det Baand,
som holder dem sammen; kunde man kun finde en Antyd-
ning til den rette Løsning, vilde man vist vove at kaste
et enkelt af Saxos Udtryk bort; den lille Del, der
spildtes, kunde muligt redde Helheden. Desuden, —
hvad kan det være for Love, som Saxo eller Sagnet
mindes som gamle danske Love, uagtet de eller flere
af dem erklæres for forældede? Og hvorfor er netop
denne Kreds af Bestemmelser knyttet til hinanden?

At Saxo har misforstaaet sin Kilde eller været uvis
om dens rette Betydning fremgaar tilstrækkelig klart
af hans hele Fremstilling. Saaledes er Modsætningen
mellem Indledningen, at Kong Frode „besluttede at give
nye Love for Hæren," og Lovens mange Bestemmelser

om civile Forhold, aldeles paafaldende, og ikke mindre
den indskudte Sætning: „ubi in Daniam rediit." —

Den Løsning forekommer mig at ligge nær, at
Loven maa betragtes som givet for den i Ud-
landet staaende Vikingehær. Saxo har truffet
paa Ordet Hær, og i sit Ubekjendtskab med Norman-
nertiden har han ikke vidst, at dette var Betegnelsen
for den i Udlandet staaende Vikingeskare med alle dens
Bestanddele af Krigere, Kvinder, Børn og Trælle, for
hvilket Samfund derfor Love baade om civile og militære
Forhold vare nødvendige.

Opfatter man Loven som skrevet for denne Hær,
blive dens mange Bestemmelser om civile Forhold for-
staaelige; da Loven er skrevet for Danske i Udlandet,
kan man forstaa et Udtryk som hint: si Danus Dano etc.
og ligesaa en Bestemmelse af saa stor Strænghed, som
den, at en Dansks Død skal sones med to Udlændinges.
Saa vil der, som den følgende specielle Undersøgelse
skal vise, blive Mening i mange af de hidtil ikke for-
staaede Regler.

Det eneste, som bliver at stryge af Saxos
Text, er da hans Bemærkning om at Kong Frode gav
Reglen om Kvindernes frie Valg af Ægtemand „ubi in
Daniam rediit". Dette kunne vi imidlertid gjøre med
stor Sindsro, thi Saxo angiver selv hvorfor han hen-
fører den til Danmark: „ut [Frotho] quicquid Grep
sinistra morum usurpatione corruperat, bonis artibus
expiaret." I Begyndelsen af Kong Frodes Regering
havde nemlig en Kæmpe Grep med sine Brødre efter-
stræbt baade Piger og Koner med ublu Begjær og
voldeligt tvunget mangen Kvinde til at føje sig efter
deres sanselige Lyst. Ingen Familie følte sig sikker, og
selv Kongens Søster var udsat for deres ustyrlige Anfald.
Saxo har nu villet sætte Kong Frodes Bestemmelse om
Kvindens Ret til selv at vælge sig Mand i Forbindelse

med hine ulykkelige Scener fra Kongens første Rege-
ringstid. Enhver vil imidlertid se, at denne Forbindelse
er ganske umotiveret, thi hvad har disse Mænds Uret mod
de ugifte Kvinder at gjøre med Kvindernes Ret til selv
at vælge sig Ægtemand? — Der er saaledes ingensom-
helst Grund til at beholde Saxos forvirrende Tilsætning[1]).

II.

Jeg tror altsaa, at man ved Kritik af Saxos
Text maa komme til det Resultat, at disse Love ere
givne for Hæren i Udlandet.   Det næste Trin i Studiet
maa da være en Undersøgelse af om Kong Frodes Love
indeholde ældre dansk Ret og den Ret, der var
gjældende i Normannertiden.   Det vil til dette
Øjemed være nødvendigt at gjennemgaa de enkelte
Bestemmelser.

§ 1 giver de Regler om Byttets Deling, som
allerede ere behandlede i forrige Kapitel. Byttet klassi-
ficeres efter sin Art saaledes, at Guldet bliver Høvdin-
gens, Vaabnene Kæmpernes og Skibene Bøndernes;
Resten bliver Alles[2]).   Mærkesmanden tager en noget
større Lod end Kammeraterne, ellers tager Enhver lige
Part.   Det er vist nok, at i Vikingetiden alt Bytte blev
samlet til Bunke og undergik en lovformelig Deling i
Høvdingernes og særlig Mærkesmandens Paasyn[3]).   En

---

[1]) I det Hele maa det vel være en almindelig Regel for Fortolk-
  ningen af Saxos Oldtid, at man først udfinder, hvorledes det
  af Saxo Gjengivne kan have set ud i Virkeligheden eller i
  Sagnfremstillingen, og derefter tager Hensyn til Saxos Ræson-
  nementer og Motiveringer. Disse sidste ere nemlig ofte urime-
  lige og stundom endog meningsløse.

[2]) Gregarius miles, der har Ret til Sølvet, betegner vel kun Sol-
  daterne modsat Hovedanføreren.

[3]) Nowairi (Dozy, recherches II. 277): puis les Madjous allèrent
  à Niébla, où ils se rendirent maîtres d'une galère, et, s'étant
  établis sur une île près de Corias, ils y divisèrent leur butin.

gammel Beretning skildrer os, hvor hæftigt det kunde
gaa til ved en saadan Lejlighed. Da Normannerne i
Aaret 843 paa Øen Her vilde dele deres Bytte, som
var bleven baaret sammen til Bunke ved Strandkanten,
hvor Høvdingerne og Folket samledes, bleve Vikingerne
ved Synet af den store Rigdom saa betagne af Begjær-
lighed, at de uden at agte de Kommanderende styrtede
sig over Byttet som Hunde over et Kjødstykke. Under
det voldsomme Haandgemæng blev mangen Viking dræbt,
og Fangerne benyttede Lejligheden til at skjule sig og
senere undfly[1]). — Endnu i Jomslovene hedder det, at
man skal bringe alt Bytte, hvad enten det er lille eller
stort, til Stangen, og hvis det bliver opdaget, at Nogen
har underslaaet en Gjenstand, maa han uvægerlig fare
af Borgen[2]). Magnus Haakonssøns Hirdskraa c. 38
befaler ligeledes Enhver at bære sit Bytte til Stangen
og sværge for Mærkesmanden, at han Intet har skjult
og ikke véd, at Andenmand har skjult Noget. Delings-
maaden er i Skraaen noget anderledes end i Frodelovene,
hvis Regler dog ikke ere usandsynlige, men meget vel
kunne passe paa en ældre Tid. Naar disse Love tildele
Høvdingerne Guldet, er dette i Skraaen forandret dertil,

---

[1]) Martène, thesaurus anecdot. III. 832: capta illa [insula] placuit
eis suæ rapinæ congestum dividere, quæ in præsentia majorum
et juniorum ad ripam delata, illi visa immensitate pecuniæ
omnis timoris sui principatus obliti, ut canes ad carnes voran-
das, coeperunt violenter abripere. Unde inter eos magna sedi-
tione commota in illo die perierunt multi voluntate divina
interfecti. Captivi vero videntes hunc turbinem per abdita
insulæ omnes fugerunt.

[2]) Jomsvikingesaga c. 24: allt þat, er þeir fingi í herförum, þá
skylde til stánga bera meira hlut ok minna, ok allt þat er
fémætt væri, ok ef þat reyndist á hendr nokkorum, at eigi
hefði svá gert, þá skylde hann í braut fara or borginne, hvárt
sem til hans kæmi meira eða minna.

at Kongen har Forkjøbsret til Guld og andre Kostbarheder, som bydes til Salg [1]).

Jeg forbigaar foreløbigt § 2 og § 3 (ligesom ogsaa § 10), der ville blive behandlede i næste Stykke.

Det hedder i § 4, at den, som først veg i Slaget [2]), skulde være „a communi jure alienus". At være udelukket frå fælles Lov og Kammeraternes Ret vil vel sige, at Krigeren ikke længer kan beholde sin Stilling i Hæren, men maa flygte [3]), han er „utlagatus" for at bruge en Betegnelse, som benyttedes af de Danske i England og som svarer til Saxos Udtryk. — Meget mildere hedder det i det bekjendte Tingsvidne af 1428, at „hvilken som rømmer fra sit Banner uden Bannermesters eller hans Høvidsmands Minde, han bliver æreløs og liges ingen god Mand" [4]).

§ 5 indeholder, at Kvinder skulle have Frihed til at gifte sig med hvem de ville, og at det Ægteskab, som Hustruen havde indgaaet uden Faderens Samtykke, ikke skulde omstødes [5]). Saxos Udgivere og Rosenvinge (notæ uberiores) finde denne Bestemmelse lidet svarende

---

[1]) Kilderne berette iøvrigt ofte om hvorledes den ædle Høvding giver Afkald paa sin Del af Byttet, saaledes om Frode Saxo 254: captivam rex prædam militi dispartivit, uti se totius avaritiæ expertem . . . testaretur; om Gudrum Suhm, Historie af Danmark II. 332; om Erik Ejegod Knytlingasaga c. 76: þar tók Eiríkr konúngr mikit herfáng, ok skipti því öllu með sínum mönnum, en hann sjálfr vildi ekki af hafa; om Absalon Saxo 976. Jfr. Gaufred Malaterra II. 4.

[2]) Jfr. Digest. XLIX. 16 § 3: qui in acie prior fugam fecit, spectantibus militibus, propter exemplum capite puniendus est.

[3]) Jfr. ogsaa Knuds Love II. c. 77: qui fugiet a domino vel socio suo pro timiditate in expeditione navali vel terrestri, perdat omne quod suum est et suam ipsius vitam etc. Jfr. Grimms Rechtsalterthümer 731.

[4]) Danske Magazin V. 320.

[5]) Jfr. Saxo 186: quod antiqui in matrimoniorum delectu libera nupturas optione donassent.

til de Gamles strænge Fordringer om Slægtningenes
og Giftningsmandens Samtykke til Ægteskab. Mon
imidlertid hin Regel ikke passer paa Vikingetidens
abnorme Forhold, da Kvinden ikke mindre end Manden
havde rig Lejlighed til at udvikle Selvstændighed, da
Slægtens Indflydelse nødvendigvis maatte trænges til-
bage, løsrevne som Familierne vare fra deres egentlige
Sammenholdspunkt, den fælles Slægtjord og Bosættelsen
paa samme Sted? Imidlertid er det jo tænkeligt (hvad
Rosenvinge antager), at Frodes Bestemmelse kun gik
ud paa „ne qua tori coactio fieret", saaledes som netop
en af Knud den Stores i England givne Love lyder, at
hverken Pige eller Enke skal tvinges til den Mand,
som mishager hende[1]). — §'en indeholder til Slutning
den Regel, at de alt indgaaede Ægteskaber skulde
blive staaende ved Magt, selv om Faderens Samtykke
til Datterens Ægteskab ikke var blevet erhvervet,
hvilken Bestemmelse ligeledes synes foranlediget ved
Forholdene paa Vikingetiden, da Familiefaderen ofte
fandtes fjærnt fra Hjemmet.

§ 6 lyder, at en fri Kvinde, som ægter en Træl,
mister sin fri Stand. Rosenvinge bemærker hertil, at
dette i hvert Fald ikke bekræftes af Provinslovene, se
Vald. Sjæl. Lov III. 12 og Eriks Sj. L. III. 17 (V. 11).
Reglen stemmer imidlertid med en Mængde af Middel-
alderens ældre Love[2]), og den stemmer fuldkommen
med vor Oldtids og særligt Frodelovenes Aand,
hvor Standforskjellen træder frem med strængt exclusive
Regler.

§ 7 har jeg alt foran fortolket som en Regel om,
at den Mand, som havde staaet i Forhold til flere

---

[1]) Knuds verdslige Lov II. 74: and ne nyde man nâðer ne wîf
ne mæden tô þâm þe hyre sylfre mislîcige.
[2]) Jfr. Grimms Rechtsalterthümer 326.

Kvinder, skulde ægte den, han først havde havt Omgang
med, og jeg har forklaret Reglen, som foranlediget ved
de paa Vikingetiden hyppige dobbelte Forbindelser.
Det maa imidlertid indrømmes, at Lovreglen ogsaa kan
forstaas paa den Maade, at den Mand, der krænkede
en Mø, skulde tage hende til Ægte. Hertil foreligger
imidlertid næppe nogen Parallel i de ældre Love, uden
for saa vidt de stundom paabyde, at den, som øver
Voldtægt, kan løskjøbe sig fra Straffen ved at ægte
den krænkede Kvinde.

I Følge § 8 straffes de, som begaa Hor med
Andenmands Hustru, med Tab af „corporum partes".
Med denne § kan sammenstilles en Lovregel, som Frode
senere giver i Rusland[1]), at den, som voldtager Mø,
skal bøde med „abscissæ corporis partes" eller betale
1000 ℛ. Disse Regler stemme ganske vist ikke med
Provinslovene; thi Jydske Lov II. 16 og Thord Degns
Art. 97 straffe Voldtægt med Fredløshed; Sk. L. XIII.
4, V. Sj. L. II. 37, Er. Sj. L. II. 21 (24) og Gl. Sl.
Stret. § 2, 12 have 40 Mk. Bøder for samme Forbry-
delse, og Hor straffes i Sk. L. XIII. 4 med 40 Mk.
Bøder, i Thord Degns Art. 96 (jfr. dog Art. 60 (56))
med Fredløshed. Meget taler imidlertid, som jeg strax
skal paavise, for at de gamle danske Love have lydt
netop som Kong Frodes Regler, og at vi derfor i Di-
vergentsen mellem dem og Provinslovene have Vidnes-
byrd om en i Løbet af 300 Aar foregaaet Forandring.

For det Første kjendte man i Danmark i ældre
Tid ikke det omfattende Bødesystem, som Provinslovene
udvise. Straffene vare ikke mange i Art og gik hoved-
sageligt „paa Kroppen". Magister Adam skriver derfor.

---

[1]) Saxo 236: Si quis virginis stuprum vi petere ausus esset,
supplicia abscissis corporis partibus lueret, alioqui mille
talentis concubitus injuriam pensaturus.

at de Danske ikke have andre Straffemidler end Øxen eller Trældom[1]). Dernæst er det højst rimeligt, at Sædelighedsforbrydelser i Oldtiden straffedes strængt, navnlig naar de som Voldtægtsforbrydelsen tillige indbefattede Vold mod Person og som Horsforbrydelsen tillige Krænkelse af Trediemand (Ægtemanden). De svenske Love frembyde i denne Henseende en oplysende Parallel, thi medens i den senere Middelalder Vold mod Kvinde hørte til „Edsörebrottene", saa at Vedkommende mistede sit rørlige Gods og blev fredløs, naar den Krænkede ikke vilde indgaa Forlig, havde man i ældre Tider langt strængere Regler. Allerede Adam af Bremen siger, at den svenske Mand, som havde Omgang med gift Kvinde' eller som begik Voldtægt, straffedes paa Livet[2]), og denne Regel gjenfindes i nogle af de nogle Hundrede Aar senere nedskrevne Landslove[3]). Enkelte af de svenske Love give endog Bestemmelser, som meget ligne § 8 i Frodes Love, saaledes Bjärköaretten Kap. 15 og Magnus Erikssons Stadslag, Gifftomala Balk Kap. 3, der byder, at hver den, som lokker Mands Hustru eller Datter, skal „løse næsa sina medh 40 markum", og Gotlandslag I. 20 § 15, at den, som gribes in flagranti med ugift Kvinde, skal sættes i Stok og løse Haand eller Fod med 6 Mk. eller miste dem.

Saaledes indeholder § 8 i Kong Frodes Love da ingen Urimelighed. Det er endog sandsynligt, at en Regel netop som § 8 har været gjældende hos de

---

[1]) Adam af Bremen IV. 6: viri autem si vel regiæ majestatis rei vel in aliquo fuerint scelere deprehensi decollari malunt quam verberari. Alia non est ibi species pænæ præter securem vel servitutem.

[2]) IV. 21: capitali pæna multatur, si quis uxorem alterius cognoverit aut vi oppresserit virginem.

[3]) Jfr. Nordström, Sv. Samhällsförf. Hist. II. 325.

Danske i Normandiet, thi Anglo-Saxon Chronicle[1]) har optegnet som en af de gode Regler, som Vilhelm Erobreren gav i England: if any common man (carlman) lay with a woman against her will, he forthwith lost the members that he had sinned with.

§ 9 byder, at Ran skal straffes med Erstatning af det Dobbelte og desuden Straf for Fredsbrud. I Provinslovene var Ransstraffen 3 Mk. Bøder, og Tvigjæld omtales ikke[2]). Imidlertid er det tvivlsomt, om Tvigjælden alligevel ikke skulde udredes paa Provinslovenes Tid, skjønt den er uomtalt. Rosenvinge gjør i denne Henseende opmærksom paa, at Chr. V.'s Lov 6—15—1 idømmer Tvigjældsbøden, skjønt den dog vel næppe har villet indføre noget Nyt. Det fortjener desuden at erindres, at vi i Igors Traktat med Grækerne § 5 netop træffe samme Regel som i Kong Frodes Lov: „Forsøger nogen Russer at rane Noget fra vort Riges Folk, saa skal den, som gjør dette, hjemfalde til høj Straf, og hvad han har ranet, skal han erstatte dobbelt, og dersom en Græker gjør det Samme mod en Russer, skal han have samme Straf som hin faar"[3]).

Straffen skulde i Følge Saxo være den, at Forbryderen „crimine violatæ pacis censeretur", hvilket Udtryk Rosenvinge sammenligner med de angelsaksiske Loves

---

[1]) Ed. Thorpe I. 355, II. 189. Jfr. Vilhelms Love I. 18: Cil ki purgist femme a force, forfeit ad les membres. — A. S. Chron. kunde synes kun at angaa Bonden (ceorl) jfr. Alfreds Love Kap. 25, og for den Højerestillede skulde man altsaa antage, at til Ex. en Bødestraf var gjældende. Frodes Lov kunde maaske antyde noget Lignende ved at bestemme en Bøde saa stor, at kun en Velstaaende vilde kunne udrede den.

[2]) V. Sj. L. II. 41; Er. Sj. L. II. 46 (III. 20). J. L. II. 40.

[3]) Nestor 47. I Olegs Traktat Kap. 5. (S. 58) staar som Straf kun „erstatte det tredobbelt".

friðbræc[1]). Friðbræc forekommer imidlertid kun én
Gang, nemlig i Æthelreds Love II. 5, og betyder dér
den Krænkelse af Freden mellem Danske og Englæn-
dere, der opstaar ved at 8 engelske Mænd dræbes af
Danske eller omvendt. Ordet har saaledes en ganske
speciel Betydning, og det er den internationale Fred,
som brydes, ikke den indenfor det enkelte Land gjæl-
dende. Man kan finde andre mere slaaende Paralleler
til den omhandlede §, saaledes f. Ex. naar det i de i
Frisland gjældende Love hedder (lex Frisionum tit.
VIII): „si quis rem quamlibet vi rapuerit in duplum
eam restituere compellatur, et pro freda solidos 12 com-
ponat," thi her findes Frodes Regel gjengivet Ord til
andet.

Den Fred, der krænkes, har vel næppe været nogen
til Huset eller Personen knyttet Fred og ej heller
Kongefreden, men er derimod efter al Sandsynlighed
en særegen indenfor Hæren paabudt Fred[2]),
hvis Krænkelse blev sonet med et én Gang for alle
bestemt Beløb.

Det er end videre mærkeligt, at vi i Kong Frodes
Love finde en Regel om Ran, thi dette Ord (og Begreb)
er fra de i Udlandet givne Vikingelove gaaet over i
den angelsaksiske (og maaske i Normandiets) Lov-
givning. I Vilhelm Erobrerens i England givne Love
III. Kap. 12 hedder det nemlig: decretum est etiam
ibi, ut si Francigena appellaverit Anglum de perjurio
aut murdro, furto aut homicidio, ran, quod dicunt
apertam rapinam, quæ negari non potest, Anglus se
defendat per quod melius voluerit aut judicio ferri aut

---

[1]) Rosenvinge har fridbryce, men „der Ausdruck findet sich in
den Gesetzen nirgends", se Schmid, Gesetze, Glossar.
[2]) Jfr. Dudo 171 (85) om Rollo: Denique in terra suæ ditionis
bannum (id est interdictum) misit, quod est prohibitio, ut
nullus fur vel latro esset etc.

duello.   Ordet Ran findes ikke i de angelsaksiske Love
og. er enten kommet fra Normandiet til England med
Erobrerne eller hentet af de Danskes Love i England [1]). —

I Følge § 11 straffes den Landflygtige, der optræder
som sit Fædrelands Fjende eller paafører det Avind-
skjold, med Tab af Liv og Gods. Hermed overensstem-
mende fastsætter Witherlagsretten om Trosvigeren og
den, som gjør Judasværk: „han hawer sik sielwan for-
gjort oc alt thet han a" [2]), ved hvilket sidste Udtryk
forstaas baade faste Ejendomme og Løsøre [3]). —

§ 12 bestemmer, at den, som sidder Kongens Bud
overhørig, skal straffes med Landflygtighed. I Følge
Tingsvidnet af 1428 straffedes han med at blive hængt
ved sin egen Bjælke, men man kan godt forstaa, at der
i Hærens i det Hele ad Frivillighedens Vej opstaaede
Samfund herom har gjældt en mildere Regel. Saxos
Bemærkning om Ledingsudbydelse ved Hærpil, som
skikkes rundt, synes ikke at vedkomme Hærlovene, men
er hans historiske Oplysning om hvad der forhen fandt
Sted. —

§ 13 lover en Belønning til hver den, som i Slag-
ordenen trænger frem mellem Fjenderne foran Mærkes-
manden (jfr. foran S. 285). Bestemmelsen maa vel ikke
tages for nøje efter Ordene; den viser imidlertid, at
udmærket Tapperhed i Vikingetiden fik Lov at opveje
al Standsulighed. Dette bevidnes ogsaa af Beretningen
om Tymmo Sjællandsfar, der uforfærdet optraadte som
Anfører og Mærkesmand, da hans egne Faner begyndte
at vige, og derfor forfremmedes til Mærkesmandens

---

[2]) Schmid, Gesetze 357: Rân ist ein altnordisches Wort, das sich
in unsern angelsächsischen Quellen nirgends findet.

[3]) Jfr. ogsaa Knuds engelske Love II. Kap. 57: si quis de morte
regis vel domini sui quoquo modo tractabit, vitæ suæ reus sit
et omnium quæ habebit.

[4]) Jfr. Steenstrup, Studier over Kong Valdemars Jordebog 371-72.

høje Post (jfr. foran S. 284). Dernæst er det muligt, at Frodes Lov skal forstaas saaledes, at den Kriger, som traadte frem foran Slagordenen og optog en af de i Normannertiden saa hyppige Enekampe med Fjenden [1]), blev belønnet med at rykke op fra sin tidligere Stand. Herpaa have vi nemlig et Exempel i de russiske Normanners Historie. Petschenegernes og Normannernes Hære stode opstillede lige over for hinanden, og Ingen vovede at angribe. Petschenegernes Fyrste opfordrede da Vladimir til at sende en Mand ud i en Enekamp med en af hans Krigere. Ingen af Russerne vovede imidlertid at møde den frygtelige Kæmpe, som stod frem fra Fjendens Side, indtil en Garvers Søn tilbød sig; han knuste Petschenegen mellem sine Arme. Vladimir gjorde ham da til Bojar [2]).

§ 14 frembyder ikke faa Vanskeligheder for Fortolkningen. Det er temmeligt let at se hvad Loven paabyder, vanskeligere at forstaa hvad den afskaffer. Enhver Strid skal afgjøres med Sværdet, hedder det. Hvis en af de Kæmpende med sin Fod traadte ud over den afsatte Kreds, havde han tabt Sagen. Derimod forbydes det, at nogen Proces afgjøres ved Ed (jurisjurandi fides) eller ved Pantsætning (pignerum positio), og den, som opfordrede en Anden til at sætte Pant, skulde bøde ½ ℔ Guld eller lide en stræng Legemsstraf.

§'en indeholder ikke — som man mange Gange har sagt — at Frode indfører Holmgang som nyt Rettergangsmiddel; den indskærper Tvekamps Anvendelse i alle Sager, og vitterligt nok har Saxo allerede i den Del af Sagnhistorien, som ligger før Kong Frodes Tid, mangen en Gang omtalt Holmgang. Som Motiv

[1]) Jfr. Scr. Rer. Dan. II. 200, 484; Nestor 111.
[2]) Nestor 96-97.

til Lovreglen anfører Saxo, at Kong Frode havde set.
at Vædsætning gav Anledning til store Stridigheder.
At sætte Væd var imidlertid ikke et Middel til at
afgjøre Processer, men derimod en Indledning
for Rettergangen og særligt for Duel; hvordan kan da
Duellen træde i Stedet derfor? Saxo synes næsten ved
sine Ord om de af Vædsætning affødte store Stridig-
heder at have tænkt paa Væddemaal og altsaa at
have misforstaaet sin Kilde[1]). — Skulde jeg derfor
uagtet Ordenes Dunkelhed forsøge en Fortolkning, vilde
jeg for det Første antage, at Loven har forbudt Ed
som Retsafgjørelsesmiddel, og dernæst, at Loven har
forbudt den umotiverede, udenretlige Udæskning
til Holmgang og en Holmgang, som ikke blev udkæmpet
efter strænge, nøjagtigt bestemte Regler. Som
bekjendt havde man i Oldtiden tvende Kampmaader
for Dueller, den simple Envig og den under mange
bestemte Former foretagne Holmgang, der frembød
mange Vanskeligheder og hvor Tilfældet (og dermed
formentlig Retfærdigheden) havde større Indflydelse paa
Sagens Udfald. Derfor hedder det i Kormaks Saga
Kap. 10: „enn á hólmgaungu er vandhæfi (Vanskelig-
hed) enn allz eigi á einvígi". Frodes Regel gaar ud
paa at man ikke maa selv give sig Holmgangslov, men
at det skal være Ret, at en Kreds skal drages, og den.
som sætter en Fod udenfor den, skal have tabt. —
Dette forekommer mig at være den naturligste Fortolk-
ning af Saxos Ord, men jeg indrømmer, at man kun
med Usikkerhed kan rekonstruere den af Saxo gjengivne
Lovtext.

At Normannerne paa Vikingetiden anvendte Tve-

---

[1]) Jfr. Saxos Udtryk om Væddemaal S. 434: pignus cum negante
proponit... cum rex de pignoris positione cognosceret. 660:
pignore cum Erico posito an cum lectissimis ejus equis cursu
contendere posset.

kampe som Procesmiddel er sikkert nok [1]). Udlandets Kilder berette ofte derom, og vise endog, at de Regler, hvorefter Duellerne udkæmpedes, have faldet Udlændingene i Øje, uagtet Tvekampen jo var et i den største Part af Evropa gængs Middel til Afgjørelsen af Retstrætter. Angelsakserne vare omtrent det eneste Folk paa hin Tid, der ikke syntes at have kjendt Dueller; de indførtes i dette Rige af Vilhelm Erobreren og hans Normanner [2]).

---

[1]) Jeg henleder Opmærksomheden paa Hincmar ved Aar 865 (Pertz I. 462): duo quoque Nortmanni, qui nuper cum Welando christianitatem dolo (ut tunc dicebatur et post claruit) postulantes de navibus exierunt super eum infidelitatem miserunt; quorum unus secundum gentis suæ morem cum eo negante armis coram rege contendens illum in certamine interfecit, og paa Ibn Dasta Kap. 6 § 8: Hat einer von ihnen (von den Russen) etwas wider einen Andern, so ruft er ihn vor den Zaren, vor dem sie dann disputiren; fällt der Zar sein Urtheil, so musz es erfüllt werden; sind aber beide Theile mit dem Urtheil des Zaren unzufrieden. so haben sie auf seinen Befehl die Entscheidung den Waffen zu überlassen: wessen Schwert schärfer ist, soll die Oberhand behalten. Zu diesem Kampf kommen die Verwandten beider Gegner mit Waffen und stellen sich auf. Dann beginnen die Widersacher den Streit, und der Sieger kann vom Besiegten fordern was ihm gut dünkt. Anna Comnena V. 5.

[2]) Phillips, Englische Rechtsgeschichte II. 282: Die Erscheinung, dasz die Angelsachsen den gerichtlichen Zweikampf vor der Ankunft der Normannen nicht gekannt haben, ist in der That höchst auffallend. Die Angelsächsischen Rechtsquellen sind zu vollständig, und diesz grade in Beziehung auf das gerichtliche Verfahren, als dasz man hier die Meinung aufstellen dürfte, es sey jenes Beweismittel in England auch früher nicht unbekannt gewesen, und nur zufällig in den Quellen nicht berührt worden. Jfr. Schmid, Gesetze, v. Ordål: der Zweikampf. erst in den normännischen Quellen. Freeman, Norman Conquest V. 400. — Den paa nordiske Træk rige Chronica Jocelini de Brakelonda viser os et Exempel paa at Tvekamp er bleven kæmpet paa en Holm (S. 51): ad corporale duellum perventum est. Convenerunt autem apud Radingas pugnaturi in insula quadam satis Abbacie vicina; convenit et gentium multitudo, visura quem finem res sortiretur.

§'ens Slutning indeholder dernæst den Regel, at
hvis en Bonde sagsøger en Kæmpe, denne skulde møde
fuldt bevæbnet, Bonden derimod kun væbnet med en
Knippel eller Kølle af en Alens Længde. Denne til-
syneladende besynderlige Regel har sin Forklaring i
en Række af Forhold, som jeg her nærmere skal ud-
vikle [1]).

Bestemmelsen siger for det Første — som man vil
se — ikke, at i Kamp mellem de nævnte Personer
Bonden altid skal kæmpe med Kølle, Kæmpen med
Sværd; men naar en Bonde er den Udæskende, skal
han finde sig i, at Kæmpen møder med Sværd og fuldt
rustet. Dette staar atter i Forbindelse med den Sæt-
ning, som gjaldt i mange Lande i Middelalderen.
at Ingen er pligtig til at kæmpe med Andre
end sine Jævnbyrdige. Ved at en Mand træder i
Kredsen og overlader Afgjørelsen af Spørgsmaalet om
paa hvis Side Retten er, til sit Sværd, sin gode Sag,
og den Guddom, som vil lade Sejren følge den Part,
som har Ret, har han allerede givet hvad Samfunds-
ordenen fordrer for at Retsspørgsmaalet kan blive af-
gjort. Han finder sig i at blive stillet paa lige Fod
med Sagsøgeren, og overvindes han, har Guddommen
talt. Hvis man foruden dette vilde fordre, at han skulde
udsætte sig for at blive overvunden af en Mand, der
staar under ham i Stand, vilde man kræve for
meget; hans egne Standsfæller vilde endog vægre sig
imod, at deres Jævnbyrdige blev overvunden af en
simplere Mand, som ved Sejren jo syntes bevise, at
han dog var den bedre og ædlere [2]). — Derfor hedder
det i Sachsenspiegel I. 63: „Jewelk man mach kampes

---

[1]) A. D. Jørgensen maa have overset disse, siden han uden at omtale
     dem kan skrive (Aarbøger for N. O. 1876. S. 66), at Slutningen
     af §en indeholder „en Lov, der selvfølgelig aldrig har existeret."
[2]) Jfr. Wilda, Ordalien i Ersch & Grubers Encyklopædie.

weigern deme, de wers geboren is, denne he", og paa
samme Maade i Schwabenspiegel Art. 384, 385, de fri-
siske Brokmerlove § 105, osv.

At en saadan Regel har været gjældende ogsaa
her i Danmark, synes fremgaa af Saxos Oldtidssagn.
Da An Bueskytte udfordrede Kong Fridlev til Enekamp,
harmedes Kæmpen Bjørn over, at Kongen skulde
kæmpe med en Plebejer, og æsker derfor An til
Holmgang. Da Sakserne æske Frode IV til Enekamp,
optager Stærkodder Kampen, sigende at en Konge kun
tør slaas med sin Ligemand. Ligesaa faar Kæmpen
Westmar det Svar af Hunernes Konge, at hvor Svær-
denes Leg er lige, bør Kæmpernes Byrd ej være ulige [1]).
— Selv naar man ikke nægtede den ringere Mand at
udfordre den Højerestaaende, har man dog villet give
den Udæskede visse Fordele, der skulde opveje, at han
paa denne Maade for en Stund gjorde sig til Modpar-
tens Ligemand. Saaledes havde den bedre Mand det
første Hug. Saxo fortæller, at i Kampen mellem Agner
og Bjarke Agner fik Ret til at hugge først paa Grund
af sin Fornemhed [2]). Man har end videre ladet Kæm-
perne bruge forskjellige Vaaben efter deres for-
skjellige Stand.

Tvekampe bleve hos Evropas Folk førte med for-
skjellige Vaaben. Hos Franker og Longobarder vare
Køllerne det sædvanlige Vaaben, men hos Sakser,
Friser, og hos Nordboerne Sværdet. De danske Ko-
lonister i Normandiet have utvivlsomt, for saa vidt de
vare Pugiles eller Riddere, i de første Aarhundreder

---

[1]) Saxo 270: a Biörnone... regem cum plebejo congredi prohi-
bente lacessitur; 281: regibus non nisi in compares arma con-
gruere, eademque adversum populares capienda non esse; 186:
nec oportere dignitate impares pugnæ paritate conferri.

[2]) Saxo 87: in cujus ingressu, utri prior feriendi copia deberetur,
diutule certatum est..prælato ob generis dignitatem Agnero.

efter Erobringen kæmpet med Sværdet. Det er muligt,
at i en senere Tid Køllen har fortrængt hint Vaaben.
Man kunde i alt Fald anføre herfor, at Le grant
coustumier de Normandie (fra Tiden 1270) angiver
Kæmpernes Udrustning saaledes: „ils ne peuvent avoir
autre instrument a grever l'ung l'autre fors l'escu et le
baston"; men Coutumen giver sandsynligvis kun Regler
for Kamp mellem non-nobles; dette siger da i alt Fald
Glossen til Coutumen: „Le texte, ne s'entend . . .
sinon au regard des non-nobles . . . le texte n'en parle
point pour ce qu'il est tout notoire quelles armeures
(les nobles) doiuent auoir pour soy combatre [1]). Eller
Coutumen tænker maaske nærmest paa de egentlige
Champions, som kæmpede for Andre og i Følge Bestem-
melser fra flere Lande kun turde bruge Knipler [2]). I
andre med Normandiets Coutumer beslægtede Lovgiv-
ninger (saaledes Assises de Jérusalem Kap. 95[3])) ses
Ridderne desuden at kæmpe med blanke Vaaben, og
Oplysninger, som haves om enkelte Dueller fra Nor-
mandiet, vise os, at Kampe virkelig udkæmpedes med
Sværd [4]).

Bondens Vaaben var i Danmark og vist i en
stor Del af Norden Køllen [5]), der ogsaa i Normandiet

---

[1]) Kap. 68 se Udgaven af 1534 fol. 84.
[2]) Jfr. Ducange v. campio.
[3]) Et doit avoir un escu et une lance et deux espées.
[4]) Canel antager i Le combat judiciaire en Normandie (Mém. de
la Soc. des Antiq. de N. XXII. 575), at man i Reglen kæmpede
med Stokke, men hans egen Afhandling giver i alt Fald Op-
lysning om, at i en Tvekamp ved Tiden 1300 (S. 631) og i en
anden ved 1386 (S. 649-650) Sværd bleve brugte; jfr. om Kongens
Champions S. 603.
[5]) Jfr. foran S. 236 og Script. Rer. Svec. III. 1. 117: (1359) multi-
tudinem permaximam de nobilibus et plures de plebejis con-
gregavit, qui protunc Knubbe her dicebatur, med Dr. Anner-
stedts Rettelse: Klubbehær.

træffes i Bondens Haand[1]). Der er derfor ikke Tvivl
om at Bonde maatte kæmpe mod Bonde med Kølle.
Naar Bonde udæskede Kæmpe (pugil), skulde i Følge
Kong Frodes Love den Udfordrede kæmpe fuldt rustet,
Bonden kun med Kølle. Reglen forklares som paavist
tilstrækkeligt ved hin Tids Opfattelse af Standsforskjellen,
og den kan t. Ex. meget godt have været gjældende i
Normandiet[2]). En Parallel til Reglen have vi til Ex. i
den Bestemmelse af Saint Louis, at en Ridder skal
være berettiget til at kæmpe til Hest, om han udfordres
for Mord eller anden Livssag af en Bonde (villain),
medens i det omvendte Tilfælde, naar Udfordringen
udgaar fra Ridderen, denne skulde kæmpe til Fods[3]).

Endelig lyder Frodelovenes § 15, at Mordet paa
en Dansk skal straffes med to Udlændinges Død[4]). Udgi-
verne af Saxo antage denne Bestemmelse opdigtet til
det danske Navns Berømmelse. Opfatter man med
mig Frodes Love som givne for Hæren i Udlandet,
bliver Bestemmelsen højst naturlig; thi det følger
af sig selv, at man dér ved strænge Bestemmelser
maatte sikre de Danskes Liv. Man levede som i en
Art Belejringstilstand; Sikkerheden maatte haandhæves
ved saa strængt et Bud.

Reglen skal dernæst maaske forstaas saaledes, at én
Dansks Liv var lige saa meget værdt som to Udlændinges,
og at altsaa den dobbelte Mandebod maatte udredes.
Da det i de Fredstraktater, som Normannerne afslutte

---

[1]) Roman de Rou I. 306 om Bøndernes Vaaben: A machues è à
grant peus (pieux), A sajetes et as tineus (gros bâtons).
[2]) Ogsaa de frankiske Love have bestemte Regler om Køllens
Længde. ·
[3]) Statuta S. Ludovici I. 80: si miles de crimine aliquo capitali
et atrociori appellaretur a villano et custumario, militi liberum
erat equitem, contra, si villanus a milite appellaretur, militi
peditem pugnare.
[4]) Jfr. Saxo 81, 83.

med Fremmede, ofte bestemmes, at Danske og Udlæn-
dinge skulle stilles paa lige Fod med Hensyn til Mande-
bod, ligger heri udtalt, at der uden disse Trakta-
ter vilde fra dansk Side være gjort større Fordringer.
Alfred og Gudrum betinge sig saaledes (§ 2): Bliver
en Mand slaaet ihjel, holde vi Alle en Dansk og en
Engelsk lige højt, nemlig til 8 halve Mk. ren Guld. I
Æthelreds Fredstraktat med Hæren Kap. 5: Naar en
Englænder ihjelslaar en Dansk, skal for en Fri betales
30 Pund, for en Træl 1 Pund, og saaledes omvendt.

At Erobrere kunne finde paa at vurdere deres eget
Liv dobbelt saa højt som de Betvungnes, fremgaar af
Anglernes og Saksernes Forhold lige over for de under-
tvungne Britter; Wergild for Britten var kun det Halve
af Wergild for Angler og Sakser[1]. Det er endog paa-
faldende, at i nogle Opgivelser om Wergild for Eng-
lændere og Danske i det 10de Aarh. i et opbevaret
Lovbrudstykke (Norð-leôda laga) de Danske synes
ansætte deres Wergild dobbelt saa højt som
den engelske; thi Jarlens Wergild er her 15000
Thrymsas, men for Ealdorman, der hos Angelsakserne
indtog omtrent den samme Stilling, betales kun 8000;
Holden vurderes til 4000, men Thegnen kun til 2000
osv. [2]. —

Ved den foregaaende Undersøgelse af de enkelte
§§ i Kong Frodes Love anser jeg det Resultat, hvortil
jeg var kommet i det foregaaende Stykke, for fuldt

---

[1] Stubbs, the constit. history of England: I. 161: The Briton
or wealh was worth half as much as the Saxon or Angle.

[2] Stubbs l. c. S. 199: It would be hazardous to argue from
what is called the „North People's Law", Schmid Gesetze p.
396; but a reading of it suggests that the Danes estimated their
own wer-gilds at twice the value of the Angles, just as in early
days the Saxons had valued themselves at twice as much as
the wealh.

bekræftet — at nemlig Lovene ere givne for
Normannerhæren. Vi have været i Stand til at
paavise, at en Del af Reglerne gjengive os ældre
dansk Ret og Ret som vitterligt var gjældende
eller dog efter al Sandsynlighed kunde have gjældt
hos Normannerhæren, det vil sige omtrent ved
Aar 900. Vi have end videre havt Lejlighed til at er-
kjende, at flere af Lovreglerne ere blevne adopterede
af de Lovgivninger, der opstode i Normannernes Nærhed
eller som gaves af normanniske Fyrster. — Jeg skal
nu i det følgende Stykke yderligere fastslaa Rigtigheden
af dette Resultat ved en Undersøgelse af hvilke de
Love vare, som Rollo indførte i Normandiet.

III.

Man har ofte spurgt om, hvilke de Love vare,
som Rollo gav, da han grundlagde sin Magt i
Normandiet. Historikerne have erkjendt, at Rollo
virkeligt har udøvet en anordnende Virksomhed[1]), og
de have udtalt en Beklagelse over at hans Love ere
gaaede tabte, men samtidigt har man været i Tvivl
om Rollo satte ny Ret efter dansk Mønster, eller han
befalede, at de tidligere i Provinsen gjældende Love
skulde overholdes.

Jeg har i det Foregaaende paa saa mange Punkter
belyst Rollos og den danske Hærs Stilling til den er-
obrede Provins ved Tiden 912, at Svaret paa dette
Spørgsmaal allerede derved er givet. Det er muligt,
at Rollo har tilladt de frankiske Indbyggere, der vare
forblevne i Landet, eller som vendte tilbage til dette,
at iagttage deres gamle Love, men han kan umuligt

---

[1]) Jfr. Lair i Mém. de la Soc des Antiquaires de N. XXIII 76.
Lappenberg, Geschichte II. 22.

have paabudt sin store Hær at følge de ham
ukjendte frankiske Love. Hæren havde aabenbart
alt i Forvejen sin egen Lovgivning, og efter al Sand-
synlighed har han udvidet denne til at gjælde for Pro-
vinsen med en Del Tillæg.

Denne Opfattelse bekræftes, saa vidt jeg kan se,
fuldkomment af Kilderne. Dudo melder, at Rollo
paabød Almuen Love, som vare vedtagne og fastslaaede
af ham sammen med Fyrsterne og de Øverste [1]), men
at disse Lovgivere skulde have givet fransk Ret, kan
jo dog umuligt antages. Senere siges det, at Harald
Blaatand, da han en kort Tid tog Befalingen i Norman-
diet, paabød Folket i Et og Alt at følge Hertug Rollos
Love og Bestemmelser, hvilket atter synes at minde om
at dansk Ret var bleven adopteret [2]). Hos de af Waitz
nævnte, af Dudo uafhængige Kilder (jfr. foran S. 43)
findes det Samme; Historia Fiscannensis lader Rollo
give Befolkningen sit Fædrelands Love og Vedtægter [3]),
og Fontanelleoptegnelsen siger, at Rollo gav de for-
træffeligste Love baade for Privatmanden og for Krige-
ren [4]). — I ingen af Kilderne findes saaledes antydet
en Adoption af frankiske Love, og Udtrykkene forstaas
naturligst om at Rollo lod Hærens danske Love gjælde
for Provinsen.

---

[1]) Dudo 171 (85): jura et leges sempiternas voluntate principum
sancitas et decretas plebi indixit, atque pacifica conversatione
morari simul coegit. Principes maa aabenbart betyde de
normanniske Høvdinger jfr. ikke mange Linier i Forvejen
(170): antequam dividatur terra meis principibus.

[2]) Dudo 245 (125): jura legesque et statuta Rollonis ducis tenere
per omnia cogebat. Jfr. 119: ut Rollonis quæ posuit in regno
jura describerem.

[3]) Mabillon, Acta SS. Ord. Bened. II. 935: ipsam autem terram
quoad vixit optime regens legesque et jura paterna ipsis
habitatoribus componens.

[4]) Bouquet IX. 3: optima denique jura legesque æquissimas
domi militiæque prudenter instituit.

Disse Love ere imidlertid tabte. De ældste nor-
manniske Coutumer skrive sig fra det 12te Aarh., og
den Ret, som dér fremstilles os, er i Hovedsagen af
fransk Karakter, om end med Minder om nordiske
Sædvaner. Det vilde være urigtigt at indrangere disse
Kilder mellem den nordiske Ret; de tilhøre en selv-
stændig Retsudvikling, den anglo-normanniske.

Imidlertid kjende vi dog nogle Bestem-
melser af Rollos Love, og dem skal jeg nu gjen-
nemgaa.

Dudo og flere andre Krønikeforfattere fortælle for
det Første, at Rollo forbød, at Nogen bragte sin Plov
hjem til Huset; Enhver kunde trygt lade den blive paa
Marken, og lige saa skulde Hest, Oxe og Asen kunne
gaa paa Marken uden Vogt[1]). I denne Bestemmelse
er intet Urimeligt; Rollo fastslog Markfreden og
vilde have den konstateret ved at det ikke blev regnet
Nogen til Forsømmelse, at han lod sine Ting ligge
uvogtede, lige som man ogsaa skulde vise hinanden
den Tillid, ikke at aflaase for sine Ting. Fyrsten gik
i Sikkerhed for at Intet røvedes, eller at det Borttagne
bragtes til Stede, og at Forbryderen straffedes. —
Dette var imidlertid netop en af Kong Frodes
Love. Han forbød i § 2, at man vovede at gjemme
sine Ting bag Laas og Lukke, og Overtræderen vilde
ifalde Straf af ét Pund Guld. Altsaa er denne Paragraf
af Hærloven overgaaet i Rollos Love.

Kong Frode lovede i samme §, at Enhver skulde
af ham faa den dobbelte Værdi af den Gjenstand, han
havde mistet; i nogle Regler, som samme Konge gav i

---

[1]) Dudo 171: interdixit, ut nullus ferramenta aratri domum
reportaret, verum in campo cum aratro relinqueret et nullus
post equum, asinumque atque bovem, ne perderet, custodem
mitteret. Will. Gemmet, II. 20.

Norge (Saxo 247) loves endog den tredobbelte Værdi. Rosenvinge gjør med Rette opmærksom paa, at denne Bestemmelse hænger sammen med Reglerne om Givelsen af Igjæld (det Stjaalnes Værd) og Tvigjæld (det dobbelte af hint Beløb) til den Bestjaalne. Spørgsmaalet bliver da om Lovbestemmelsen virkeligt skal forstaas saaledes, at Landets Fyrste var pligtig til at tilsvare denne Værdi, inden Tyven bragtes til Stede og selv om han ingensinde blev fundet. Efter Frodes Love maa man antage det, og Sandheden heraf bestyrkes af et Udsagn af Knytlinge Saga (c. 29) om Retstilstanden paa Knud den Helliges Tid. Kongen bestemte, at den Mand, der gik fra sit Herberge uden at aflaase det, eller hvis Hest gik om utøjret, skulde kunne faa sit Gods igjen hos ham, om Noget blev stjaalet, og Kongen vilde straffe Gjerningsmanden [1]). Ja endnu i Abels Frdng. § 13 hedder det, at naar Nogen har foragtet Kongens 3 Varselsbreve, Kongen skal fyldestgjøre den Krænkede og derpaa tage den Skyldiges Hovedlod. Naar dette var Regel i det 13de Aarh. — siger Rosenvinge — hvorfor skulde da ikke ogsaa i langt ældre Tider en Restitutionspligt have paahvilet Kongen? — I Frodes Love er Reglen om Kongens Restitutionspligt knyttet til Forbudet mod at Noget gjemmes under Lukke, og disse to Regler maa — som det forekommer mig — ogsaa tænkes udsprungne af samme Princip. Kongen paatager sig at sørge for Landefreden; han vil udelukke Tyve og Røvere fra Riget, og byder derfor, at Folket ikke tager sig af Bevogtningen af deres Ting; til Gjengjæld maa han

---

[1]) Kap. 29: Svâ mælti Knútr konúngr um þann mann, er gekk frá herbergi sínu [láslausu], eða sá er hest átti fjötrlausan, ok væri stolit, ok hvers sem hann misti, svâ at stolit væri frá honum, sá skyldi til hans gánga, ok taka þar fé sitt, en konúngr vill láta refsa þeim er stolit hafði.

naturligvis indestaa for, at den Bestjaalne faar den tabte Gjenstand eller dens Værdi igjen. Derfor maa Rollo aabenbart ogsaa have knyttet en Restitutionspligt til sit Forbud. Herom indeholde Kilderne virkelig Underretning. Dudo (med andre Forfattere) fortæller, at en Bonde, som i Kraft af Hertugens Befaling havde ladet sin Plov blive liggende paa Marken, af sin Kone blev drillet og dadlet derfor; for at tvinge Manden til i Fremtiden at bringe Ploven til Huse, gik hun hemmeligt ud paa Marken og skjulte den. Manden, som troede den stjaalen, henvendte sig til Hertugen, som gjennem sin Embedsmand lod ham udbetale 5 solidi til at kjøbe en ny Plov for. Der anstilledes Undersøgelser om Ophavsmanden til Tyveriet, og da det endelig fandtes, at Hustruen havde stjaalet Ploven, og at Manden, som havde faaet Kundskab derom, Intet havde meldt for Øvrigheden, bleve begge hængte[1]). **Altsaa er ogsaa denne Del af Hærloven overgaaet i Rollos Love.**

Rollo bød end videre, at Tyven og Røveren skulde straffes med Galgen[2]), — men dette var netop ogsaa en af Kong Frodes Lovregler, som

---

[1]) Dudo 172. Vilhelm af Jumiéges' Continuator henfører Begivenheden urigtigt til Richard II's Tid, og Beretningen lyder lidt anderledes, men Restitutionspligten omtales udtrykkelig: si alicui furata fuissent, præceperat Comes, ut ad eum veniret et quicquid furto perdidisset, ipse ex integro totum redderet . . . Cui dux jussit dari denarios, unde posset damnum reparare. Duchesne 316. — Jfr. om Vilhelm den Røde Orderic Vital III. 407: omnia de suo eis ærario restituit.

[2]) Dudo 171: (interdixit) ut nullus fur vel latro esset, neque quis assensum malæ voluntatis ei præberet; 172: assensor furti fuisti et indicare noluisti. Statim utrumque laqueo fecit suspendi crudelique morte finiri. Will. Gemmet. II. 20: Post hæc intra Normannicos limites legem statuit, ut nullus assensum furi præberet; quod si deprehenderetur, ambo patibulia appenderentur.

ganske vist ikke findes i de her behandlede Love, men imellem de Love, han gav i Norge, at Tyven nemlig skulde hænges med gjennemstungne Ledemod og en Ulv ved sin Side[1]).

Som bekjendt blev ogsaa paa Provinslovenes Tid Tyven hængt, naar det Stjaalnes Værdi oversteg $\frac{1}{2}$ Mark (Sk. L. VII. .15; J. L. II. 88)[2]). — I Følge Analogien af Reglen om Ran (§ 9) maa man i øvrigt antage, at Tyven tillige maatte udrede Igjæld og Tvigjæld som efter Provinslovene. Dette stemmer ogsaa med § 6 i Traktaten mellem Igor og Grækerne, hvor det hedder, at Tyven skal bøde Tingens Værdi dobbelt og derhos straffes efter russisk Lov[3]). Solovjev[4]) undrer sig over denne Regel, fordi Tyveri i den ældre russiske Ret kun straffedes med Erstatning og Bøde; denne Forfatter maa herved sigte til Prawda'en fra det 11—13de Aarh.[5]), men vi kunne paa Forhaand sige os, at hos de gamle nordiske Russer Tyveri blev straffet langt strængere. Dette bekræfter Ibn Foszlan da ogsaa udtrykkeligt ved følgende Udsagn om Russerne: „gribe de en Tyv eller Røver, føre de ham til et højt, tykt Træ, slynge en stærk Strikke om Halsen og hisse ham op og lade ham hænge, til han opløst af Vind og Regn falder i Stykker"[6]).

I Følge Rollos Love blev Tyvs Medvider og Medhjælper straffet med samme Straf som Tyven[7]), og denne Regel gjenfindes i § 6 af Frodes norske

---

[1]) At dette Sidste var en almindelig Brug se Saxo 411: quorum quadraginta captos applicatis totidem lupis laqueo adegit etc.

[2]) Jfr. Pertz XXI. 49.

[3]) Nestor 47.

[4]) Se Note 52 i Smiths Oversættelse af Nestor S. 268.

[5]) Jfr. Ewers, das älteste Recht der Russen, Beilagen.

[6]) Frähn, Ibn Foszlan S. 11.

[7]) Se S. 337. Anm. 2. Jfr. J. L. II. 97, 101; Sk. L. VII. 6.

Love[1]). — Naar der i Hærlovens § 3 nævnes Tyvsstraf
for den, som tilgav Tyven og altsaa ikke angav ham
for Øvrigheden, synes samme Straf foreskrevet af Rollo
i Normandiet, jfr. den nysnævnte Fortælling om Bonden
paa Rollos Tid („indicare noluisti"). — Endelig om-
handles i § 10 Straffen for den, der modtog Gods, som
en Anden havde stjaalet, i sine aflaasede Gjemmer;
han skulde da miste alt Gods og kagstryges paa Tinge.
Denne Bestemmelse kan næppe ville ramme Hæleren,
der jo aabenbart maatte straffes i Analogi med Bestem-
melsen om den, der ikke angav Tyven (§ 3), og des-
uden straffedes Hæleren, som alt sagt, efter de norske
Love med Tyvsstraf. Det Tilfælde, der omhandles, maa
være det mindre graverende, at Nogen er funden i
Besiddelse af stjaalet Gods, uden at han kan overbevises
som skyldig i Tyveri eller Hæleri eller fuldt afbevise Sig-
telsen, og dette synes §'en selv at udsige, ved at lade
Straffen idømme „quod se eidem delicto obnoxium fecisse
videretur."

---

[1]) Disse lyde i Sammenhæng saaledes (Saxo S. 247-48): [§ 1]
Statuit idem, ut navigantes repertis ubicunque remis licite
fruerentur. [§ 2] Amnem vero transituris usum equi, quem
vado proximum reperissent, liberum esse concessit. Eodem
descendendum fore constituit, quum priores ejus pedes solum
attingerent, postremos adhuc unda sublueret. Talium siquidem
commodorum beneficia potius humanitatis quam injuriæ
nomine censenda credebat. Cæterum reum capitis fieri, qui
superato amne equi usum longius expetere præsumpsisset,
instituit. [§ 3] Jussit etiam, ne quis ædem vel arcam seris
obfirmatam haberet aut rem ullam claustrorum custodia con-
tineret, triplicem amissorum restitutionem promittens. [§ 4]
Præterea tantum alieni cibi in commeatus assumi fas esse,
quantum uni cænæ sufficeret, promulgabat. Quam si quis in
capiendo mensuram excederet, furto obnoxius haberetur. [§ 5]
Furi vero trajectis ferro nervis in suspendium acto lupum
collateralem affigi præcepit, ut malitiam hominis acerbitati
belluæ similitudo exæquaret poenæ. [§ 6] Eandem quoque in
furtorum conscios multam extendi curavit.

Saaledes kunne da alle de Lovbestemmel-
ser, som vitterligt ere givne af den danske
Erobrer Rollo gjenfindes i Kong Frodes Love.
Dette var, som alt foran paavist, ikke Andet end hvad
vi kunde vente, thi Hærlovene maatte jo med Nødven-
dighed have afgivet Grundlaget for den i Normandiet
indførte Lovgivning.

Som det vil ses af den foregaaende Udvikling angaa
alle de Lovregler, som tillægges Rollo, Forbrydelser
mod Ejendomsretten, og Straffene ere meget
strænge.   Det karakteriserer nu i Virkeligheden Slut-
ningen af Normannertiden, at der gives energiske Regler
mod Forbrydelser mod Ejendomsretten.   Vikingelivet.
der gav Enhver Ret til at erhverve sig Gods ved Røveri.
havde bibragt Normannerne en ganske ejendommelig
Opfattelse af Formuegjenstandene; det havde indpodet
den normanniske Karakter ved Siden af den vidtberyg-
tede Havesyge og Vindelyst, en ofte storartet Rund-
haandethed og Ødslen med Formuegods.   Ikke desto
mindre maa det siges, at Vikingerne skarpt vide at
skjelne mellem den tilladelige og priselige Vikingefærd
med dens Røverier, og Ejendomsindgreb under Freden:
og baade i Danmark[1]) og i de udenlandske Kolonier
vare Straffene for Indgreb i Ejendomsretten saare
strænge.   Vi kunne saaledes hos en stor Mængde For-
fattere læse Berømmelse over den Sikkerhed for Ejen-
dom, der herskede i Normandiet[2]); en fransk Forfatter

---

[1]) Knytlinga Saga Kap. 29: hann (Knud den Hellige) lèt drepa
hvern þann mann, er sannr vnrð at þjófnaði, svâ ok mann-
drápsmenn ok hernaðarmenn alla . . . Svâ mikil ógn stóð af
honum ok ríki hans ok refsíngum, at engi þorði at stela i
ríki hans.

[2]) Dudo 172 (85): Hoc judicium exterruit habitatores terræ nul-
lusque ausus est postea furari vel latrocinari atque sic quievit
terra vacua furibus et latronibus, atque siluit privata cunctis
seditionibus. 196 (99): Nullus audet alii in regno suo præju-

skriver beundrende, at hos dette Folk straffes Enhver som Tyv eller Røver, der paa en eller anden Maade i en Forretning tager mere end ham tilkommer[1]).

Rollo og de første normanniske Hertuger have derfor sikkert nok givet en Del forskjellige Bestemmelser netop med Hensyn til Indgreb i Ejendomsretten, for at det kunde staa fast, hvad der var Selvtægt eller Krænkelse af Næstens Gods og hvad tilladelig Brug. Nu finde vi mærkeligt nok, at Frode i Norge ved Siden af de alt berørte Love om Straf for Ejendomsindgreb har givet følgende Regler. Sejlende Folk maatte bruge de Aarer, som de fandt paa Vandet. Enhver havde Ret til ved et Vadested at benytte den Hest, som fandtes i Nærheden, men han skulde slippe den, naar dens Forben stod paa den modsatte Aabred, thi ellers var han Tyv. Vandringsmanden kunde tage saa meget hos Andenmand, som var fornødent til ét Maaltid, men tog han Mere, var han Tyv.[2])

Det ligger meget nær at antage disse Bestemmelser givne i Normandiet, saaledes som flere andre af

---

dicium facere, nullus furtum et sacrilegium perpetrare. Guillelmus Pictavensis hos Duchesne 182: non ignorabant quam in Normannia esset inuisus latro aut prædo, quam recto usu uterque supplicio addiceretur, et quod neuter parvo absolveretur. Jfr. om Kong Roger paa Sicilien Muratori Scriptores V. 616: tantaque virtutis fulciebatur gratia ut totam Siciliæ provinciam optime strenueque regens sub omni terrore constringeret, adeo ut non fur non latro aut raptor sive quislibet malefactorum ex latebris suis prodiens apparere auderet.

[1]) Glaber Rodulphus (Pertz VII. 58): Nam omnis prouincia, quæ illorum ditioni subici contingebat, acsi unius consanguinitatis domus vel familia inviolatæ fidei concors degebat. Nempe furi ac prædoni apud illos comparabatur, quicumque hominum in aliquo negotio plus justo vel falsum quippiam venumdandum mentiens subtrahebat alteri. Egenorum quoque et pauperum omniumque peregrinorum tamquam patres filiorum curam gerebant assiduam.

[2]) Se foran S. 339 Anm. 1.

Frodes Love, og — oprigtigt talt — mon ikke. Saxo i
det Hele har gjort sig skyldig i at mistyde det Folke-
slag „Normanni" [1]), for hvilket denne Samling Love
skal være givet, som Nordmænd i Norge i Stedet
for Normanner fra Normandiet? Mon der ikke
er allerstørste Sandsynlighed for at vi her have et nyt
Spil af det gamle Forhold, som har sat' saa Meget
i Værk [2]), nemlig det enslydende Navn for de tvende
Folk?

IV.

Det i forrige Stykke Paaviste, at flere af Kong
Frodes Love falde sammen med de Love, som Rollo
har givet i Normandiet, bliver end mere paafaldende der-
ved, at Sagnet paa anden Maade knytter disse
to Fyrster sammen. Saaledes fortæller Saxo umid-
delbart før han nævner de nysomtalte for Norge givne
Love om Indgreb i Ejendomsretten, at Kong Frode op-
hængte en Guldring paa en Klippe i Norge (som der-
efter blev kaldet Frodeklippen) og en anden i Provinsen
Vigen. De skulde være Tegn paa den store Fred, han
formentlig havde oprettet i sit Rige, og heller ikke
vovede Nogen at røre dem. Senere lod han med det
samme Formaal og det samme Resultat ophænge en
vægtig Guldring paa en Korsvej i Jylland [3]). I Følge
Chronicon Erici Regis lod Frode tre Guldringe hænge

---

[1]) At Saxo her bruger Norvagienses i Stedet for Normanni, er
jo en ren Tilfældighed.

[2]) Til tidligere anførte Exempler føjer jeg endnu Følgende:
Adam af Bremen kalder Guttorm, der 854 kæmpede med
Horik, rex Normannorum; Chronicon Erici Regis har rex
Norwegiæ. (Scr. R. D. I. 157.)

[3]) Saxo 247; 255: denique in Jutia, tamquam in capite regni
sui, magni ponderis auream armillam triviis affigi curavit. —
Mon der skal læses Jalunga i Stedet for Jutia (jfr. Rymbegla)?

paa de offentlige Veje, en ved Skanør, en ved Vording-
borg og en ved Ejderen [1]). Rymbegla (S. 318) nævner
kun en Ring ved Jellinge.

Vilhelm af Jumiéges (II. 20) fortæller, at da Rollo
eu Dag med sit Følge efter endt Jagt holdt Taffel ved
en Sø (mara) ikke langt fra Seinen og Rouen, fandt
han paa at hænge gyldne Ringe paa en dér voxende
Eg, og de bleve hængende urørte i 3 Aar. Stedet,
hvor dette skete, kaldtes endnu den Dag, da Vilhelm
skrev, R o u m a r e. Altsaa var dette Sagn halvandet-
hundrede Aar efter Rollos Tid ikke blot kjendt, men
endog stedfæstet i Normandiet. —

Denne mærkværdige Omstændighed, at det s a m m e
Sagn fortælles om en dansk og en normannisk Fyrste,
har hidtil ingen Forsker vidst at skatte. Da man nemlig
har Underretning om at hint Sagn eller, i alt Fald
meget lignende Sagn findes i endnu flere Lande, anser
man dette Faktum i og for sig for betydningsløst [2]).
Her nødes jeg imidlertid til en bestemt Protest paa
Sagnenes og paa Sagnbehandlingens Vegne. Sagn kunne
ligne hinanden endog paafaldende uden at være i Slægt
eller identiske. Ligheden maa bevises at angaa væsent-
lige Punkter, og endelig bør den genealogiske Forbin-
delse mellem Sagnene nøjagtigt udredes, for at man
kan faa at vide, hvad der er originalt og hvad afledet.

Det er jo til Ex. bekjendt nok, at de fleste Na-
tioner have drømt om en Guldalder i den fjærne Old-
tid, og dog vilde det være urigtigt at paastaa, at det
ene Folk har lært Drømmen af det andet. Først naar
de Billeder, hvormed hin Drøm udmales, vise sig at
være de samme hos to Folk, kan der være Tale om et

---

[1]) Scr. R. D. I. 153

[2]) Licquet, Histoire de Normandie I. 103. Pauli, The life of Alfred
the Great 142. Lappenberg, Geschichte I. 335. Michels Udgave
af Benoît I. 340.

Laan eller en Paavirkning. Har Undersøgelsen imid-
lertid bekræftet, at det er samme Sagn, der lever hos
begge Folk, vil det næste Trin i Studiet gaa ud paa
at finde, hos hvilken af Nationerne Sagnet er oprinde-
ligt. Opdages det end videre, at endnu et tredie Folk
besidder Sagnet, kan denne Omstændighed umuligt
svække Betydningen af, at de to andre Folk vare
sammen om at eje det; vi maa efter en Undersøgelse,
anstillet efter samme Methode, se at udfinde Afstamnings-
forholdene.

Vi skulle efter disse Principer gjennemgaa de her-
hen hørende Sagn. Den ældste Forfatter, der bringer
et Sagn, der kan siges at have Lighedspunkter med
Frodesagnet, er den saakaldte Anonymus Valesii
eller Forfatteren af de Excerpta, der findes som Til-
læg til Ammianus Marcellinus i de fleste Udgaver af
hans Historie, hvilket Arbejde Gibbon bl. A. omtaler
rosende. Her fortælles det, at under Theodorik herskede
der en saadan Fredens Tilstand i Italien, at dersom
Nogen lod sit Guld eller Sølv ligge paa Marken, vilde
det være gjemt, som laa det inden Byens Mure. Ogsaa
gik der det Sagn over hele Italien, at man ikke behø-
vede at sætte Porte for Byerne, lige saa lidt som By-
portene behøvede at lukkes, og Enhver kunde foretage
sig det Arbejde, han vilde, om Natten som om Dagen[1]).
— Mon man nu med Grund kan sætte denne Fortælling
i Forbindelse med det dansk-normanniske Sagn? Fra et

---

[1]) Udgaven ved Wagner & Erfurdt I. 623: Tantæ enim disciplinæ
    fuit, ut si quis voluit in agro suo argentum vel aurum dimit-
    tere ac si intra muros civitatis esset, ita existimaretur. Et
    hoc per totam Italiam augurium habebat, ut nulli civitati
    portas faceret: nec in civitate portæ claudebantur: quis quod
    opus habebat faciebat, qua hora vellet ac si in die. Sexaginta
    modios tritici in solidum ipsius tempore fuerunt et vinum
    triginta amphoras in solidum.

rent historisk-kronologisk Synspunkt var der Intet i Vejen
derfor. Anonymen er ganske vist først flere Aarhundreder
efter Saxos Tid bleven den litterære Verden bekjendt,
men deraf tør man dog ikke drage den Slutning, at
Skriftet ikke skulde have været kjendt her i Norden i
ældre Tider, og selve Sagnet om Theodorik kunde des-
uden ad andre Veje og gjennem andre Kilder være
kommet til Nordboernes Kundskab. Det synes imidlertid
ikke som om Sagnet har været meget udbredt, og det
findes næppe opskrevet andetsteds end hos Anonymen.
Theodorik blev som bekjendt Helten i Middelalderens
Sagn om Diderik af Bern, men saa vidt mig bekjendt
har ingen af Romanerne optaget denne Bestanddel. —
Ses derimod hen paa den italienske Traditions eget
Indhold, synes det afgjort sikkert, at den ikke har paa-
virket de nordiske Sagn, thi Fortællingen er helt for-
skjellig. Det var et Sagn, hedder det, paa Theodoriks
Tid, at man kunde uden Fare lade Byernes Porte staa
aabne om Natten; Rollo og Frode forbyde, at nogen
privat Mand maa sætte Laas for sit Eje. Det sydlandske
Sagn udsiger, at man vilde kunne prøve den Fred,
der herskede, ved at henlægge Guld paa Marken; det
vilde da findes, som laa det indenfor Murene. De nor-
diske Fyrster anstille derimod en bestemt Prøve
paa den Fred, de have indført i Landet.

Det ældste nordiske Sagn af lignende Indhold for-
tælles af Beda (død 735). Under Kong Eadwin af Nort-
humberland (omkring Tiden 620) var der en saadan Fred
i Landet, at man sagde som et Ordsprog paa Bedas Tid,
at en Moder ukrænket kunde gaa med sit nyfødte Barn
fra Hav til Hav. Kongen lod hænge Kobberbægere ved
Brøndene paa Hovedlandevejene, og Ingen vovede at
røre dem uden den tørstige Vandringsmand[1]. — Et

---

[1] Beda II. c. 16: Tanta autem eo tempore pax in Brittania,
quaquaversum imperium regis Aeduini pervenerat, fuisse per-

andet herhen hørende Sagn lyder saaledes. Under Brian
Borumha, der blev Irlands Konge c. 1001, var Freden i
Følge irske Barders Udsagn saa stor at de kunde synge
(efter Lally Tolendals Oversættelse):

> une vierge unissant aux dons de la nature
> de l'or et des rubis l'éclat et la valeur,
> à la clarté du jour ou dans la nuit obscure
> d'une mer jusqu'à l'autre allait sans protecteur,
> ne perdait rien de sa parure,
> ne risquait rien pour sa pudeur.

Om denne Fredstid under Kong Brian véd imidler-
tid ingen samtidig Skribent at berette[1]), og heller ikke
kjender nogen Forfatter de første Aarhundreder efter
hans Tid til hin Tradition[2]).   Det var forbeholdt irske
Barder mange hundrede Aar efter at udsmykke Brians
Regeringstid med et Sagn, som aabenbart er laant fra
Beretningen om Eadwin. — Lighed med de to sidst

---

hibetur, ut, sicut usque hodie in proverbio dicitur, etiam si
mulier una cum recens nato parvulo vellet totam perambulare
insulam a mari ad mare, nullo se lædente valeret.   Tantum
rex idem utilitati suæ gentis consuluit, ut plerisque in locis
ubi fontes lucidos juxta publicos viarum transitus conspexit,
ibi ob refrigerium viantium erectis stipitibus æreos caucos
suspendi juberet, neque hos quisquam, nisi ad usum neces-
sarium, contingere præ magnitudine vel timoris eius auderet
vel amoris vellet.

[1]) Moore, the History of Ireland, siger om denne fredelige Til-
stand (II. 104): there is not one of the acts attributed thus to
Brian, of which any record is to be found in our genuine
annals. Jfr. War af the Gaedhil 138.

[2]) Det har naturligvis ingen Betydning, at en samtidig(?) Krønike-
skriver har nogle bombastiske Lovord over denne Konge, der
sammenlignes med August, Alexander, David og Moses og
derfor ogsaa kaldes: „the happy, wealthy, peaceable Solomon
of the Gaedhil." The war of the Gaedhil 205. — Mac Liagh,
Sekretær og Biograf hos Brian synger om sin kongelige Herre,
men har Intet om hint Sagn, se nogle Poesier af ham i anden
Del af Irish Minstrelsy by Hardiman. London 1831.

fortalte Sagn har endelig en Meddelelse i Anglo-Saxon
Chronicle om, at „paa Vilhelm Erobrerens Tid' en Mand
kunde gaa uskadt over hans Rige med Barmen fuld af
Guld [1]). Noget Sagn kan man vel næppe kalde det;
det er en løs og laant Blomst paa Stilen.

Disse tre sidstnævnte Beretninger have aabenbart
Intet med Rollo-Frodesagnet at gjøre. Folketraditionen
maa med Nødvendighed gribe til Billeder for at beskrive
Freden; det aldeles negative, passive Faktum, at Landet
ligger i Fred, har Sagnet ingen Brug for, men maa give
det en Form. Hint Faktum bliver da af én Tradition
iført ét Klædemon, af en anden et forskjelligt. Men
dersom man nu til Ex. hos et Folk i det Indre af Asien
opdagede et Sagn om at under en vis Oldtidskonge
Freden havde været saa stor, at intet Træ havde baaret
Vægten af en hængt Tyv, eller at Vejene til Retterstederne
vare tilgroede af en opvoxet Skov, turde man da paa-
staa, at dette Sagn staar i Forbindelse med det nordiske
Frodesagn?

Endelig komme vi til Sagnene om Kong Alfred.
Ingulph († 1130) skriver, at under Kong Alfred var
der saa stor Fred, at om nogen Vandrer om Aftenen
glemte paa Marken en Sum Penge, vilde han kunne
finde den igjen næste Morgen, ja en Maaned efter [2]).

---

[1]) The Anglo-Saxon Chronicle (ed. Thorpe) II. 189: Among other
things is not to be forgotten the good peace that he made in
this land; so that a man who had any confidence in himself
might go over his realm, with his bosom full of gold, unhurt.
— Frasen gjenfindes senere om Henrik I (se Chron. Petrib.
1135).

[2]) Ingulph, (ed. Savile, S. 495): Horum cura et industria tanta
pax in brevi per totam terram affloruit ut si viator quantam-
cumque summam pecuniæ in campis et publicis compitis ves-
pere dimisisset mane vel post mensem rediens integram et
intactam indubie inveniret. — Anonymus Valesii bruger ogsaa
Verbet dimittere.

Dersom man vil se en Folketradition i disse Ord, der dog næppe ere mere end en Vending i Stilen, kan denne jo aabenbart kun være paavirket af Theodoriksagnet, ikke af det nordiske Guldringesagn. — Vilhelm af Malmesbury († 1141) og Mathæus af Westminster († i Slutningen af 14de Aarh.) fortælle endelig, at Alfred lod hænge Guldringe omkring paa Korsvejene, og Ingen vovede at røre dem[1]). Her møde vi altsaa efter saa lang en Vandring først et Sagn, som kan kaldes identisk med det dansk-normanniske. Nu gjælder det om at udfinde Afstamningsforholdet.

Mange Data tale for at Traditionen om Kong Alfred ikke kan være et genuint Sagn, men er en Afledning. Kong Alfred døde 901, og da i det 12te Aarh. Ingulph forfattede hans Tidsalders Historie, beskrev han ikke Freden under hans Regering med hint Billede, som først findes hos Vilhelm af Malmesbury, der skrev noget senere; Ingulph derimod brugte et andet Billede, som jeg nylig har nævnt. Sagnet hos Vilhelm viser dernæst sin Mangel paa Originalitet ved ikke at være knyttet til bestemte Lokaliteter og dernæst ved at indeholde den Overdrivelse, at Guldringe bleve hængte rundt om ved Korsvejene[2]). Dernæst maa Alfredsagnet i Alder vige for Rollosagnet, thi dette fandtes allerede ikke blot optegnet, men ogsaa stedfæstet i Normandiet længe før Alfredsagnet nedskreves. Af disse mange Grunde maa Sagnet om Alfred antages for indført i England fra Danmark eller dets danske Kolonier.

---

[1]) Wilh. Malmesb. (ed Savile 24): Hoc commento pacem infudit provinciæ: ut etiam per publicos aggres, ubi semitæ in quadrivium finduntur, armillas aureas juberet suspendi quæ viantium auiditatem riderent, dum non essent qui eas abriperent. Mathæus af Westminster a. 892. Spelman, Alfredi Magni vita S. 81.

[2]) „Dette røber en senere Overdrivelse." P, E. Müller, K. D. Vid. Sels. phil. og hist. Afh. II. 66.

Tilbage staar altsaa endnu kun at undersøge For-
holdet mellem Sagnene om Frode og Rollo.
Uagtet Traditionen om Kong Frode først er ført til
Bogs et Aarhundrede efter Rollosagnet, forekommer det
mig dog naturligt at betragte dette som det oprinde-
lige. Det staar nemlig i saa nøje Forbindelse med det
mythiske, danske Sagn om Frodefreden, og det er op-
tegnet i saa mange og selvstændige Kilder, at man vist
bør betragte det som et meget gammelt, nationalt Sagn,
som Kolonisterne i Normandiet have givet nyt Liv eller
som Rollo maaske selv i Spøg eller Alvor har fornyet.
— Det er dernæst ret mærkeligt, at Saxo fortæller
Sagnet to Gange, først at Ringene bleve hængte i Norge,
hvor Stedet tog Navn deraf, og dernæst i Danmark; thi
dette forklarer sig jo maaske deraf, at han ved Siden
af det danske Sagn har hørt om et Ringsagn hos „Nor-
manni", hvor Stedet endnu bar Navn deraf (hvad jo virke-
ligt var Tilfældet med Rollosagnet), og saaledes møder
os paa ny en Forvexling og Sagnfordobling, opstaaet af
den enslydende Betegnelse paa Norges og Normandiets
Beboere!

I Følge den foregaaende Udvikling tror jeg altsaa man
maa skjelne mellem følgende tre Sagnklasser:

I. Anonymens Beretning om Theodorik. Hermed tem-
meligt overensstemmende, muligt i Følge Laan, Ingulphs
Tradition om Kong Alfred.

II. Bedas Fortælling om Eadwin, hvilken a. Anglo-
Saxon Chron. har laant til Beskrivelse af Vilhelm Erobre-
rens Tid, b. irske Barder til Besyngelse af Brian.

III. Det danske Sagn om Kong Frode, a. fornyet
i Normandiet, b. adopteret af flere engelske Forfattere
til Bedste for Kong Alfred.

Jeg har hermed ført den lange Undersøgelse om
Kong Frodes Love til Ende.   Jeg mener ingenlunde at
have udtømt alt det Lærerige, som kan uddrages af
disse Bestemmelser, naar de forstaas rettelig; det er
min Plan endnu i Fremtiden at belyse mangt et Punkt
af Reglerne.   Men jeg tror at være naaet til det
Resultat, som jeg her nærmest havde for Øje, at bevise,
at disse Love oprindeligt ere givne for den i Udlandet
staaende Vikingehær, at vi gjenfinde mange af Reglerne
som optagne i Udlandets Love og historiske Kilder, og
at særligt en Del af Bestemmelserne falde sammen med
de af Rollo i Normandiet givne Love.   Vil man her-
imod indvende, at jeg begaar en Voldsgjerning mod
Saxos Text, der udtrykkelig henfører dem til langt
ældre Tider, da tror jeg at have et Forsvar for min
Fremgangsmaade i hvad jeg har paavist i Andet Kapitel,
at Saxo har misforstaaet Udstrækningen af den Tid,
som den danske Sagntradition omfatter, og at han, da
han var uvidende om den egentlige Vikingetid, urigtigt
har forsat Begivenheder og Tilstande Hundrede, ja
Tusinde Aar i Tiden.   Han, eller Sagnet før ham, har
overført paa en berømt Erobrer fra Oldtiden, Frode,
hvad der tilkommer Vikingehøvdingerne.   De Love, der
efter Traditionen knyttedes til den Erobrer, som hængte
gyldne Ringe paa Træerne, ere blevne adopterede til
Bedste for hin Oldtidskonge, til hvem Ringsagnet oprin-
deligt var knyttet, og endelig har det tvetydige Ord
„Normanni" her, som paa mange andre Steder, gjort Sit
til at omskabe den ægte Tradition. — Og dog maa man
være hin gamle Sagnsamler taknemlig for, at han gav
hvad han kunde, og at han overlod en fremtidig Kritik
med flere Kundskaber og et videre Overblik over Folkenes
Historie at udfinde det Rigtige af den vanheldede Tra-
dition!

Trettende Kapitel.

Den normanniske Krigskunst.

Veloces, agiles armigerique nimis.
Ermoldus Nigellus. IV. v. 14.

Ved i dette Kapitel at meddele forskjellige Oplys-
ninger og Iagttagelser om den normanniske Krigskunst
navnlig i det 9de Aarh. bør jeg udtrykkelig udtale, at
jeg alene holder mig til de skrevne Kilder og som sæd-
vanligt især til Udlandets. Ved Studiet af Oldsagerne
vilde ganske vist endnu mangt et Punkt kunne belyses,
men jeg har manglet Forudsætningerne for at kunne
benytte dette Hjælpemiddel, og maa derfor nøjes med
at henvise til de mange Oplysninger om disse, som
findes i Worsaaes bekjendte Arbejder om Norman-
nerne.

Vi skulle begynde med at undersøge Flaadeud-
rustningen. — Kilderne give os kun faa Oplysninger
om Vikingeskibenes Størrelse i det 9de Aarh. Forinden
vi gjennemgaa dem, vil det være nyttigt som et Udgangs-
punkt at nævne nogle Kilder til Oplysning om Antallet
af Besætningen paa Krigsskibene i en noget senere Tid.

Harald Graafeld siges at være draget til Limfjorden
paa 3 Langskibe med 80 Mand paa hvert. Dette har
vist været store Krigerskibe, medens de private Vikinge-

skibe havde en mindre Bemanding. Jomsvikinge Saga
Kap. 6 og 14 kalder saaledes et Skib paa 60 og 70 Mand
en stor Snekke, og sædvanligvis angives Besætningen
paa Vikingeskibene i denne Saga til 40 Mand. Sigmund
Færinger drager i Følge Færeyinga Saga i Viking med
3 Langskibe og 40 Mands Besætning paa hvert[1]).   I
Følge Thietmar (VII. 28.) skal Knud den Store være
draget til England med 340 Skibe og 80 Mand paa
hvert.   En Besætning paa 80 Mand synes saaledes i det
10de Aarhundrede at være Maximum for Mandtallet paa
Skibene og en 40—50 Mand det sædvanlige.

Kilderne fra det 9de Aarhundrede ere følgende. —
Kong Alfred lod i Aaret 897 Skibe bygge mod de Danskes
Asker; „de vare omtrent to Gange saa lange som de
danske Skibe, nogle havde 60 Aarer, andre endog flere;
de vare højere og løb baade hurtigere og sikrere end
disse; de havde hverken Skabelon som Frisernes eller
de Danskes Skibe, men efter som det syntes ham at
være hensigtsmæssigt." Herefter maatte de Danskes
Asker, som vist vare deres største Skibe, antages at
have havt c. 30 Aarer og vel altsaa talt en 50 Mands
Besætning.   Dette bekræfter ogsaa en anden Efterret-
ning.   878 kæmpede Besætningen paa 23 danske Skibe
i Devonshire med Kong Alfreds Hær, og 840 Mand faldt
paa dansk Side (se foran S. 216).   Herefter skulde hvert
Skib have havt gjennemsnitlig 37 Mand Faldne; da
Krøniken nu Intet oplyser om at Skibene bleve tagne
og Hæren helt nedhugget, maa hvert Skib altsaa have
talt vel mindst 50 Mand[2]).   Kilderne sige fremdeles, at
40,000 Normanner skulle have deltaget i Paris' Belejring

---

[1]) Færeyingasaga c. 17 ff. Munch, N. F. Historie I. 2. 48, 143, 145.
[2]) Skibene synes ofte at have været tæt bemandede i Forhold til
     deres Størrelse, se Monum. Britt. I. 736: licet enim parvus
     fuisset numerus puppium, magnus tamen erat puppes maximus
     numerus ingressorum.

885, og Abbo beretter, at de Belejrende havde 700
Barker (store Skibe) foruden et stort Antal mindre Far-
tøjer og Baade. Afse vi foreløbigt fra disse sidste, der
vel dels vare Proviantskibe, dels Baade tilhørende de
store Skibe, faa vi en Besætning af 57 Mand paa hver
Bark. Anslaas de mindre Fartøjers Tal til 300, faa vi
40 Mands Besætning paa hvert Skib som Gjennemsnit,
— hvilken Beregning jeg derfor har anset mig berettiget
til at lægge til Grund ved Udfindelsen af Normanner-
hærens Størrelse, som det vil erindres af det Fore-
gaaende.

Af de store Skibe, som Angelsakserne og de Danske
kaldte Asker, bleve Vikingerne benævnte Ascomanni[1]).
Hos Frankerne kaldtes disse Skibe Barker[2]). Navnet
Langskibe synes derimod først at forekomme i Kilder
fra en senere Tid[3]).

Anderledes beskafne vare derimod de Fartøjer, som
before Ruslands Floder. I Følge græske Forfatteres
Udsagn vare disse Monoxyla, udhulede af et eneste Træ,
hvorfor de selvfølgeligt havde en helt anden Konstruk-
tion. Imidlertid kunde de rumme omtrent lige saa
mange Mand som de vesteuropæiske Skibe. Da Oleg
drog mod Grækerne (907), talte hans Flaade 2000 Skibe
med 40 Mand i hvert[4]), og dette bekræftes af en græsk
Efterretning om at 20 Pamphyler rummede 830 Mand,
altsaa 41 eller 42 Mand i hvert Fartøj[5]). Fartøjerne
vare Flodskibe, der hovedsageligt bevægedes frem ved

[1]) Adam. Bremen. de situ Daniæ IV. 6: piratæ, quos illi Wichingos
  vocant, nostri Ascomannos.
[2]) Se Hincmar (foran S. 216) Abbo (foran S. 217) Ann. Vedast. (foran
  S. 157 Anm.)
[3]) Bouquet VII. 121; IX. 138; X. 138. — Om Skibenes Udsmykning
  se Scr. Rer. Dan. II. 456, 476. Skibene trækkes op ad Floderne
  ved Tove, se A.-Saxon Chron. 893. Thietmar VII. 28.
[4]) Nestor 35.
[5]) Constantin Porphyr., Ceremon. II. 44. S. 652.

Roning, og hvor derfor Sejl og Rigning indtoge en langt
mindre Plads; derfor kunde de naturligvis lastes ander-
ledes tungt end Havskibe.   Størstedelen af dem bleve
byggede inde i Rusland.   Konstantin Porphyrogenetes
beskriver os, hvorledes de Russerne skatskyldige Slaver-
folk om Vinteren fælde Træer paa deres Bjerge, hugge
dem til og sende dem, naar Vandene bryde op, ned
gjennem Floderne til Kjew.   De slæbes til Russernes
Skibsværfter, hvor de sælges og udrustes [1]). —

Ligesom der i Kjew var et Skibsværft og en Flaade-
station for de mindre Russerfartøjer, saaledes havde
Normannerne rundt omkring i Evropa indrettet sig
Arsenaler og Skibsbyggerier [2]) især paa de Øer,
hvor de havde deres Vinterkolonier og Hovedsæde.
Hertil tjente som bekjendt oftest Øer i de store Floders
Munding.   Walcheren var Udgangspunkt for Plyndrin-
gerne op igjennem Maas, Schelde og Rhinen; fra Oissel
løb Skibene op i Seinen og dens Bifloder; fra Noirmou-
tiers til Nantes, til Tours og Orléans.   I det sorte Hav
vare Øerne St. Gregorius og St. Æthérius Støttepunkter
for Russernes Expeditioner mod Grækenland og mod de
østlige Lande [3]).   Grækerne indsaa det Farlige ved

---

[1]) De adm. imper. c. 9. — Jfr. Liudprand V. 6: Russorum naves
ob parvitatem sui ubi aquæ minimum est transeunt, quod
Græcorum chelandria ob profunditatem sui facere nequeunt.

[2]) Pertz I. 470: N . . . . descendentes per Sequanam usque ad
locum sibi aptum ad reficiendas suas et novas faciendas naves
perveniunt. Mabillon, Acta SS. Ord. S. Benedicti II. 387:
Interea stationem navium suarum acsi asylum omnium latrun-
culorum in insula quadam Coenobio S. Florentii supposita
componentes mapalia quoque instar ædificaverunt burgi, quo
captivorum greges catenis adstrictos asservarent, ipsique pro
tempore corpora a labore reficerent expeditioni illico servitura:
ex qua inopinatos discursus agitantes, modo navibus, modo
equis delati totam circumcirca delevere Provinciam.

[3]) Rambaud, l'empire grec au dixième siècle, Constantin Porphy-
rogénète S. 370.

Russernes Bosiddelser paa disse Punkter, og i Igors Traktat Kap. 10 betinges derfor udtrykkeligt, at Russerne ikke maatte overvintre ved Dneprs Munding, men skulde ved Høstens Tid vende hjem til Rusland [1]).

Normannerne vare ikke bange for at flytte deres Skibe mindre Strækninger over Land, men dette kostede stor Besvær [2]), hvorfor de naturligvis kun anvendte slige Overtrækninger, naar betydelige Fordele kunde naas eller naar de vare indespærrede og ikke paa anden Maade kunde slippe frem. Dette Punkt har nylig været fremdraget til Belysning af det bekjendte Spørgsmaal om Limfjordens Tilstand i det 11te Aarh., og navnlig har Kr. Erslev samlet en Del Citater, som skulde vidne om Nordboernes Evne til at foretage denne Art Overdragninger og sandsynliggjøre, at Harald Haardraade havde trukket sine Krigsskibe over den en halv Mil brede Tange ved Vust paa én Nat i et fjendtligt Land og alene med Hjælp af det Mandskab, som havdes ombord [3]). Forfatteren har imidlertid gjort sig skyldig i slet ikke at anvende Kritik ved Benyttelsen af disse Citater. Naar Erslev saaledes anfører, at Hakon Hakonsen „førte paa denne Maade sine Skibe ind i Loch Lomond," er det urigtigt; i Hakon Hakonsens Saga Kap. 323 læses: ok er þeir komu i fjörðinn tóku þeir báta sina (ɔ: Skibsbaadene) ok drógu upp til vatns eins mikils er heitir Sokolofni . . . síðan foru Norðmenn til skipa sinna," men der maa dog vel være Forskjel paa at drage en Skonnert eller en Brig over et Stykke Land og saa at slæbe en Skibsjolle efter sig den samme Vej. Fremdeles anføres Russernes Expeditioner ned gjennem Dnepr, hvor man ved enkelte af Vandfaldene

---

[1]) Nestor 47.

[2]) Pertz I. 601: Nordmanni desperatis rebus naves per terram cum magno sudore trahunt.

[3]) Aarbøger for nord. Oldk. og Hist. 1873. 65 ff.

var nødt til at drage Baadene udenom over Land, men. som foran paavist, vare de russiske Skibe af helt anden Størrelse og Bygning end Nordboernes Havskibe, og det siges udtrykkeligt, at Russerne endog toge Skibene paa Skuldrene, hvad der ikke forekommer om noget nordisk Krigsskib[1]). Det var denne Art Skibe Oleg satte Hjul paa og kjørte med ind i Konstantinopels Havn[2]). og vel vilde Normannerne have kunnet gjøre det Samme med større Skibe, thi de vare Mestre i Krigsbygnings- og Belejringskunst (jfr. saaledes hvad der foran er oplyst om de store flyttelige Maskiner, de byggede foran Paris). men dette vedkommer jo ikke den simple Dragen over Land uden store Forberedelser ved Skibets eget Mandskab.

At der her i Norden mangesteds fandtes lave Strækninger, hvorover Skibe lettelig kunde drages og plejede at drages, er bekjendt nok, men naar Nordboerne vilde vove sig ud over andre Strækninger, maatte de have særlig Hjælp. Da Hakon Hakonsen 1217 førte 14 Skibe fra Oslo til Øyeren, var der i Følge Sagaens udtrykkelige Udsagn tilkaldt megen Folkehjælp (Kap. 49: fèkk þar mikit lið til). Dernæst var det aabenbart kun de mindre Fartøjer, man slæbte saa lange Distancer. Naar Erslev saaledes anfører, at Harald Haardraade førte „en hel Flaade paa 60 Skibe op i Vänern ved at drage dem uden om Trollhättafaldet,“ burde det ikke have været glemt at omtale, at Sagaen udtrykkeligt siger. at Kongen om Vinteren havde ligget ved Kysten og samlet

---

[1]) Const. Porphyrogenetes, de adm. imp. c. 9: deinde lintres hi quidem trahentes, alii gestantes humeris.

[2]) Nestor 34—35. — Kunik (i Anhang III. til Dorns Caspia i Mém. de l'Acad. Imp. des Sciences de St.-Pétersbourg XXIII. 223) polemiserer ogsaa mod dem, der lade Fartøj være Fartøj og ikke skjelne mellem de russiske Baade og de græske Chelandier; en af de sidste „könnte heut zu Tage nicht einmal auf einer Eisenbahn transportirt werden.“

alle de lette Skibe han kunde faa fat paa[1]), og som altsaa kunde egne sig til et saadant Togt.

Saaledes glippe alle de Parallelsteder man har villet anføre for at sandsynliggjøre en saa mærkelig Gjerning som Haralds formentlige Togt over Vusttangen. Vi se vel, at Overdragninger ofte fandt Sted, men at Betingelserne altid vare, at Terrainet var nogenlunde passabelt og Skibene ikke altfor store[2]). — Naar A. D. Jørgensen har opstillet den Theori, at man endnu efter at Limfjorden var lukket i Vest, brugte denne Fjords vestlige Del til Samlingssted for Landets Flaade, ja endog for den af de bedste og største Skibe bestaaende Flaade —, i det nemlig, naar Alt var parat til Afsejling, Kongen befalede Mandskaberne at trække de med Proviant og alt Krigsudstyr lastede Skibe ud i Vesterhavet, da støtter denne Antagelse sig ikke paa noget Kildested[3]), og den skal jeg derfor lade blive staaende i sin egen Urimelighed.

---

[1] Snorre, Saga Haralds Harðráda Kap. 74: siðan tók hann lettiskip öll þau er hann fékk ok hélt upp eptir Elfinni.

[2]) Naar Storm (i Norsk Hist. Tidssk. IV. 1876. S. 133) siger at i det berømmelige Togt 1226, da Skibe bleve dragne fra Oslo til Øyeren, „Kongens store Drage udtrykkelig nævnes" som ført med, synes dette ikke at stemme med Sagaen, se Kap. 147: han hafði skip þat er Drekinn hèt; hann sigldi fram fyri öðrum skipunum . . . siðan stefndi hann til sín lendum mönnum or Víkinni, ok fór á Upplönd, ok lèt draga 33 skip or bænum.

[3]) Jørgensen anfører (Det nittende Aarhundrede 1875—76. S. 461 ff.) til Bedste for sin Theori Følgende: „Tolv Aar før Knud beredte sig til sit Englandstog havde hans Fader efter Aftale med Kejser Henrik den IV samlet Ledingsflaaden for med den at angribe deres fælles Fjende Saxerne; Meningen var at han skulde gaa ind i Floderne og hærge det bedste han formaaede. Men Kongen gik nu ikke den for os naturlige Vej omkring Skagen, skjøndt han jo ligesaa let kunde sætte Hæren Stævne ved Hals som et hvilket som helst andet Sted, men han gik til Østersøens Kyst, og derfra til Lands en lang Vej ind i de saxiske Floder. (Annales Lamberti 1073: cum exercitu

De normanniske Krigerskarer talte baade Fodfolk
og Rytteri, i alt Fald fra den Tid Hærene begyndte
at optræde. Imidlertid synes de ikke at have ført Heste
med sig over Havet, skjønt ganske vist flere Kilder vise
os, at de bragte Heste over Kanalen[1]). Derimod søgte
Vikingerne saa hurtig som muligt efter deres Landing
at skaffe sig Heste, som de derefter tilrede. Saa-
ledes hedder det i A.-S. Chron. ved 866, at en stor
hedensk Armee landede og tog Vinterkvarter i Østangel
og fik dér Heste ("and þær gehorsade wurdon"), og ved
881, at Hæren kom til Frankrig og de Franske kæmpede
med den og Hæren blev forsynet med Heste efter Kampen
(þa warð se here horsad). Hvad Normannerne ikke
kunde faa ved Plyndring søgte de at skaffe sig ved
Penge, og Hestene vare i det Hele meget efterspurgte[2]).

navali applicuit ad Saxoniam, et tractis per longa terra-
rum spacia navibus in fluvium etc. (Pertz, Monum. hist.
Germ. V. 202))." Udgangspunktet for dette Ræsonnement
skyldes blot og bart Forfatterens egen Indbildning. Ingen
véd, hvor denne Flaade havde været samlet, og Ingen véd
om Vejen Nord om Skagen kunde have nyttet Kongens Felt-
tog, fordi vi nemlig mangle Kundskab om hvilken Egn af
Saksland det var at Svend plyndrede; det er fremdeles usik-
kert om Kilden vil sige, at Skibene bleve trukne over Land
eller bleve trukne ved Tove en lang Strækning op i Floden
(se Suhms Danmarkshist. IV. 428, Ræder, Danmark under
Svend Estridsen 196) ligesom det endelig er ubevist, at „det
var for en overvejende Del de samme Skibe," der gjorde hint
Englandstogt; thi Sandsynligheden taler netop for at det altid
vare de mindre Skibe, der droges over Land. — Jfr. Aarbøger
f. N. O. 1870. S. 111 ff.

[1]) Monumenta Britt. I. 683: omnibus equis, quos de Francia
adduxerant, derelictis. A.-S. Chron. 893: the great army . . .
came to Boulogne and was there shipped so that they in one
voyage made the transit, with horses and all.

[2]) Duchesne, Hist. Fr. Scr., II. 658: studebantque præterea vicis-
sim equis quatenus aliquos nobilium gratia pecuniæ capere
possent. Will. Gemmet. II. 7: primo quidem pedites eo quod
equitandi peritia deesset: deinde equis vecti more nostratum
per omnia vagantur.

De bleve tilredne af Vikingerne og vænnede til den normanniske Krigsbrug. Dette har foranlediget enkelte Forfattere til at udtale, at Normannerne før deres Ankomst vare ukjendte med Riden, hvad der dog næppe forholder sig rigtigt[1]). Hestene bleve benyttede dels som Trækdyr dels til egentlig Kavalleribrug, og det normanniske Rytteri omtales oftere[2]), men Vikingerne synes afgjort at foretrække Kampen til Fods. —

Saa saare Normannerne havde sat Foden paa Landjorden, var Fanen eller Mærket det Centrum, hvorom Skarerne fylkede sig[3]), og det spiller i det Hele en stor Rolle i deres Krige. Det var enten en flagrende Dug med et Billede eller en Figur paa en Stang. Regnersønnernes Mærke var saaledes en Ravn, som flagrede med Vingerne, naar den saa Sejren for sine Folk (se foran S. 115)[4]). Dugen var gjærne blodrød[5]). Fjenderne fandt disse Mærker gyselige og skrækindjagende[6]).

[1]) Dog er det sikkert, at de normanniske Russer først sent fik et Rytteri. Leo Diaconus VIII. 4: neque enim præliandi ex equis consuetudinem habent neque in ea re exercentur. IX. 1: Scythæ vergente die coeperunt cum equitatu ex moenibus prodire, tuncque primum in equis sedentes apparuerunt. Consueuerant enim semper pedibus prælium inire, quod nullum habent neque in sellas ascendendi neque ex equo cum hostibus pugnandi usum.

[2]) Pertz I. 592: cum inæstimabili multitudine peditum et equitum. II. 200: N . . . cum equitibus et peditibus atque omni supellectili veniunt. Three fragments 167: a great slaughter of the aes-gradha (servants of trust) of the king of the Lochlanns . . . i. e. of the cavalry of the king of the Lochlanns.

[3]) Pertz I. 408: regia signa 16 ablata. Dudo 130: sin vero majori sorte equites egressi essent mavortia erigebant vexilla prælii. Flateyjarbók II. 72—73.

[4]) Jfr. Scr. R. Dan. II. 485: vexillum meri portenti . . . tempore belli semper in eo videbatur corvus etc.

[5]) Roman de Rou I. 201: cil porta gonfanon d'un drap vermeil d'Espaingne. Alberti Aquens. hist. hierosolom. p. 246: signum nempe Boemundi quod sanguinei coloris erat.

[6]) Pertz. I. 408: signa horribilia.

Normannernes Vaaben vare Sværd, der beskrives
som tunge og store[1]), Lanser og Øxer[2]), Kastespyd
og Buer. Skjoldet var malet[3]), som oftest med røde
Farver[4]). Det synes at have havt henved Mands Højde;
det giver et fortræffeligt Værn og skjuler omtrent sin
Ejermand. Under Marschen kastes Skjoldet paa Ryggen,
men naar Hæren er opstillet i Slagorden, holdes det i
Haanden[5]). Med Skjoldene danne Vikingerne de berømte
uigjennemtrængelige Skjoldborge; bag dem flokke de sig
i tæt Carré for at modstaa Fjendernes Indhug. Eller
Vikingerne lægge sig fladt paa Jorden, skjulte af Skjoldet,
eller de rykke ganske tæt sammen og knæle bag Skjol-
dene „for at de skulle synes en ganske lille Hob"[6]). —
Bliver et Skjold hængt op, er det Fredstegn. Norman-
nerne hævede 882 ved Aschloh deres Skjolde som Tegn

---

[1]) Ibn Foszlan 5; Three fragments 165: Many darts and half
   javelins were discharged between them and at last they took
   to their heavy, strong-striking swords.
[2]) Kunik II. 337; Ibn Foszlan 5: Jeder führt eine Axt, ein Messer
   (Dolch) und ein Schwert bei sich. Ohne diese Waffen sieht
   man sie nie. Benoît v. 37307; Ord. Vital. II. 44; V. 4. 128;
   Dudo 255.
[3]) Abbo I. 256: prospiciens turrisque nihil sub se nisi picta
   scuta videt. 266: tanta miraretur testudine picta; jfr. Saxo 154.
[4]) Roman de Rou I. 50: par les eles vermeilles ki à senestre
   sont, peuz les escuz entendre, k'a lor cols porteront. Reliques
   of Irish poetry by Miss Brooke 44.
[5]) Dudo 241: stabat autem illic Dacorum delecta juventus, adnixa
   hastis, tenensque scuta in manibus.
[6]) Leo Diac. VIII. 9: Tauroscythæ cuneos suos hastis scutisque
   rigentes condensatosque adeo ut murorum speciem haberent,
   in aciem applicant. IX. 8: aciem condensam dirigunt infestis
   pilis. Dudo 156: Daci hinc et inde per planitiem accubitarunt
   atque scutis se cooperuerunt . . . Normanni autem se conglo-
   bantes strictim accubitaverunt se ut parvissima putaretur
   summa eorum. 275: tunc robusta manus Northmannorum
   conjunctis complicatisque ad invicem clypeis acie corusca
   mucronum aggrediens invadit armatos obstantesque Francos.

paa Fred[1]). Oleg hænger sit Skjold paa Konstantinopels
Port „til Tegn paa sin Sejr"[2]). Saxo fortæller, at den
norske Konge Hithin, der sejler Kong Frode i Møde,
hænger et Skjold i Masten for at angive sig som Ven,
og ligesaa hedder det, at Gelder hejser et purpurrødt
Skjold i Masten som Fredstegn[3]). En norsk Høvding
hængte i Følge Orderic Vital paa et Togt til England i
Slutningen af det 11te Aarh. et rødt Skjold paa Masten
som Fredstegn[4]). De islandske Sagaers Fordringer om
et hvidt Skjold til dette Øjemed skyldes vel saaledes en
senere, kristen Tid[5]).

Alle de nævnte tunge Vaaben bare Vikingerne uden
Besvær, thi de vare efter Udsagn fra alle Lande sande
Athleter og beskrives omtrent som de græske Ynglinger
fra Palæstraen lige saa høje som velvoxne[6]), lige saa
skjønne som stærke, lige saa svært byggede som bevæge-
lige og adrætte[7]). De Normanner, der optræde i Italien,
udmales os som rene Kæmper. Thorstein Scitel griber
i Slotsgaarden i Salerno en Løve med ubeskyttede Arme
og kaster den ud over Muren. Vilhelm med Jernarmen

---

[1]) Pertz I. 396: Ut pax ex illorum parte rata non dubitaretur,
clipeum iuxta morem suum in sublime suspenderunt.

[2]) Nestor 36.

[3]) Saxo 238: erecto in malum scuto socios adventare significans;
116: mali cacumen puniceo scuto complexus (indicium id pacis
erat).

[4]) IV. 30: rubeum scutum, quod signum pacis erat, super malum
navis erexit. Jfr. Norges gamle Love I. 335.

[5]) Notæ uberiores 111.

[6]) Se foran S. 143 Anm. 1. Jfr. Frähn, Ibn Foszlan 5: Nie sah
ich Leute von ausgewachsenerm Körperbau; sie sind hoch wie
Palmbäume, fleischfarben und roth; 186: ein Volk von hoch-
gewachsenen, streitbaren Männern.

[7]) Ermoldus Nigellus IV. 14; 17: pulcher adest facie vultuque
statuque decorus. — Jfr. om de nordiske Kvinder, Three frag-
ments 167: The Lochlauns escaped . . . leaving behind them
much gold and silver and fair women.

stødte sin Lanse saa voldsomt mod en Araber, at Spidsen
gik langt ud gjennem Ryggen. Roger kløver med ét
Hug en Araber tværs over, og om Hugo Tudebod for-
tælles, hvorledes han i nogen Tid roligt havde staaet og
klappet en græsk Afsendings Hest, da han paa én Gang
gav den med blottet Næve et saa voldsomt Slag paa
Panden, at den styrtede om som død. Om Tancred af
Hauteville berettes, at han stødte sit Sværd mod et
Vildsvins Pande saaledes, at det gik ind til Fæstet[1]).

Intet var derfor frygteligere end naar slige Kæmper
kastede sig ind i den fjendtlige Slagorden og i Bersærker-
gang svingede de tunge Sværd om sig. Fjenderne sank
da sammen „som Vox for Solens Brand", og Kæmperne
høstede Døde „som Bonden, der slaar Korn", — ja man
harmedes over denne Maade at krige paa, hvor Vikin-
gerne „snarere syntes at slagte Dyr end at kæmpe med
Mænd"[2]).

Under Angrebet blæstes der i Lurer og Norman-
nerne udstødte barbariske Hyl[3]) eller raabte det ved-
tagne Kampraab. I Følge en irsk Annal skulle Nor-
mannerne saaledes i en Kamp have raabt „nui, nui!"[4]).
I det Udraab, som en normannisk Ridder bruger endnu
i Begyndelsen af 11te Aarh.: „Tur aie!" (Thor hjælpe!),

---

[1]) Muratori, Scriptores V. 552, 559, 561; Aimé l. c. 268. Willelm
Gemmet. VIII. 30.

[2]) Pertz I. 592: ut bruta animalia non homines mactari vide-
rentur. Dudo 275: velut lupi per bidentium ovilia occidens
et prosternens hostium severiter agmina. Gaufred Malaterra
I. 10. II. 30.

[3]) Pertz I. 408: pagani more suo clamantes; 578: cum ingenti
clamore; 592: super eos cum clamore irruunt. Leo Diaconus
VIII. 4: Tauroscythæ . . . belluarum ritu rugientes . . sublato
absono vastoque ululatu; 10: fanaticorum ritu rugientes; IX. 9.

[4]) Three fragments 165: They raised foreign barbarous shouts
there, and blew warlike trumpets, and many said: „nui,
nui".

have vi vist et gammelt normannisk Krigsraab [1]), senere
blev i alt Fald „Dex aie“ de franske Normanners Felt-
raab [2]).

Vi skulle nu se, hvad det var, der udmærkede den
normanniske Krigskunst, som deres Fjender selv erkjendte
som ejendommelig og saare værd at lære [3]).

Normannerne overraske for det Første altid
Fjenden. Deres Flaade skjuler sig bag et Forbjerg til
en gunstig Vind kan føre den for fulde Sejl mod Land.
En normannisk Flaade laa en Gang ved Englands Kyst
og benyttede en gunstig Nordenvind til at løbe for alle
Sejl over Kanalen; ved Solopgang gjør den et grueligt
Indfald i en fransk By, hvor Intet bliver skaanet uden
Husene [4]). De normanniske Flaader beskrives dèrfor
ogsaa stadigt som Søuhyrer, der dukke op over Hav-
fladen [5]). Paa lignende Maade sker Normannernes Frem-
rykning over Land. „De røbe aldrig hvad de tænke
paa at foretage sig“ [6]), men naar Maanen skinner klart
en Nat, rykke deres Skarer pludseligt op og drage i

---

[1]) Roman de Rou II. 32: poinst li cheval criant: Tur aie.

[2]) Se Gauttier d'Arc, hist. des conquêtes des Normands en Italie
I. 173.

[3]) Dudo 155: vos artem præliandi more Dacorum non ignoratis.

[4]) Pertz I. 439: Normannorum classis in emporio quod Quanto-
vicus dicitur repentino sub lucem adventu deprædationibus,
captivitate et nece sexus utriusque hominum adeo debacchati
sunt etc.

[5]) Pertz I. 461: irruentes super quietos et secure habitantes
improvise civitatem ceperunt; 568: repentina irruptione civi-
tatem Namnetis invadunt; 578: repente N. a munitione exiliunt.
Duchesne 458: ex insperato de mari quasi turbo vehemens.
Bouquet IX. 143: Nortmannica feritas subito atque inopinate
frementibus beluis similis emergens. Monum. Britt. I. 509:
advecta est subito Danorum classis. Gale, Scriptores I. 535:
more enim luporum subito incursu a silvis erumpentium lito-
ribus naves impellebant.

[6]) Duchesne, Hist. Francor. Scr. II. 656: quotiescumque tale
quid agere disposuissent dissimulabant se multis diebus ante

Ilmarsch frem ved dens Skin [1]). Bliver Hæren afspærret,
eller frygter den for at indelukkes, eller venter den et
Angreb den følgende Dag, som den ikke tør modtage,
benytter den en dunkel Nat til at „stjæle sig bort"[2]).

Vi bør dernæst.lægge Mærke til den Sikkerhed,
hvormed de store Hære rykke frem i det fjendtlige
Land. Normannerne vidste altid at faa Oplysning om
Terrainets Beskaffenhed og om Fjendens Stilling; dels
ved Bestikkelser[3]), dels ved Spejdere eller Forposter fik
de den Kundskab, de behøvede[4]), og de overrumplede
derfor stadigt Fjenden, medens det sjældent lykkedes
ham at overraske Vikingerne. Normannerne vide der-
næst at benytte Terrainet paa en Maade, som aflokker
deres Fjender Beundring. Bjergrygge, Aase, Skove og
Vildmarker maa stadigt skjule deres Bevægelser, hvad
enten Vikingerne rykke frem eller sikre deres Tilbagetog
efter et tabt Slag[5]).

---

nullatenus quoquam ire, ne cui illorum furtivus innotesceret
aduentus.

[1]) Pertz I. 515: ut luna eis illucescit ab ipsa villa egressi, itinere,
quo venerant, redierunt.

[2]) Pertz I. 591: cadavera suorum flammis exurentes noctu diffu-
giunt. A.-S. Chron. 876: the army stole away to Wareham
. . . . the mounted army stole away from the army by night
to Exeter.

[3]) Pertz I. 396: ita factum foret, ni nostri muneribus corrupti, ut
fama refert, de parte Francorum proditores essent, et impedirent.

[4]) Pertz I. 603: hæc sermocinantibus subito apparuerunt specula-
tores Nordmannorum.

[5]) Pertz I. 531; 602: Nordmanni superiora tenentes circa Leodium
Mosam transierunt et hostilem expeditionem a tergo relinquentes
in sylvis et paludibus . . . . disperguntur etc.; 603: N . . . .
nequaquam ausi sunt se committere planioribus atque campe-
stribus locis sed silvas semper tenentes; II. 205: Odo . . . .
propter loci incommoditatem nil eis damni intulit . . . . per
invia loca parent N. redire ad castra. 209: N. tenentes more
solito loca inportuna. Lupi ep. 102 p. 162 (ed. Baluze):
quibus jam peccatis nostris talia merentibus, nihil longinquum
non est propinquum, nihil arduum est invium.

Naar Terrainet ikke selv frembød gunstige Forhold
for Kampen og Forsvaret, vidste de at skaffe sig de
manglende Fordele ved deres betydelige Dygtighed i
Mine- og Skansearbejder. Normannerne gjøre
aldrig Holdt paa et helt jævnt Terrain, men hvor dette
ikke frembyder naturlige Befæstninger, opkaste de i
største Fart saadanne ved Hjælp af det Materiale, som
haves ved Haanden, ved Jord, Smuld, fældede Træer,
Risgærder, Kurveværk osv.[1]). Dudo fortæller, hvorledes
nogle Skarer under Anførsel af Rollo bleve stærkt be-
trængte af det fjendtlige Rytteri, og da de ingen For-
skansning saa i Nærheden, faldt de paa at slagte den
Hjord af røvet Kvæg, af Heste, Æsler og Faar, som de
førte med sig. De flaaede Dyrene halvt og byggede en
Skanse deraf, saa at de blodige Kroppe vendte ud mod
Fjenden. Angribernes Heste stejlede tilbage for den
uhyggelige Forskansning, og Fjenderne vare nødte til
at holde sig fjærnt, medens Vikingerne i Tryghed gik
til Skibene[2]). I Belejringskunsten vare Norman-
nerne særligt Mestre. Skjulte af Løbegravene gik de
tæt ind paa den belejrede By; ved bevægeligt Kurve-
værk kunde de i en Fart opkaste Værn tæt ved Murene;
egne Vogne, som bevægedes frem mod Murene ved
skjulte Hjul og hvis Tag skjulte Krigerne, førte Belej-
rerne tæt ind paa Byen[3]).

---

[1]) Dudo 155: munientes se per gyrum avulsæ terræ aggere. Pertz
I. 578: cognoscentes se effugere non posse quandam villam
ingrediuntur ubi se, quantum hora permisit, communiunt.
A.-S. Chron. 893. Bouqnet, Historiens VIII. 8. 53: sæpibus
more eorum munitione sæpta; 73: ligno et terræ congerie more
solito se communiunt.
[2]) Dudo 165.
[3]) Pertz I. 524: cum diverso apparatu armorum et machinarum
ipsam concutiebant civitatem; 525: N. Meldis civitatem obsi-
dione vallant, machinas instruunt, aggerem comportant ad
capiendam urbem. Dudo 164: sepes et parietes quos Daci ad

Normannernes Snedighed er dernæst velbekjendt.
Ingen turde ret stole paa deres Bevægelser. Var deres
Angreb farligt, saa var deres Flugt ikke meget mindre;
thi Fjenderne vidste, at de ofte ved forstilt Flugt søgte
at bringe Uorden ind i de fjendtlige Rækker ved at
lokke dem til en forhastet Fremrykken, maaske endog
over skjulte Løbegrave eller ind i et farligt Terrain.
Ofte er den hele Kamp kun en Skinfægtning for at
drage Fjenden frem foran et skjult Baghold[1]). Rollo
byggede en Skanse med en temmelig stor Indkjørsel
eller Aabning, og hans Folk laa bag ved den tilsyne-
ladende sovende, til Dels skjulte af deres Skjolde; men
da Frankerne vare komne ind gjennem Skanseaabningen,
sprang Vikingerne op, og Fjenderne overvældedes[2]). I
Kampen ved York (se foran S. 107) skete noget Lig-
nende; de Danske vare, tilsyneladende slagne, vegne
ind bag Byens Mure, men saa saare Fjenden ogsaa var
naaet indenfor disse, brøde de Danske frem i voldsomt
Anfald og anrettede et frygteligt Nederlag[3]).

Normannernes Snedighed og Behændighed aaben-
barer sig dernæst i en Række af Krigspuds, der ere
velbekjendte; jeg har alt i Andet Kapitel havt Lejlighed
til at gjennemgaa to af dem, Listen med Spurvene som
Ildspaasættere og den forstilte Begravelse. — En anden
List er Anvendelsen af skjulte Gange og Løbegrave,

---

capiendam civitatem fecerunt. Gaufred Malaterra I. c. 10:
ipsa castra . . . exercitu vallantes oppugnabant machinamen-
tisque, quibus doctissimi artifices erant, ad id officii agendum
necessariis aptatis, muros et turres crebris ictibus impingendo
funditus diruebant. Ibn-al-Coutia, Dozy, recherches II. 286:
les Madjous lançaient des flèches brûlantes sur le toit de la
mosquée.
[1]) Dudo 143, 255: simulantes fugam quasi hostibus convicti.
Bouquet XI. 209.
[2]) Dudo 155—156.
[3]) Monum. Britt. I. 553.

tildækkede med Risværk, som falde sammen under den Intet anende Fjende. En saadan voldte til Ex. Grev Henriks Død foran Paris 886. Normannerne havde lokket ham til at ride mod sig udover en af de 1 Fod brede og 3 Fod dybe med Straa og Smuld dækkede Grave, der opslugte ham og hans Hest, og han faldt for deres Sværd [1]).

Dumdristige sætte de ofte Sagen paa Spidsen og tvinge sig selv til Kamp til det Yderste; det er derfor et Sagn, som gjenfindes flere Steder, at Normannerne lande i et fremmed Rige og derefter brænde Flaaden for at vide sig afskaarne fra al Tilbagetog [2]).

Normannernes Behændighed lærer dem end videre, naar de blive alvorligt betrængte, hurtigt at bytte Roller. Vikingen tager ikke i Betænkning pludseligt at begjære Daab, naar han tror, at han ikke kan naa videre som fjendtlig Hedning. Eller han fremsætter i saadant Fald den beskedne Bøn at maatte blive bosiddende i Landet som fredelig Handlende — og hans Anmodning bliver næsten aldrig afslaaet. Da Normannerne i Loiren 873 betrængtes af Kejseren, bade de om at maatte blive boende paa Loireøerne indtil Februar Maaned og drive Handel [3]). Rollo, som efter sin Landing i Gudrums Rige frygter for dennes Anfald, beder om blot at maatte blive siddende til næste Foraar og have Ret til at handle og kjøbslaa [4]). Saaledes bad ogsaa Ivar Benløs Ella om at faa et Stykke Fredland, da han saa, at Kongen vilde

---

[1]) Duchesne, Script. Norm. 12; Bouquet IX. 47; Pertz I. 524, 596. Jfr. foran S. 135; Müller, Notæ uberiores 76; Saxo 163.

[2]) Saxo 485; Knytlinge Saga Kap. 2. jfr. foran S. 195; Gaufred Malaterra (Muratori V. 584): ut suis omnem spem fugæ auferendo ad defensionem sui ardentius inflammaret, naves suas . . . omnes (Robertus) combussit.

[3]) Pertz I. 496: ut eis in quadam insula Ligeris fluvii usque in mense F. residere et mercatum habere liceret.

[4]) Dudo 147: vendendi atque emendi sequestram pacem petimus.

være ham for mægtig i Kampen. — Fjenderne tilstaa
dem, som sagt, stadigt disse Fordele, og heri ligger
udtalt en mærkelig Erkjendelse af at Vikingerne havde
rige Evner til at blive nyttige og dygtige Borgere. Det
gaar i det Hele ikke an at antage en betydelig Forskjel
i Kultur mellem Vikingerne og Fjenden, som med største
Lethed amalgamerer sig med Normannerne. De talrige
Exempler paa Apostater (navnlig i Irland) og Overløbere
til Normannerhæren[1]) vilde vidne om en alt for sørgelig
Tilstand i de kristne Riger, dersom der var den uhyre
Forskjel i Kultur mellem Vikingerne og deres Fjender,
som man gjærne har villet paastaa; men Fjenderne følte
for vel, at de i hine Nordboer havde Overmænd ogsaa
paa mangt et Punkt af aandelige Idrætter.

Den samme Politik, som Normannerne viste lige
over for Fjenderne, nemlig i Nødsfald at gaa over til
disses Religion og antage deres Guder — den samme
Politik ses Normannerne at have anvendt paa Guderne
selv. Man har mærkelige Exempler paa Svingningerne
i Nordboernes Tro og paa deres Bestræbelser for at
være gode Venner med alle Guddomme. Jeg nævnte
saaledes allerede i Regner Lodbrogs Historie (se foran
S. 100), at de Danske stundom i deres Nød, naar ingen
hedensk Guddom vilde hjælpe dem, søgte Understøttelse
hos de Kristnes Gud. Da tvende Vikingehære ved Tiden
851 kæmpede mod hinanden paa Irland, skal Høvdingen
for det Parti, som havde lidt Nederlag, Horm, have

---

[1]) Pertz I. 444: alii nempe plures, quorum in cordibus fides
minime radices ceperat . . . illorum se foederi et vitiis asso-
ciabant; 462: Pippinus Pippini filius ex monacho laicus et
apostata factus se Nortmannis conjungit et ritum eorum servat;
486: apostatam monachum . . . qui se Nortmannis contulerat
et nimis christianis infestus erat decollari fecerunt. Three
fragments 127: in this year many forsook their Christian bap-
tism and joined the Lochlanns; 139: and though the original
Northmen were bad to churches, these were by far worse.

opfordret sine Folk til at forny Kampen under St. Patricks
Auspicier. Hans Folk fandt det rimeligt at vælge denne
Helgen til Beskytter, da Modparten jo havde tilføjet
hans Helgendomme saa stor Skade; en betydelig Del af
Byttet blev lovet ham til Gave. Efter vundet Sejr blev
da ogsaa en Skat af Guld og Sølv skjænket St. Patrick[1]).
Normannerne foran Paris vare i den Grad bange for St.
Germanus' Mirakelgjerninger, at de tillode Præsterne
dagligt at læse Messer ved hans Alter[2]). —

Normannerne skaanede i deres Hærgninger
ingen Alder eller Stand[3]). Oldinge, Kvinder og
Børn — Alle maatte bløde for deres Sværd. Denne
Adfærd var tildels paabudt af Normannernes Krigsmaade;
de vovede sig saa langt ind i Fjendernes Land med saa
faa Folk, at de nødvendigvis maatte ved et frygteligt
Blodbad skræmme Indbyggerne fra al Tanke om Mod-
stand og berøve alle de Mennesker Livet, som muligt
kunde tænke paa Hævn eller uventet Overfald. At de
dræbte spæde Børn, var jo endelig tidt en Barmhjertig-
hedsgjerning, naar alle Andre vare dræbte. Ikkun sjæl-
dent fortælles det derimod, at Vikingerne pinte sine
Fanger[4]).

De i Kampen Faldne bleve omhyggeligt begravne
af Vikingerne, som derimod viste deres Foragt mod
Fjenden ved at lade hans Faldne ligge ujordede[5]). I

---

[1]) Three fragments 121—125. — Jfr. Landnámabók III. 12 om
  Helge Magre, som var Kristen, men paa Hærfærd og Vikingetog
  dog ofrede til Thor.
[2]) Abbo II. v. 105 ff.
[3]) Pertz I. 519: ipsi enim Dani nemini nec etiam ætati parcebant:
  521: per omnes enim plateas jacebant cadavera clericorum,
  laicorum, nobilium atque aliorum, mulierum, juvenum et lac-
  tantium.
[4]) Continuator Theophanis, S. 425.
[5]) Dudo 143: Rollo sui exercitus mortuos sepelivit, regis autem
  inhumatos reliquit; 145: occisorum corpora terra condit; 242:
  ad humandum detulerunt exanimes suæ gentis.

Vesten omtales Ligbrænding sjældnere[1]), medens denne
Art Ligfærd som bekjendt blev anvendt hos Russerne[2]).

Som Sejrstrofæer ansaa man især de fjendtlige
Faner og de fjendtlige Høvdingers Vaaben. I Slaget
ved Hastings plyndrede man saaledes Haralds Lig og
bragte hans Insignier til Vilhelm[3]). Ligesaa var den
faldne Fjendes Hoved Trofæ[4]). Men saa herligt det var
at tage Trofæer, saa vanærende var det at lade det
Mindste af sine Vaaben i Fjendens Vold[5]). Roger tog
Sadelen af sin faldne Hest og kastede den over Nakken.
da han gik tilbage, for at ikke mindste Spor af en
Trofæ skulde blive ladt i Arabernes Hænder[6]).

Normannerne synes i den første Del af Vikingetiden

---

[1]) Pertz I. 591: Nordmanni cadavera suorum flammis exurentes
     noctu diffugiunt.
[2]) Ibn Foszlan 11, 104-105.
[3]) Chroniques Anglo-Norm. II. 249: quia statim letali vulnere
     confosso quicquid in eo regalis erat insignii duci deportatum
     est signum scil. prostrationis regie, quoniam consuetudinis erat
     antique et adhuc credimus moderne, in regum expugnatione vel
     castrorum captione magnis eos donari muneribus, qui primi
     possent regis conum deicere et regi offerre vel primus castro
     expugnato regis vexillum precipue ipsius castri munitioni
     eminentis.
[4]) Saxo 455: abscissum caput prora excipi mandans; 759. Three
     fragments 117: The Danes beheaded every one they killed.
     187: his head was afterwards brought to the Lochlanns, who
     placed it on a pole, and continued for some time to shoot at
     it, and afterwards cast it into the sea. Gauf. Malat. I. 39:
     caput abscissum lanceæ supponens. Leo Diaconus IX. 5: rati
     Imperatorem esse ... caput pilo fixum in turribus constituunt
     Romanos irridentes quod eorum Imperatorem victimæ ritu
     obtruncassent. Flateyjarbók c. 177.
[5]) Olaf Tryggvasons Saga Kap. 60. Jfr. Three fragments 167:
     Some of them had not gone far, in consequence of weakness
     . . . or who were ashamed to fly; when these perceived the
     host of the son of Gaithin collecting the spoils which they
     had abandoned to them, they came after them.
[6]) Gaufred Malaterra II. 30.

ikke at have taget F a n g e r. Senere blev det imidlertid
en af deres Hovedbestræbelser, efter at de nemlig havde
oprettet en hel Næringsvej ved Salget af de til Bytte
tagne Udlændinge, som Slægt og Venner maatte løskjøbe
for høje Summer. De vidste meget vel at vælge de
Personer til Fanger, for hvilke den højeste Løsepris
ventede dem. — K v i n d e r anføres hyppigt blandt Fan-
gerne. Ved en Plyndring paa Irland 819 blev saaledes
en stor Mængde Kvinder bortførte (Four Masters), og 837
røvede Normannerne paa Walcheren mange Kvinder[1]).
O r d e t s T j e n e r e vare fremdeles ofte blandt Fangerne[2]).
Eremiten paa Skellig Michael (paa Irland) blev ført
bort[3]), og selv Bisper og høje Gejstlige „førtes over
Havet.“

Fangerne bleve i det Hele benyttede til Trælle-
arbejdet. Enkelte af Kvinderne bleve Vikingernes
Hustruer, men Resten maatte tjene som Tyende. Viking-
gerne vare imidlertid ofte nødte til at skille sig af med
deres Fanger ved at dræbe dem. Saaledes siges Nor-
mannerne før en Kamp 926 at have myrdet deres Fan-
ger[4]). Abbo fortæller endog, at Belejrerne foran Paris
dræbte Fangerne for dermed at fylde Gravene[5]). Stun-
dom dræbtes Fangerne vel ogsaa under Fuldbyrdelsen
af en eller anden religiøs Ceremoni f. Ex. ved Gravfærd[6]).

---

[1]) Pertz II. 226: pagani vastaverunt Walicrum multasque feminas
inde abduxerunt captivas. — Jfr. Bouquet X. 151. Gjessing i
Ann. f. N. Oldk. 1862 S. 83 ff.
[2]) Pertz I. 521: servitoribus divini cultus … ultra mare venditis.
[3]) War of the Gaedhil S. XXXVIII.
[4]) Bouquet VIII. 183—184; IX. 77.
[5]) Pertz II. 784.
[6]) Leo Diaconus IX. 6: Coepta jam nocte cum luna pleno orbe
colluceret in campum egressi mortuos suos conquisiverunt:
hos pro muro coacervatos rogis compluribus accensis crema-
verunt, in iisdem captivos numero plurimos viros et mulieres
patrio more jugulantes etc.

Umaadeligt var det Bytte, som fra Syd og Vest bragtes til Danmark, som derfor ogsaa af Magister Adam (IV. 6) beskrives som ~overfyldt af ranet Rigdom. Da Friserne 885 erobrede en dansk Flaade, som var løbet ned i Saksen, fandt de saameget Guld og Sølv, at hver af de frisiske Soldater blev en Rigmand, og ikke mindre end 200 Skibe bleve 882 sendte hjem til Danmark belastede med Bytte og Fanger[1]). Meget af Byttet blev imidlertid strax solgt i Udlandet, hvor det gjaldt om at have gode Steder for Afsætningen[2]). De frankiske Kapitularier vare nødte til ofte at rette Forbud mod Handelsforbindelser med Vikingerne.

For de store Hæres Forplejning synes der at være sørget ved et særligt Forplejningskorps, der naturligvis holdt sig til de store Hæres Bagtrop[3]), ligesom det udgjorde en særlig Del af Flaaden[4]). Det faldt imidlertid Vikingerne ofte vanskeligt at faa deres store Skarer forplejede, og vi se stundom Hæren i stor Forlegenhed for Fødemidler. Ibn-al-Coutîa siger saaledes, at de Vikinger, der 844 plyndrede ved Sevilla, som Betalingsmiddel for de Fanger, som de havde taget, ikke vilde modtage Andet end Klædningsstykker og Levnetsmidler[5]). Normannerne passe derfor paa at drage frem, naar Kornet skæres, for at tage det i Besiddelse efter Høsten. Kong Alfred drager 896 frem

---

[1]) Se foran S. 216, 269.

[2]) Will. Gemmet. IV. 16; V. 7; jfr. foran S. 164, 170—171.

[3]) Om denne se Scr. Rer. Dan. II. 55: Cumque duo comites Sidroc senior et junior in transitu fluviorum ad tutandam caudam totius exercitus semper ultimi proficiscerentur.

[4]) Mabillon, Acta SS. O. S. Bened. II. 415: quia nobilis erat persona custodiæ est deputata navi scilicet victuali. Guill. Apul., Muratori V. 276.

[5]) Dozy, recherches II. 285: les Madjous ne voulurent accepter ni or ni argent; ils acceptèrent seulement des vêtements et des vivres.

med en Hær og slaar Lejr i Nærheden af de Danskes
Skanse ved Lea, for at holde Vagt, medens Befolkningen
skar Kornet paa Markerne, og for at passe paa, at de
Danske ikke berøvede dem Høsten[1]). — I Hærens Bag-
trop fandtes de Hjorder af Kvæg, som de havde røvet
og som efter Krønikernes Udsagn kunde være saa store,
at Kilderne kunde være uddrukne, hvor Normanner-
hæren drog frem. Blandt Provianten nævnes især Korn,
Svinerygge og Vjn[2]); i Nødstilfælde slagtede og fortærede
man ogsaa Hestene[3]). I Efteraarsmaanederne vare Vi-
kingerne ivrigt beskæftigede med Indsamlingen af deres
store Forraad for Vinteren[4]).

---

[1]) Anglo-Saxon Chronicle. Muligt sigtes til en lignende Forholds-
regel i Pertz I. 576: æstivo tempore, anteqvam segetes in mani-
pulos redigerentur, Heinricus cum exercitibus utriusque regni
Parisius venit.

[2]) Dudo 149: duodecim naves frumento vino atque lardo oneratæ;
287: oneratis farre tergisque suum navibus.

[3]) Anglo-Saxon Chron. 894: they were distressed for want of
food, and had eaten a great part of their horses and the others
had died of hunger.

[4]) Pertz I. 401: fruges diversi generis congregantes sibi ad hie-
mandum et inhabitandum .. disposuerunt; 403.

Tilføjelser og Rettelser.

Side 11 Linie 6 læs: Beowulfs.
— 22 — 4 læs: Finns.
— 23 — 5 og Side 28 Linie 2 læs: Palteskja.
— 27 — 15 - — 45 — 11 læs: Hasting.
— 43 — 10 f. n. læs: Waitz Tillæget til Gesta.
— 53 Anm. 2 Norðweg forekommer allerede i Ottars Rejse-
beretning (skyldes velvillig Meddelelse af Dr. Gustav Storm).
— 66 Linie 17 og Side 121 Linie 18: 865.
— 107 — 12 udgaar: dansk.
— 109 Galli forstaas maaske bedst om Indbyggerne af Galloway
i det sydlige Skotland.
— 117 Linie 15 f. n. læs: Knud.
— 122 — 3 f. n. læs: $\Sigma\kappa\upsilon\vartheta\tilde{\omega}\nu$, Linie 2 $\Sigma\kappa\upsilon\vartheta\iota\kappa\grave{o}\nu$.
— 123 — 11 læs: Svíþjóð.
— 136 — 4 f. n. læs: Löngum spaða.
— 148 Lærerig er ogsaa Beretningen hos Matthæus af Westmin-
ster (Flores Historiarum, Francofurti 1601, S. 179 f.); Rollo siges
at være „natione Danus" og udvandret fra „Dania sive Dane-
marchia insula maris rerum et maxime hominum fertilitate
fecunda," og først da Talen kommer paa Neustriens nye Navn,
finder han sig nødsaget til at indblande Norske: Neustria,
modo vero Normannia ab ipsis Norensibus dicitur.
— 161 Linie 12 læs: 944.
— 165 — 4 læs: 943.
— 173 — 16 læs: utlæg.
— 187 — 1 læs: Krønikerne — ofte.
— 215 tilføjes: (844) la vedette signala une bande de seize mille
Madjous qui se dirigeaient vers Moron (Ibn-al-Coutia).
— 349 I Sverris Saga c. 198 (171) nævnes i øvrigt en Fróðaáss
ved Tunsberg.

Register.

Lightning Source UK Ltd.
Milton Keynes UK
UKOW012048120412

190615UK00004B/11/P